DIE BLV ENZYKLOPÄDIE DER KATZEN

DIE BLV ENZYKLOPÄDIE DER KATZEN

DR. BRUCE FOGLE

Übersetzung und Bearbeitung der deutschen Ausgabe:
Dr. Siegfried Schmitz

Zum Muttertag 2010

BLV

Die Deutsche Bibliothek – CIP-Einheitsaufnahme

Die **BLV Enzyklopädie der Katzen** /
Bruce Fogle. Übers. und Bearb. der dt. Ausg.:
Siegfried Schmitz. Fotos: Tracy Morgan, Chanan,
Marc Henrie, Tetsu Yamazaki. –
München ; Wien ; Zürich : BLV, 1998
Einheitssacht.: The Encyclopedia of the Cat <dt.>
ISBN 3-405-14981-9
NE: Fogle, Bruce; Morgan, Tracy, Chanan,
Marc Henrie, Tetsu Yamazaki;
Schmitz, Siegfried [Bearb.]; Hunde; EST

Ein Dorling-Kindersley-Buch

BLV Verlagsgesellschaft mbH
München Wien Zürich
80797 München

Titel der englischen Originalausgabe:
The Encyclopedia of the Cat

Übersetzung aus dem Englischen: Dr. Siegfried Schmitz
Lektorat: Dr. Friedrich Kögel
Herstellung: Sylvia Hoffmann
Satz und DTP: Satz+Layout Fruth GmbH, München
Einbandgestaltung: Sander & Krause, München

Printed in Italy · ISBN 3-405-14981-9

INHALT

Einführung 6

Die Familie der Katzen

Die Vorfahren der Hauskatze 10
Großkatzen 12
Kleinkatzen Amerikas 14
Kleinkatzen Afrikas und Eurasiens 16
Die nächsten Verwandten 18
Von der Wildkatze zur Hauskatze 20

Katze und Mensch

Die Ausbreitung der Katze 24
Religiöse Katzenverehrung 26
Katzen und Christentum 28
Katzenmagie und -aberglauben 30
Katzen in Folklore und Märchen 32
Katzen in Kinderbüchern 34
Die Katze in der Literatur 36
Die Katze in der asiatischen Kunst 38
Die Katze in der abendländischen Kunst 40
Katzen in der modernen Kunst 42
Katzenkarikaturen 44
Katzen im Showgeschäft 46
Die Katze im Kunst- und Kitschgewerbe 48
Sammlerstücke für Katzenliebhaber 50
Mäusejäger und Schmusetiere 52

Der Körperbau der Katze

Das Skelett 56
Biofeedback und das Gehirn 58
Die Sinnesorgane 60
Das Nervensystem 62
Muskeln und Bewegung 64
Herz und Lunge 66
Verdauungs- und Ausscheidungsorgane 68
Die Geschlechtsorgane 70
Haut und Haarkleid 72
Vererbung von Merkmalen 74

Katzenverhalten

Typische Verhaltensmuster 78
Kommunikation 80
Sozialverhalten 82
Jagen und Spielen 84
Werbung und Paarung 86
Katzenmütter und Kätzchen 88

Die Rassen der Hauskatze

Die Geschichte der Selektionszucht 92
Fellfarben 94
Fellmuster 96
Gesichtsform und Körperbau 98
Augenform und -farbe 100
Erläuterungen zum Rassenteil 101

Langhaarkatzen 102

Perser 104 ▪ Colourpoint-Langhaar 108
Birma 110 ▪ Ragdoll 112
Maine Coon 114 ▪ Norwegische Waldkatze 118
Sibirische Waldkatze 120 ▪ American Curl 122
Munchkin 123 ▪ Scottish Fold 124
Selkirk Rex 125 ▪ Türkisch Van 126
Cymric 128 ▪ Nebelung 129
Türkisch Angora 130 ▪ Somali 132
Chantilly/Tiffany 134 ▪ Tiffanie 135
Balinese 136 ▪ Angora 140
Orientalisch Langhaar 142 ▪ La Perm 143
Kurilen-Stummelschwanzkatze 144
Japanische Stummelschwanzkatze 145
Rasselose Langhaarkatzen 146

Kurzhaarkatzen 148

Exotisch Kurzhaar 150
Britisch Kurzhaar 152 ▪ Manx 156
Selkirk Rex 158 ▪ Scottish Fold 159
Amerikanisch Kurzhaar 160
American Wirehair 162 ▪ American Curl 163
Munchkin 164 ▪ Snowshoe 165
Europäisch Kurzhaar 166 ▪ Kartäuser 168
Russisch Kurzhaar 170 ▪ Havana Brown 171
Abessinier 172 ▪ Spotted Mist 174
Singapura 175 ▪ Korat 176 ▪ Bombay 177
Die Asian-Rassengruppe 178
Amerikanische Burma 182
Europäische Burma 184 ▪ Tonkanese 186
Siam 188 ▪ Orientalisch Kurzhaar 192
Japanische Stummelschwanzkatze 196
La Perm 197 ▪ Cornish Rex 198
Devon Rex 200 ▪ Sphynx 202
California Spangled 203
Ägyptische Mau 204 ▪ Ocicat 206
Bengal 208 ▪ American Bobtail 210
Pixiebob 211 ▪ Rasselose Kurzhaarkatzen 212

Richtige Katzenhaltung

Die Wahl der richtigen Katze 216
Zubehör und Sicherheitsvorkehrungen 218
Ernährung 220
Körperpflege 222
Reisen und Erziehung 224
Verhaltensprobleme 226
Krankheitsanzeichen 228
Pflege einer kranken Katze 230
Erste Hilfe 232

Erklärung von Fachwörtern 234
Register 235
Danksagungen 238
Adressen 239
Bildnachweis 239

EINFÜHRUNG

Frühes Zeugnis
Die Katze kam wahrscheinlich mit den Römern nach Britannien: Dieser Terrakottaziegel aus Reading stammt aus dem 1. nachchristlichen Jahrhundert.

In vielen Weltgegenden ist die Katze heute der beliebteste tierische Gefährte des Menschen, doch zugleich wird sie am wenigsten verstanden. Viele Tierarten, die wir domestiziert haben, entweder als Nutztiere oder als Heimtiere, sind von Natur aus gesellig. Den Hund nennen wir »den besten Freund des Menschen«, nicht weil wir ihn dazu gebracht haben, uns zu dienen, sondern weil er wie wir umsorgt und geliebt werden möchte. Dieses Verlangen nach gegenseitiger Zuneigung und Zuwendung ist in allen sozialen Lebewesen angelegt und ein Verhaltensantrieb bei domestizierten Tieren – abgesehen von der Katze. Als vierbeiniger Gefährte des Menschen lebt die Katze noch immer ihr eigenes Leben.

Religiöse Akzeptanz
Die Katze hat in der christlichen Religion unterschiedliche Rollen gespielt. Im Evangeliar von Lindisfarne (links) wird sie wohlwollend dargestellt, doch später brachte man sie mit Ketzerei in Verbindung.

Die Hauskatze, die von der nordafrikanischen Wildkatze, der Falbkatze (siehe S. 18), abstammt, ist eine Einzelgängerin geblieben. Sie ist nicht aus einer kooperativen Spezies hervorgegangen, deren Individuen gemeinsam leben und jagen, wie es manche größere Katzenarten, etwa die Löwen, tun. Kleine Nagetiere, Amphibien und Vögel stehen auf dem Speisezettel der Wildkatze, und diese Beute reicht gerade aus, den eigenen Magen zu füllen. Deshalb entwickelte sie eine natürliche Unabhängigkeit und begnügte sich damit, allein zu leben und zu jagen und mit Artgenossen nur bei Revierstreitigkeiten oder bei der Paarung zusammenzutreffen. Als Katzen Eingang in die menschliche Gemeinschaft fanden, entdeckten jene, die freundlich aufgenommen wurden, dort eine ergiebige Nahrungsquelle. Die natürliche Evolution begünstigte geselligere Einzeltiere, und so verwandelte sich die Wildkatze allmählich in die Hauskatze, wie wir sie heute kennen.

Hexenkatze
Im 14. Jahrhundert wurde Europa von religiösem Fanatismus erfaßt. Wegen ihrer nächtlichen Lebensweise galt die Katze in den Augen der Kirche als böse.

Gestalt und Funktion

Seit der Haustierwerdung vor mehr als 4000 Jahren ist die Katze abwechselnd vergöttert und verfolgt worden. Manche Kulturen waren fasziniert von der natürlichen Fruchtbarkeit der Katzen, andere erkannten in ihrem Verhalten die Handschrift des Teufels. Die mißverstandene Fähigkeit der Katze, als einsamer nächtlicher Jäger zu überleben, liegt vielen falschen Vorstellungen zugrunde, die sich herausgebildet und teilweise bis heute gehalten haben. In Wahrheit ist die Katze eine der erfolgreichsten Schöpfungen der Natur. Ihre gesamte Anatomie ist das Resultat evolutionärer Logik, und so entstand ein Tier voller Anmut und Schönheit. Seine Pupillen weiten sich in der Dunkelheit und verengen sich im Sonnenlicht zu Schlitzen. Tastempfindliche Schnurrhaare weisen der Katze den Weg, wenn sie im Dämmerlicht auf die Jagd geht, und

Liebling der Cartoonisten
Cartoonkatzen erfreuen sich beständiger Popularität. Felix, eine der ersten, wurde zu einem Emblem der amerikanischen Luftwaffe und ist nach wie vor in der ganzen Welt beliebt.

mit ihrem feinen Gehör kann sie sogar die leisen, hohen Töne einer quiekenden Maus wahrnehmen. Ein hervorragender Gleichgewichtssinn erlaubt es ihr, sich Gefahren kletternd zu entziehen, und mit ihrem Aufrichtreflex findet sie ihr Gleichgewicht wieder, wenn sie doch einmal abstürzt. Alle diese Eigenschaften zeichnen ein Tier aus, das unseren Augen und unserem Herzen gleichermaßen wohlgefällt.

Die gesellige Katze

Biologisch ist die Katze zwar für ein Leben als Einzelgängerin bestimmt, aber unter gewissen Umständen, wenn ihr reichlich Nahrung zur Verfügung steht, kann sie ihr solitäres Verhalten ändern. Weibchengruppen teilen sich die mütterlichen Aufgaben, etwa das Füttern und Beschützen der Jungen. Wenn die jungen Kater heranwachsen, streiten sie immer heftiger mit ihren weiblichen Verwandten, bis sie schließlich die Familiengruppe verlassen und eine lockere Gemeinschaft mit anderen Katern bilden. Dieses Verhaltensmuster kann man deutlich bei verwilderten Katzen beobachten, aber auch bei echten Hauskatzen. Im 20. Jahrhundert ist die Katze, die bis dahin in der menschlichen Gesellschaft eine untergeordnete Rolle spielte, zu einem der populärsten Heimtiere überhaupt aufgestiegen. In den 1980er Jahren war sie der beliebteste vierbeinige Gefährte in Nordamerika, eine Position, die sie Mitte der 1990er Jahre auch in vielen europäischen Ländern erreichte. Die Vielfalt der neuen Rassen, die in den letzten 50 Jahren entstanden sind, ist vermutlich genauso groß wie die Zahl der Rassen, die sich in allen vorhergehenden Jahrhunderten entwickelt haben, und dieser Trend wird sich fortsetzen. Die selektive Zucht auf geselliges, freundliches Wesen ist heute fast ebenso wichtig wie die Zucht auf Gestalt und Farbe. Die Katze ist ein idealer Gefährte des Menschen. Sie ist ruhig, reinlich und zufrieden, wenn sie still vor sich hin dösen kann, aber auch fähig zu erstaunlichen Aktivitätsausbrüchen, wenn ihr Gehirn alarmiert wird, und obendrein ist sie eine ästhetische Augenfreude. Der vielleicht wichtigste Wesenszug der Katze ist ihr Unabhängigkeitssinn. Eine Katze lebt im Haus, weil der Besitzer oder sie sich dafür entschieden hat, aber wenn sie sich selber überlassen bleibt, sind ihre Chancen, aus eigener Kraft zu überleben, genauso gut. Der größte Wert des Zusammenlebens mit einer Katze besteht darin, daß sie uns Gelegenheit gibt, ein Stück Natur unmittelbar zu erleben. In der künftigen Entwicklung unserer Beziehung zu den Katzen sollten wir bestrebt sein, ihre Eigenart weiterhin zu respektieren und die Gemeinschaft mit ihnen aufrechtzuerhalten.

Naive Kunst
Die Volkskunst greift vielerlei Motive aus dem Alltagsleben auf. Diese Keramikkatze ist ein Beispiel für die traditionsreiche amerikanische Volkskunst.

Künstlermodell
Théophile Alexandre Steinlen (1859–1923) wurde berühmt durch seine einfühlsamen Katzenporträts. Viele andere Künstler haben wie er die Schönheit und Eigenart der Katze in Bildern und Plastiken verewigt.

Eine wichtige Anmerkung zum Schluß: Entsprechend seiner enzyklopädischen Konzeption bemüht sich dieses Buch um eine umfassende und objektive Darstellung der heutigen Rassen, also auch solcher, die mit genetischen Defekten behaftet sind und von echten Katzenfreunden als fragwürdig betrachtet oder gar abgelehnt werden.

Ein Mitglied der Katzenfamilie
Als sich die Katze nach Osten ausbreitete, sonnte sie sich im Ruhmesabglanz des Tigers, dem in Asien symbolische Bedeutung zukam.

Erstes Kapitel

DIE FAMILIE DER KATZEN

Vor vielen Jahrmillionen entwickelten sich die ersten fleischfressenden Säugetiere – Arten mit einem charakteristischen Reißzahn- oder Raubtiergebiß. Daß die Katzen darauf angewiesen sind, das Fleisch anderer Tiere zu fressen, ist die Basis ihrer Evolution. Sie entfalteten als Jäger unübertroffene Fertigkeiten und wurden so die tüchtigsten Landraubtiere. Einige große Katzenarten arbeiten bei der Beutejagd zusammen. Die meisten kleineren Katzen entwickelten sich jedoch zu einsamen Jägern, deren Beutetiere gerade groß genug sind, einen einzigen Magen zu füllen. Vor drei Millionen Jahren entstand eine Art, die der modernen Hauskatze ähnelte, doch erst vor wenigen Jahrtausenden entschlossen sich Vertreter dieser Art dazu, mit uns Menschen eng zusammen zu leben.

(OBEN) AMERIKANISCH KURZHAAR, ROTGESTROMTER KATER

(LINKS) WEIBLICHER KÖNIGSTIGER

Die Vorfahren der Hauskatze

Die rezenten, also heute lebenden Katzen (Familie Felidae) gehen auf die gleichen Wurzeln zurück wie alle übrigen Raubtiere. Die ersten Säugetiere waren klein und hatten eine geringe Gehirnkapazität, doch im Evolutionsprozeß wurden sie durch neue Arten mit höher entwickelten Fähigkeiten verdrängt. In vielen Jahrmillionen entstanden primitive Katzentiere, die sich an die Klimaverhältnisse, das Nahrungsangebot und den Wettbewerb mit anderen Fleischfressern anpaßten. Erfolgreiche Anpassungen gingen oft verloren und kamen unter veränderten Umweltbedingungen wieder zur Geltung. Nur spekulativ konnte die Wissenschaft die Stammesgeschichte rekonstruieren, doch neuerdings verwendet man Genanalysen, um eine »molekulare Uhr« für die Evolution der heutigen Arten auszutüfteln.

Die Evolution der modernen Säugetiere, einschließlich der Katzen, läßt sich anhand von Bruchstücken uralter Knochen und Zähne zurückverfolgen. Diese fragmentarischen Funde geben uns jedoch keinerlei Aufschluß über die beiden fundamentalsten Merkmale der Säugetiere – ihre Behaarung und ihre Hautdrüsen. Das Haarkleid diente als Wärmeschutz, und die Hautdrüsen ermöglichten es den Säugern, einerseits zu schwitzen und andererseits Nahrung für die Jungen in Form von Milch zu produzieren. Dies sind zwar einfache Anpassungen, aber auf ihnen beruht der Erfolg der Säuger in sehr unterschiedlichen Lebensräumen.

Die Ausbreitung der Katzen
Australien und Südamerika trennten sich von der alten Landmasse Gondwanaland, bevor die Evolution der Katzen begann. Die Katzenfamilie entwickelte sich in Eurasien und Nordamerika, und als sich Südamerika wieder mit seinem nördlichen Nachbarn vereinte, eroberten die Katzen auch diesen Teilkontinent. Da es keine Landbrücke zu Australien gab, kamen auch keine Katzen dorthin.

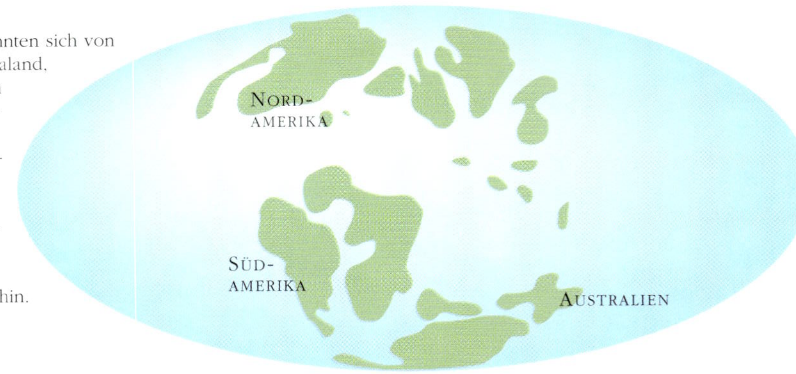

Die frühesten Vorfahren der Katze

Als die Dinosaurier vor 65–70 Millionen Jahren ausstarben, überlebten viele andere Tiere, auch Säugetiere. Die frühesten Säugetiere waren fischfressende Creodonten, von denen eine Form sich zu kleineren waldbewohnenden Miaciden weiterentwickelte. Aus unbekannten Gründen starben die Creodonten aus, während die Miaciden gediehen. Man vermutet, daß es deshalb zu diesem Evolutionswandel kam, weil die Miaciden ein größeres Gehirn besaßen, doch fossile Belege gibt es dafür nicht. Die frühen Miaciden waren Tiere mit langem Rumpf und kurzen Beinen, und aus ihnen sind die verschiedenen Raubtierfamilien hervorgegangen, die wir heute kennen. Jede Familie, von den Bären bis zu den Schleichkatzen, besetzte ihre eigene ökologische Nische. Die Bandbreite der Katzen reicht von den Tigern und Löwen bis zu den winzigen Sandkatzen. Innerhalb der Ordnung Raubtiere (Carnivora) stehen die echten Katzen (Felidae) den Schleichkatzen (Viverridae) am nächsten. Die Paläontologen untersuchen Strukturen an der Schädelbasis, insbesondere jene Struktur, die als Knochengehäuse das Mittelohr umschließt, wenn sie die einzelnen Arten zu identifizieren versuchen. Leider sind Fossilien der kleinen Katzen selten, zum Teil deswegen, weil viele frühe Arten in Wäldern lebten, wo die Bedingungen für die Fossilierung ungünstig waren. Fossile Zeugnisse der größeren Arten sind dagegen reichlich vorhanden, und sie beweisen, daß Katzen weltweit verbreitet waren.

Die ersten katzenartigen Raubtiere

Die frühen »Katzen« werden in die Gattung *Proailurus* gestellt. Sie hatten viele Merkmale mit den Schleichkatzen gemeinsam, unter anderem den plantigraden Gang (Sohlengänger), und können halb als Katzen und halb als Schleichkatzen aufgefaßt werden. Vor rund 20 Millionen Jahren wurde *Proailurus* von *Pseudaelurus* abgelöst, der sich digitigrad (auf den Zehenspitzen) fortbewegte und über dolchähnliche Eckzähne verfügte. Die Experten betrachten diese Gruppe als die ältesten Vertreter der modernen Katzenfamilie. Sie umfaßte sowohl größere als auch kleinere Arten. Sie waren leicht, schnell und variierten größenmäßig zwischen dem heutigen Puma (bis 100 kg) und dem Luchs (ca. 30 kg). Aus der Gattung *Pseudaelurus* entwickelten sich die direkten Vorfahren der modernen Feliden, aber auch »Sackgassen«-Formen wie die Säbelzahnkatzen *(Smilodon)*, die bis vor weniger als einer Jahrmillion in Europa, Afrika, Asien und Amerika überdauerten. Säbelzahnarten entfalteten sich mindestens viermal unabhängig voneinander, als Creodonten, als Beuteltiere und zweimal als Katzenvorläufer. Ihre Kiefer öffneten sich um 50 Prozent weiter als die anderer Katzen, und ihre langen Zähne waren abgeflacht und gesägt, um die Beute besser zerschneiden zu können. Die Arten jagten große pflanzenfressende Säugetiere und starben vermutlich aus, als ihr Nahrungsangebot knapp wurde, denn sie hatten sich zu speziell angepaßt, um sich auf andere Beutetiere umzustellen.

Die Verbreitung der frühen Katzen

Die frühen Großkatzen bewohnten den größten Teil der Erde. Löwen lebten nicht nur in Afrika, sondern auch in Europa, in ganz Südostasien, in Sibirien und in Nord- und Mittelamerika sowie im Nordwesten Südamerikas.

Evolution der Katzen
Die Evolution der rezenten Katzen verlief nicht nach einem einfachen Plan. In den 60 Jahrmillionen der Raubtierentwicklung schuf und verwarf die Evolution zahlreiche Spielarten von »Protokatzen«. Fossile Belege werden dazu verwendet, den Gang der Evolution zurückzuverfolgen, doch sie können auch in die Irre führen. Fossilien aus Trockengebieten bleiben gewöhnlich intakt, während solche aus feuchteren Regionen zerfallen. Die Folge ist, daß die Fachleute sich in Details der Katzenentwicklung nicht einig sind, obgleich sie hinsichtlich des Gesamtbildes übereinstimmen. In der Stammesgeschichte der Katzen gibt es viele Sackgassen; eine der spektakulärsten sind die Säbelzahnkatzen *(Smilodon)*. Aber insgesamt hat sie die Vielzahl der Katzenarten hervorgebracht, die bis heute überlebt haben.

Creodonten
Die Creodonten oder Urraubtiere, die vor 60–53 Millionen Jahren unter den Fleischfressern dominierten, waren ziemlich klein; ihre Schulterhöhe betrug nicht mehr als 30 cm. Sie besaßen einen dicken Hals und im Verhältnis zu den Beinen einen langen Rumpf. Alle heutigen Raubtiere sind aus den Creodonten hervorgegangen.

Miaciden
Die Miaciden entstanden vor etwa 60 Jahrmillionen und überlebten die Creodonten. Sie waren etwa doppelt so groß wie diese und hatten längere Beine und schlankere Köpfe.

Paläozän

Eozän

Leoparden und Jaguare bewohnten ganz West-, Mittel- und Osteuropa, Afrika, Asien, die Insel Java und das gesamte Amerika. Löwe und Luchs haben ihren Ursprung vermutlich in Afrika, während der Leopard in Indien entstanden sein könnte. Die Jaguare entwickelten sich in Eurasien und breiteten sich nach Amerika aus. Zwei Millionen Jahre alte Tigerfossilien sind in China entdeckt worden; die ältesten Überreste von Geparden hat man in Frankreich und die von Pumas in Nordamerika ausgegraben.

Kleinkatzen haben Nordamerika nie besiedelt. Die Nische der kleinen Raubtiere war bereits von der Familie der Marder besetzt, von Nerzen, Fichtenmardern, Vielfraßen und Stinktieren. Der ausgestorbene Vorfahr der Wildkatze und auch unserer Hauskatze, die Martelli-Wildkatze *(Felis lunensis)*, entstand in Europa oder im Nahen Osten.

Die Säbelzahnkatzen
Skelette, die in den Teergruben von Rancho La Brea in Kalifornien entdeckt wurden, beweisen, daß *Smilodon* über 15 cm lange Eckzähne besaß. Die Zähne wirken zwar gefährlich, waren aber zu zerbrechlich als Angriffswaffen und wurden wahrscheinlich nur zum Niederhalten und Töten von überwältigten Beutetieren verwendet.

Neue Ergebnisse der Evolutionsforschung

Die herkömmliche Klassifikation der Katzen beruht auf der geographischen Verbreitung, der Größe und Gestalt sowie dem Verhalten der verschiedenen Arten. Die Katzen werden aufgrund ihres heutigen Vorkommens in alt- und neuweltliche Arten unterteilt. Kleinkatzen, die nicht brüllen können, wurden in die Gattung *Felis*, Großkatzen, die brüllen, zu *Panthera* gestellt – eine willkürliche, aber brauchbare Gliederung, in die jedoch 2 Arten nicht hineinpassen: der Gepard (siehe S. 12) und der Nebelparder (siehe S. 13). Neuere Analysen der DNS, auch von alten Viren, die man in Körperzellen fand, haben dieses System durcheinandergebracht. Die alten geographischen Grenzen wurden unterminiert, da man festgestellt hat, daß Katzen aus verschiedenen Erdteilen nah miteinander verwandt sind. Noch überraschender ist, daß Katzen, die sich äußerlich stark unterscheiden, fast identische DNS und Virusresistenzmuster aufweisen. Mehrere Arten, die immer noch als *Felis* aufgefaßt werden, unter anderem der Serval und die Goldkatzen (siehe S. 15), gelten heute als Vertreter der Gattung *Panthera*, obwohl sie nicht brüllen können.

Künftig wird die traditionelle Klassifikation durch eine neue, exaktere Gliederung ersetzt werden, die mehr über die Geschichte der Katzenfamilie aussagen dürfte. Doch vorerst bleiben die alten Namen in diesem Buch und anderswo bestehen, damit eine unnötige Verwirrung vermieden wird.

Australische »Katzen«

Australien, Neuguinea und Neuseeland trennten sich vor etwa 85 Jahrmillionen von der großen Landmasse namens Gondwanaland, also lange vor der Entstehung der Katzen. In diesen Regionen verlief die Tierevolution unabhängig von der übrigen Welt. Säugetiere hatten Neuseeland nicht erreicht, doch in Australien existierten immerhin Beuteltiere – Säugetiere, deren Junge sich in einer Hautfalte des Mutterleibs voll entwickeln. Da dort echte Katzen fehlen, besetzte ein Beuteltier deren ökologische Nische: der Riesenbeutelmarder *(Dasyurus maculatus)*, der im Englischen »Tiger cat« (Tigerkatze) und im Französischen »Chat marsupial« (Beutelkatze) heißt.

Räuberisches Beuteltier
Weil in Australien echte Katzen fehlen, entwickelte sich dort dieses fleischfressende Beuteltier, das die ökologische Nische der Katze einnimmt.

Hoplophoneus

Nimravinus

Dinictis

Pseudaelurus
Vor 20 Millionen Jahren hatten sich Fleischfresser, die wie moderne Katzen aussahen, entwickelt. Die Pseudaeluriden waren größer als die Miaciden und unverkennbar katzenartig, mit flexiblen Schulterblättern, Wirbelsäulen und Schwänzen. Diese Arten gingen fast auf den Zehenspitzen und bewohnten offenes Gelände in Nordamerika und Europa.

Machairodus

Smilodon

Acinonyx

Felis lunensis
Felis lunensis, *eine Art, die vor rund 12 Millionen Jahren in Europa lebte, gilt als direkter Vorfahr der heutigen Wildkatze* (Felis silvestris). *Die Tiere waren kleiner als ihre Vorgänger und besaßen, da sie in Europa heimisch waren, vermutlich ein dickes Fell mit Streifenzeichnung.*

Felis und Panthera

Rezente Katzen
Die Katzen spalteten sich vor 8–12 Millionen Jahren in zwei Gruppen auf, in eine alt- und eine neuweltliche. Der von der Wissenschaft entwickelte »genetische Fingerabdruck« beweist, daß die Hauskatze mit anderen Arten, etwa dem Manul, nah verwandt ist.

Miozän

Pliozän

Pleistozän

GROSSKATZEN

Die Großkatzen haben ihren Ursprung und auch viele Verhaltensweisen mit ihren kleineren Verwandten gemein, obwohl sie größtenteils der Gattung *Panthera* angehören, während die Kleinkatzen in die Gattung *Felis* gestellt werden. Es gibt jedoch einen entscheidenden Unterschied zwischen den beiden Gruppen: Großkatzen können brüllen, aber nicht anhaltend schnurren, wohingegen die Kleinkatzen beliebig lang schnurren, aber nicht brüllen können. Die Mitglieder der Gattungsgruppe Großkatzen sind in Afrika, Asien und Südamerika heimisch. Mit Ausnahme der Unterart Massai-Löwe werden diese Verwandten unserer Hauskatze als bedrohte oder gefährdete Arten eingestuft.

Die Klassifizierung der Großkatzen ist nach wie vor umstritten, doch seit der Entdeckung des »genetischen Fingerabdrucks« wird die stammesgeschichtliche Identität der einzelnen Arten genauer untersucht. Die Ergebnisse werden ohne Zweifel eine gewisse Neugliederung der Gruppe zur Folge haben.

Wie die Hauskatze sind alle Großkatzen bei der Geburt blind und hilflos und mit Fell bedeckt, und die Würfe umfassen ein bis sechs Welpen. Im Unterschied zu anderen Raubtieren, etwa Bären oder Wölfen, die ihre Fleischnahrung durch Pflanzenkost ergänzen, ernähren sich die Katzen ausschließlich von Wirbeltierbeute. Ohne tierisches Protein und Fett können sie nicht überleben, und jede Großkatzenart hat eine spezielle Technik des Beutefangs entwickelt. Die Löwen benutzen ein kooperatives Sozialverhalten und rohe Gewalt, um Säugetiere, die oft erheblich größer sind als sie selber, zu jagen und zu töten, der Gepard verläßt sich bei der Jagd auf seine Schnelligkeit und seinen tödlichen Kehlbiß, während Tiger, Leopard und Jaguar ihre Beute beschleichen und dann im Sprung überwältigen.

LEOPARD **(*Panthera pardus*)**
Die meisten Leoparden, die von Afrika bis Fernost beheimatet sind, tragen ein gelbliches Fell mit schwarzen Rosetten. Der schwarze Panther, den man früher als eine eigene Art ansah, ist in Wahrheit nur eine schwarze Spielart des Leoparden. Diese natürliche Varibilität der Fellfarbe ist bei der Hauskatze bewußt gefördert worden.

GEPARD **(*Acinonyx jubatus*)**
Der Gepard, der entfernteste Verwandte der Hauskatze, ist das schnellste Landtier überhaupt. Er teilt das Jagdgebiet mit Löwen und Leoparden, geht aber meist am Morgen und am frühen Nachmittag auf die Jagd, während die anderen Raubtiere ruhen. Der Gepard nimmt insofern eine Sonderstellung ein, als er die einzige Katzenart ist, die ihre Krallen nicht einziehen kann.

GROSSKATZEN UND MENSCHEN

Die großen Katzen haben im religiösen und sozialen Leben der Menschen vielfach eine wichtige Rolle gespielt. Tiger und Jaguare werden in ihren Heimatregionen verehrt, und Löwen und Leoparden gelten bei vielen Völkern als Symbole des Königtums. Neben der Hauskatze hat der Gepard am längsten mit Menschen zusammen gelebt. Von Äthiopien über die Arabische Halbinsel bis zum Indien der Moguln wurden diese Katzen als Jagdgehilfen eingesetzt; man zog sie als Jungtiere auf, damit sie später Antilopen und andere Pflanzenfresser jagten. In Indien hat der Gepard eine ähnliche Rolle gespielt wie der Falke in Europa: Er wurde mit verbundenen Augen in das Jagdrevier gebracht und freigelassen, sobald man ein Beutetier sichtete. Die andere indische Großkatze, der Tiger, ist niemals gezähmt worden. Tiger kommen zwar nur selten mit Menschen in Berührung, aber wenn andere Beute knapp ist, gehen sie auch auf Menschen los, und der menschenfressende Tiger ist zu einem Bestandteil der indischen Volksüberlieferung geworden. Diese sogenannten »Man-eaters« wurden im 19. Jahrhundert extensiv bejagt und sind heute stark gefährdet.

JAGUAR **(*Panthera onca*)**
Die einzige Großkatze, die in Amerika heimisch ist, ist das neuweltliche Pendant des Leoparden. Obwohl sie als Großkatze aufgefaßt wird, »grunzt« und knurrt sie, brüllt aber nur selten. Jaguare sind einsame Jäger, die dichte Wälder und Sumpfgebiete mit leichtem Zugang zum Wasser bevorzugen. In den USA sind sie ausgestorben, doch verschiedene Unterarten sind von Mexiko bis Nordargentinien verbreitet.

Löwen-Tiger-Hybride

In Gefangenschaft hat man Löwen und Tiger miteinander verpaart, und das Ergebnis war ein Hybridwesen, das als »Tigon« oder »Liger« bezeichnet wird. Die erfolgreiche Kreuzung beweist, wie eng diese beiden Arten in evolutionärer Hinsicht verwandt sind, aber die Tatsache, daß die Nachkommen in der Regel unfruchtbar sind, zeigt den Grad der Divergenz innerhalb der Katzenfamilie.

Unfruchtbare Nachkommen

So wie aus Kreuzungen von Pferd und Esel weitgehend unfruchtbare Maultiere oder Maulesel hervorgehen, können sich auch Löwen-Tiger-Hybriden nicht fortpflanzen.

TIGER ***(Panthera tigris)***
Der Lebensraum des Tigers, der sich in isolierten Vorkommensgebieten von Indien bis Sibirien behauptet hat, reicht von tropischen Regenwäldern bis zu felsigen Berghängen. Das Territorium eines Männchens umfaßt das von vier oder fünf Weibchen, aber nie das eines anderen männlichen Tigers. Wenn reichlich Beute vorhanden ist, wächst die Toleranz gegenüber Artgenossen, doch wenn sie knapp wird, leben die Tiger als Einzelgänger, die nur zur Paarung zusammenkommen.

LÖWE ***(Panthera leo)***
Löwen, die geselligsten Vertreter der Katzenfamilie, leben in Rudeln aus blutsverwandten Weibchen – eine Besonderheit, die auch für die Hauskatze charakteristisch ist. Der Löwe ist auf Afrika beschränkt, doch eine kleine Population asiatischer Löwen lebt auch im Gir-Wald in Nordwestindien. Durch die Ausbreitung der Landwirtschaft sind mehrere Unterarten ausgestorben, aber einige Löwen, die kürzlich im Zoo von Addis Abeba in Äthiopien entdeckt wurden, könnten Überlebende des ausgerotteten nordafrikanischen Berberlöwen sein.

NEBELPARDER ***(Neofelis nebulosa)***
Der von Nepal bis Taiwan verbreitete Nebelparder macht in Bäumen Jagd auf Affen, Eichhörnchen und Vögel. Sein starres Zungenbein gleicht dem der Kleinkatzen und bewirkt, daß er nicht brüllen kann, aber seine Ruhestellung ist die einer Großkatze.

Schwindender Lebensraum

Die breitgestreute Verbreitung der Großkatzen, die so viele unterschiedliche Biotope besiedeln, erweckt den Eindruck von Stabilität und Erfolg, doch die Zahl der Großkatzen nimmt fast überall ab. Das ist teils auf die Pelzjagd und den fernöstlichen Handel mit Tierprodukten zurückzuführen, aber auch auf den Schwund der angestammten Lebensräume. Vor 100 Jahren waren Tiger von der Türkei bis Korea und Bali verbreitet. Ohne Gegenmaßnahmen des Menschen wird der Lebensraum der Großkatzen noch mehr eingeengt werden.

Kleinkatzen Amerikas

Tiere überdauern in ihrer Umwelt, indem sie sich anpassen und weiterentwickeln. Dank der großen Vielfalt der Landschaftsformen und Klimabedingungen hat sich in der Neuen Welt ein großer Artenreichtum der Gattung *Felis* entfaltet. Die größte Kleinkatze, der Puma, hat sich in ganz Amerika durchgesetzt, während der mittelgroße Rotluchs und der Kanadische Luchs in Nordamerika nur in Rückzugsgebieten überlebt haben. In Südamerika haben sich zahlreiche Kleinkatzenarten entwickelt. Viele ähneln in Größe und Aussehen unserer Hauskatze, bleiben aber ausgesprochene Wildtiere. Keine ist zähmbar wie die Vorfahren der Hauskatze.

Die sich entwickelnden Katzenpopulationen wurden voneinander getrennt, als durch die Kontinentaldrift Landmassen entstanden, die vom Meer umgeben waren. Weil dadurch die Ausbreitung von Tierarten in bestimmten Weltgegenden behindert wurde, gibt es zum Beispiel auf Madagaskar oder in Australien keine autochthonen Katzen (siehe S. 11). In Amerika lebt nur eine einzige Großkatze, der Jaguar (siehe S. 12), doch eine Vielzahl von Kleinkatzen der Gattung *Felis*. Die Zoologen vermuten, daß viele dieser Katzenarten in Nordamerika entstanden und dann nach Süden gewandert sind, als Südamerika im Zuge der Kontinentalverschiebung wieder mit Nordamerika vereint wurde. In Südamerika haben sich die Katzen in die vielen Arten aufgespalten, die wir heute kennen.

Die amerikanischen Verwandten der Hauskatze sind ungefähr gleich groß, aber sehr scheu. Nur wenige sind gründlich erforscht worden, und so wissen wir kaum etwas über ihre Biologie und ihr Sozialverhalten. Viele dieser kleinen Katzen leben im dichten Unterholz oder auf Bäumen und jagen in der Nacht, und deswegen sind sie viel schwerer zu beobachten als Katzen, die in offenem Gelände heimisch und zudem tagaktiv sind. Genanalysen sind bei den amerikanischen Kleinkatzen noch nicht durchgeführt worden, aber sehr wahrscheinlich sind viele eng miteinander verwandt. Ozelot, Baumozelot, Tigerkatze, Chilenische Waldkatze und Kleinfleckkatze werden heute als Spielarten einer einzigen Art aufgefaßt. Den Rotluchs und den Kanadischen Luchs vereinigt man ebenfalls häufig zu einer einzigen Art.

Kontakt mit dem Menschen

Wegen der heimlichen Lebensweise der kleineren Katzen gibt es nur wenige Eingeborenengeschichten über sie. Die einzige Ausnahme ist der Jaguarundi, der nach Ansicht einiger Fachleute von den Indios gezähmt wurde, bevor die Spanier in Südamerika eintrafen. Sowohl der Jaguar als auch der Puma haben in der Mythologie der präkolumbianischen Kulturen wahrscheinlich eine wichtige Rolle gespielt. Artefakte, die uns die Azteken und andere Volksstämme hinterlassen haben, lassen vermuten, daß diese Katzen geschätzt, ja verehrt wurden. In Nordamerika hielten die amerikanischen Ureinwohner den Rotluchs für einen »Gauner«, und als solcher taucht er in ihrer Folklore auf, aber er wurde nie gezähmt.

Rotluchs **(*Felis lynx rufus*)**
Der als Luchsunterart aufgefaßte Rotluchs bewohnt riesige Gebiete Nordamerikas, von Neuschottland bis hinunter nach Mexiko. Sein schwarzgeflecktes braunes Fell ist eine hervorragende Tarnung im felsigen, buschigen Gelände, in dem er umherstreift. Der Rotluchs ist etwas größer als der Kanadaluchs, hat einen längeren Schwanz und große Ohren, aber weniger auffällige Ohrpinsel.

Kanadischer Luchs **(*Felis lynx canadensis*)**
Der Luchs, die einzige Katzenart, die beiderseits des Atlantiks vorkommt, ist in seinem natürlichen Lebensraum weit verbreitet. Europäische Luchse sind ziemlich groß (siehe S. 17), während adulte amerikanische Luchse manchmal nicht größer werden als eine Hauskatze. Die Vorliebe für Schneeschuhhasen hat sich auf die Luchse verhängnisvoll ausgewirkt: Schwankungen in den Hasenbeständen haben unmittelbare Folgen für die Luchsbestände.

Ozelot **(*Felis pardalis*)**
Dem einst weitverbreiteten Ozelot wurde zum Verhängnis, daß er ein schönes schwarz gestreiftes und geflecktes orangegelbes Fell besitzt. Deswegen ist er in Mittel- und Südamerika vielfach bis zur Ausrottung bejagt worden. Der hervorragende Kletterer jagt nachts im Geäst der Bäume und verschläft den Tag.

Jaguarundi **(*Felis yagouarundi*)**
Dieses manchmal als Wieselkatze bezeichnete Katzentier bewohnt dichtes Gebüsch von Arizona bis Argentinien. Weil sein Pelz nie beliebt war, entging es den Nachstellungen der Jäger. Der besonders am Morgen aktive Jaguarundi lebt von Nagern und Kaninchen, aber auch von Fröschen und Vögeln. Erzählungen der südamerikanischen Indios berichten davon, daß Jaguarundis für die Bekämpfung von Nagetieren gezähmt wurden.

PUMA *(Felis concolor)*
Der von Südkanada bis Patagonien verbreitete Puma wird auch Kuguar, Berg- oder Silberlöwe genannt. Er ist der größte Vertreter der Gattung Felis, *und sein Beutespektrum reicht von Nagetieren bis Hirschen. Weil er gelegentlich Haustiere schlägt, wurde er so stark bejagt, daß die Bestände des Florida- und des Östlichen Pumas als gefährdet gelten.*

Gefährdung durch den Menschen
Die größten Gefahren für die Kleinkatzen sind der Pelzhandel, der Handel mit exotischen Heimtieren und der Lebensraumverlust. Seitdem allgemein bekannt ist, wie übel den Wildtieren mitgespielt wurde, ist der Fang von wildlebenden Katzen dramatisch zurückgegangen, und bedrohte Arten sind heute gesetzlich geschützt, doch für manche Arten kam beides zu spät. Die Nachfrage nach Pelzen ist nach wie vor groß: Wenn eine Art nicht mehr genug hergibt, verlegen sich die Jäger einfach auf eine andere Art. Die Folge ist, daß sich die Populationen einiger gefleckter Katzen wohl nie wieder erholen werden. Angesichts der Lebensraumvernichtung durch die Landwirtschaft müssen sich die verbleibenden Bestände entweder anpassen oder weiter zurückgehen.

TIGERKATZE *(Felis tigrinus)*
Die Tigerkatze, auch Ozelotkatze oder Oncilla genannt, wird häufig mit dem ihr sehr nahestehenden Baumozelot verwechselt. Ihr Verbreitungsgebiet erstreckt sich von Costa Rica bis Nordargentinien, doch sie ist selten geworden, weil sie wegen ihres Pelzes bejagt wird, der creme- bis ockerfarben getönt ist. Sie ist zwar ein Waldbewohner, hält sich aber nicht so häufig auf den Bäumen auf wie der Baumozelot. Ihre Beute besteht aus Vögeln, Säugetieren, Echsen und Insekten, doch über ihr Sozialverhalten ist kaum etwas bekannt.

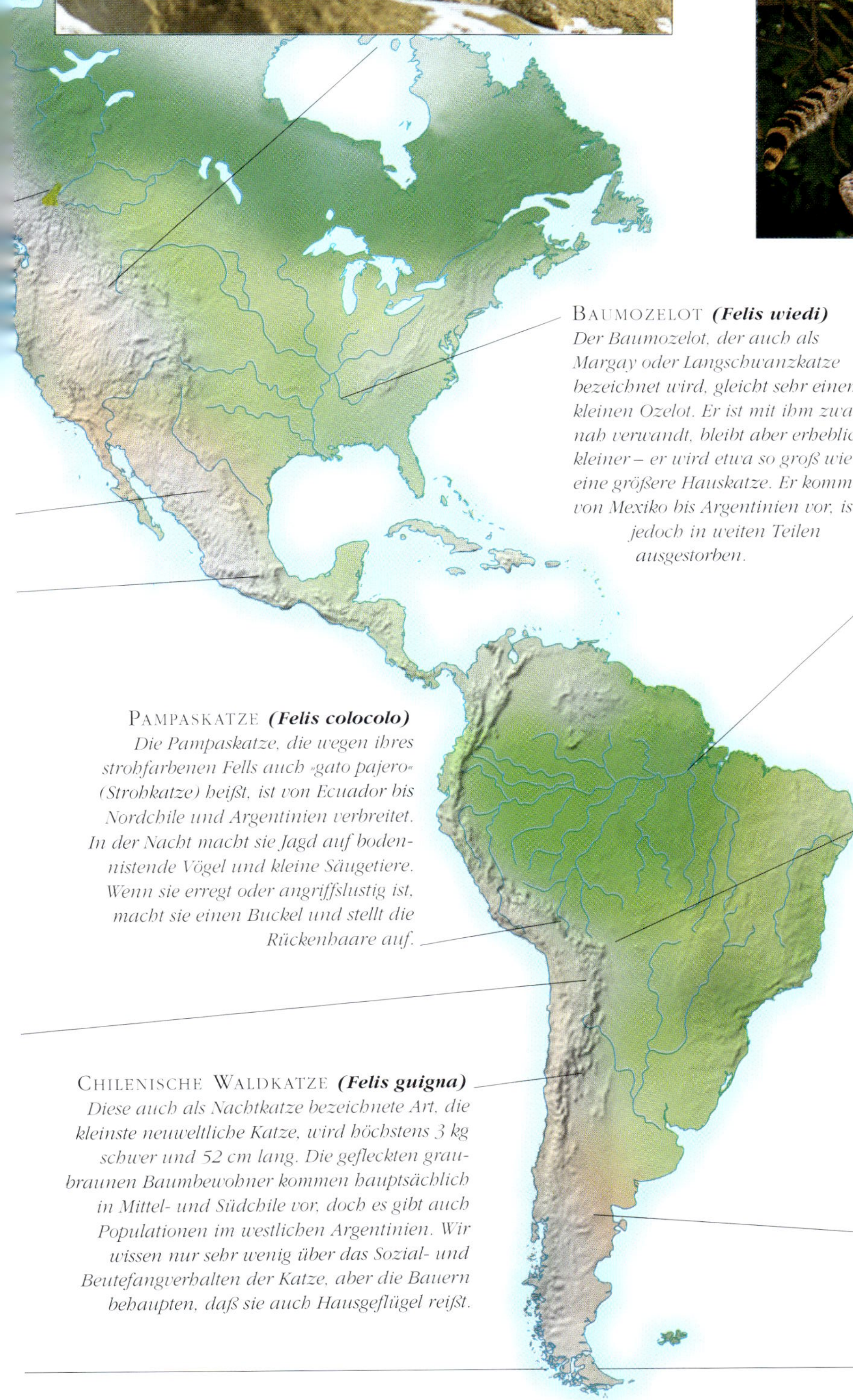

BAUMOZELOT *(Felis wiedi)*
Der Baumozelot, der auch als Margay oder Langschwanzkatze bezeichnet wird, gleicht sehr einem kleinen Ozelot. Er ist mit ihm zwar nah verwandt, bleibt aber erheblich kleiner – er wird etwa so groß wie eine größere Hauskatze. Er kommt von Mexiko bis Argentinien vor, ist jedoch in weiten Teilen ausgestorben.

BERGKATZE *(Felis jacobita)*
Diese seltene Katzenart bewohnt die Hochlagen der Anden. Sie hat die Größe einer Hauskatze, doch die Männchen können etwas größer werden. Ihr silbergraues, braun oder orange geflecktes oder gestreiftes Fell ist dicht und somit eine gute Anpassung an ihren kalten Lebensraum im Hochgebirge. Sie wurde sogar schon in Höhen von 5000 m angetroffen.

PAMPASKATZE *(Felis colocolo)*
Die Pampaskatze, die wegen ihres strohfarbenen Fells auch »gato pajero« (Strohkatze) heißt, ist von Ecuador bis Nordchile und Argentinien verbreitet. In der Nacht macht sie Jagd auf bodennistende Vögel und kleine Säugetiere. Wenn sie erregt oder angriffslustig ist, macht sie einen Buckel und stellt die Rückenhaare auf.

KLEINFLECKKATZE *(Felis geoffroyi)*
Diese winzige Katze steht der Chilenischen Waldkatze und dem viel größeren Baumozelot sehr nahe. Sie klettert und schwimmt ausgezeichnet und ernährt sich von Kleinsäugern und Vögeln. Ihr Vorkommensgebiet erstreckt sich von Brasilien und Bolivien bis Argentinien. Die Fellfarbe schwankt zwischen Ocker und Silber, doch am häufigsten ist ein geflecktes Grau.

CHILENISCHE WALDKATZE *(Felis guigna)*
Diese auch als Nachtkatze bezeichnete Art, die kleinste neuweltliche Katze, wird höchstens 3 kg schwer und 52 cm lang. Die gefleckten graubraunen Baumbewohner kommen hauptsächlich in Mittel- und Südchile vor, doch es gibt auch Populationen im westlichen Argentinien. Wir wissen nur sehr wenig über das Sozial- und Beutefangverhalten der Katze, aber die Bauern behaupten, daß sie auch Hausgeflügel reißt.

Kleinkatzen Afrikas und Eurasiens

Die meisten Fachleute stellen heute die kleinen und mittelgroßen Katzen Afrikas und Eurasiens in die Gattung *Felis*, der auch unsere Hauskatze angehört. In Größe, Aussehen, Lebensweise und, soweit bekannt, genetischer Ausstattung stimmen alle diese Katzenarten weitgehend überein. Wie die Hauskatze pflegen auch ihre nahen Verwandten einen Lebensstil, der gekennzeichnet ist durch längere Inaktivitätsphasen und plötzliche Aktivitätsschübe zum Zweck des Beutefangs. Über das Sozialverhalten dieser Arten ist wenig bekannt, doch diejenigen, die man genauer beobachtet hat, zeigen ähnliche Verhaltensweisen wie die Hauskatze. Nur wenige wildlebende Arten sind allerdings domestizierbar.

Die anatomischen und Verhaltensmerkmale der einzelnen Wildkatzenarten sind das Ergebnis evolutionärer Anpassungen an das jeweilige Nahrungsangebot. Einige Arten, etwa die Fischkatze, haben sich an ein Leben in Gewässernähe angepaßt, wo sie sich von Schalentieren, Schlangen und Nagern ernähren. Andere, wie die chinesische Graukatze, mußten sich an ein trockenes Klima anpassen und leben deshalb vorwiegend von kleinen Säugetieren.
Bei allen Katzen haben sich Fellfarben und Fellmuster entwickelt, mit denen sie sich in ihrem jeweiligen Lebensraum vor ihren Beutetieren tarnen. Allgemein gilt, daß gefleckte Katzen im Wald heimisch sind, während weniger lebhaft gezeichnete Arten im hohen Gras oder offenen Gelände leben und jagen. Doch abgesehen von ihrem Biotop, haben alle nahen Verwandten der Hauskatze vieles gemeinsam. Im Freileben sind die meisten Katzen Einzelgänger, die ein Territorium besetzen, das sie mit Duftstoffen markieren. Das Territorium eines Katers kann mehrere Weibchenterritorien überlappen, aber die beiden Geschlechter kommen selten zusammen, nur zur Paarung, der eine kurze Werbung vorausgeht.

Kleinkatzenhybriden
Kreuzungen zwischen Kleinkatzenarten sind möglich, kommen aber in freier Wildbahn kaum vor. Doch so wie aus einer Kreuzung von Löwe und Tiger ein »Liger« oder »Tigon« hervorgeht (siehe S. 13), so werden gelegentlich auch Hybriden von kleinen Katzen geboren. Der Unterschied zwischen diesen Kreuzungen und jenen der Großkatzen besteht darin, daß die Nachkommen bei der richtigen Artenmischung fruchtbar sind und die neue Hybridform sich in den nachfolgenden Generationen verfestigen kann. Einige Arten sind mit der Hauskatze gekreuzt worden, und das Resultat waren hübsche »Mischlinge«. Diese waren aber vielfach schwer zu zähmen, vor allem in den frühen Generationen. Zahmheit, die sich in generationenlanger Zucht entwickelt, wird rasch wieder reduziert, wenn man Arten einkreuzt, die das Biofeedback oder die hormonalen Veränderungen, die mit der Zahmheit gekoppelt sind, nicht durchgemacht haben (siehe S. 58).

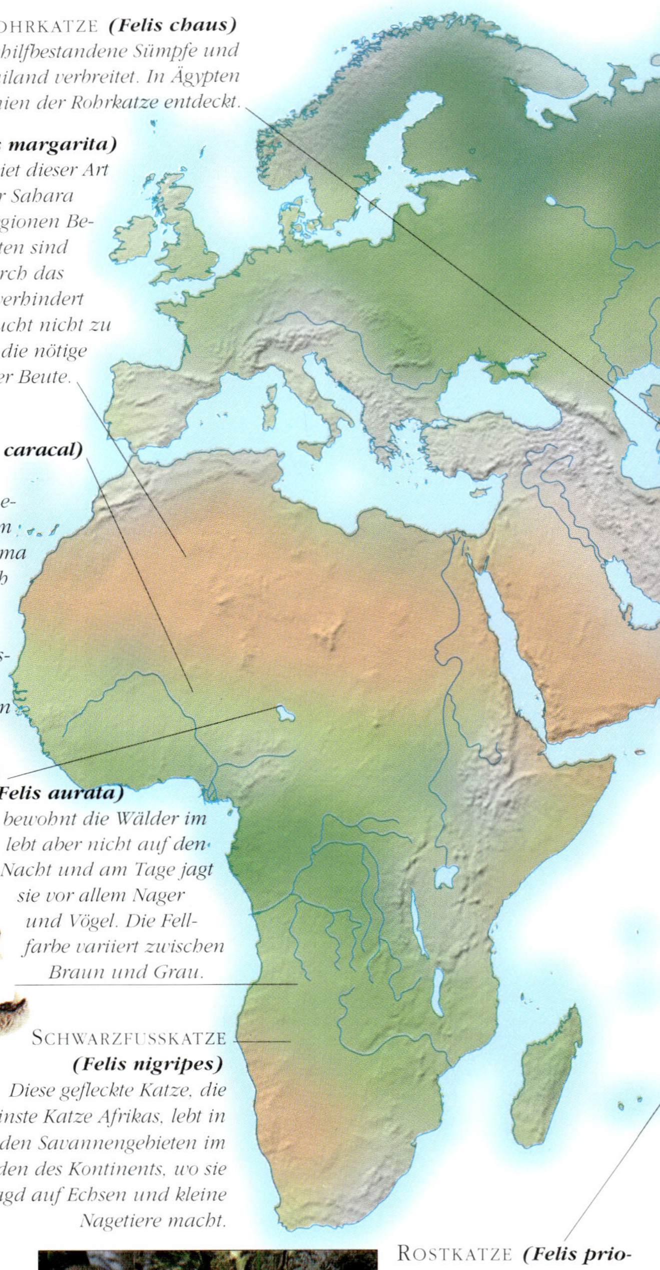

Rohrkatze **(*Felis chaus*)**
Diese Katze bewohnt vorzugsweise offenes Gelände, schilfbestandene Sümpfe und Uferwälder und ist von Ägypten bis Sri Lanka und Thailand verbreitet. In Ägypten hat man Mumien der Rohrkatze entdeckt.

Sandkatze **(*Felis margarita*)**
Das Verbreitungsgebiet dieser Art erstreckt sich von der Sahara bis zu den Wüstenregionen Belutschistans. Die Pfoten sind dicht behaart, wodurch das Einsinken im Sand verhindert wird. Die Katze braucht nicht zu trinken und bezieht die nötige Feuchtigkeit aus ihrer Beute.

Karakal **(*Felis caracal*)**
Der Karakal, der den Luchsen nahesteht, hat sich dem heißen Tropenklima angepaßt. Typisch sind die auffälligen Ohrpinsel. Sein Verbreitungsgebiet reicht von Afrika bis Arabien und Indien.

Afrikanische Goldkatze **(*Felis aurata*)**
Diese seltene Art bewohnt die Wälder im mittleren Afrika, lebt aber nicht auf den Bäumen. In der Nacht und am Tage jagt sie vor allem Nager und Vögel. Die Fellfarbe variiert zwischen Braun und Grau.

Serval **(*Felis serval*)**
Dieser Bewohner der afrikanischen Savannen hat ein gelbbraunes Fell mit schwarzen Flecken.

Schwarzfusskatze **(*Felis nigripes*)**
Diese gefleckte Katze, die kleinste Katze Afrikas, lebt in den Savannengebieten im Süden des Kontinents, wo sie Jagd auf Echsen und kleine Nagetiere macht.

Rostkatze **(*Felis prionailurus rubiginosus*)**
Diese kleinste Katze Asiens, kleiner noch als eine Hauskatze, bewohnt das Buschund Grasland Südindiens und die feuchten Bergwälder Sri Lankas. Die nachtaktive Katze jagt Kleinsäuger, Vögel und Insekten.

LUCHS **(Felis lynx)**
Der Luchs, die größte europäische Katzenart, kann fünfmal so schwer sein wie eine Hauskatze. Die Luchspopulationen sind von Skandinavien bis Sibirien ungleichmäßig verteilt. In Mitteleuropa sind die Luchse praktisch ausgestorben, doch erfreulicherweise haben sie sich im Bayerischen Wald wieder angesiedelt.

MANUL **(Felis manul)**
Der von Iran bis Westchina verbreitete Manul besiedelt Berghänge und felsiges Terrain und ernährt sich vorwiegend von Nagern. Er hat kleine Ohren und ein sehr dichtes Fell entwickelt, um bei Temperaturen unter dem Gefrierpunkt überleben zu können.

ASIATISCHE GOLDKATZE **(Felis temmincki)**
Diese Verwandte der Afrikanischen Goldkatze lebt in Felslandschaften von Nepal und Südchina bis Sumatra. Im Süden sind ihre Abzeichen blaß, im Norden ist sie gefleckt und gestreift.

BENGALKATZE
(Felis prionailurus bengalensis)
Die etwa hauskatzengroße Bengalkatze ist von Nordchina bis zu den Inseln Indonesiens verbreitet, wo sie sich erfolgreich behaupten kann, weil sie schwimmen und Fische fangen kann. Aus Kreuzungen mit der Hauskatze ist die Bengal (siehe S. 208) hervorgegangen.

FISCHKATZE
(Felis prionailurus viverrinus)
Die gefleckte graubraune Fischkatze, die kleine Schwimmhäute besitzt und ihre Krallen nicht so weit einziehen kann wie andere Katzen, lebt in den Mangrovensümpfen Indiens, Sri Lankas, Chinas und Birmas. Sie erbeutet Fische, Schalentiere, Schlangen und Kleinsäuger.

MARMORKATZE
(Felis pardofelis marmorata)
Die Marmorkatze trifft man in einem großen Gebiet zwischen dem Osthimalaja und Borneo an. Das sehr seltene Tier steht heute in Indien und Thailand unter Schutz. Sein Fell ähnelt dem des Nebelparders, der allerdings sehr viel größer ist.

FLACHKOPFKATZE
(Felis prionailurus planiceps)
Das Hauptkennzeichen dieser rotbraunen Katze ist der auffällige lange und abgeflachte Kopf. In ihrem gesamten Vorkommensgebiet in Indien, Sri Lanka, Indonesien und Südchina lebt sie bevorzugt in Gewässernähe, wo sie Kleinsäuger, Vögel und Fische jagt.

IRIOMOTE-KATZE
(Felis prionailurus iriomotensis)
Diese kleine nachtaktive Katze, die erst 1967 auf der japanischen Insel Iriomote entdeckt wurde, lebt am Wasser und ernährt sich von Vögeln, Krebsen und Kleinsäugern. Wahrscheinlich haben weniger als 100 Tiere überdauert, die jeweils ein eigenes Jagdrevier besetzen.

GRAUKATZE **(Felis bieti)**
Diese hauskatzengroße Art, die die Steppen und Berge Westchinas und der südlichen Mongolei besiedelt, hat ein dichtes Fell und dickbehaarte Sohlen. In ihrem trockenen Lebensraum ist das gelbbraune Haarkleid eine gute Tarnung.

ROTKATZE **(Felis pardofelis badia)**
Diese extrem seltene Katze, eine sehr nahe Verwandte der Marmorkatze, wird auch Borneo-Katze genannt. Sie trägt ein kastanienbraunes Fell mit gefleckter Unterseite. Am seltensten sind Tiere mit einem bläulichen Fell. Die Rotkatze bewohnt felsige und bewaldete Gebiete auf Borneo und lebt von Kleinsäugern und Vögeln.

Artenschwund
Viele Kleinkatzen Afrikas und Eurasiens sehen einer ungewissen Zukunft entgegen. Glücklicherweise leben mehrere, etwa der Karakal, der Serval, die Afrikanische Goldkatze und der Manul, noch in größeren Beständen in sicheren Schutzgebieten. Andere, so die Iriomote-Katze, die Asiatische Goldkatze, die Rotkatze und die Flachkopfkatze, sind gefährdet und vom Aussterben bedroht. Die Regierungen haben inzwischen den Wert des ›Ökotourismus‹ erkannt und fördern den Schutz der Lebensräume vieler Arten, doch leider sind die Tiere vielfach so menschenscheu, daß weder Ökotouristen noch Zoologen sie jemals zu Gesicht bekommen. Tierfilme sind weiterhin die einzige Möglichkeit, viele dieser Hauskatzenverwandten kennenzulernen.

DIE NÄCHSTEN VERWANDTEN

Über Afrika, Europa und Asien verstreut lebt eine Gruppe von kleinen, eigenständigen Wildkatzen, die alle der Gattung *Felis* angehören. Äußerlich sind sie einander so ähnlich, daß sich die Experten nicht darüber einigen können, ob es sich um getrennte Arten oder nur um geographische Unterarten handelt, die sich an ihre jeweilige Umwelt angepaßt haben. Diese wildlebenden Katzen haben sich als die nächsten Verwandten der Hauskatze erwiesen. Neuere genetische Untersuchungen deuten darauf hin, daß die Hauskatze praktisch identisch ist mit der nordafrikanischen Falbkatze und daß sich diese beiden Formen deutlich von den europäischen und asiatischen Wildkatzen unterscheiden. Alle diese Katzen können miteinander gekreuzt werden und bringen fruchtbare Nachkommen hervor.

Die Wildkatze *(Felis silvestris)* ist die nächste Verwandte der Hauskatze. Bis vor kurzem konnten sich die Taxonomen nicht darüber einigen, welche Bedeutung die Unterschiede innerhalb dieser Art haben. Es bestehen sichtbare Abweichungen zwischen den verschiedenen Varietäten, etwa Umweltanpassungen der Fellfarbe und -textur, und auch Wesensunterschiede zwischen den Wildkatzen Afrikas und Europas. In Somalia beispielsweise leben Falbkatzen im Umkreis menschlicher Siedlungen, und sie suchen sogar in den Dörfern nach Nahrung. Die Schottischen Wildkatzen hingegen lassen sich fast nie blicken, obwohl sie sich an die Jagd auf Kaninchen angepaßt haben, die sie reichlich auf landwirtschaftlichen Nutzflächen vorfinden.

Neuere Untersuchungen, die Professor Eric Hurley von der Universität Kapstadt durchgeführt hat, haben ergeben, daß sich die Europäische Wildkatze und die Falbkatze genetisch deutlich voneinander unterscheiden. Die Studie läßt den Schluß zu, daß sich die beiden zwar körperlich ähneln, aber vor Hunderttausenden von Jahren in zwei selbständige Arten aufgespalten haben. Genetische Untersuchungen werden voraussichtlich nachweisen, daß alle regionalen Spielarten der Europäischen Wildkatze nur isolierte Populationen einer einzigen Art sind.

SCHOTTISCHE WILDKATZE ***(Felis silvestris grampia)***
Die einst auf der ganzen Insel heimischen Wildkatzen sind im 19. Jahrhundert aus England verschwunden und haben sich nach Schottland zurückgezogen, wo sie nördlich der Linie Glasgow-Edinburgh überdauern. Unter Schutzmaßnahmen beginnt sich der Bestand zu erholen. Die Schottische Wildkatze hat einen breiteren Kopf und einen kürzeren Schwanz als die Hauskatze.

EINDEUTIGE HERKUNFT

Die Erforschung der Falbkatze hat ergeben, daß ihr »genetischer Fingerabdruck« fast identisch ist mit dem der Hauskatze – ein hinreichender Beweis dafür, daß die Hauskatze aus Afrika stammt.

Es bleiben indes genügend subtile Unterschiede zwischen den Genen der Falbkatzen und der Hauskatzen, so daß man ein Individuum der einen oder der anderen Kategorie zuordnen kann, selbst in gemischten Populationen. Die Fachleute streiten noch immer darüber, ob die herumstreunenden Falbkatzen und die sich anpassenden Schottischen Wildkatzen reinblütige Wildkatzen oder Wildkatzen-Hauskatzen-Hybriden sind: Gentests werden diese Frage vielleicht beantworten können.

SPANISCHE WILDKATZE
(Felis silvestris iberica)
Die iberischen Wildkatzen, die wie schwer gebaute Hauskater aussehen, sind die Überreste jener Wildkatzen, die einstmals ganz Europa bewohnten. Da sie wegen ihres Fells bejagt und als angebliche Haustierdiebe verfolgt wurden, haben sie nur in isolierten Regionen überlebt.

Die Wildkatzensippschaft
Wildkatzen gedeihen in einer Klimazone, die von Schottland mit seinen kalten Wintern bis zum heißen Buschland Afrikas reicht. Sie haben eine Vielzahl von Formen ausgebildet, deren Unterschiede so gering sind, daß manche sie für nahe Verwandte halten, aber auch so ausgeprägt, daß andere sie als getrennte Arten auffassen.

EUROPÄISCHE WILDKATZE
(Felis silvestris europaea)
Nachdem die Bestände der Europäischen Wildkatze nahezu ausgestorben waren, sind sie heute in vielen Ländern wieder stabil. Die unnahbare und praktisch unzähmbare heimische Wildkatze ist inzwischen in vielen Regionen geschützt, unter anderem in Deutschland.

INDISCHE STEPPENKATZE
(Felis silvestris ornata)
Das Verbreitungsgebiet dieser Katze erstreckt sich von Rußland südwärts bis Mittelindien. Sie ist kleiner als ihre afrikanischen und europäischen Verwandten, und ihr Fell zeigt keine Streifen-, sondern eine Fleckenzeichnung.

FALBKATZE ***(Felis silvestris libyca)***
Diese afrikanische Wildkatze hat, wie ihre europäischen Verwandten, ein größeres Gehirn als die Hauskatze, was wahrscheinlich mit ihrer Überlebensstrategie zusammenhängt. Im Gegensatz zur europäischen Wildkatze kann sie relativ zahm werden, wenn man sie in Gefangenschaft aufzieht. Genetische Untersuchungen lassen darauf schließen, daß sie die Stammform der Hauskatze ist.

Wildkatzenkreuzungen

Die Wildkatzen in Europa sind bedroht durch die Nachstellungen des Menschen und durch die Ausbreitung der Landwirtschaft. Weniger offensichtlich ist, daß sie vielleicht auch durch die Vermischung mit Hauskatzen gefährdet worden sind. Es ist möglich, ja wahrscheinlich, daß Wildkuder mit weiblichen Hauskatzen Nachwuchs gezeugt haben. Wenn diese mischerbigen Tiere heranwachsen, gebärden sie sich so wild wie ihre Väter und meiden menschliche Siedlungen. Deshalb ist es unwahrscheinlich, daß Wildkatzen in der Entwicklung der Hauskatze eine Rolle gespielt haben, aber Hauskatzen können die Evolution der Wildkatze beeinflußt haben. Genanalysen zufolge kommen Kreuzungen zwischen Falbkatzen und den nah verwandten Hauskatzen selten vor. Bei der Europäischen Wildkatze sind solche Tests noch nicht durchgeführt worden, aber wegen ihrer naturgegebenen Menschenscheu dürfte die Hybridisation keine ernste Gefahr für ihren Fortbestand darstellen.

Wahrhaft wild
Im Unterschied zur Falbkatze, die domestiziert werden kann, wenn sie von Menschen aufgezogen wird, scheinen die Wildkatzen in Europa von Natur aus Angst vor dem Menschen zu haben. Diese Eigenschaft ist dermaßen ausgeprägt, daß selbst eine Kreuzung zwischen Wild- und Hauskatze wie die hier gezeigte lebenslang »kratzbürstig« bleibt, unfähig zum Zusammenleben mit Menschen.

Von der Wildkatze zur Hauskatze

Im Unterschied zu anderen Haustieren ist die Hauskatze selbstdomestiziert: Sie entschied sich für das Zusammenleben mit dem Menschen, weil das in ihrem Interesse lag – ein natürlicher Egoismus, der dem Verhalten der Hauskatze bis heute zugrunde liegt. Diese Selbstdomestikation geschah ziemlich spät, lange nach der Haustierwerdung des Hundes. Die Katzenvorfahren brauchten spezifische psychologische und physiologische Merkmale, um die ungewöhnliche ökologische Nische der menschlichen Siedlungen besetzen zu können. Unter den gewandelten Umweltbedingungen erfolgten sowohl körperliche als auch verhaltensmäßige Veränderungen, die den erfolgreichsten Katzentyp hervorbrachten: die Hauskatze.

Die Frühgeschichte der Hauskatze ist im alten Ägypten am besten belegt, doch Ägypten war nicht notwendigerweise ihre erste Heimat. Ein Katzenzahn aus der Zeit um 9000 v. Chr. ist in einer Ausgrabungsstätte in Jericho in Israel entdeckt worden. Wildkatzen haben Zypern nicht besiedelt; Katzenüberreste aus der Zeit vor 5000 v. Chr., die man auf der Insel gefunden hat (siehe S. 24), lassen vermuten, daß die Tiere dorthin mitgebracht wurden, vielleicht sogar als Heimtiere. Fossilien aus der Zeit vor 4000 v. Chr. hat man auch im Indus-Tal bei Harappa entdeckt.
Die frühesten Zeugnisse aus Ägypten, die eine mögliche innige Beziehung zwischen Katzen und Menschen belegen, sind ebenso alt wie jene aus Harappa. In einem Gräberfeld im mittelägyptischen Mostagedda wurde ein Mann mit einer Gazelle neben dem Kopf und einer kleinen Katze zu seinen Füßen bestattet. Die Ägyptologen glauben, daß die Gazelle sein Totenmahl darstellte und die Katze sein Lieblingstier war.
In Ägypten entstanden die ersten festen Siedlungen mit Getreidespeichern und Silos um 4000 v. Chr. Diese Siedlungen boten allen Katzen, die sich die neue Situation zunutze machen konnten und wollten, reichlich Nagetiere und Essensabfälle, außerdem vielfältigen Unterschlupf und Schutz vor größeren Raubtieren. Zwei kleine Katzen, die Rohrkatze (*Felis chaus*; siehe S. 15) und die Falbkatze (*Felis silvestris libyca*; siehe S. 18), lebten in dieser Region. Die weniger scheue Falbkatze war geeignet, auf der Suche nach ihrer bevorzugten Nagetierbeute in diese neue Umwelt vorzudringen. Eine kleine Erbmutation, die vielleicht die hormonelle Kontrolle der Emotionen betraf (siehe S. 58), ließ eine Katzenpopulation mit einem einzigartigen Überlebensvorteil entstehen, mit der Fähigkeit, in menschlichen Siedlungen zu leben und sich fortzupflanzen.

Geburtsstätte der Hauskatze

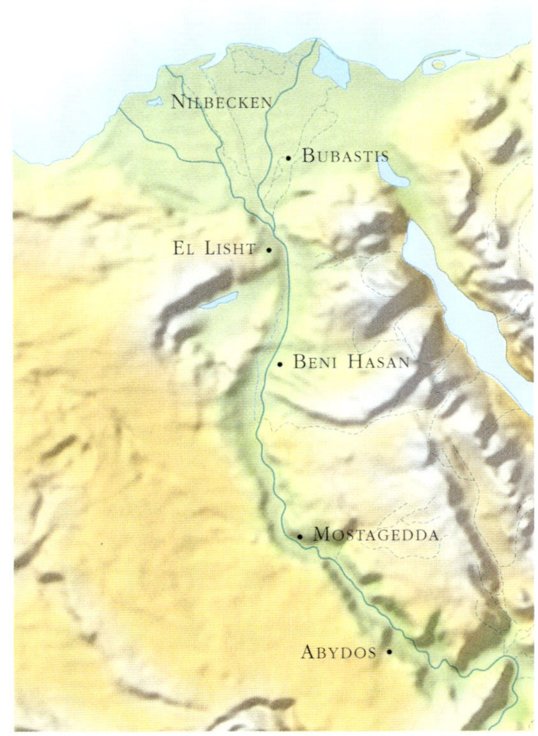

Die natürliche Lebensweise der Falbkatze
In ihrer natürlichen Umwelt, an die sie sich über Jahrtausende hinweg angepaßt hatte, muß die Falbkatze kaum eine Übervölkerung befürchten. Sie muß sich jedoch einem starken Wettbewerb um Geschlechtspartner, Beute und Territorien stellen: Nur wenige Kätzchen erreichen das Erwachsenenalter. Mehr Beute behagt streßtoleranten Tieren, die dann eine größere Populationsdichte hinnehmen können.

Zeugnisse der Domestikation
Die sich entwickelnde Besiedlung und Landwirtschaft im fruchtbaren Schwemmland des Nils eröffneten der dort heimischen Falbkatze den Zugang zu einer neuen ökologischen Nische. Seit jener Zeit liefern Gräber und Malereien bruchstückhafte Belege für eine wachsende Beziehung zwischen Katzen und Menschen. Die Aufnahme der domestizierten Katze in das ägyptische Gemeinwesen scheint um 2000 v. Chr. abgeschlossen zu sein, und es folgte ihre Anerkennung als die symbolische Verkörperung einer Gottheit.

Leben in zwei Welten
Die Entwicklung des Ackerbaus um 4000 v. Chr. (siehe rechts) eröffnete der Falbkatze eine neue Welt voller Möglichkeiten: Im Umkreis der Felder und Getreidespeicher gab es leichte Beute in ungeahnter Fülle. Um dieses reiche Angebot zu nutzen, mußte die Katze sich allerdings damit abfinden, nicht nur eine größere Populationsdichte zu tolerieren, sondern auch in unmittelbarer Nähe zu anderen Arten zu leben. Die in einem Grab in Mostagedda entdeckten ältesten Katzenüberreste stammen aus jener wichtigen Epoche. Weitere Funde gibt es aus den nachfolgenden Jahrtausenden, aber es läßt sich schwer exakt feststellen, wie weit diese Katzen domestiziert waren.

Anpassung und Überleben

Unter dem Druck der neuen Umweltbedingungen wurde aus der Wildkatze die Hauskatze. Es ergaben sich dauerhafte Wesensveränderungen. Friedfertigkeit erwies sich zunehmend als vorteilhaft, denn nur die sanftmütigsten Katzen konnten in enger Nachbarschaft zu so vielen Menschen und Tieren überleben. Mitfühlende Menschen wurden zu Ersatzeltern für verwaiste Kätzchen. Im Vergleich zu anderen Wildkatzenunterarten war es ein einzigartiges Phänomen, daß Falbkätzchen, die in den kritischen ersten sieben Lebenswochen von Menschen aufgezogen wurden, im Erwachsenenalter keine Angst vor Menschen entwickelten: sie blieben gutwillige Gefährten. Hinzu kamen auch körperliche Veränderungen. Ein Tarnkleid war fortan nicht mehr notwendig, und so wurden Fellmuster- und Fellfarbenmutationen, die in freier Wildbahn nicht überlebt hätten, weitervererbt. Das Verdauungssystem paßte sich an eine abwechslungsreichere Ernährung an: der Darm der Hauskatzen ist länger als der der Wildkatzen. Das Gehirn verkleinerte sich um fast 30 Prozent, weil die Katzen nicht mehr so abhängig von ihren Sinnesleistungen waren.

Der Weg zum Erfolg

Die Menschen erkannten, wie wertvoll die frisch domestizierten Katzen als Schädlingsbekämpfer waren, doch diese erfüllten wahrscheinlich auch noch eine andere, weniger offensichtliche Aufgabe. Ratten und Mäuse richteten verheerende Schäden an, aber Giftschlangen im Haus und im Freien waren lebensgefährlich. Da die Menschen sich kaum vor Kobras und Vipern schützen konnten, duldeten sie in ihren Siedlungen tüchtige, furchtlose Schlangenjäger wie die Wildkatzen oder hießen sie sogar willkommen. Wegen ihrer doppelten Beschützerrolle wurde die Katze ungeheuer beliebt.

Die alten Ägypter entwickelten großen Respekt und viel Verständnis für die Katzen und deren Verhalten, und mit der Zeit verwandelten sie sie sogar in Göttersymbole. Manche Forscher vertreten die Ansicht, die Katze sei in Ägypten zu einer Sexual- und Fruchtbarkeitsgottheit aufgestiegen, doch daß Katzen direkt angebetet wurden, ist eher unwahrscheinlich. Sicher ist jedoch, daß die Katze aufgrund ihrer natürlichen Verhaltensweisen ein herausragendes Symbol in Religion und Aberglauben wurde, und ihr Abbild erschien in zahllosen Artefakten.

Die Hauskatze war nunmehr ein Exportartikel: Zunächst wurden nur Geschichten und Bilder der Katze rings um das Mittelmeer verbreitet, aber schon bald folgten die Tiere selbst nach.

Direkte Nachkommen
(Oben) Die heutigen Hauskatzen stehen ihrer Stammform, der selbstdomestizierten Falbkatze, nach wie vor sehr nahe – im Grunde ist praktisch nichts hinzugekommen oder verlorengegangen. Ohne die Sozialisierung im Welpenalter wird selbst eine hochgezüchtete Rassekatze die unzähligen Generationen der Domestikation »vergessen« und genauso jagen und ihr Territorium verteidigen wie eine Wildkatze.

Geborgenheit im Haus
(Links) Diejenigen Katzen, die ihre natürliche Scheu und ihre solitäre Lebensweise ablegen konnten, fanden in den Häusern eine sichere und behagliche Nische. Um 2000 v. Chr. hatte sich die Katze fest etabliert, wie Hieroglyphen aus El Lisht bezeugen. Das erste Kunstwerk, das eine Katze in häuslicher Umgebung zeigt, entstand um 1950 v. Chr. und wurde in Beni Hasan entdeckt. Die Herrin des Hauses ist gekennzeichnet durch die Katze, die unter ihrem Stuhl kauert. In der Ptolemäerzeit (330–30 v. Chr.) erreichte die Katzenverehrung, deren Zentrum Bubastis im Nildelta war, ihren Höhepunkt.

Hybridentheorien

Unter den vielen Katzenmumien, die in Beni Hasan entdeckt und als Opfergaben für Bastet (siehe S. 26) gedeutet wurden, befinden sich mehrere große Skelette der sumpfbewohnenden Rohrkatze *(Felis chaus)*. Das hat manche Experten zu Spekulationen verleitet, die Hauskatze sei eine im Zuge der natürlichen Evolution entstandene Hybridform von Falb- und Rohrkatze. Professor Eric Hurleys genetische Forschungen, die sich auf exakte Untersuchungen der Gensequenzen stützen, ergaben jedoch, daß die Hauskatze der Falbkatze genetisch viel zu ähnlich ist, um eine Kreuzung mit irgendeiner anderen Art möglich erscheinen zu lassen.

Angeblicher Vorfahre
Der Anteil der Rohrkatze an der Entwicklung der Hauskatze ist lange diskutiert worden. Nach neuesten wissenschaftlichen Befunden muß er wohl bestritten werden.

Zweites Kapitel

KATZE UND MENSCH

Historisch gesehen, haben Katzen eine sehr zwiespältige Rolle in der menschlichen Gesellschaft gespielt. In manchen Kulturen als wohltätige Götter verehrt, wurden sie in anderen, zumal im christlichen Abendland, als Werkzeuge des Bösen verteufelt. In den letzten 150 Jahren hat sich unser Verhältnis zu den Katzen drastisch gewandelt. Sie werden zwar in der Literatur und Kunst zuweilen noch immer mit Hexerei und Unmoral assoziiert, aber in der Werbung und Unterhaltungsbranche von heute verkörpert die Katze vor allem Sinnlichkeit und Eleganz. Daß es ihr gelungen ist, den Hund in vielen Ländern als beliebtesten vierbeinigen Gefährten des Menschen vom ersten Platz zu verdrängen, ist ein Zeichen für die Faszination, die sie auf empfängliche Gemüter ausübt.

(OBEN) WEIBLICHE WILDFARBENE SOMALI

(LINKS) JAGENDE KATZEN AUS EINER MITTELALTERLICHEN HANDSCHRIFT

Die Ausbreitung der Katze

Die Hauskatze ist ein ungewöhnlich erfolgreiches Wandertier; in relativ kurzer Zeit hat sie sich vom Nahen Osten und Afrika auf allen Kontinenten mit Ausnahme der Antarktis und auf vielen Inseln ausgebreitet. Anfangs wurden Katzen wohl nur mitgenommen, um die Neugier der Leute zu befriedigen, aber der eigentliche Grund für ihren anhaltenden Erfolg war die Verbreitung der Mäuse und Ratten. Katzen wurden zu unschätzbaren Verbündeten im Kampf gegen die Nagetiere, und in ihrer Rolle als »Terminator« reisten sie auf den Handelsrouten um die Welt, auf denen sie schließlich auch die Neue Welt erreichten. Heute beläuft sich die gesamte Hauskatzenpopulation auf Hunderte von Millionen Tieren.

Aus Sprachuntersuchungen ergeben sich interessante Hinweise auf den Ursprung und die Wanderbewegungen der Katzen. In seiner »Geschichte der Haustiere« (1963) stellt der Zoologe Frederick Zeuner fest, daß die Katze aus dem Nahen Osten und Afrika stammt, und er erörtert auch die Herkunft ihrer verschiedenen Benennungen. Er meint, das Wort »Katze« habe seinen Ursprung in Nordafrika und leite sich von dem Berberwort »kadiska« her, was sich mit der biologischen Erkenntnis deckt, die auf diese Region als Herkunftsgebiet der Hauskatze verweist. In anderen Teilen Nordafrikas und des Nahen Ostens wurde die Katze als »kadis« im Nubischen, als »qato« im Syrischen und »quttah« im Arabischen bezeichnet.

Die Katzennomenklatur

Die alten Ägypter verwendeten das lautmalerische Wort »miou« für die Hauskatze, das heute im modernen Rassenamen Ägyptische Mau wieder auftaucht. Als die Katze erstmals in Griechenland eintraf, wurde sie »gale« (der griechische Name des Iltis) genannt, während das lateinische »felis« für alle gelblich gefärbten Raubtiere benutzt wurde, unter anderem für Wiesel, Iltis und Katze. Um 100 n. Chr. hieß die Katze in griechischen Texten »katoikidios«, und 200 Jahre später wurde im Lateinischen »felis« durch »cattus« verdrängt. Ableitungen dieser Begriffe wurden von vielen anderen Sprachen übernommen: »chat« im Französischen, »cat« im Englischen, »gato« im Spanischen und Portugiesischen, »gatto« im Italienischen, »katt« im Schwedischen und Norwegischen, »kat« im Dänischen und Holländischen, »kocka« im Tschechischen, »koschka« im Russischen und natürlich »Katze« im Deutschen.

Die Eroberung der Welt

Wenn man die Wanderwege der Katze verfolgt, stößt man in einem Grab auf Zypern auf einen der interessantesten Funde, die mutmaßlichen Überreste einer Falbkatze aus der Zeit um 5000 v. Chr. Diese Katze, die ein Import gewesen sein muß, war ein Haustier, aber immer noch so groß wie eine Wildkatze.
Nach Indien gelangte die Katze, vermutlich mit phönizischen Kaufleuten, um 500 v. Chr., sehr wahrscheinlich jedoch noch früher. Die beiden indischen Nationalepen, das »Mahabharata« und das »Ramayana«, die auf etwa 300 v. Chr. datiert werden, erwähnen die Katze. Sehr viel schwerer ist die Ankunft der Hauskatze im Fernen Osten zu fixieren. Die Angaben schwanken zwischen 2000 v. Chr. und 400 n. Chr. für China und Südostasien, wohingegen die überlieferte Jahreszahl 999 n. Chr. für Japan (siehe S. 30) reichlich spät erscheint, wenn man die geographische Nähe dieser Länder bedenkt. Die verhältnismäßig späte Ankunft der Katze in Europa ist ohne Zweifel auf das Ausfuhrverbot zurückzuführen, das die Ägypter über dieses heilige Tier verhängt hatten. Doch mit der Entstehung des Christentums wanderte die Katze im expandierenden Römischen Reich nach Norden und kam um 100 n. Chr. nach Südrußland und Nordeuropa. Ein Katzenskelett, das in einer römischen Villa im südostenglischen Lullingstone ausgegraben wurde, stützt diese Theorie. Etwa zur selben Zeit trafen Katzen in Norwegen ein; möglicherweise begleiteten sie Söldner, die aus Byzanz (heute Istanbul) heimkehrten. Seltsamerweise dauerte es noch 400 Jahre, bis die Katze auch Lettland erreichte, denn damals wurden Katzen fast überall in Europa schon frei gehandelt.
Es verging sehr viel Zeit, bis die Katze auch den Großen Teich überquerte. Französische Jesuiten nahmen zwar im 16. Jahrhundert Katzen nach Quebec mit, und mindestens eine Katze begleitete die Pilgerväter an Bord der »Mayflower« (1620) nach Amerika, aber erst im 18. Jahrhundert gelangten die Tiere in nennenswerter Zahl in die Neue Welt, als Siedler in Pennsylvania sie zwecks Nagetierbekämpfung aus Europa importierten.

Spirituelles Wesen
Diese hölzerne Katzenstatue, die um 1450 entstand, wurde in Key Marco im südwestlichen Florida entdeckt. Sie wird als rituelles Objekt gedeutet, das eine spirituelle Verbindung zwischen der Menschen- und der Tierwelt symbolisiert. Man könnte die Katze von Key Marco für eine Hauskatze halten, aber sie ist älter als die Ankunft der Hauskatze in der Neuen Welt und stellt vermutlich einen Florida-Panther dar.

Domestikationsanpassungen
Die meisten Schädel aus ägyptischen Katzenfriedhöfen ähneln der Falbkatze (siehe S. 20). Seit der Domestikation der ersten Katzen haben sich nach und nach leichte Veränderungen der Fellfarbe ergeben, bedingt durch Klima, Landschaftsformen und künstliche Zuchtwahl. Amerikanische und australische Fellfarben bezeugen, daß Katzen im 18. bzw. 19. Jahrhundert von britischen Häfen aus dorthin gelangt sind. Die fast weiße »Van«-Zweifarbigkeit, beliebt im Mittelmeerraum und in Skandinavien, doch im übrigen nördlichen Europa nicht vertreten, geht auf die norwegischen Söldner zurück, die solche Katzen aus dem Nahen Osten mitbrachten.

Französische Grabstele
Solche Grabstelen, die den heutigen Grabsteinen ähneln, wurden einst zur Erinnerung an die Abgeschiedenen errichtet. Einer Theorie zufolge war es bei den Römern und Galliern, die ihre toten Kinder mit deren Spielzeug bestatteten, durchaus üblich, daß sie diese auch mit ihren Lieblingstieren abbildeten – so wie auf dieser Stele eines Knaben namens Laetus (ca. 100 n. Chr.). Das Tier, in diesem Fall eine Katze, sollte den Toten auf dem Weg ins Jenseits beistehen.

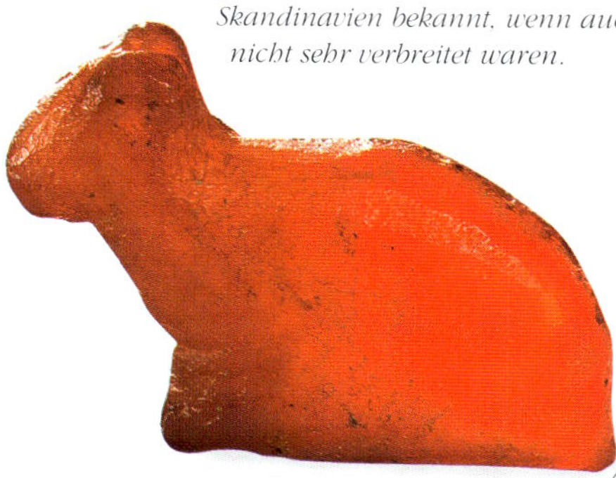

SKANDINAVISCHE FIGURINE
Diese Bernsteinschnitzerei, die eine stark vereinfachte Katze darstellt, wurde von Archäologen in Nordschweden ausgegraben und auf das 9. Jahrhundert datiert. Solche Artefakte lassen vermuten, daß die Hauskatzen schon damals in Skandinavien bekannt, wenn auch nicht sehr verbreitet waren.

KATZE UND HUND
Als die ersten Katzen auf dem griechischen Festland heimisch wurden, erregten sie vermutlich Aufsehen und Neugier. Dieses griechische Marmorrelief (ca. 500 v. Chr.) zeigt eine Begegnung zwischen Katze und Hund. Das Interesse, das die Zuschauer an den Tag legen, deutet darauf hin, daß man auf den Ausgang dieser kontrollierten Konfrontation gespannt war, und daß die Tiere angeleint sind, ist ein Zeichen dafür, daß man sie als persönliches Eigentum betrachtete.

STATUETTE AUS DEM NAHEN OSTEN
Diese Elfenbeinschnitzerei, die in Lachish in Israel gefunden wurde, stammt aus der Zeit um 1700 v. Chr. Obwohl die Ägypter die Ausfuhr des am höchsten verehrten Tiers verboten, dürfte der rege Handelsaustausch zwischen Ägypten und den nahöstlichen Ländern die Ausbreitung der Katze gefördert haben.

KATZEN ALS SCHUTZGEISTER
Die Inschrift dieser buddhistischen Tafel warnt: »Wenn du von einem Kätzchen träumst und dein Kind läßt seine Zunge heraushängen, dann solltest du wissen, daß dieser Geist die Ursache des Kummers ist. Opfere ihm, und alles wird wieder gut.« Diese Schrifttafel war ursprünglich Teil einer Serie, die Abbildungen von 16 weiblichen Geistern umfaßte, welche allesamt für den Schutz der Kinder sorgten. Sie entstand in der Tang-Dynastie, also im China des 9. Jahrhunderts.

TÜRKISFARBENE KERAMIK
Nur dieses winzige Bruchstück einer persischen glasierten Keramikarbeit, die aus dem späten 13. Jahrhundert stammt, hat sich erhalten. Obwohl die Nase abgeschlagen ist, ist der als Flachrelief gestaltete Kopf eindeutig als Katzenkopf zu erkennen. Darüber befindet sich eine Vogeldarstellung.

FRUCHTBARKEITSTALISMAN
Die wachsende Beliebtheit der Katzengöttin Bastet (siehe S. 30) im späten Ägypten (ca. 600–200 v. Chr.) spiegelt sich in der Vielzahl von Katzenamuletten, die in jener Zeit hergestellt wurden. Diese Bronzekatze mit ihrem Kätzchen ist wahrscheinlich Bastet dargebracht worden, als Zeichen der Dankbarkeit oder der Hoffnung auf künftiges Glück, vor allem im Hinblick auf Fruchtbarkeit und Kindersegen.

Religiöse Katzenverehrung

Tierkulte sind zwar in modernen Kulturen selten, waren aber einst weit verbreitet. Gottheiten, die nicht direkt in Tiergestalt dargestellt wurden, hat man gewöhnlich heilige Tiere beigegeben, die ihre Eigenschaften repräsentierten, und Katzen aller Größen spielten dabei eine wichtige Rolle. Die Großkatzen, etwa Löwen und Jaguare, wurden vielfach mit Schutzmächten assoziiert, während die Hauskatze eher »weibliche Tugenden« symbolisierte, vor allem die Fruchtbarkeit. Wegen ihrer nächtlichen Lebensweise wurde die Katze als »Nachtwächter« aufgefaßt und manchmal auch als Gefährtin des Todes, was schließlich dazu geführt haben dürfte, daß man sie mit Hexerei und dem Teufel in Verbindung brachte.

Viele Religionen haben die Katzenverehrung in der einen oder anderen Form integriert. Da es als ausgemacht gilt, daß die Hauskatze ihren Ursprung in Nordafrika hat, waren die alten Ägypter wahrscheinlich die ersten, die deren religiöse Bedeutung erkannten. In Südamerika, wo große Katzen vorherrschen, haben die frühen Gemeinwesen auf ähnliche Weise den Jaguar und den Puma in ihre heidnischen Rituale eingebunden.

Religiöser Talisman
Kleine Katzenamulette wie dieses (ca. 305–330 v. Chr.) wurden wahrscheinlich von ägyptischen Bastet-Verehrerinnen als Schmuck getragen.

Ägyptische Katzenkulte

In Kulthandlungen, die die Katzenverehrung der alten Ägypter widerspiegeln, standen vor allem zwei anthropomorphe Gottheiten im Mittelpunkt: die löwenköpfige Göttin Sechmet und ihre Schwester, die katzenköpfige Bastet. Religiöse oder monarchische Assoziationen mit dem »König der Tiere« waren weltweit gang und gäbe, aber ein Kult, der auf der Hauskatze beruhte, war einzigartig. Bastet war eine ambivalente Göttin, denn sie war zugleich für Leben und Tod zuständig. Dieser Zusammenhang wurde extrem ausgedeutet durch die Mumifizierung von zahllosen Hauskatzen. Im späten 19. Jahrhundert wurden bei Grabungen im Tempel von Bast bei Beni Hassan (siehe S. 20) in einer einzigen Fundstätte mehr als 300 000 Katzenmumien entdeckt – bedauerlicherweise hat man sie nach England verschifft, zermahlen und als Dünger verkauft. Dieser ungewöhnliche Fund belegt die überragende Bedeutung der Katzenverehrung.
Nachdem die Mumien den Göttern geweiht worden waren, wurden sie von Priestern eingesammelt und auf einem nahegelegenen Friedhof bestattet. Wenn eine Katze starb, sorgten die Besitzer für ein würdevolles Begräbnis. Sie versanken in tiefe Trauer und rasierten sich die Augenbrauen ab. Tempelpriester töteten sogar speziell gezüchtete Katzen und bewahrten sie auf, um sie an fromme Pilger als preiswerten Ersatz für die sehr begehrten Katzenstatuen aus Bronze zu verkaufen.
In Ägypten stand auf die Tötung einer Katze, selbst wenn sie unabsichtlich geschah, die Todesstrafe. Der Geschichtsschreiber Herodot (484–424 v. Chr.) erzählt die Geschichte eines unglückseligen Griechen, der eine solche Tat begangen hatte. Die maßlose Katzenverehrung trug schließlich zum Untergang des ägyptischen Reiches bei (siehe S. 48).

Ägyptische Grabstele
Auf dieser Grabstele (ca. 1250 v. Chr.) sind über einem Mann und seiner Frau zwei Katzen dargestellt. Die Inschrift ist ein Hymnus auf die »große Katze« Atu und auf den »vollkommenen Gott«, mit dem der Sonnengott Ra gemeint ist.

Wildkatzengötter

Die Hauskatze gelangte erst mit den europäischen Einwanderern in die Neue Welt, doch der Jaguar und andere Katzen hatten schon vorher Eingang in das Pantheon der altamerikanischen Kulturen gefunden. Die Glaubenswelt der südamerikanischen Völker umfaßte die phantastische Idee, daß sich Medizinmänner nach dem Tod in Jaguare verwandeln würden, und auch die Vorstellung vom Puma als einem »amigo del christiano« (Christenfreund), nachdem angeblich ein Puma einem spanischen Mädchen das Leben gerettet hatte.

Mediterranes Vasenbild
Hauskatzen und ihre Lebensgewohnheiten waren in der klassischen Antike zweifellos allgemein bekannt. Auf dieser Vase (ca. 600 v. Chr.) spielen zwei Gestalten – die sitzende könnte Aphrodite sein – mit einer aufgeregten Katze und einer weißen Taube.

Klassische Gestalten

Die griechische Mythologie ist reich an Symbolen, die sich auf den Löwen beziehen, doch die Hauskatze spielt nur eine sehr untergeordnete Rolle. Es liegt jedoch eine gewisse Doppeldeutigkeit in den Mythen und Sagen, die die schillernde Göttin Artemis betreffen. Sie wurde ursprünglich als Löwin aufgefaßt, aber man schrieb ihr auch die Erschaffung der Katze zu, und sie floh später zum Mond in Katzengestalt.
Das römische Pendant der Artemis war Diana. Beide wurden als große Jägerinnen und zugleich als Mondgöttinnen verehrt – der Mond beeinflußte angeblich die Fruchtbarkeit, und dadurch sind diese Gottheiten mit der Göttin Bastet verbunden (siehe S. 30). Die Römer übernahmen viele kulturelle Vorstellungen von den Griechen: Venus, die Göttin der Liebe und der Geschlechtslust, entspricht der griechischen Aphrodite, der ägyptischen Bastet und auch der nordischen Freia. Venus ist einerseits ein liebevolles Kätzchen, andererseits eine wilde Katze mit scharfen Zähnen und Krallen, eine Verkörperung der Mütterlichkeit. Bilder der Liebesgöttin Venus zeigen sie häufig mit einer Katze.

Fruchtbarkeitsinstrument
Bastet, eine Göttin der Lust, der Musik und des Tanzes, ist verknüpft mit dem altägyptischen Musikinstrument Sistrum, einer Art Rassel, bestehend aus einem Handgriff mit lose eingelassenen Querstangen, an denen Metallplättchen aufgehängt waren. Es wurde häufig in Fruchtbarkeitsritualen verwendet.

Katzen im vorchristlichen Europa

Die keltischen und nordischen Kulturen integrierten Katzen in ihr Brauchtum und ihre Volkssagen, die wiederum Eingang fanden in die frühchristlichen Glaubensvorstellungen. Die walisische Göttin Ceridwen (ca. 800 v. Chr.) beispielsweise steht durch ihren Sohn Taliesin in Verbindung mit dem Katzen-Fruchtbarkeitskult. Er verwandelte sich in ein Weizenkorn, um ihrem Zorn zu entgehen. Doch Ceridwen verschluckte das Weizenkorn, und neun Monate später wurde ihr Sohn wiedergeboren. In einer Beschreibung seiner phantastischen Inkarnationen behauptet Taliesin: »Ich bin eine Katze mit geflecktem Kopf auf einem Dreifuß gewesen.«

In der nordischen Sagenwelt fährt die Fruchtbarkeitsgöttin Freia in einem Wagen, der von Katzen gezogen wird. Diese mythischen Katzentiere symbolisieren die Doppeleigenschaften ihrer Herrin: Fruchtbarkeit und Wildheit. Wie echte Katzen waren sie für gewöhnlich anhänglich und liebevoll, doch sie konnten auch wild werden, wenn sie in Zorn gerieten. Hoch im Norden glaubte auch das Volk der Finnen an einen von Katzen gezogenen Schlitten, der die Seelen heimholte. Ein einschlägiger Bericht findet sich in dem finnischen Nationalepos »Kalevala«.

Nicht immer wurde die Katze positiv gesehen. Der Spender des Lebens stand schließlich zugleich mit dem Totenreich in Beziehung. In der germanischen Sage von Thor und der Midgardschlange erfahren wir etwas über die düsteren Aspekte der Katze, wenn wir lesen, daß sich die Schlange, die die Erde zu zerstören trachtet, in eine Katze verwandelt. Im Christentum gilt die Schlange als Inbegriff des Bösen und der Heimtücke. Diese Vorstellungen sind möglicherweise Vorstufen der vielen Schilderungen von Treulosigkeit und Niedertracht, die man den Katzen in späteren Religionen zuschreibt (siehe S. 28).

Islamische Glaubensvorstellungen

Weder in der alten sumerischen noch in der babylonischen Religion finden sich Zeugnisse eines eigentlichen Katzenkults, aber in einer altpersischen Legende wird berichtet, daß die Katze durch das Niesen des Löwen entstanden sei.

Die allgemeine Wertschätzung der Katze entwickelte sich erst später, dank verschiedener Katzengeschichten, die mit dem Propheten Mohammed verknüpft sind. Eine Legende berichtet von einer Katze, die den Propheten vor dem fast sicheren Tod durch einen Schlangenbiß rettete. In einer anderen ist die Rede von einer Katze namens Muezza, die mit Mohammed in Damaskus zusammen lebte. Eines Tages, als er sich zur Ruhe begeben wollte, bemerkte er, daß Muezza auf dem weiten

Der heilige goldene Puma
Seit etwa 600 v. Chr. verehren die Völker Perus einen Pumagott, den ihre frühen Künstler in vielerlei stilisierten Formen darstellten.

Ärmel seines Gewandes eingeschlafen war. Aus Respekt vor Muezza schnitt Mohammed den Ärmel ab, um seine schlafende Gefährtin nicht zu stören. Wegen dieser Geschichte haben Katzen bis zum heutigen Tag freien Zutritt zu allen Moscheen. Derlei Erzählungen brachten Kreuzfahrer aus Frankreich, Italien, Deutschland, Spanien und England aus dem Heiligen Land mit nach Europa. Die Katze wurde mit dem Islam in Verbindung gebracht, und dies ist einer der Gründe dafür, daß es der katholischen Kirche so erfolgreich gelang, die Katzenhaltung mit Häresie (siehe S. 28) und später mit dem Bösen gleichzusetzen.

Die heiligen Katzen in Asien

Die Religion der Hindus und Parsen ist bekannt für ihre Ehrfurcht vor allen Lebewesen. Zumindest theoretisch ist jede orthodoxe Hindufamilie verpflichtet, eine Katze zu füttern und zu beherbergen. Die Parsen, hervorgegangen aus einer persischen Volksgruppe, die sich im 8. Jahrhundert in Indien niederließ, betrachteten die Tötung einer Katze als schweres Verbrechen, auf dem allerdings nicht wie in Ägypten die Todesstrafe stand.

Im ursprünglichen Kanon des Buddhismus fehlt die Katze in der Liste der schützenswerten Tiere, und zwar wegen eines Zwischenfalls, der sich nach dem Tod des Buddha ereignete. Alle Tiere versammelten sich weinend um dessen sterbliche Überreste; nur die Schlange und die Katze behielten trockene Augen. Dann stürzte sich die Katze auf die Ratte und fraß sie, womit sie ihre Mißachtung des feierlichen Anlasses bekundete. Doch heute können Katzen wie alle Lebewesen das Nirvana erlangen.

Die frühen chinesischen Buddhisten verehrten die Selbstgenügsamkeit der Katze. Sie erlangte Respekt und Schutz dank ihrer Neigung zur »Meditation«, und ihre Fähigkeit, im Dunkeln zu sehen, galt als Hilfe bei der Abwehr böser Geister. In ganz China dienten Katzenstatuetten und -amulette dazu, böse Geister und Ratten von den Häusern fernzuhalten. In Japan entwickelte sich eine ähnliche buddhistische Tradition. Wenn eine Katze starb, wurde sie im oder beim Tempel des Besitzers beigesetzt. Noch am selben Tag opferte man auf dem Tempelaltar ein gemaltes oder geschnitztes Abbild der Katze. Dadurch gewann der Katzenhalter die Gewißheit, daß ihm lebenslänglich Zufriedenheit und Glück beschieden war.

Dieser Überblick über die katzenverehrenden Religionen läßt viele Gemeinsamkeiten der Glaubensvorstellungen erkennen. Katzen üben vielfach eine Doppelfunktion aus; auf der einen Seite spenden sie Leben, auf der anderen raffen sie es dahin.

Verehrungswürdige Tempelkatzen
In buddhistischen Tempeln überall in Asien werden Katzen als Mäusefänger gehalten. Die Siamkatze soll von diesen Tempelkatzen abstammen, von denen viele die typischen »Points« aufweisen.

Babylonisches Löwenrelief
Der Löwe ist ein uraltes Symbol der Königswürde. Dieses Löwenrelief, entstanden zwischen 604 und 561 v. Chr., wurde in der babylonischen Stadt Ischtar ausgegraben und befindet sich heute im Archäologischen Museum von Istanbul.

Katzen und Christentum

Als sich das Christentum ausbreitete, entstanden Kirchen oft über heidnischen Kultstätten, und die kirchlichen Feste übernahmen heidnische Symbole. Die Katze hatte in den alten Religionen viele Rollen gespielt, und diese wurden zuweilen in den neuen Glauben integriert. Die ambivalente Einstellung der Kirche zu den Katzen hat ihre Wurzeln in dieser Frühzeit. Manche kirchlichen Kreise ignorierten die Tiere einfach, andere, etwa die russisch-orthodoxe Kirche, respektierten sie, und es ist belegt, daß einige frühe Päpste ihren Katzen in Liebe zugetan waren. Doch 1484 wandte sich die Kirche gegen die Katzen, die daraufhin jahrhundertelang verteufelt und verfolgt wurden.

Als unabhängige und nachtaktive Tiere, die im Umkreis des Menschen lebten, haben die Katzen in vielen Kulturen Eingang in Mythen und Sagen gefunden. In Ägypten wurden sie vergöttert, in anderen Weltgegenden mit dem Übernatürlichen, dem Bösen oder der Fruchtbarkeit in Zusammenhang gebracht (siehe S. 30–32). Es ist vielleicht kein Wunder, daß sich die christliche Kirche, die auf der Suche nach Feinden im Innern war, gegen die Katze wandte.

Frühe Akzeptanz

Obwohl die Falbkatze nachweislich schon vor Jahrtausenden in Israel heimisch war, werden Katzen weder im Alten noch im Neuen Testament erwähnt. Es ist unwahrscheinlich, daß das Christentum ein bestimmtes Katzenbild vom Judentum übernommen hat, in dem die Tiere erstmals um 500 n. Chr. Erwähnung finden, und zwar im Talmud, der in wenigen Worten die Reinlichkeit der Katzen rühmte. Erst als sich das Christentum im Nahen Osten, in Nordafrika und auf dem europäischen Kontinent ausbreitete, wurden Katzen und andere Tiere in die religiöse Symbolik aufgenommen. Die frühe Kirche übernahm manche heidnischen Symbole, während sie andere verwarf. Jesus wurde als »Löwe von Juda« bezeichnet, wohingegen die Schlange, die früher in einigen nordafrikanischen Religionen verehrt worden war, zum Inbegriff des Bösen absank. Eine der ersten christlichen Sekten, die im 1. nachchristlichen Jahrhundert entstanden, waren die ägyptischen Kopten. In deren heiligen Schriften kommen Katzen vor, die als Richter nach dem Tode fungierten. Dies hängt wohl damit zusammen, daß der ägyptische Gott Osiris, der Herr der Toten, vielfach in Katzengestalt dargestellt wurde.

In Nordeuropa förderte die frühe keltische Kirche die Bekehrung zum neuen Glauben dadurch, daß sie heidnische Überlieferungen duldete, die nicht der neuen Lehre widersprachen. Die heidnische Naturverehrung wurde häufig in die neue Lehre eingebunden, und mehrere Heilige jener Epoche haben etwas mit Katzen zu tun. So wird St. Gertrude von Nivelles vielfach mit einer Katze abgebildet, und sie ist die Schutzpatronin der Katzen, Gärtner, Witwen und Reisenden. In Frankreich fiel das Fest der hl. Agatha auf den 5. Februar, an dem die Frauen sich der Arbeit enthalten sollten. Wer trotzdem arbeitend angetroffen wurde, mußte sich angeblich der Heiligen in Gestalt einer wütenden Katze stellen. In einer anderen Legende, die ihren Ursprung in Frankreich hatte, heißt es, daß die Katze das einzige Lebewesen sei, die nach der Vertreibung von Adam und Eva den Rückweg zum Paradies wußte, und diese Katze solle später Jakob zu den Pforten des Himmels geführt haben.

Mutter und Kind
Katzen begleiten in der Kunst häufig die Jungfrau Maria. Das geht vielleicht auf die italienische Legende über eine Katze zurück, deren Kätzchen im Augenblick von Jesu Geburt im Stall zur Welt kamen. Deren Nachkommen tragen allesamt ein Kreuz auf dem Rücken.

Die philosophische Katze
Der hl. Hieronymus wird zuweilen mit einer Katze und nicht mit einem Löwen abgebildet, denn Katzen waren von jeher die Gefährten der Weisen. Dieses flämische Rundbild des 16. Jahrhunderts findet sich in der Begbroke Church bei Oxford.

Verfolgung im Mittelalter

Die Verteufelung der Katze durch das Christentum begann im 7. Jahrhundert, als die Gnostiker den Dualismus predigten. Der Dualismus maß den Lehren Jesu, Buddhas und Zarathustras gleiche Bedeutung zu. Die Gnostiker wurden von der Kirche als Ketzer verurteilt und angeklagt, den Teufel in Gestalt einer schwarzen Katze darzustellen. 500 Jahre danach gingen in Europa ähnliche Ketzereivorwürfe um. Papst Gregor IX. gründete 1232 die Inquisition, um Häretiker auszuspüren, die, so hieß es, den Teufel in Gestalt eines schwarzen Katers verehrten. 1344 wurden während eines Ausbruchs des Veitstanzes (eine Erkrankung des Nervensystems) in der französischen Stadt Metz die Katzen beschuldigt und öffentlich verbrannt. 1347/48 suchte der Schwarze Tod (Beulenpest) Europa heim und raffte ein Drittel der Bevölkerung dahin. Die Seuche wurde durch Ratten übertragen, doch die Schuld gab man den Katzen. Der Oberbürgermeister von London gehörte zu den vielen Amtsträgern, die die Tötung aller Katzen anordneten, wodurch unwissentlich die größte Barriere gegen die Ausbreitung der Seuche beseitigt wurde.

Katzenmartyrium
Künstler haben häufig Katzen als Verkörperung des Bösen dargestellt. Auf diesem Stich von 1554 wird eine als Priester verkleidete Katze bei einer antikatholischen Demonstration in London gehenkt.

Hexengefährten
Die Assoziation von Katze und Hexerei lebt in unserer Phantasie fort. Der für seine einfühlsamen Katzenillustrationen berühmte Künstler Théophile Steinlen zeichnete diese phantasievolle Darstellung von Katzen und Hexen des 20. Jahrhunderts.

Heiliger Dekor
Heidnische Tempel wurden oft mit Bildern von Katzen und Vögeln geschmückt. Im 20. Jahrhundert tauchen solche Darstellungen auch in christlichen Kirchen auf. Dieses Kapitell befindet sich in einer neuen Kathedrale in Washington DC.

Im frühen 15. Jahrhundert wurde der Templerorden, der 250 Jahre zuvor gegründet worden war, um die Pilger auf dem Weg zum Heiligen Land zu beschützen, der Anbetung des Teufels beschuldigt, der als schwarze Katze auftrat. Die Verfolgung von Menschen, deren Grundsätze vom rechten Glauben abwichen, durch die Kirche und der Umstand, daß diese Leute mit Katzen in Verbindung gebracht wurden, führte unweigerlich dazu, daß die Katze mit Heidentum und Zauberei assoziiert wurde.

Katzen und Hexenwesen

Im 15. Jahrhundert wurden in Deutschland und anderswo in Europa heidnische Rituale wiederbelebt. Im Freia-Kult (siehe S. 26) verehrte man die Fruchtbarkeit der Katzen. Die Anhänger wurden zunächst der Häresie beschuldigt, aber schon bald auch der Hexerei. 1484 verkündigte Papst Innozenz VIII., daß Hexen den Satan anbeteten und die Gestalt ihrer tierischen Gehilfen, der sogenannten »Hexentiere«, annähmen. Das gängige »Hexentier« war die Katze.

Im gesamten katholischen Europa wurden Menschen gefoltert und umgebracht, weil sie Katzen besaßen oder betreuten. Infolge der Fehldeutung des Katzenverhaltens hielt sich dieses Unwesen sehr lange. Da die Katzen den ganzen Tag verschliefen oder vorgaben zu schlafen, konnten sie in der Nacht wach bleiben, um die bösen Geister zu dirigieren. Das Paarungsgeschrei der Katzen interpretierte man als die Schreie unschuldiger Menschen, die von »Hexentieren« aufgefressen wurden. In Ungarn glaubte man, alle Katzen würden im Alter von 7–12 Jahren automatisch zu Hexen werden, sofern man ihnen bei der Geburt kein Kreuz in die Haut geritzt hatte. Alte Frauen wurden verdächtigt, sich nachts in schwarze Katzen zu verwandeln und in die Ställe schlüpfen, um das Vieh zu verderben. Die Hexenjagd breitete sich in ganz Europa und über den Atlantik in die amerikanischen Kolonien aus, wo sie 1692 in den Hexenprozessen von Salem in Massachusetts ihren Höhepunkt erlebten. Dort wurden 150 Menschen der Zauberei beschuldigt und 20 hingerichtet. In Europa führte die Verknüpfung von Katzen mit Ketzerei und Hexerei zu »Katzenfesten«, bei denen Katzen gequält und getötet wurden. Die Katzenprozession im belgischen Ypern, die um 962 aufkam, ist dafür ein Beispiel. Katzen wurden vom Glockenturm hinuntergeworfen, weil man sie mit Hexen in Verbindung brachte.

Die Katze ist heute so vollständig rehabilitiert, daß die Katzenprozession von Ypern zu einer beliebten Attraktion für Katzenliebhaber geworden ist. Sie strömen herbei, um zu erleben, wie Katzennachbildungen auf den Straßen paradieren und Katzenstofftiere vom Turm hinabgeworfen werden.

Peruanische Fiesta
(Links) Diese Zeichnung aus dem 18. Jahrhundert stellt ein Heiligenfest in Südamerika dar, bei dem sich die Dorfbewohner als Katzen kostümieren und durch ihren Ort ziehen.

Die Akzeptanz der Katzen

In der Zeit der ärgsten Verfolgungen waren Katzen zugleich geliebte Gefährten. In Rußland waren Katzen die einzigen Tiere, die sich in Klöstern aufhalten durften. Überall in Europa hielten viele Leute, sogar Kirchenvertreter, Katzen als Heimtiere, allerdings meist heimlich aus Angst vor Verfolgung. Als 1736 alle Hexengesetze abgeschafft wurden, begann auch die Katzenantipathie der katholischen Kirche zu schwinden. Im 19. Jahrhundert wurde Micetto, die Katze Papst Leos XII., im Vatikan geboren, und beim späteren Papst Pius IX. saß seine Katze sogar auf den Knien, wenn er seine Audienzen gab.

Katzendämon
Flauros, ein katzenköpfiger Dämon, wurde von Menschen angerufen, die sich an anderen Dämonen rächen wollten. Diese Illustration stammt aus der 1864 erschienenen Ausgabe des »Dictionnaire infernal« des Okkultisten Collin de Plancy.

Der übertölpelte Teufel
(Rechts) In einer weitverbreiteten europäischen Sage wird erzählt, wie der Teufel eine Brücke baute und das erste Lebewesen, das sie überqueren würde, für sich beanspruchte. Hier sieht man, wie St. Cadoc dem Teufel eine Katze reicht statt des Menschen, auf den dieser gehofft hatte.

Katzenmagie und -Aberglauben

Das Wesen der Katze bringt es mit sich, daß man ihr magische und prophetische Kräfte zuschrieb. Ihre großen Augen weiten sich in der Dunkelheit, wodurch die spiegelähnlichen Netzhäute gespenstisch aufleuchten, und ihre nächtliche Lebensweise ist von jeher mit einem Geheimnis umgeben. Ein weiteres Rätsel ist die Fähigkeit der Katze, heikle Situationen zu überstehen, die für andere Tiere lebensgefährlich wären, und so gilt sie als eine der größten Überlebenskünstlerin in der Natur. Die Kombination dieser Faktoren hat sich für und gegen die Katze ausgewirkt. Mancherorts wurde sie verehrt, ja vergöttlicht, während man sie anderswo fürchtete und mit Verachtung strafte. Kurzum, wo immer Katzen auftauchten, rankten sich Zaubermärchen und Aberglauben um sie.

Die Katze wird zwar nicht mehr angebetet und verehrt wie im alten Ägypten, aber viele Bräuche und abergläubische Vorstellungen, die sich um sie gebildet haben, halten sich in anderen Kulturen bis heute.

Sinnbild der Fruchtbarkeit

Die Hauskatze wurde ungefähr in der 21. Dynastie (945–715 v. Chr.) mit der ägyptischen Göttin Bastet assoziiert (siehe S. 26). Doch erst in der Ptolemäerzeit (332–30 v. Chr.) erreichte die Beliebtheit der katzenköpfigen Bastet ihren Höhepunkt, als man sie alljährlich in einem großen Freuden- und Opferfest feierte, weil sie Leben und Fruchtbarkeit spendete. Jahrhunderte später wurden Katzen in vielen Weltregionen entweder unter der jungen Saat begraben oder zu Tode geprügelt – ein Symbol für den Dreschvorgang. Dies sollte für eine bessere Ernte im nächsten Jahr sorgen und verweist möglicherweise auf den Fruchtbarkeitskult der Bastet. Mit der Entstehung des Christentums verlor die Katze ihren göttlichen Rang (siehe S. 28). Katzen wurden jetzt vielfach im Namen der Religion verfolgt, und das ist vielleicht der Grund dafür, daß die Kirche die rituellen Katzenopfer beibehielt. Ausgehend von dem altägyptischen Aberglauben, daß das Feuer Reinheit und Fruchtbarkeit versinnbildlicht, wurden Katzenverbrennungen Bestandteil der Allerheiligen- und Osterfestbräuche. Diese Feiertage haben in der christlichen Kirche noch immer eine große Bedeutung, die Katzenopfer erfreulicherweise nicht mehr.

Abwehrzauber
Diese mumifizierte Katze ist ein trauriges Überbleibsel der in Europa verbreiteten Unsitte, eine Katze zum Schutz vor Nagetieren und bösen Geistern in die Hauswand einzumauern.

Hexe mit zauberkräftiger Katze
Der Aberglaube von der zauberkräftigen Hexenkatze ist ausgestorben und taucht heutzutage allenfalls noch in solchen Karikaturen auf.

Glücksbringer

Im Aberglauben hat sich die Vorstellung gehalten, daß Katzen, vor allem schwarze, sowohl Glück als auch Unglück bringen. Moncrif, der erste Naturforscher, der die Katze rehabilitierte, schrieb in seiner »Geschichte der Katze« (1727): »Die Farbe Schwarz wird den Katzen von ungebildeten Menschen arg verübelt: Sie steigert das Feuer ihrer Augen, und das genügt, dem Volk einzureden, daß sie mindestens Hexen seien.« Schwarze Katzen standen angeblich mit dem Teufel im Bunde und wurden deshalb häufig hingerichtet. Später wurde die unglückselige schwarze Katze, die einem über den Weg lief, in England zum Glücksbringer; dies basiert auf der Idee, daß das Unheil vorübergegangen sei, ohne Schaden anzurichten. In anderen Ländern ist es umgekehrt: Eine schwarze Katze gilt als Unglücksbotin. Die legendäre Ankunft der Katze in Japan fand angeblich am 10. Tag des 5. Monats im Jahr 999 statt, als ein chinesischer Mandarin dem Kaiser Ichijo eine weiße Kätzin überreichte. Daß sie wenig später im Kaiserpalast von Kyoto einen Wurf von fünf Kätzchen zur Welt brachte, war ein gutes Vorzeichen für die Katzen in Japan. Das Bild einer Katze, die einladend winkend eine Pfote erhebt, ist ein japanisches Symbol für Glück und Wohlstand. Es wird als »Maneki-neko« (winkende Katze) bezeichnet. Die Legende entstand, als ein Samurai einer winkenden Katze zu einem Tempel folgte, wo beide Schutz vor einem Unwetter fanden. Dadurch verbreitete sich der Ruhm des Tempels, und die Leute ließen ihre toten Katzen dort begraben und beteten für die Katzenseelen und für ihr eigenes Wohlergehen. Die »Nationalkatze« Japans, die japanische Stummelschwanzkatze (siehe S. 196), ver-

Bote finsterer Mächte
(Unten) Auf alten Tarotkarten ist der Narr häufig ein Vagabund, den eine Katze ins Bein beißt; heute ist es meist ein Hund. Die Katze warnt symbolisch vor den Mächten der Dunkelheit.

Glückssymbole
(Oben) Die schwarze Katze rechts trägt ein Hakenkreuz, eine Swastika, die als Glückszeichen mit Buddha in Verbindung gebracht wird. In England gilt die schwarze Katze ebenfalls als gutes Omen.

Kurzlebiges Sternbild
(Rechts) Der französische Astronom Lalande, ein Katzenliebhaber, trug 1805 die Katze in die Sternkarte ein, mit einer inzwischen verschollenen Konstellation, der er den Namen Faelis gab.

heißt ebenfalls Glück. Sie wird gern von Seeleuten gehalten, weil ihr naturgegebener Stummelschwanz dem Emblem der kaiserlichen Familie, der Chrysantheme, ähnelt, und sie dient als Talisman gegen Seestürme.

Erfolgverheißender Talisman
Die erhobene linke Pfote dieser japanischen »Maneki-neko« oder winkenden Katze verheißt »sen ryo«, also großen Reichtum. Eine erhobene rechte Pfote bedeutet »fuku« oder Glück.

Magische Kräfte

Eine alte Überlieferung besagt, daß Katzen das Wetter beeinflussen können, was vielleicht von der noch älteren Assoziation mit der Fruchtbarkeit herrührt. In Kambodscha gibt es zum Beispiel einen uralten Brauch, zu dem gehört, daß man eine Katze von Dorf zu Dorf trägt, wo sie jedesmal mit Wasser besprengt wird, damit Indra, der wedische Gewittergott, den für eine gute Ernte notwendigen Regen schickt.

In Europa, und nicht nur dort, sagte eine Katze mit einer Pfote hinter dem Ohr angeblich Regen voraus. Untersuchungen haben ergeben, daß darin ein Körnchen Wahrheit steckt, denn die Luftdruckveränderungen vor einem Sturm könnten auf die Ohren der Katze einwirken und sie veranlassen, sich in der Ohrengegend zu kratzen. Noch einige andere Wettervorhersagen leiten sich vom Katzenverhalten her: Eine Katze, die schnurrt und sich die Nase reibt, bedeutet schönes Wetter, während Gähnen auf Regen hindeutet.

Der landläufige Aberglaube, daß eine Katze wegen ihrer erstaunlichen Zähigkeit neun Leben habe, hat seinen Ursprung vermutlich im alten Ägypten, wo die Neun eine magische Zahl war. Diese Vorstellung kam später wieder zum Tragen, als im 17. Jahrhundert Anklagen wegen Hexerei gang und gäbe waren (siehe S. 28). Eine Hexe konnte, so meinte man, neunmal die Gestalt einer Katze annehmen, und folglich konnte auch eine Katze neunmal wiedergeboren werden. Im Gegensatz zu Europa hat China die Mißhandlung von Katzen niemals zugelassen, möglicherweise deshalb, weil der Aberglaube den Katzen die Macht zuschrieb, sich nach dem Tod an ihren Mördern zu rächen.

Das Zweite Gesicht

Astrologie und Alchimie wurden von der frühen Kirche geduldet, und die Adepten benutzten manchmal Katzen in ihren abstoßenden Ritualen. Auf eine harmlosere Weise konnte man angeblich das Zweite Gesicht erlangen, wenn man von frühester Kindheit an mit einer Schildpattkatze zusammen lebte. In der westlichen Astrologie kommt die Katze nicht vor, doch in chinesischen Horoskopen ersetzt sie bisweilen das Kaninchen, das das vierte Tierkreiszeichen repräsentiert. Die Katze taucht auch im Tarot auf, der Kunst, die Zukunft aus den Karten vorherzusagen. In frühen Tarotkartenspielen wird der Narr häufig als ein Vagabund dargestellt, den eine Katze ins Bein beißt. Im Tarot steht die Katze mit den Mächten der Finsternis in Verbindung.

Ein Bild aus dem Mittelalter
Auf dieser ältesten erhaltenen westlichen Darstellung der Menschenalter ist der Siebzigjährige mit einer Katze abgebildet. Sowohl die Katze als auch der Hund symbolisierten Alter und Weisheit.

Alte Bestattungsbräuche

Ein Aberglaube, der durch viele materielle Zeugnisse belegt ist, basierte auf der Annahme, daß eine in die Hauswand eingemauerte Katze die Mäuse und Ratten vertreiben könne. Dieser Unsinn hielt sich bis ins 18. Jahrhundert, und die vertrockneten, mumifizierten Katzenleichen wurden in Europa in zahlreichen Gebäuden entdeckt.

In Thailand beruht die rituelle Katzenbestattung auf religiösen Glaubenssätzen in den uralten Handschriftenrollen, die man als »Katzenbuchgedichte« bezeichnet. Danach soll die Seele eines Menschen von hohem spirituellem Rang nach dem Tod in den Körper einer Katze einfahren und zum Himmel aufsteigen, wenn das Tier stirbt. Einstmals war dieser Glaube Bestandteil der rituellen Beisetzung von Mitgliedern der Thai-Königsfamilie, denn man hinterließ eine lebende Katze im Grab. Im Dach des Grabes war ein kleines Loch, und wenn die Katze daraus hervorkam, wußten die Mönche, daß die Seele des Abgeschiedenen in den Körper der Katze übergegangen war.

Dieses Thai-Zeremoniell hat sich, wie alle hier erwähnten Rituale, mittlerweise überlebt. Es hat jedoch den Anschein, daß abergläubische Vorstellungen, die mit Katzen zusammenhängen, noch immer in vielen Kulturen verbreitet sind. Solche uralten Vorurteile, insbesondere gegen schwarze Katzen, haben ein zähes Leben. In Wahrheit sind Katzen harmlose Geschöpfe – sofern man nicht gerade eine Maus ist!

Japanisches Verwirrspiel
Dieses Bild beruht auf der Geschichte einer Hexenkatze an der Tokaido-Straße in Okabe. Ein Katzendämon mit dem typischen Doppelschwanz tanzt mit dem Hexengehilfen und wird beobachtet von einer geisterhaften Riesenkatze im Hintergrund.

Ein Fabelwesen
Sichtungen eines katzenköpfigen Wesens mit einem Schlangenleib, das angeblich das Vieh überfiel, wurden in Italien zur Legende – vermutlich, weil es niemals eingefangen werden konnte.

Katzen in Folklore und Märchen

Überall wo es Katzen gibt, ranken sich um ihr Verhalten Spruchweisheiten und Geschichten. Katzen haben etwas Geheimnisvolles und ein hochmütiges Gebaren an sich, und diese Eigenschaften reizen unsere Phantasie. Eine Besonderheit, die den Katzen eigentümlich ist, ist ihre Beziehung zum Magischen, die sich in ihrer Wandlungsfähigkeit offenbart. In der ganzen Welt sind solche wundersam verwandelte Katzen in Pantomimen und Theaterstücken verewigt worden. Erzählungen, Sprichwörter und Redensarten, die sich auf Katzen beziehen, haben viele Sprachen bereichert, und in den meisten Ländern gibt es dafür typische Beispiele.

In allen Kulturen sind Geschichten über viele Generationen hinweg mündlich überliefert worden, bis schließlich begabte Erzähler vor wenigen Jahrhunderten beschlossen, diese Geschichten aufzuzeichnen und drucken zu lassen.

Wandergeschichten
(Links) Viele Länder bilden ihre Volkserzählungen auf Briefmarken ab, so wie diese mongolische Katz-und-Maus-Fabel. Die zweite Marke zeigt eine Riesenkatze von den Färöer-Inseln, eine Figur aus einer Volksballade.

Die Bremer Stadtmusikanten
Um 1812 zeichneten die Brüder Grimm zahlreiche Märchen auf, darunter die »Bremer Stadtmusikanten«, zu denen auch eine Katze gehört. Die Tiergruppe bildet mit ihren Stimmen und natürlichen Waffen ein furchterregendes »Ungeheuer«, das Räuber abschreckt.

Volkstümliche Fabeln und Pantomimen

Viele allbekannte Fabeln werden dem griechischen Schriftsteller Äsop (ca. 6. Jh. v. Chr.) zugeschrieben. Diese Geschichten wurden nur selten schriftlich fixiert, sondern mündlich weitergegeben, bis der französische Dichter La Fontaine (1621–1695) viele von ihnen aufgriff und ausschmückte. In seiner umfangreichen Fabelsammlung erscheint die Katze vielfach als ein verschlagenes und heimtückisches Geschöpf, dessen räuberische Habgier stets die Oberhand behält. Besonders eine Fabel, »Die Katze, das Wiesel und das Kaninchen«, enthält eine verdeckte Kritik an menschlichen Verhaltensweisen. Das Kaninchen und das Wiesel suchen den alten Kater Raminagrobis auf, um ihn zu bitten, einen Streit zu schlichten. Der Kater bittet die beiden, näher zu treten, weil er nicht mehr so gut hört. Sobald sie nahe genug sind, packt und tötet er sie, womit der Streit beigelegt ist. La Fontaine beschließt die Fabel mit den Worten: »Dies erinnert stark an die Streitereien, die kleine Herren manchmal miteinander ausfechten, bevor sie von mächtigen Königen geschluckt werden.« La Fontaines Rodilard ist eine noch pfiffigere Verson von Raminagrobis: Um Mäuse zu fangen, stellt er sich tot und tarnt sich obendrein mit Mehl.

Nicht in allen Erzählungen erscheint die Katze in einem so schlechten Licht. Oft wird von der gegenseitigen Zuneigung zwischen Mensch und Katze berichtet, wie die Geschichte der Toskanerin zeigt, die Katzen liebt und mit Gold belohnt wird, während ihre Schwester, die für die Tiere nichts übrig hat, nur Kratzer abbekommt.

Pantomimen sind theatralische Umsetzungen besonders populärer Volkserzählungen und Märchen, und zwei berühmte, nämlich »Der gestiefelte Kater« des Franzosen Charles Perrault (1628–1709) und der englische »Dick Whittington«, weisen der Katze eine Hauptrolle zu. Mit Klugheit, ja Magie bringen diese Katzen den ihnen nahestehenden Menschen Glück. Dick Whittingtons Katze wird gewöhnlich schwarz dargestellt, weil schwarze Katzen in England ein gutes Vorzeichen sind (siehe S. 30).

»Cinderella« (entspricht dem deutschen »Aschenbrödel« oder »Aschenputtel«) ist ein weiteres beliebtes Volksstück. In modernen Aufführungen wird die gute Fee, die Patentante, von einer freundlichen Frau gespielt, doch in der italienischen Originalfassung ist diese Rolle einer Katze zugedacht.

Verkehrte Welt
(Links) Bevor die meisten Menschen des Lesens kundig waren, wurden moralische Erzählungen jahrhundertelang in Bildern dargestellt, damit die Leute sie verstehen konnten. »Der Mann, der einer Katze Schuhe anzieht« ist eines von rund 1500 Wandgemälden in der Kirche von Taagerup in Dänemark. Die Bilder aus dem frühen 16. Jahrhundert zeigen eine verkehrte Welt, in der Tiere und Menschen sich seltsam und unvernünftig benehmen.

Eine unwahrscheinliche Geschichte
(Unten links) Wenig ist bekannt über die ägyptische »Arbeiterklasse«, die die Königsgräber bauen und ausschmücken mußte. Diese Darstellung eines Haustigers, der eine Gänseschar hütet, ist eine Übungsskizze (ca. 1150 v. Chr.) und könnte sich auf eine längst verschollene Fabel beziehen, doch vielleicht hatte der Künstler auch eine humoristische Ader.

Katzenparabel
(Rechts) Äsops Erzählung von Venus und der Katze ist hier anschaulich illustriert: Das »Katzenmädchen« erspäht eine Maus und jagt sie. Die Fabel hat ihren Niederschlag in Spruchweisheiten gefunden, etwa in der englischen Redensart »Ein Leopard kann seine Flecken nicht verändern« oder in dem deutschen Sprichwort »Die Katze läßt das Mausen nicht«.

Japanische Vampirkatze
(Links) Die geschickte Beutefangtechnik der Katze und ihr geheimnisvolles nächtliches Treiben haben vermutlich die Geschichte »Die Vampirkatze Nabeshimas« angeregt. In der japanischen Literatur erkennt man Teufelskatzen an ihrem Doppelschwanz.

Ein liebenswerter Gauner auf Samtpfoten
Von allen Illustrationen zu Perraults Märchen »Der gestiefelte Kater« gehören die von Gustave Doré (1832–1883) zu den schönsten. Es ist leicht nachzuvollziehen, daß ein so forscher Kater sich auf dem Weg zum Königshof nicht aufhalten läßt.

Katzenmetamorphosen

Seit dem Altertum erzählt man sich Geschichten von Katzen, die sich in Menschen verwandeln, häufig in schöne Frauen. Äsops Fabel »Venus und die Katze« handelt von einer Katze, die sich in einen hübschen jungen Prinzen verliebt. Die Liebesgöttin Venus verwandelt die Katze in ein wunderschönes Mädchen, das schließlich den Prinzen heiratet. Venus ist jedoch nicht überzeugt davon, daß die Katzenmetamorphose vollständig gelungen ist, und deswegen setzt sie in der Hochzeitsnacht eine Maus in das Schlafgemach des Paares. Die Braut vergißt sich; sie fällt über die Maus her und verschlingt sie. Die Göttin, die sich in ihrem Verdacht bestätigt sieht, beschließt daraufhin, das Mädchen in eine Katze zurückzuverwandeln.

In der japanischen Folklore nimmt der Gestaltwandel der Katze eine düstere Färbung an. In einer Erzählung, die dem westlichen Vampirmythos ähnelt, greift ein Katzendämon ein schönes Mädchen an und saugt ihm das Blut aus. Er nimmt dann die Identität des Mädchens an. In ihrer neuen Gestalt wendet die Katze ihre Aufmerksamkeit dem Geliebten des Mädchens, Prinz Nabeshima, zu. Indem die Vampirkatze ihm bei ihren nächtlichen Besuchen nach und nach die Lebenskraft aussaugt, schwächt sie ihn fast bis zum Tod. Er wird gerade noch rechtzeitig durch einen wachsamen Diener gerettet, und der Dämon wird am Ende vernichtet. Eine ähnliche Fabel entstammt der spanisch-jüdischen Überlieferung. Lilith, Adams erste Frau, verläßt ihren Mann und wird in Gestalt einer schwarzen Katze zu einem Vampir, der hilflose schlafende Säuglinge heimsucht und ihnen das Blut aussaugt. Diese Geschichte hat möglicherweise zu der weitverbreiteten Vorstellung beigetragen, ein Säugling könne ersticken, wenn sich eine Katze auf ihn legt.

Beliebte Redensarten und Geschichten

Alle Sprachen sind reich an Katzensprichwörtern und -redensarten, von denen sich viele auf menschliche Verhaltensformen übertragen lassen. Die folgende Auswahl zitiert nur einige wenige aus Hunderten von Beispielen. Aus Spanien: »Eine Katze mit Handschuhen kann keine Mäuse fangen«; aus Italien: »Alte Katzen bedeuten junge Mäuse«; aus den Niederlanden: »Ein Mann, der keine Katzen mag, bekommt nie eine hübsche Frau«; aus England: »Neugier ist der Katze Tod«; und aus Rußland: »Eine Katze und eine Frau gehören ins Haus, ein Mann und ein Hund gehören aufs Feld«. Eine afrikanische Volkserzählung erklärt sehr hübsch, wieso die Katze das Lieblingstier der Frauen wurde: Eine Katze ist auf der Suche nach einem Tier, bei dem es am ehesten Schutz finden könnte. Jedesmal wenn sie sich einen neuen Beschützer ausgesucht hat, wird dieses Tier von einem stärkeren umgebracht. Also zieht die Katze weiter umher, bis sie schließlich bei einem Mann unterschlüpft. Als der Mann heimkommt, gerät er mit seiner Frau aneinander, die ihn wütend aus dem Haus jagt. Von da an hat sich die Katze unter den Schutz der Frauen gestellt.

Nicht nur in Sprichwörtern und Anekdoten, sondern auch in zahlreichen Wortverbindungen und bildlichen Ausdrücken finden wir die Katze wieder: »Katzenjammer« und »Kater«, »Katzengold«, »Katzbuckeln«, »Katzenwäsche«, »Katzentisch«, »Katzbalgen«, »Naschkatze« usw. Ein deutsches Sprichwörterlexikon verzeichnet über 1000 Sprichwörter und Redewendungen, in denen die Katze vorkommt!

Romantische Geschichte
(Links) Ende des 17. Jahrhunderts schrieb die Comtesse d'Aulnoy »La Chatte blanche« (Die weiße Katze). Die Geschichte basiert wahrscheinlich auf dem Venus-Mythos, doch in dieser Version schlägt der Prinz der Katze den Kopf ab, um sie in eine Prinzessin zu verwandeln – und die beiden lebten glücklich bis an ihr Ende.

Zauberkatze
(Rechts) »Dick Whittington«, eine der populärsten englischen Volkserzählungen, ist auch ein hervorragender Stoff für Pantomimen und Laienspiele. Der Legende zufolge kam Dick als armer Junge nach London, wo er mit Hilfe seiner Zauberkatze zum Bürgermeister aufstieg.

Katzen in Kinderbüchern

Geschichten für Kinder sind vielfach Relikte von Volkserzählungen, alten Sagen und Legenden oder Mythen der heidnischen Antike. Nach Jahrhunderten der Verfolgung begann sich im Europa des 18. Jahrhunderts der Ruf der Katze zu verbessern; die Folge war, daß sie in vielen Kindergeschichten auftauchte. Manche Erzählungen beruhen auf der realen Natur der Katze und sollen den Kindern Verständnis für das typische Katzenverhalten nahebringen, doch viele sind reine Erfindungen zur Unterhaltung und Belustigung der Kleinen. Märchenhafte Geschichten von geheimnisvollen, phantastischen und zauberkräftigen Katzen erfreuten sich besonderer Beliebtheit, und heute sind mehr oder weniger realistische Katzenerzählungen aus der internationalen Kinderliteratur nicht mehr wegzudenken.

Über Fabeln und Volkserzählungen fand die Hauskatze wahrscheinlich Eingang in die Literatur (siehe S. 32). Weil viele dieser Geschichten einen didaktischen Zweck verfolgten, werden sie als »moralische Erzählungen« zur Belehrung der Kinder gesehen, und sie wurden zur Grundlage vieler bekannter Märchen und Kinderbücher.

Katzenprototypen

Ursprünglich waren »Die Abenteuer des Pinocchio« von Carlo Collodi (1826–1890) eine moralische Erzählung für Erwachsene, doch später wurde daraus ein Kinderbuch. Eigentlich sollte die hier auftretende Katze die Heuchelei der Menschen verkörpern, aber in erster Linie ist sie eine Straßenkatze, die sich dank ihrer Klugheit durchs Leben schlägt. Das wahre Wesen der Hauskatze wird am besten geschildert von Rudyard Kipling (1865–1936) in seiner klassischen Erzählung »Die Katze geht ihre eigenen Wege«. Kipling beschreibt, wie die Frau eine Reihe von Tieren zähmt, die ihr und dem Mann dienen sollten, und wie sie und der Mann auch die Katze beinahe, aber nicht völlig zähmten. Nach einiger Zeit kam die Katze aus freien Stücken zu ihnen, und sie schlossen einen Vertrag. Als Gegenleistung für Milch und Unterkunft erklärte sich die Katze bereit, Mäuse zu töten und lieb zu den kleinen Kindern zu sein, sooft sie im Hause ist. »Aber danach ... wenn die Nacht kommt, dann geht die Katze ihre eigenen Wege.« Eine kaum bekannte englische Kindergeschichte des 18. Jahrhunderts ist »Das Leben und die Abenteuer einer Katze«, deren Held ein Kater namens Tom ist. Seit dem Erscheinen dieses Buches werden die männlichen Katzen in den englischsprachigen Ländern allgemein als »tom« bezeichnet.

Vermenschlichte Katzen

Die weltberühmte englische Kinderbuchautorin Beatrix Potter (1866–1943) und ihr Illustrator Louis Wain (siehe S. 50) verdanken ihren Erfolg der Vermenschlichung ihrer tierischen Charaktere, die wie die Menschen im richtigen Leben mit Fehlern behaftet sind: Die weiße Katze von Mr. McGregor ist mit Vorsicht zu genießen, wie Benjamin Bunny in »Die Geschichte von Peter Rabbit« meint, doch in »Die Geschichte von Tom Kitten« und »Die Geschichte von Samuel Whiskers« werden Katzen als liebenswerte Figuren porträtiert, etwas ungezogen, aber nett.

Um die Mitte des 20. Jahrhunderts tauchten neue Katzenfiguren in der Kinderliteratur auf. Die Amerikanerin Kathleen Hale (geb. 1898) gestaltete den Kater Orlando, seine Partnerin Grace und deren Kätzchen Pansy, Blanche und Tinkle ihren eigenen Hauskatzen nach. Aus Orlandos Abenteuern sind inzwischen 18 Bücher geworden, die mit ihrem humorvollen Inhalt und den unverwechselbaren Illustrationen heute zu den Klassikern der Kinderliteratur zählen.

Doppelnatur
Diese selbstbewußte Katze stammt aus »Die Katze geht ihre eigenen Wege«, verfaßt und illustriert von Rudyard Kipling. In der Erzählung wird die Katze als halb zahm und halb unabhängig geschildert.

Die berühmte grinsende Katze
Als sich Alice in »Alice im Wunderland« mit der Cheshire-Katze unterhält, verschwindet das Tier allmählich, bis nur noch ein körperloses Grinsen übrigbleibt. Dieses Motiv rührt möglicherweise von einer bestimmten Cheshire-Käsesorte her, deren Verpackung eine grinsende Katze zeigt.

Der Kater Orlando
(Rechts) Über 30 Jahre hinweg schrieb und illustrierte die Kinderbuchautorin Kathleen Hale die abenteuerlichen Geschichten des liebenswerten Katers Orlando, der ins Ausland fährt, zum Arzt wird, seine Hochzeit feiert und 1968 sogar zum Mond reist.

Überlebenskünstlerin
(Links) Diese Illustration aus »Die Abenteuer des Pinocchio« zeigt, wie die Katze sich einem Streit zwischen Pinocchio und seinem Schöpfer entzieht. Die Geschichte einer Puppe, die sich in einen Jungen verwandelt, ist heute ein Kinderbuchklassiker, doch ursprünglich war sie eine moralische Erzählung, in der die Katze die Heuchelei repräsentiert.

Eine Katze auf hoher See
(Unten links) Als Edward Lear in Italien lebte und arbeitete, ließ er sich von seinem geliebten Kater Foss zu dem köstlichen Gedicht »Die Eule und die Pussikatze« anregen. Lear illustrierte seine Werke mit einfachen Strichzeichnungen, die ungemein modern anmuten.

Warnendes Beispiel
(Unten) In der Kinderliteratur werden nicht selten herbe Lehren erteilt. In der französischen Geschichte »La Boîte d'allumettes« (Die Zündholzschachtel), spielt ein kleines Mädchen mit Zündhölzern und setzt sich dabei versehentlich selbst in Brand und verbrennt. Die beiden getreuen Katzen löschen die Flammen mit ihren Tränen.

Seit Kathleen Hales Dauererfolg scheint die Mode der »Katzenbuchserien« ausgestorben zu sein – wenn man von den diversen Comic-Büchern einmal absieht, in denen grell verzeichnete Katzen eine Rolle spielen. Der Trend des modernen Kinderbuchs geht offenbar eher zu ungewöhnlichen Tieren, Dinosauriern oder Phantasiegeschöpfen hin.

Poetische Katzen

Viele schöpferische Menschen haben sich von ihren Katzen inspirieren lassen, und die Dichter sind da keine Ausnahme. Der englische Künstler und Humorist Edward Lear (1812–1888) verewigte seinen vielgeliebten Haustiger Foss in dem berühmten Gedicht »Die Eule und die Pussikatze«. Ein anderer passionierter Katzenliebhaber, T. S. Eliot (1888–1965), hat sich von seinen zahlreichen Hausgenossen zu den 14 langen Gedichten von »Old Possums Katzenbuch« anregen lassen. Jedes Gedicht ist ein Spiel mit der englischen Sprache, das in der Übersetzung kaum wiederzugeben ist. Eliot verlieh seinen Katzen menschliche Züge, doch es gelang ihm, das Wesen der Katzennatur zu bewahren. In Deutschland haben wir bekannten und weniger bekannten Dichtern wie Theodor Storm, Gustav Falke, Eduard Mörike und Wilhelm Hey reizvolle kindertümliche Katzengedichte zu verdanken, die früher ganz selbstverständlich zum Bestand der Lesebücher gehörten.

Moralische Lektion
In der moralischen Erzählung »Arme Minette« aus dem 19. Jahrhundert streiten ein guter und ein böser Katzengeist um die Seele der unschuldigen Katze Minette.

Unheimliche Katzen

Der Zusammenhang zwischen Katzen und Magie oder Hexerei hat auch in der Kinderliteratur seinen Niederschlag gefunden. Lewis Carroll (1832–1898), der Verfasser der »Alice«-Bücher, läßt im Wunderland seine berühmt gewordene Cheshire-Katze auftreten. Als Alice eine große Katze erblickt, die von Ohr zu Ohr grinst, fragt sie: »Würdest du mir bitte sagen, warum deine Katze so grinst?« Die Antwort lautet: »Es ist eine Cheshire-Katze – eben deshalb!« Diese mysteriöse Antwort geht vielleicht auf die englische Redensart »grinsen wie ein Cheshire-Caterling« zurück. Die »Caterlings« waren gefährliche Haudegen, die in der Regierungszeit Richards III. die königlichen Wälder schützten. Mit der Zeit wurde »Caterling« zu »Cat« verkürzt, und wenn jemand ein boshaftes Grinsen aufsetzte, hieß es nun von ihm, er »grinst wie eine Cheshire-Katze«. Theodor Suess Geisel (1904–1991), der unter dem Pseudonym Dr. Suess schrieb, hat die wohl erfolgreichste und zweifellos hinterhältigste literarische Katze in seinem Buch »Die Katze im Hut« geschaffen: Eine subversive Katze, die in einem Zylinderhut haust, beschließt, zwei gelangweilte Kinder während der Abwesenheit der Mutter zu unterhalten. Das führt zu einem Chaos, aber der raffinierten Katze gelingt es, unmittelbar vor der Heimkehr der Mutter alles wieder in Ordnung zu bringen. Wenn es doch nur in der Realität ebenso anarchisch und gleichzeitig so ordentlich zuginge wie in diesen zauberhaften Katzenbüchern!

Die Katze in der Literatur

In der Geschichte der älteren Literatur spielen Hauskatzen nur eine untergeordnete Rolle; sie kommen häufiger in Fabeln, Sprichwörtern und Kindergeschichten vor als in bedeutenden Werken der Weltliteratur. Das änderte sich im 19. Jahrhundert, als die Katze immer beliebter und als Gegenstand der Literatur akzeptiert wurde, manchmal sogar als Zentralfigur eines Buches. Katzen, die von soviel Charme und Geheimnis umgeben sind, üben allenthalben eine besondere Faszination auf kreative Menschen aus. So unterschiedliche Schriftsteller wie E.T.A. Hoffmann, Pierre Loti, Anton Tschechow und H.G. Wells haben ihnen in Erzählungen, Essays und Gedichten Tribut gezollt. Heute liegt eine Fülle von Büchern vor, die jedem literarisch interessierten Katzenliebhaber etwas zu bieten haben.

Katzen leben oft mit Schriftstellern zusammen, vielleicht weil beide wesensmäßig soviel gemeinsam haben. Anders als Hunde, unterbrechen Katzen nie den Schaffensfluß durch lautes Gebell oder die Aufforderung zum Spazierengehen. Sie beschäftigen sich vielmehr gern mit sich selbst oder schlafen still in der Nähe des Schreibtisches oder gar auf ihm.

Spruchweisheiten und Aphorismen

Katzensprichwörter finden wir in allen Sprachen. Manche beziehen sich auf die Geschicklichkeit und die speziellen Instinkte der Katzen, andere auf ihre Anmut und Schönheit. Aus China stammt die Redensart: »Eine lahme Katze ist mehr wert als ein schnelles Pferd, wenn der Palast von Ratten heimgesucht wird.« Die Iren sagen: »Wenn die Katze eine Mitgift hätte, würde sie oft geküßt.« Eine Redewendung aus den amerikanischen Südstaaten lautet: »Die Katze gibt sich mächtig stolz, bis ein Hund auftaucht.« Und in England heißt es: »In den Augen der Katze gehört alles den Katzen.«

Viele Autoren haben bedenkenswerte Kommentare zu ihren geliebten samtpfotigen Hausgenossen abgegeben. Der kanadische Romancier Robertson Davies (1913–1995) umschrieb die für beide Teile vorteilhafte Wechselbeziehung so: »Schriftsteller lieben Katzen, weil sie so ruhige, liebenswerte und kluge Geschöpfe sind, und Katzen lieben Schriftsteller aus denselben Gründen.« Ähnlich empfand die französische Autorin Colette (1873–1954), die Verfasserin von »Gigi«, die zu den größten Katzenliebhaberinnen in der literarischen Welt gehörte. »Wenn man mit einer Katze zusammen lebt«, meinte sie, »riskiert man nur, reicher zu werden.« Auch der ehemalige britische Premierminister Sir Winston Churchill, der 1953 den Nobelpreis für Literatur erhielt, hat sich über die Katze geäußert: »Alle Hunde schauen zu uns auf. Alle Katzen schauen auf uns herab. Nur das Schwein schaut uns als gleichgestellt an.« Théophile Gautier, der französische Dichter, kommentierte knapp: »Die Katze ist eine Dilettantin im Pelz.«
Der amerikanische Schriftsteller Samuel Langhorne Clemens (1835–1910), besser bekannt unter dem Namen Mark Twain, war ein großer Katzenfreund. Er ließ sich oft mit seinen Katzen fotografieren und gab ihnen kuriose Namen wie Apollinaris, Blatherskite und Zoroaster. Er versicherte, er habe diese Namen nicht »in böser Absicht« gewählt, sondern »nur, um den Kindern Gelegenheit zu geben, sich in der Aussprache schwieriger Wörter zu üben«.

Gedenkmarken
Der russische Dichter Alexander Puschkin (1799–1837) hielt fast immer Katzen. Er verewigte viele davon in seinen Erzählungen und zeichnete sie in seinen Mußestunden. Diese Briefmarke seines Heimatlandes würdigt sein literarisches Werk und bezeugt seine Katzenliebe.

Gruselgeschichte
(Links) Diese Illustration zur Erzählung »Die schwarze Katze« von Edgar Allen Poe (1809–1849) bezieht sich auf den schrecklichen Augenblick, als Pluto, der schwarze Kater, seinen Herrn als den Mörder seiner Frau entlarvt. Poe war trotzdem ein Katzenfreund.

Poetische Sphinx
(Unten) In seinem Gedicht »Die Sphinx« rühmt der irische Dichter Oscar Wilde (1854–1900) die weiblichen Eigenschaften der geheimnisvollen mythischen Katzengestalt.

Katzen und Dichter

Eine der ältesten und der schönsten Huldigungen an die Katze schrieb ein anonymer irischer Mönch im 8. oder 9. Jahrhundert in gälischer Sprache. Sein Gedicht über den Kater Pangur Bán (das bedeutet soviel wie »weißer als weiß«) beschreibt, wie der Mönch Wörter und das Tier Mäuse jagt:

Er fängt manchmal eine Maus,
Welche schleicht durch unser Haus,
Während ich am Arbeitstische
Mal ein gutes Wort erwische …

Der italienische Dichter Torquato Tasso (1544–1595) verfiel dem Wahnsinn und wurde in ein Irrenhaus gesperrt, ebenso erging es dem englischen Dichter Christopher Smart (1722–1771). Beide wurden durch ihre Umgebung zu Katzenversen inspiriert: Tasso verfaßte das »Sonett auf meine Katzen«, während Smart eine wortgewaltige Hymne auf »Mein Kater Jeoffry« anstimmte. Viele andere berühmte Dichter, wie Wordsworth, Heine, Hebbel, Baudelaire, Wilde, Carossa und Neruda, haben das Lob der Katze gesungen.

Romane und Erzählungen

Dichtung beruht oft auf autobiographischem Material, und viele Schriftsteller haben ihre »Katzenerlebnisse« effektvoll zu nutzen verstanden. E. T. A. Hoffmann (1776–1822) hat seinen Kater namens Murr, dem er sogar einen öffentlichen Nachruf widmete, in seinem satirischen Roman »Lebensansichten des

Porträt eines Schriftstellers
(Links) Dieses von Henri Rousseau gemalte Porträt des französischen Schriftstellers Pierre Loti (1850–1923) entstand 1910, kurz nach dem Erfolg seines Buches »In Marokko«, weshalb er vermutlich mit einem fezähnlichen Hut dargestellt ist. Ihm ist eine Katze beigesellt, weil er als großer Katzenfreund bekannt war und verschiedentlich über seine Lieblinge geschrieben hat.

Detektivische Katze
(Rechts) Wie viele Schriftsteller umgab sich auch die amerikanische Krimiautorin Patricia Highsmith gern mit Katzen, und wie andere Kollegen bevorzugte sie die Siamesen. Diese Rasse erfreut sich bei Kriminalschriftstellern besonderer Beliebtheit, vermutlich deshalb, weil man ihr von jeher eine fast menschenähnliche Intelligenz nachsagt.

Katzenhaftes Wesen
Colette liebte Katzen. Sie ließ sich mit ihnen fotografieren, nahm sie in ihre Werke auf und stellte sie sogar selbst auf der Bühne dar. Sie verkörperte nicht nur eine großartige Sphinx, sondern spielte auch in »La Chatte amoureuse« eine Katze.

Katers Murr« als schriftstellerisch begabte Hauptfigur mit autobiographischen Zügen wiederaufleben lassen. Dem Schweizer Dichter Gottfried Keller (1819–1890) verdanken wir eine der anrührendsten Katzennovellen des 19. Jahrhunderts, die den Titel »Spiegel, das Kätzchen« trägt.

Anton Tschechow (1860–1904) erzählt, wie sein Onkel Pjotr versuchte, seinem Kätzchen das Mäusefangen beizubringen. Onkel Pjotr griff sich das Kätzchen und schob es mit dem Kopf zu dem armen Nagetier hin. Doch als er die kleine Katze losließ, rannte sie panisch davon. Auch später ergriff die Katze jedesmal die Flucht, wenn sie eine Maus erblickte. Tschechow erhielt Lateinunterricht von dem besagten Onkel, und auch er reagierte hinterher auf die lateinischen Klassiker in der gleichen Weise wie die Katze auf die Mäuse!

In ihrer Kurzgeschichte »Die Katze« schildert Colette die kurze Ehe der launischen Camille mit dem verliebten Alain. Doch leider gilt Alains Zuneigung seiner russisch-blauen Katze Saha, und in ihrer wütenden Eifersucht versucht Camille die Katze umzubringen. Alain ahnt, was Camille vorhat, und als sie ihm ein Ultimatum stellt, entscheidet er sich für Saha. Die Geschichte weist Anklänge an die Erfahrungen auf, die die Autorin mit Männern gemacht hat.

Menschen in Tiergestalt haben die Menschen schon immer fasziniert, wie Volkserzählungen und Märchen belegen (siehe S. 32). Vermenschlichte Katzen geben besonders interessante Charaktere ab. Ein hervorragendes Beispiel ist Tobermory, die Katerfigur, die Saki (1870–1916), der eigentlich H.H. Munro hieß, erfunden hat. Tabermory lernt das Sprechen, und mit kätzischer Unbekümmertheit benutzt er seine Begabung, was verheerende Folgen für die Gäste einer vornehmen Party hat.

Spezielle Katzenbücher

Für all jene, die Katzenliebe mit einer Vorliebe für spannende Geschichten verbinden, steht eine spezielle Buchgattung zur Verfügung – der Kriminalroman. Am Anfang steht E.A. Poes Erzählung »Die schwarze Katze«. Um die Wende zum 20. Jahrhundert legte der australische Schriftsteller Guy Boothby seinen Büchern die detektivischen Fähigkeiten Dr. Nikolas und des schwarzen Katers Apollyon zugrunde. Wenig später stattete Dorothy L. Sayers ihren Detektiv Lord Peter Wimsey mit einem Wappen aus, das eine Katze und das Motto »Wohin mich meine Launen führen« aufweist.

Die zeitgenössische amerikanische Autorin Lilian Jackson Braun begann ihre Krimiserie mit dem Titel »Die Katze, die ...« zu schreiben, als eine ihrer geliebten Siamkatzen auf mysteriöse Weise aus einem Wohnblock zu Tode stürzte. Bis heute hat sie über ein Dutzend Romane vorgelegt, die alle um Koko und YumYum kreisen, zwei Siamesen mit einer kriminalistischen Ader. Der in Deutschland lebende türkische Autor Akif Pirinçci (geb. 1959) schrieb den fesselnden Katzenkrimi »Felidae«, nach dem später ein Zeichentrickfilm gedreht wurde (siehe S. 46).

Auch in die Science-fiction-Literatur haben die Katzen Eingang gefunden. H.G. Wells (1866–1946), einer der ersten Vertreter dieser Gattung, läßt in »Der Unsichtbare« einen unglückseligen Wissenschaftler ein neues Medikament von einer Katze testen, bevor er es selbst einnimmt. In anderen Science-fiction-Büchern haben es die Katzen besser. C.J. Cherryh (geb. 1942) beispielsweise leitet in ihren »Chanur«-Romanen einen Stamm von Außerirdischen von Katzen ab. Robert A. Heinlein (1907–1988) war ebenfalls ein Katzenfan. Er setzte seiner Katze Pixel ein Denkmal, indem er der Titelfigur in »Die Katze, die durch die Wände ging« diesen Namen gab.

In den 1980er Jahren stellten die Verleger fest, daß Katzenbücher sich gut verkaufen, und daraufhin kam eine wahre Flut von ihnen auf den Markt: Erzählbände, Anekdotensammlungen und Anthologien, aber auch gewichtige literar- oder kulturhistorische Werke, die sich mit unserer Hauskatze befassen. Neuerdings erscheinen auch mehr oder weniger kuriose Titel, wie etwa »Das Internet für Katzen«, »Testen Sie den IQ Ihrer Katze« oder »Yoga für Katzen«. Alle diese Bücher haben ihren besonderen Reiz. Tatsächlich werden jedes Jahr Hunderte von einschlägigen Neuerscheinungen veröffentlicht, und es könnte sein, daß sich das »Katzenbuch« in einiger Zeit als eigenständige literarische Gattung etablieren wird.

Ländliche Geschichten
Der norwegische, in Deutschland lebende Künstler Olaf Gulbransson (1873–1958) erzählt uns die Geschichte zweier Katzen aus einem benachbarten Bauernhaus. Die dramatische Geschichte von Liebe und Tod liest sich wie ein Bericht über menschliche Intrigen.

DIE KATZE IN DER ASIATISCHEN KUNST

Von Persien über Indien bis China haben Maler und Bildhauer große Katzen wie Löwen und Tiger häufig als Sinnbilder der Macht und Autorität dargestellt. Im alten Persien war der Löwe ein Symbol des Königtums, und sein Abbild findet sich oft an den Mauern und Pfeilern alter Paläste, etwa in den großartigen Ruinen von Isfahan. In China spielt der Tiger, der als »Herrscher der Tiere« gilt, eine bedeutende Rolle in der Mythologie und Symbolik. Als sich die Hauskatze nach Osten ausbreitete, sonnte sie sich im Glorienschein ihrer großen Verwandten und fand folglich eine ähnliche Nische in der bildenden Kunst. Den asiatischen Künstlern fiel es leicht, das Wesen dieser verkleinerten Ausgabe der verehrten Löwen und Tiger einzufangen.

Künstlerische Freiheit
Die Spiralen und die Vergoldung dieser aus dem 13. Jahrhundert stammenden Katze aus Rayy in Persien zeigen, daß wir es mit einem typisch islamischen Kunstwerk zu tun haben.

Fernöstliche Kunstwerke sind zwar in hohem Maße durchgestaltet und stilisiert, aber zugleich oft sehr naturgetreu und geben deshalb das Katzenverhalten sinnfälliger wieder als die zeitgenössische Kunst des Westens. In der Kunst des Ostens werden zweifarbige und Schildpattkatzen bei weitem am häufigsten abgebildet, was den Schluß zuläßt, daß diese Fellmuster von den Reisenden, die die Katze nach Asien mitbrachten, oder von den dort lebenden Menschen bevorzugt wurden.

VORDERASIATISCHE KUNST

Die Moslems sind der Katze wohlgesonnen, weil sie das Lieblingstier Mohammeds war (siehe S. 26), aber im Islam sind Abbilder von Menschen oder Tieren verpönt. Deswegen sind Katzendarstellungen aus dem Nahen und Mittleren Osten – wo es reichlich Katzen gab und die Langhaarkatzen ihren Ursprung haben – extrem selten. Nur einige wenige kleine Figurinen, bemalte Fliesen sowie Flaschen und Dosen in Katzenform haben sich erhalten. Erst in den Werken von reisenden westlichen Malern finden wir Katzen vor, die sich behaglich zu Füßen arabischer Schreiber ausstrecken oder von Araberinnen mit Leckerbissen gefüttert werden.
Doch im 14. Jahrhundert haben anonyme ottomanische Künstler eindrucksvolle Szenen aus Volksepen und Geschichten der Bibel illustriert und dabei auch Hauskatzen als Beiwerk abgebildet.

Anfänge der Rassezucht
Im 19. Jahrhundert tauchen Katzen, die Vorläufer der Japanischen Stummelschwanzkatze (siehe S. 144) sein könnten, in der japanischen Kunst auf. Diese Darstellung von Hokusai zeigt den charakteristischen kurzen Schwanz, die langen Hinterbeine und das bevorzugte Fellmuster.

INDISCHE UND FERNÖSTLICHE KUNST

In Indien trifft man die ältesten Katzendarstellungen in geschnitzten oder gemalten religiösen Bildwerken an, zum Beispiel eine Fruchtbarkeitsgöttin, die auf einer Katze reitet. In Malereien, die eine Geschichte erzählen, etwa die eines Festes oder der Ankunft westlicher Besucher, symbolisieren Katzen Ansehen und Reichtum. Weitere Belege für den hohen Rang der Katze in Indien finden sich in den regionalen Volkskunsttraditionen, in Porträts, Stilleben und Tierstudien. Die Hauskatzen dieser Bilder ähneln den exklusiven Luxusgeschöpfen der höfischen Porträts, was darauf schließen läßt, daß man sich wenig oder gar nicht bemüht hat, rassereine Katzen zu züchten.
Weiter östlich, in Thailand, standen die Katzen in hohem Ansehen, und die Vielfalt ihrer Fellfarben und Körperhaltungen wurden in der Malerei anschaulich wiedergegeben. Die zahlreichen Handschriften der »Katzenbuchgedichte« (siehe S. 31) enthalten Abbildungen von Katzen mit »Points« (Vorläufer der Siamkatze), kupferbraune »Sopalak«-Katzen und blaue »Si-Sawar«-Katzen mit silberner Spitzenfärbung, aber auch Tabbys, zweifarbige Tiere sowie Farbschläge, die Genetiker und Züchter in Erstaunen versetzen würden. Die berühmteste Handschrift befindet sich heute in der Thai-Nationalbibliothek in Bangkok, doch weitere werden in Museen überall in der Welt aufbewahrt.
In der chinesischen Kunst tauchen Katzen häufig während der Sung-Dynastie (960–1279) auf. Sie erscheinen in vielen höfischen Porträts, was darauf hindeutet, daß Katzen hier, wie in Indien, Statussymbole waren.

Menschenähnliche Katzen
(Links) Ein anonymer indischer Künstler des 19. Jahrhunderts schuf diese anthropomorphe Katze. Die Augen mit den dunklen Lidern und mit viel Weiß um die Iris wirken eher menschlich als katzenhaft.

Indische Kaufmannsszene
Auf einem lebhaften Genrebild des 17. Jahrhunderts, gemalt von einem unbekannten Mughal-Künstler, sind reiche Kaufleute in einer opulenten Kulisse dargestellt. Eine wachsame weiße Katze sitzt neben dem Stuhl des bedeutendsten westlichen Kaufmanns.

Spielende Katzen
Viele Werke der asiatischen Kunst sind verlorengegangen, weil sie auf zartem Papier oder, wie dieses Bild aus dem 18. Jahrhundert, auf Seide geschaffen wurden. Die gestreiften Tabbys sind typische Orientalen. Die westlichen Katzen jener Zeit waren vielfach gefleckt.

Die meisten chinesischen Katzendarstellungen sind auffallend lebensecht. Die Hsuan Tsung zugeschriebenen »Frühlingsspiele in einem T'ang-Garten« aus dem Metropolitan Museum of Art in New York zeigen Kätzchen, die in einem Garten zwischen Blumen herumtollen. Auf Seidenmalereien und Holzschnitten schleichen sich Katzen an Bienen heran, oder sie klettern auf Bäume, um sich vor Hunden in Sicherheit zu bringen. Im 16. Jahrhundert war die Katze ein beliebtes Motiv für Cloisonné-Figuren und für Lampen. Diese Lampen aus bemaltem Porzellan hatten die Form einer kauernden Katze. Sie waren oben offen und hatten ausgehöhlte Augen, so daß das Licht der innen befindlichen Kerze durch die Augen fiel. Der Kerzenschein spendete Helligkeit und wehrte zugleich böse Geister ab.

Die japanische Kunst

Die Katze erwarb sich dauerhaften Ruhm in der japanischen Kunst, in der sie fast ein Jahrtausend lang in Rollbildern, Keramik, Bronze und Elfenbein dargestellt wurde. Seit dem 18. Jahrhundert wurden die Katzen in der Kunst Japans noch beliebter. Wie in China und in Europa assoziierte man die Katze mit bösen Geistern (siehe S. 28), und die japanische doppelschwänzige Katze von Okabe war ein besonders häufig verwendetes Motiv.
Auf den meisten japanischen Gemälden und Holzschnitten sind Katzen mit der typischen Schildpatt-und-Weiß-Zeichnung zu sehen, die wir heute bei der Japanischen Stummelschwanzkatze wiederfinden, aber in den älteren Kunstwerken haben die Tiere meist einen längeren Schwanz. Im 18. und 19. Jahrhundert tauchen Stummelschwanzkatzen und überwiegend weiße Katzen immer häufiger in Illustrationen auf.
Am ehesten zugänglich sind uns die Katzendarstellungen der japanischen Farbholzschnitte. Von Utamaro (1753–1806) und Koryusai (spätes 18. Jahrhundert) bis Ando Hiroshige (1797–1858) und Utagawa Kuniyoshi (1797–1861) entstanden Katzenporträts von einer Wirklichkeitstreue, wie man sie in der westlichen Kunst nur selten antrifft.
Utamaro bildete Katzen gern als Gefährten schöner Damen ab, während Hiroshige sie lebensecht häufig in Landschaften mit einbezog, etwa in seiner berühmten Holzschnittfolge »100 Ansichten von Edo«. Mehr als alle anderen japanischen Meister hat Kuniyoshi Katzen mit höchster Genauigkeit abgebildet. Er liebte Katzen, von denen es in seinem Atelier nur so wimmelte. Als Knabe war Kawababe Kyosei (1831–1889) Kuniyoshis Schüler, und er hat später seinen Lehrer gezeichnet, der eine Katze auf dem Arm hält und von weiteren Katzen umgeben ist, die sich zu seinen Füßen putzen und vergnügen.
Kuniyoshis wohl berühmtestes Werk ist die Holzschnittfolge »53 Stationen der Tokkaido-Straße«, in der jede Station durch eine Katze repräsentiert wird. Die meisten Tiere sind kurzschwänzig und mehrfarbig, aber es gibt auch gestreifte und einfarbige Katzen und die doppelschwänzige Hexenkatze von Okabe. Auch im übrigen Werk Kuniyoshis spielen Katzen eine wichtige Rolle. In seinen Theaterbildern sind die Dämonen- und Geisterkatzen der Kabuki-Stücke mit unverkennbaren Katzenmerkmalen ausgestattet, und seine Porträts von Schauspielern, Edelleuten und Kurtisanen enthalten als Staffage oft Katzen. Auf einem dieser Bilder hat er eine schöne junge Adlige porträtiert, die Schmetterlinge malt, während ein Kätzchen auf den fertigen Bildern herumspringt. Das Porträt ist als Huldigung an die Begabung der jungen Dame gedacht, aber zugleich ein nachdrücklicher Hinweis auf den Raubtierinstinkt der Katzen. Das ist typisch für die besten Hervorbringungen der fernöstlichen Kunst, die scharfe Naturbeobachtung in einem scheinbar starren, stilisierten Medium zur Geltung bringt.

Tiger-Netsuke
Die Japaner benutzten als Knebel sogenannte Netsuke, um Behälter am Kimonogürtel zu befestigen. Die Netsuke waren oft, wie dieser Tiger aus Elfenbein, als Tierformen geschnitzt.

Opportunistische Katze
Kuniyoshis Katzen sind ungemein lebensecht. Die Dreistigkeit des Haustigers, der einen Fisch stiehlt wie in dem Bild »Mädchen, das eine diebische Katze bestraft«, ist wohl jedem vertraut, der mit Katzen zu tun hat.

Ungezähmter Jagdtrieb
(Rechts) Das Kätzchen auf diesem japanischen Rollbild angelt in einer Goldfischschale nach einem Leckerbissen. Die hübsche Schleife, die es um den Hals trägt, deutet darauf hin, daß es eine geliebte und wahrscheinlich wohlgenährte Hauskatze ist, die sich aber trotz ihres komfortablen Lebens den natürlichen Jagdinstinkt bewahrt hat.

Die Katze in der abendländischen Kunst

Darstellungen von Katzen, die jagen, fischen, ihre Jungen säugen oder mit Kindern spielen, sind in der altägyptischen Kunst häufig, doch die griechischen und römischen Künstler ignorierten die kleine Katze und porträtierten lieber den spektakuläreren Löwen und Tiger. Da die Katze mit den alten Religionen von der Antike bis zum frühen Mittelalter in Verbindung gebracht wurde, fiel sie in der christlichen Kirche in Ungnade, und sie kommt deshalb in der Kunst jener Epoche kaum vor. In der Renaissance taucht sie in allegorischen Gemälden auf, häufig als ein Symbol der Heimtücke und des Bösen. Später dann symbolisiert sie in der europäischen und amerikanischen Kunst die Anmut und Harmonie und erscheint oft in häuslichen Szenen und Familienporträts.

Mit Ausnahme der Illustratoren der Lindisfarne-Evangelien (um 700) und des irischen »Book of Kells« (um 800) ignorierten die europäischen Künstler und Kunsthandwerker des Mittelalters die Katze. Allerdings erscheinen Katzen gelegentlich in Schnitzwerken keltischer Kirchen (siehe S. 28). Diese Katzendarstellungen gehen allerdings wohl eher auf Fabeln und heidnische Geschichten zurück als auf den Einfluß des Christentums.

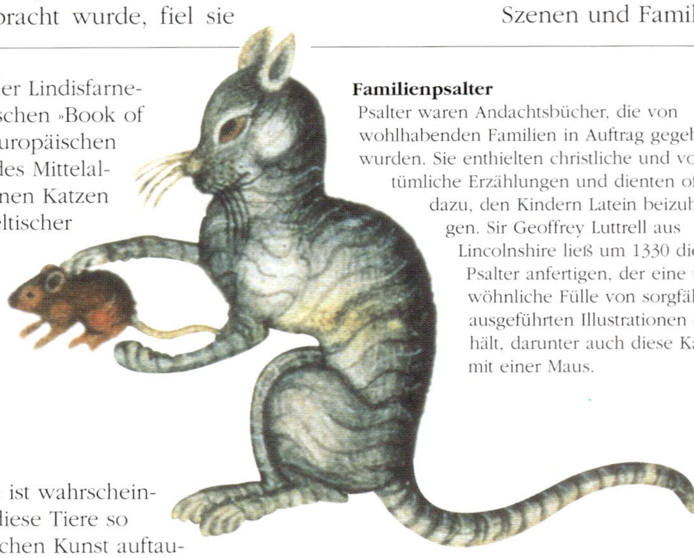

Familienpsalter
Psalter waren Andachtsbücher, die von wohlhabenden Familien in Auftrag gegeben wurden. Sie enthielten christliche und volkstümliche Erzählungen und dienten oft dazu, den Kindern Latein beizubringen. Sir Geoffrey Luttrell aus Lincolnshire ließ um 1330 diesen Psalter anfertigen, der eine ungewöhnliche Fülle von sorgfältig ausgeführten Illustrationen enthält, darunter auch diese Katze mit einer Maus.

Katzen als Symbol und Allegorie

Die Katzenfeindschaft der Kirche ist wahrscheinlich der Hauptgrund dafür, daß diese Tiere so selten in der älteren abendländischen Kunst auftauchen. Wenn sie vorkommen, dann meist als Inbegriff der Hinterlist und Tücke. Der italienische Künstler Domenico Ghirlandaio (1449–1494) steht in dieser Tradition, denn er stellt in seinem »Letzten Abendmahl« eine Katze dar, die zu Füßen von Judas sitzt und auf dessen Verrat verweisen soll. Jacopo Tintoretto (1518–1594) bildet in seiner Abendmahlszene ebenfalls eine unheimlich aussehende Katze ab, und in der »Verkündigung« malt er eine böse dreinblickende Katze, die unter einer bedrohlichen Wolke lauert. Der Venezianer Jacopo Bassano (ca. 1510–1592) ist einer der wenigen Künstler der Zeit, die Tiere naturgetreu abbildeten; in seinem Gemälde »Einzug der Tiere in die Arche« sind zwei schwarz-weiße Katzen zu sehen. Albrecht Dürer (1471–1528) schuf den großartigen Holzschnitt »Adam und Eva« mit zahlreichen Tierdarstellungen. Die Maus wird von Adams Fuß festgehalten und repräsentiert wohl die Schwachheit und Verletzlichkeit des Menschen, während die Katze durch ihren Schwanz mit Eva verbunden ist und wahrscheinlich die Geschlechtslust und das Böse symbolisiert. Hieronymus Bosch (ca. 1450–1516), der Meister des Phantastischen, malte dämonische Katzen in »Die Versuchung des hl. Antonius«, und in vielen seiner Gemälde tauchen ebenfalls katzenähnliche Dämonen auf.

Zum 18. Jahrhundert hin schwindet die Assoziation der Katze mit dem Teufel. In seinen Genrebildern »Der Rochen«, »Der Dieb im Glück« und »Der tote Hase« stellte der französische Maler Jean-Baptiste Chardin (1699–1779) Katzen als Diebe und Vielfraße dar und nicht mehr als Teufelssymbole. In dieser Epoche schuf der englische Künstler William Hogarth (1697–1764) die Bilderfolge »Stufen der Grausamkeit«, in der auch die grausame Behandlung von Katzen dargestellt wird. Die Katze wurde demnach nicht mehr als Übeltäterin, sondern als Opfer gesehen.

Die Katze in häuslichen Szenen

Vor dem 18. Jahrhundert erscheint die Katze selten in der naturalistischen Malerei. Allerdings hat sich schon Leonardo da Vinci (1452–1519) offenbar von der Anatomie der Katze faszinieren lassen. Einige seiner Zeichnungen geben spielende und schlafende Katzen fast fotografisch exakt wieder, auf anderen erscheinen sie eher phantastisch oder drachenähnlich. Als sich die europäischen Künstler von den alten religiösen, historischen und mythologischen Themen abwandten und sich der Darstellung des Alltagslebens zuwandten, tauchen Katzen immer häufiger in häuslichen Szenen auf. In England malte Hogarth sein berühmtes Porträt »Die Graham-Kinder«, das auch eine aufgeweckte Katze zeigt, und der große Tiermaler George Stubbs (1724–1806) schuf sein einziges bekanntes Katzenbild in »Miss Anne Whites Kätzchen«. Die Franzosen Antoine Watteau (1684–1721) und Jean Fragonard (1732–1806) sowie der Italiener Giovanni Tiepolo (1696–1770) nahmen in ihre Gemälde Katzen auf, die sich auf dem Schoß von Schäferinnen und in den Armen von Mätressen zusammenkuscheln oder einfach zusammen mit ihren Besitzern ein Luxusleben führen.

Allegorie oder Realismus?
(Links) In »Das letzte Abendmahl« von Francesco Bassano d.J. (1549–1592), dem Sohn Jacopos, wird die Katze mit einem Hund konfrontiert – ein Sinnbild für den Gegensatz von Falschheit und Treue. Diese Katze und dieser Hund erscheinen jedoch in mehreren Gemälden der Künstlerfamilie Bassano, so daß es sich wahrscheinlich um deren Haustiere handelt.

Widerspenstiges Schmusetier
(Rechts) »Das Ankleiden der Katze« von Joseph Wright (1734–1797) zeigt ein Kätzchen, das sich eine unwürdige Behandlung gefallen lassen muß, die viele vierbeinige Hausgenossen jahrhundertelang erdulden mußten. Diese sentimentale Darstellung zeichnet sich durch meisterhafte Lichtgestaltung und Komposition aus.

Lässige Schönheit
Théophile Steinlen, der vor allem durch seine satirisch-humorvollen Katzendarstellungen bekannt geworden ist, war ein hochbegabter Maler und Grafiker. Diese Studie eines ruhenden braunen Haustigers, »L'hiver: chat sur un coussin« (1901), bezeugt, wie geschickt er das Wesen der Katzennatur einzufangen verstand.

Katzengelüste
In seinem Triptychon »Garten der Lüste« hat Hieronymus Bosch neben seinen typischen Fabeltieren auch eine schlanke Katze mit ihrer Beute abgebildet. Er benutzte häufig katzenähnliche Gestalten für die Darstellung phantastischer Dämonen. Auf den ersten Blick wirkt diese Katze ganz normal, doch wenn man genauer hinschaut, erkennt man die furchterregenden Zähne und die greifvogelartigen Krallen.

Ein Knabenporträt, »Don Manuel Osorio de Zuniga«, von Francisco Goya (1746–1828) zeigt drei feiste Katzen, die die angebundene Elster des Knaben beäugen. Nur wenige dieser Bilder besitzen die anatomische Perfektion von Leonardo da Vincis besten Zeichnungen. Erst unter dem Einfluß des bedeutenden französischen Malers und Naturkenners Jean-Baptiste Oudry (1686–1755) wurde ein solcher Realismus wieder erreicht.

Katzenporträts

Im 19. Jahrhundert fertigte der Schweizer Künstler Gottfried Mind (1767–1847) zahlreiche einfühlsame Aquarelle und Federzeichnungen seiner Katze Minette und deren Kätzchen an. Die Arbeiten der Holländerin Henrietta Ronner (1821–1909) galten zu ihrer Zeit als sentimental, sind aber heute wegen der genauen Beobachtung des Katzenverhaltens sehr begehrt. Der in der Schweiz geborene, in Paris tätige Künstler Théophile Steinlen (1859–1923) schuf Tausende von Katzenzeichnungen, die zwar als Karikaturen gedacht waren, aber das Wesen der Katze brillant einfangen. Andere europäische Maler verwendeten in ihren Porträts Katzen als sexuelles Symbol. Edouard Manet (1832–1883) setzte in seiner »Olympia« der liegenden nackten Schönen eine selbstbewußte Katze zu Füßen, die als Attribut der Sinnlichkeit zu verstehen ist – eine Anspielung, die wir von japanischen Geishaporträts kennen. Auguste Renoir (1841–1919) zeigt seine Vorliebe für Katzen sehr viel handfester. Auf Gemälden wie »Madame Julie Manet«, »Mädchen mit einer Katze« und »Schlafendes Mädchen mit Katze« stellt er seine Katzen als verspielt, temperamentvoll und sinnlich dar, nicht anders als die porträtierten Damen. In Rußland hat der Dichter Alexander Puschkin delikate Federzeichnungen seiner Katzen hinterlassen, die heute in Boldino, seinem Wohnsitz in der Nähe von Pskow, zu sehen sind.

Amerikanische Volkskunst

Fast 150 Jahre lang, seit dem frühen 18. Jahrhundert, herrschte in der bodenständigen Malerei der Vereinigten Staaten die Volkskunst vor, die bis vor kurzer Zeit vielfach unterschätzt und unterbewertet wurde. Porträtmaler, meist Amateure, reisten durch das Land und malten die Familien der gutbürgerlichen Mittelschicht.

Die Namen vieler dieser Künstler sind unbekannt, doch einige, zum Beispiel Ammi Phillips (ca. 1788–1865), hinterließen ein Werk, das heute hoch geschätzt wird. Auf diesen Familienbildern sind regelmäßig Katzen und Hunde konterfeit, die den Eindruck häuslicher Geborgenheit und Stabilität in der amerikanischen Pionierzeit anschaulich verstärken. Die Katze wird nicht mehr mit Heidentum und dem Teufel in Verbindung gebracht, sondern ist zu einem modernen Symbol der Schönheit, der bürgerlichen Behaglichkeit und einer friedlichen Zivilisation geworden.

Innige Beziehung
(Rechts) In »Mädchen mit einer Katze« stellt Auguste Renoir die innige Katzen-Mensch-Beziehung dar. Die Katze wirkt entspannt und geborgen auf den Armen des Mädchens, das ihr als Zeichen der Zuneigung den Kopf zuwendet. Renoir malte seine Katzen mit der gleichen Sinnlichkeit wie die porträtierten Frauen.

Häuslicher Friede
(Unten) Ein typisches Beispiel der amerikanischen Volkskunst ist »Mädchen in rotem Kleid mit Katze und Hund« von Ammi Phillips.

Katzen in der modernen Kunst

Die Abkehr vom Realismus hat im 20. Jahrhundert einen raschen Wechsel der Stilrichtungen zur Folge gehabt, doch die Beliebtheit der Katze als brauchbares Motiv der Malerei und Grafik hat sich erhalten. Vertreter aller künstlerischen Bewegungen, vom deutschen Expressionismus bis zur Pop-Art, waren von der natürlichen Schönheit, der sinnlichen Ausstrahlung und großen Präsenz der Katze fasziniert und haben sie auf Leinwand, Papier und in Plastiken wiedergegeben. Katzen werden heute in traditionellen und modernen Stilarten immer wieder dargestellt, und die weltweite Popularität dieser Katzen-Kunstwerke ist durch massenhaft verbreitete Reproduktionen gesichert.

Vor dem Zweiten Weltkrieg galt Paris als das Mekka der Kunst, wo viele Künstler lebten und arbeiteten. In diesem großen kreativen Schmelztiegel sind verschiedene moderne Stilrichtungen entstanden, und jede Kunstgattung hat zahllose herrliche Katzendarstellungen hervorgebracht.

Katzenliebende Künstler

Im 20. Jahrhundert hat sich eine regelrechte Tradition der Katzenkunst entwickelt. Zu den Begründern dieser Tradition zählt die englische Malerin Gwen John (1876–1939), die sich in ihrem Haus mit vielen Katzen umgab und sie immer wieder porträtiert hat. Zu Lebzeiten stand sie künstlerisch im Schatten ihres berühmteren Bruders Augustus, doch heutzutage sind ihre Bilder sehr gefragt. Der japanische Maler Tsuguharu Foujita (1886–1974), die englische Surrealistin Leonora Carrington (geb. 1917) und der besessene Pop-Künstler Andy Warhol (1928–1987) haben eine Vielzahl von Katzenstudien geschaffen, einfach weil sie verliebt waren in diese faszinierenden Geschöpfe.

Die frühen deutschen Expressionisten legten es bewußt auf die Verzerrung und Überhöhung der Realität an, und auch ihre eigenwilligen Katzendarstellungen zeigen diese neue Formensprache. Das Hauptthema des Expressionisten Franz Marc (1880–1916) war die Natur, insbesondere die Tiere, zu denen selbstverständlich auch die Katzen gehörten. Der schweizerisch-deutsche Maler Paul Klee (1879–1940) war ein großer Katzenfreund, der diese Tiere wiederholt in skurrilen Szenen festhielt. Klee wurde vom Expressionismus beeinflußt, hat sich aber nie einer bestimmten Stilrichtung angeschlossen.

Kubistische Katze
Pablo Picassos Interesse für die Wildheit und Ungezähmtheit der Katzen offenbart sich in »La Technique« (um 1962): Eine Hauskatze, möglicherweise eine verwilderte, demonstriert ihre Raubtiernatur angesichts der aufgehäuften Speisen.

Keramische Ikone
Diese Katzenplastik (nach 1980) von Jill Crowley (geb. 1946) ist Teil einer Serie, in der die Künstlerin ihre eigene Burmesin und einen Nachbarkater, der sie ständig schikanierte, abgebildet hat.

Perfekte Harmonie
Martin Leman, der raffinierteste unter den »naiven« Künstlern, wurde international berühmt durch seine vielgekauften Geschenkbücher, in denen Katzendarstellungen wie dieses ineinander verschlungene Paar namens »Winsor und Newton« abgedruckt sind.

Verhaltensstudie
(Links) Diese Katzenstudie von Franz Marc aus dem frühen 20. Jahrhundert wirkt stilisiert, fängt aber hervorragend die Anspannung der beiden Katzen ein, die einander umkreisen. Marc betrieb gründliche Anatomiestudien, um sich einen Formenkatalog zu erarbeiten.

Katzenjammer
(Rechts) Der in Europa arbeitende Japaner Ryozo Kohira (geb. 1947) kombinierte traditionelle Holzschnittechnik, moderne Techniken und lebhafte Farbgebung in seiner phantasievollen Darstellung von trunkenen, gierigen Katzen, der er den Titel »Katzenreise« (1964) gab.

Moderne Stilformen

Die Entstehung des Kubismus, einer anderen bedeutenden Kunstbewegung, wird vor allem dem in Frankreich lebenden Spanier Pablo Picasso (1881–1973) zugeschrieben. Über seine Katzendarstellungen hat er einmal gesagt: »Ich möchte Katzen so malen wie jene, die ich die Straße überqueren sehe. Sie haben nichts mit Schmusetieren gemeinsam; sie haben ein struppiges Fell und rennen davon wie die Teufel.« Es liegt auf der Hand, daß Katzen, die ihre Beute beschleichen oder überwältigen, es ihm besonders angetan haben.

Später entstand dann der Surrealismus, dem es um die Erkundung und Abbildung unbewußter Vorgänge ging. Der Spanier Joan Miró (1893–1983) war ein Surrealist, und sein Bild »Tête« oder »Le Chat blanc« (1972) zeigt offensichtlich ein katzenhaftes Wesen vor einem gescheckten Hintergrund.

Manche Künstler lassen sich nicht ohne weiteres den verschiedenen Stilrichtungen zuordnen, die in den ersten Jahrzehnten des 20. Jahrhunderts aufkamen. Marc Chagall (1887–1985) bediente sich beispielsweise bei allen, sofern sie ihm nützlich erschienen. Chagall kam 1910 aus Rußland nach Paris, wo er seine jüdische Vergangenheit in die moderne französische Malerei einbrachte und hochstilisierte Werke von nostalgischer, märchenhafter Poesie schuf. Davon zeugen seine in den dreißiger Jahren entstandenen Illustrationen zu den Fabeln von La Fontaine (siehe S. 32), in denen häufig Katzen auftreten.

Eigenwilliges Porträt
(Links) In »Mädchen mit einem Kätzchen« (1947) von Lucian Freud (geb. 1922) hält Kitty Epstein, eine Freundin des Malers, eine junge Katze merkwürdig fest im Griff. Die ängstliche Miene des Mädchens und der starre Blick des Kätzchens verstören den Betrachter dieses eigenartigen Porträts.

Persönliche Geschenke
(Links) In den fünfziger Jahren zeichnete Andy Warhol des öfteren seine Katzenlieblinge in frivolen Posen. Die Bilder ließ er ursprünglich als Geschenke für seine besten Freunde vervielfältigen, doch inzwischen wurden sie postum massenhaft in Bildbänden, aber auch auf Bechern oder T-Shirts verbreitet.

Tierbeobachtung
(Rechts) Der Grafiker Tsuguharu Fonjita schuf zahlreiche genau beobachtete Katzenstudien. »Le Chat« (1939) ist ein typisches Beispiel für seinen präzisen Stil. Er war ein Meister der Lithographie, und viele seiner eigenen Katzen waren Vorbilder für seine Verhaltensdarstellungen.

Katzenkunst der Gegenwart

Nach dem Zweiten Weltkrieg verlagerte sich das Zentrum der Kunst nach New York, wo die nächste große Welle der Stilbewegungen ausgelöst wurde. Manche Künstler, die auf dieser Welle mitschwammen, fanden eine Nische in der Massenproduktion von Postern, Geschenkbüchern, Bildkalendern usw. Einer der Hauptlieferanten war Andy Warhol. Er wurde vor allem bekannt durch seinen ungewöhnlichen Lebensstil und seine Marilyn-Monroe-Serigraphien, aber er war auch ein leidenschaftlicher Liebhaber seiner Katzen, deren geistreiche, launische Abbilder er zu Tausenden reproduzieren ließ. Und der englische Maler Martin Leman (geb. 1934) gründete seine sehr erfolgreiche Karriere auf zahlreiche Bücher, in denen geschmeidige, gepflegte Katzen eine wichtige Rolle spielen.

Katzen sind zwar nicht das Hauptmotiv des amerikanischen Malers Will Barnet (geb. 1911), aber Madame Butterfly, die heißgeliebte Familienkatze, taucht häufig in seinen Porträts auf. Auch die schottische Künstlerin Elizabeth Blackadder (geb. 1931) läßt sich am liebsten von alltäglichen Dingen inspirieren, von Haushaltsgegenständen, von Blumen und von ihren Katzen. Einmal lebten drei Katzen in ihrem Haus, und da begann sie deren Aktivitäten im Bild festzuhalten. Das wahrscheinlich bekannteste neuere Gemälde, auf dem eine Katze zu sehen ist, ist das Porträt »Mr. und Mrs. Clarke mit Percy« (1971) des in Kalifornien lebenden Engländers David Hockney (geb. 1937).

Im deutschsprachigen Raum haben sich ebenfalls viele moderne Künstler des Katzenthemas angenommen. Genannt seien hier nur so unterschiedliche Maler, Grafiker und Bildhauer wie Gerhard Marcks, Albert Schaefer-Ast, HAP Grieshaber, Paul Flora, Horst Janssen und Otmar Alt. Diese und andere Künstler verwenden am liebsten die Plastik, die Zeichnung und den Holzschnitt, um das unabhängige Wesen der Katze einzufangen.

Phantasiegeschöpfe
(Rechts) Leonora Carringtons Gemälde mit dem mysteriösen Titel »Dienstag« (1964) ist angefüllt mit Katzen und katzenköpfigen Frauen, die allesamt in einem traumhaften surrealistischen Stil wiedergegeben sind.

Katzenaquarell
(Unten) Auf diesem ausdrucksstarken Bild »Zu Apollinaire« (1935) von Hannah Höch (1889–1978) strahlt die langgestreckte Gestalt der schlafenden Katze ungewöhnliche Zufriedenheit und Entspannung aus.

Katzenkarikaturen

Von den frühesten Katzenbildern altägyptischer Kunsthandwerker über die vermenschlichten Katzencharaktere des frühen 20. Jahrhunderts bis zu den heutigen Comic-Strips hat die Katze ein ideales Motiv für Karikaturisten, Satiriker und Humoristen abgegeben. Die einen haben Katzen für beißende politische oder gesellschaftskritische Kommentare verwendet, andere wollten die offensichtlichen Ähnlichkeiten zwischen kätzischem und menschlichem Verhalten aufzeigen. Im 20. Jahrhundert wurde eine wahre Flut von phantasievollen Katzenkarikaturen und frechen, anzüglichen Katzencartoons angelsächsischer Provenienz auf die Menschheit losgelassen.

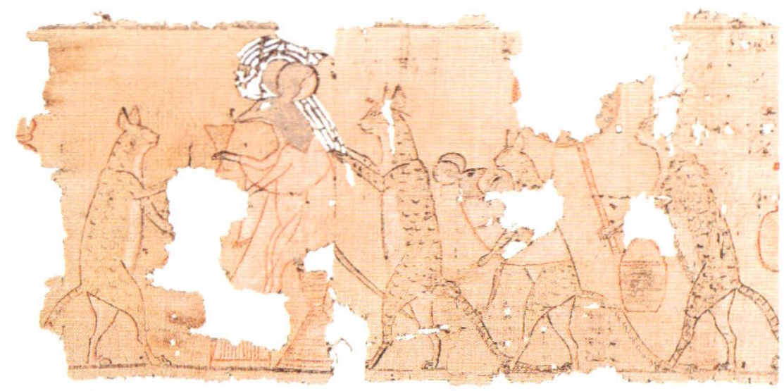

Frühe Satire
Die alten Ägypter verehrten die Katze, hatten aber auch Humor. Diesen satirischen Papyrus (um 1150 v. Chr.) zeichneten thebanische Schreiber. Dargestellt ist eine Gruppe von Katzen, die als Hausbedienstete fungieren und eine sitzende Maus- oder Rattendame und deren Nachwuchs bedienen.

Karikaturisten stellen die Katze häufig in einer Doppelrolle vor, als Repräsentantin kätzischer und menschlicher Verhaltensweisen. Die eleganten, geschmeidigen Bewegungen der Katze lassen sich effektvoll aufs Papier bannen und geben das Typische der Katzennatur wieder, aber zugleich bieten sich die Gesichtszüge der Tiere für die Umformung in menschliche Physiognomien an, was dem Karikaturisten die Möglichkeit gibt, menschliche Eigenschaften katzenhaft zu verfremden.

Historische Karikaturisten

Der göttliche Rang der Katze im alten Ägypten sorgte dafür, daß sie in der ägyptischen Kunst eine bedeutende Rolle spielte. Steinmetze, Bildhauer und Maler mußten im Auftrag des Staates die Pharaonengräber des Neuen Reichs (1540–1196 v. Chr.) ausschmücken.
Neben ihrer Arbeit an den Monumentalbauten schufen diese Kunsthandwerker die ersten »Katzenkarikaturen« – satirische Zeichnungen auf Papyrus und Ostraka (irdene Täfelchen). In Deir el-Medina, dem sogenannten »Tal der Könige«, wurden solche Papyri und Ostraka in großer Zahl entdeckt. Diese Gelegenheitszeichnungen, die heute über Museen in der ganzen Welt verstreut sind, eröffnen uns einen faszinierenden Einblick in den respektlosen und zugleich anheimelnden Zynismus jener Zeit (siehe S. 32). Manche Ostraka sind schlichte Katzenkarikaturen, andere jedoch ätzende Kommentare zum aristokratischen Lebensstil im alten Ägypten. In Rußland porträtierte ein unbekannter Zeichner den Zaren Peter d.Gr. (1672–1725) als Kater in der Karikatur »Die Katze von Kasan«. 1698 wurde der Zar von der alten Aristokratie und der Kirche angegriffen, weil er das Tragen von Bärten verboten hatte. Gesichtsbehaarung in Form eines Schnurrbarts waren indes erlaubt, vor allem deswegen, weil sich der Zar selbst mit einem prächtigen Schnurrbart schmückte, der in der Karikatur stark übertrieben wurde.
In der jüngeren Vergangenheit büßte die Katze in der russischen Karikatur an politischer Anzüglichkeit ein; sie trat allenfalls in seichten unterhaltsamen Comic-Strips wie »Ferien in Prostokwaschino« oder »Die Abenteuer Leopolds« auf.

Fernöstliche Beobachtungsgabe

Jahrhundertelang haben japanische Künstler (siehe S. 38) die wahre Natur der Katze in ihren Farbholzschnitten eingefangen. Die Genauigkeit der Beobachtung und Wiedergabe ist unübertrefflich. Das gilt auch für viele moderne japanische Karikaturisten, die vielfach die Wildheit und Schwäche der Katze zur Charakterisierung der gleichen menschlichen Eigenschaften umdeuten.
Der bereits erwähnte Künstler Ando Hiroshige schuf vermenschlichte Katzen, die menschliche Handlungen und Emotionen versinnbildlichen, aber zugleich ihr kätzisches Wesen beibehalten. Die japanische Karikatur der Gegenwart steht unter starkem westlichem Einfluß, wie die Eskapaden des Muskelprotzes »Doraemon« oder die himmlischen Katzen Luna und Artemis in dem Comic-Buch »Sailormoon« beweisen.

Immer sauber und gepflegt
Von Natur aus legen Katzen, genau wie Menschen, sehr viel Wert auf Hygiene. Ando Hiroshige hat diese gemeinsame Eigenschaft in seiner anthropomorphen Katzenzeichnung kunstvoll eingefangen.

Kommerzielle Karikaturen

Im Westen wurden vermenschlichte Katzen häufig für satirische Anspielungen verwendet, bis im viktorianischen England eine sentimentale Einstellung um sich griff. Der zweite Vorsitzende des British National Cat Club war der Künstler Louis Wain (1860–1939).
Seine zahllosen Karikaturen bekleideter, halbmenschlicher Katzen waren und sind noch immer sehr populär (siehe S. 50). Seine Figuren haben unverkennbar menschliche Züge und geben sich allerlei menschlichen Vergnügungen hin: Sie rauchen Zigarren, trinken Tee und spielen Karten. Als

Politische Burleske
Der russische Zar Peter d. Gr. hat sich in seiner Regierungszeit so unbeliebt gemacht, daß er bei seinem Tod als großer Kater verspottet wurde, der mit abgestreckten Beinen auf dem Rücken liegt und von Mäusen zu Grabe getragen wird.

Früher Katzencartoon
(Links) Die große Zeit von »Felix the Cat« waren zwar die zwanziger Jahre, aber geliebt wird er noch heute. Der Kater Felix war stets unterwegs und schien das Unheil förmlich herauszufordern.

Katzenlogo
(Oben) Der französische Künstler, Schriftsteller, Regisseur und Katzenliebhaber Jean Cocteau (1889–1963) kombinierte ein paar Striche und Schriftzeichen und schuf so dieses unverwechselbare Emblem für den »Club des amis des chats« (Klub der Katzenfreunde).

Geschichten ohne Worte
(Links) Théophile Steinlen ist vor allem durch seine Bildgeschichten »Images sans paroles« bekannt geworden. Diese drei Zeichnungen enthalten eine amüsante kleine Geschichte, die zeigt, wie die angeborene Neugier der Katze in einer Katastrophe enden kann. Steinlen war wahrscheinlich der erste Künstler, der Katzen erfolgreich in heftiger Bewegung dargestellt hat.

er später an Schizophrenie erkrankte, verwandelten sich seine humorvollen, liebenswerten Bilder in verworrene, psychedelische Kritzeleien.
Ein anderer Katzennarr war Théophile Steinlen (siehe S. 40), dessen Pariser Wohnung »Katzentreff« genannt wurde, weil er so viele streunende Katzen bei sich aufnahm. Diese Tiere inspirierten ihn zu seinen Plakaten, die für Tee und Milch, für Cafés und Veterinärkliniken Reklame machten.

Lieblinge der Familie

Seit Wain und Steinlen haben uns noch viele andere Katzenkarikaturen und -cartoons ergötzt. Der Prototyp war die freche Katze »Krazy Kat« des amerikanischen Cartoonisten George Herriman (1880–1944), die erstmals 1910 erschien. Krazy Kat bereitete den Weg für den von Otto Messmer (1892–1983) gezeichneten und sehr erfolgreichen »Felix the Cat«. Felix verkörpert einen Überlebenskünstler, der sich komödiantisch und zugleich clever in einer feindlichen Welt durchschlägt. Als er beispielsweise den Mond stiehlt, der aus Käse besteht, um ihn aus Nächstenliebe einem verarmten Lebensmittelhändler zu schenken, wird er verhaftet, weil die Leute jetzt im Dunkel stehen. Felix und Krazy Kat wurden schließlich zu Zeichenfilmhelden, was einen ganzen Rattenschwanz von beliebten Trickfilmserien wie »Tom and Jerry«, »Top Cat« und »Sylvester and Tweetie Pie« nach sich zog (siehe S. 46).
Weitere Bestseller unter den Katzencartoons sind die meisterlich illustrierten Katzenwortspielereien vom Typ »Katz-alog« des Franzosen Siné (geb. 1928), die gewichtige Kliban-Katze – ein kräftig gestreiftes und rundäugiges Geschöpf – des Amerikaners Bernard Kliban (1935–1990), die unnachahmlich skurrilen Katzen des Engländers Ronald Searle (geb. 1920) und die freizügigen sexuellen Eskapaden von »Fritz the Cat«, die der amerikanische Künstler Robert Crumb (geb. 1943) bebildert hat.
Kein Cartoon ist jedoch so erfolgreich wie die Abenteuer des faulen, streitsüchtigen, egoistischen und fetten Katers »Garfield«, den Jim Davis (geb. 1945) erfunden hat. Menschen in aller Welt erkennen sowohl ihre Katze als auch sich selbst in diesem Garfield wieder, und gerade deshalb lieben sie ihn um so mehr.

Atomkatze
Dieses grell kolorierte, merkwürdige Geschöpf ist Doraemon, die atomgetriebene Katze, die der japanische Cartoonist Hiroshi Fujimoto (1934–1996) geschaffen hat. Der Cartoon »Doraemon« hat zwar die meisten Fans in Japan, wurde aber weltweit schätzungsweise in 130 Millionen Exemplaren verkauft.

Promenierendes Pärchen
(Rechts) Die sentimental angehauchten anthropomorphen Katzen von Louis Wain nehmen an vielen typisch viktorianischen Freizeitvergnügungen teil. Hier unternehmen sie im Sonntagsstaat einen Stadtbummel.

Katzen im Showgeschäft

Aus Katzen werden selten Hollywood-Stars, und sicherlich sind sie bislang noch nicht so hoch emporgestiegen wie die Hunde namens Beethoven, Benjie oder Lassie. Das liegt einfach daran, daß Katzen sich schwerer abrichten lassen als Hunde und daß ihre Gesichter im allgemeinen weniger ausdrucksvoll sind. Katzen, die im Showgeschäft erfolgreich Karriere machen, brauchen meist eine vielstündige sorgfältige Ausbildung, die sich nur lohnt, wenn sie auch wirklich bereit sind, die Tricks zu lernen, die man ihnen beibringen möchte. Doch eine Katze, die im Film in einer Haupt- oder Nebenrolle auftritt, stiehlt allen anderen stets die Schau.

Von wenigen Ausnahmen abgesehen, spielen Katzen im Film und Fernsehen immer nur Nebenrollen, doch in der Werbung stehen sie den Hunden kaum nach. Da jedoch das kulturelle Klima weiterhin günstig für die Katze ist und die Computer-Animation immer mehr verfeinert wird, sind die Aussichten für die samtpfotige »Unterhaltungskünstlerin« wahrscheinlich gut.

Katzen im früheren Unterhaltungswesen

Früher sind Katzen nur selten im Zirkus und bei anderen Veranstaltungen aufgetreten. 1549 wurde in Brüssel dem durchreisenden König Philipp II. eine »Katzenorgel« vorgeführt. Dieses grausame Instrument zwickte und zerrte die Schwänze von Katzen, die in winzigen Käfigen saßen, um ihnen Maunztöne und Schreie zu entlocken. Im frühen 19. Jahrhundert richtete Pietro Capelli eine Katzengruppe ab, mit der er durch Europa reiste. Diese Katzen balancierten auf dem Hochseil, turnten am Trapez und jonglierten mit den Hinterbeinen. Juri Kuklatschew vom Moskauer Staatszirkus setzte diese Tradition im 20. Jahrhundert fort. Er sagte, er habe drei Jahre gebraucht, um einer Katze den »Handstand« beizubringen. Er trainierte seine Katzen am liebsten in der Nacht, weil sie dann aufmerksamer waren. Tierdressuren sind jedoch nicht mehr so populär wie früher, und vermutlich werden in Zukunft kaum noch Zirkuskatzen ausgebildet. Es gibt heute akzeptablere Betätigungen für dressierte Katzen.

Katzen auf der Bühne und im Film

Katzen werden schon seit langem in Filmen beschäftigt, freilich in Statistenrollen, die kaum schauspielerische Begabung verlangen. In dem Streifen »Meine Braut ist übersinnlich« (1958) spielt Kim Novak eine Hexe, die mit einer Siamkatze namens Pyewacket zusammenlebt. Die Katze gewann einen PATSY (Picture Animal Top Star Award of the Year) für ihre Leistung. In Blake Edwards »Frühstück bei Tiffany« (1961) hat Audrey Hepburn einen vierbeinigen Vertrauten mit Namen »Cat«, der vorübergehend auf den verregneten Straßen New Yorks verlorengeht. Sheila Burnfords Roman »Die unglaubliche Reise« wurde 1963 verfilmt, und diese Geschichte einer Katze und zweier Hunde, die Hunderte von Kilometern zurücklegen, um wieder nach Hause zu kommen, wurde von vielen Kinobesuchern als wahr empfunden. Paul Mazurskys rührender Film »Harry und Tonto« (1973) handelt von einem Witwer, der aus seiner New Yorker Wohnung vertrieben wird und mit seinem Kater Tonto nach Chicago reist. Beide Stars erhielten einen Preis für ihre Rollen. Im »Rosenkrieg« (1989) besitzt das zerstrittene Paar, gespielt von Kathleen Turner und Michael Douglas, eine Katze und einen Hund. Die heimliche Botschaft des Films lautet, daß »Katzenmenschen« keine »Hundemenschen« heiraten sollten.
Es ist nicht verwunderlich, daß Katzen, seit langem Inbegriff des Bösen, häufig in Horrorfilmen auftauchen. Von Mexiko, wo ein Aristokrat in »Die Nacht der tausend Katzen« (1972) menschenfressende Katzen hält, über Hollywood mit seinen B-Filmen wie »Katzenmenschen« (1942) und »Schatten einer Katze« (1961) bis Italien, wo »Die schwarze Katze« (1985), ein Film über eine Killerkatze, entstand, feiert die mittelalterliche Katzenauffassung fröhliche Urständ.

Katzenvorhang
Alexander Benois malte Katzen, die auf Hexenbesen reiten, auf den Prospekt für die Episode »Petersburger Nacht« in Igor Strawinskys Ballett »Petruschka« von 1911.

Feind in Katzengestalt
(Links) Der Comic-Strip »Batman« wurde 1966 verfilmt. Batmans Kumpan war Robin, und zu seinen Widersachern gehörten der Joker und Catwoman. Trotz der Rivalität zwischen Catwoman und Batman schwangen in ihrer Beziehung sexuelle Untertöne mit, die in Tim Burtons Film »Batman kehrt zurück« (1992) deutlich verstärkt werden.

Beste Freunde
(Rechts) Als Truman Capotes Roman »Frühstück bei Tiffany« 1961 verfilmt wurde, spielte Audrey Hepburn die Rolle der Holly Golightly. Ihr Vertrauter war ein Kater namens Cat, der für seine schauspielerische Leistung mit einem PATSY-Preis ausgezeichnet wurde.

La Belle et la Bête
(Links) In Jean Cocteaus Filmversion des Märchens »Die Schöne und das Tier« (1945) hat das von Jean Marais gespielte Biest auffallend katzenhafte Züge. Die Maske war tatsächlich dem Kopf von Cocteaus blauer Perserkatze nachgebildet.

Neugierige Katze
(Oben rechts) Der Zeichentrickfilm »Felidae« erinnert kaum noch an Walt Disney. Der Held Francis untersucht den Tod einer Katze aus der Nachbarschaft und spürt eine Welt von mysteriösen Sekten und bestialischem Mord auf.

Grausamkeit im Trickfilm
(Rechts) Trotz eines Beigeschmacks von Grausamkeit und Sadismus sind die Zeichentrickfilme »Tom und Jerry« seit 1939 ungemein populär. Ihr Erfolg beruht vielleicht darauf, daß das Opfer, die Maus, am Ende stets Sieger über den armen Kater Tom bleibt.

In Science-fiction-Filmen ergeht es den Katzen besser. In »Superman« (1978) errettet der Held, gespielt von Christopher Reeve, eine Devon-Rex-Katze aus einem Baum. Im selben Jahr drehte Disney »Die Katze aus dem Weltraum« mit einer Katze namens Jake, die ein Raumschiff befehligt, und 1979 wurde Sigourney Weaver in »Alien« von einem roten Tabby begleitet.

Auf der Bühne und im Fernsehen werden Katzen häufiger von Menschen dargestellt. Die Katze Catwoman erschien in den fünfziger Jahren erstmals in der Fernsehfassung von »Batman« auf dem Bildschirm. Auf der Bühne werden die Katzen in dem international sehr erfolgreichen Musical »Cats«, das auf den Gedichten T. S. Eliots basiert (siehe S. 34), ausschließlich von Schauspielerinnen und Schauspielern verkörpert.

Verfilmte Katzencartoons

Die erste Trickfilmkatze war George Herrimans »Krazy Kat«, die 1916 vom Papier auf die Leinwand übertragen wurde. Erfolgreicher war Pat Sullivans und Otto Messmers »Felix«, der in seiner besten Zeit in den zwanziger Jahren ebenso populär war wie Charlie Chaplin. Auf »Felix« folgten »Tom and Jerry«, die in den späten dreißiger Jahren von William Hanna und Joseph Barbara verfilmt wurden. Dieses Team drehte auch »Top Cat«, eine beliebte Fernsehserie der sechziger Jahre.

Der erste abendfüllende Zeichentrickfilm war Warner Brothers' »Gay Purree« in den sechziger Jahren, in dem Judy Garland der weiblichen Titelfigur, einer Katzendame, ihre Stimme lieh. Darauf folgen 1970 Walt Disneys »Aristocats«. Robert Crumb freizügiger Cartoon »Fritz the Cat« wurde 1972 auf die Leinwand gebracht (siehe S. 44). Abgesehen von »Felidae« (1994), einem Zeichentrickfilm, den Michael Schaak nach dem Roman von Akif Pirinçci gedreht hat, treten Katzen wieder nur in Nebenrollen auf, wie etwa die bösartige Bauernkatze in dem Streifen »Babe« (1995).

Katzen in der Werbung

Die Werbung hat viele Katzen berühmt gemacht. In Großbritannien wurde der weiße Arthur dadurch bekannt, daß er sein Futter mit der Pfote aus dem Napf entnimmt. Arthurs amerikanisches Gegenstück war Morris, der 1973 für seine Katzenfutterreklame mit einem PATSY ausgezeichnet wurde. Eine andere englische Berühmtheit war der Chinchillakater Solomon, der zunächst Werbung für Teppiche machte und dann in dem James-Bond-Film »Diamantenfieber« auftrat.

In der Werbung werden Katzen aus zwei einfachen Gründen immer häufiger verwendet. Zum ersten nimmt die Katzenhaltung zu und übertrifft in Nordamerika und vielen europäischen Ländern bereits die Hundehaltung. Der zweite Grund beruht auf der Marktforschung, die nachgewiesen hat, daß sich Reklame mit Katzen besser einprägt. Eine Waschmittelfirma untersuchte die Effektivität ihrer Werbung und stellte fest, daß mehr Leute sich nach einer Woche an ein Produkt erinnerten, wenn in dem betreffenden Werbespot eine Katze aufgetreten war, als wenn ein Hund, ein Pferd, ein Schimpanse, eine »Frau von nebenan« oder gar eine prominente Person herausgestellt wurden.

Katzen strahlen offensichtlich Reinlichkeit und Sinnlichkeit aus. Gute Werbung spricht unsere »Gefühle« an, und Katzen eignen sich ideal für die Vermittlung der sogenannten »weiblichen« Werte – Wärme, Schönheit, kapriziöses Wesen und Eleganz. Bei solchen Assoziationen sieht die Zukunft der Katze im Unterhaltungswesen rosig aus!

Glamourkatze
(Unten) Eines der erfolgreichsten Musicals aller Zeiten ist Andrew Lloyd Webbers »Cats«, dem ein Gedichtband von T. S. Eliot zugrunde liegt. Im Musical tritt die Figur Grizabella auf, die aus dem Buch entfernt wurde, weil sie nicht ganz jugendfrei war.

DIE KATZE IM KUNST- UND KITSCHGEWERBE

Die Einstellung der Menschen zu den Katzen wandelt sich ständig. Vorstellungen und Bilder, die eine Generation ansprechen, kommen schnell aus der Mode, wenn sich der Geschmack ändert und wir mehr über das Katzenverhalten erfahren. In vielen alten Kulturen symbolisierten Großkatzen, insbesondere der Löwe, in Skulpturen und Königswappen die Macht und Würde der Herrscher, und diese heraldische Tradition hat sich vielfach bis heute erhalten. Andererseits diente die Hauskatze als Vorbild für bescheidenere Objekte wie etwa Schmuckgegenstände, Amulette oder Ornamente. Antike, seltene oder kostbare Artefakte werden heute von Museen in aller Welt aufbewahrt, so daß sich die Stellung der Katze in der Geschichte der Ästhetik leicht zurückverfolgen läßt.

Schon immer haben die Menschen künstlerische Darstellungen als Ausdrucksformen ihrer Folklore, ihres Brauchtums und ihrer Glaubensvorstellungen verwendet. Die frühen Kulturen, etwa die der Ägypter, Azteken und Babylonier, haben eine Fülle von Artefakten hervorgebracht, die sich auf Katzen beziehen. Viele dieser primitiven Bildwerke zeigen Großkatzen – Löwen, Tiger, Leoparden und Geparden –, die dazumal vorherrschten. Doch eine größere Mannigfaltigkeit von Katzendarstellungen entstand in jüngerer Zeit, als die Hauskatze Einzug in den Alltag der Menschen hielt.

Jugendstilkatze
Der Unternehmer und Künstler Emile Gallé (1846–1904) wurde berühmt durch seine qualitätsvollen kunsthandwerklichen Arbeiten. Diese farbenprächtige Katze mit grünen Augen ist typisch für die Fayencefigurinen, die bei Sammlern von Katzenartefakten sehr begehrt waren und sind.

FRÜHE KATZENIKONEN

Die dramatischste und dauerhafteste Erscheinungsform der ägyptischen und griechischen Katzensymbolik ist die (oder der) Sphinx – ein mythisches Fabelwesen mit dem Kopf eines Menschen und dem Körper eines Löwen. Einige Sphingen, die den Eingang bedeutender Grabdenkmäler flankieren, kann man heute noch an ihrem ursprünglichen Standort bewundern. Viele wurden jedoch von den älteren Archäologen in verschiedene Museen verbracht, unter anderem das prachtvolle Paar, das heute eine Treppe im Louvre von Paris schmückt.

Der Löwe, ebenfalls ein langlebiges Symbol, wird seit unvordenklichen Zeiten mit dem Königtum assoziiert (siehe S. 26). Einer der eindrucksvollsten Funde aus dem Grab des Königs Tut-ench-Amun ist sein goldener Löwenthron (um 1327 v. Chr.). Jahrtausende danach benutzten die Juweliere Cartier Löwen und andere Großkatzen als Modelle einer königlichen Schmuckkollektion für die Herzogin von Windsor.

Wenn große Katzen männliche Sinnbilder von Macht, Stärke und Herrschertum abgeben, dann verkörpert die Hauskatze Schönheit, Geschmeidigkeit und Reinlichkeit, also stereotype weibliche Eigenschaften. Statuetten der Katzengöttin Bastet (siehe S. 26), die ein langes, eng anliegendes Gewand trugen, waren beispielsweise im alten Ägypten gang und gäbe. Einige Exemplare sind im Britischen Museum in London, im Ägyptischen Museum in Kairo und im Metropolitan Museum in New York ausgestellt.

Katzenschmuck
Katzen zieren diese gut erhaltenen Stücke altägyptischer Juwelierkunst. Das goldene Plättchen gehörte zu einem Armband aus dem Grab der Königin Sobekemsaf (um 1650 v. Chr.), und der goldene Fingerring mit der sitzenden Katze aus Karneol ist ungefähr gleich alt. Leider können wir heute nicht mehr sagen, ob diese Katzen eine dekorative oder religiöse Funktion hatten.

DIE POPULARISIERTE KATZE

Ornamentale Katzendarstellungen sind von jeher beliebt. Fruchtbarkeitsamulette in Katzenform, die um 2300 v. Chr. entstanden, sowie Kosmetikschalen und Goldschmuck zeugen von einer engen Beziehung zwischen den alten Ägyptern und ihren Katzen. Ähnliche Beziehungen lassen sich durch künstlerische Relikte in vielen Weltgegenden nachweisen. Aus Persien stammt eine gut erhaltene Flasche in Katzengestalt, aus Kreta das Fresko einer Katzenjagdszene und aus Italien eine kunstvoll dekorierte Vase (siehe S. 26). Sehr viel später wurden irdene Bierkrüge in vielen europäischen Ländern in Form einer Katze hergestellt.

Seit dem 17. Jahrhundert kamen im Osten wie im Westen Katzenfiguren als Wohnungsschmuck in Mode, denn sie repräsentierten Häuslichkeit und Zahmheit. Diese Figuren, die für das Vertiko oder den Kaminsims bestimmt waren, wurden massenhaft produziert, sind aber nur selten museumswürdig. Die von Gallé und Fabergé entworfenen Katzen zogen eine Flut von billigen Nachahmungen nach sich. Schöne und teure Sammlerstücke sind dagegen die Katzen aus Meißner oder Delfter Porzellan oder die Ch'ing-Katzen aus China.

Manche Katzenbildwerke werden aus sentimentalen oder abergläubischen Gründen hoch geschätzt. Ersteres trifft auf eine Bronzekatze zu, die der französische Art-Déco-Künstler Chassagne geschaffen hat. Seit den zwanziger Jahren hat sie einen Stammplatz bei Heal's, dem berühmten Londoner Warenhaus, und heute gilt sie als Maskottchen der Firma. Aus Aberglauben wurde der schwarze Kater Kaspar vom Savoy Hotel in London fest engagiert. Er nimmt mit umgebundener Serviette den 14. Platz ein, wenn eine Gesellschaft mit der Unglückszahl

Alte Spielkarte
Dieses in Vergessenheit geratene rheinische Kartenspiel verrät, daß Spiele – genauso wie die Kunst, die Literatur und die Reklame – die Moden und Gesellschaftsformen ihrer Zeit widerspiegeln.

Katzenmusik
(Links) Dieser Zeichnung gab der deutsche Romantiker Moritz von Schwind (1804–1871) den Titel »Katzensymphonie«. Es ist eher eine künstlerische Spielerei als eine echte Partitur. Beim Crescendo werden die Katzen munterer, und im Finale machen sie sich davon.

13 zu Tisch sitzt, und die Kellner sind angewiesen, auch bei ihm nach jedem Gang das Gedeck zu wechseln.

Wappen und Embleme

Der Löwe, der »König der Tiere«, ist die einzige Katzenart, die in der Heraldik eine herausragende Rolle spielt. Frühe Zeugnisse belegen, daß Katzen in der römischen Kaiserzeit erstmals als heraldische Embleme verwendet wurden. Eine berühmte Legion, die »Felices seniores«, trugen eine Katze auf ihrem Wappen – ein frühes Spiel mit den Wörtern »felis« (Katze) und »felix« (glücklich). Dieses Wortspiel taucht in der Cartoon-Figur des Katers Felix (siehe S. 44) wieder auf, der in den Abzeichen der Piloten des US Marine Corps im Zweiten Weltkrieg erschien. »Tomcat« ersetzte Felix in den siebziger Jahren als Emblem der nachtflugtauglichen Abfangjäger vom Typ Grumman F-14 – eine Anspielung auf die Nachtaktivität der Katzen.
Im 5. Jahrhundert übernahm der Burgunderkönig Gundiracus die Katze als Symbol der Freiheit und Unabhängigkeit. Im Laufe der Zeit zierte die Katze mehr als 100 europäische Wappenschilde, unter anderem das Wappen der deutschen Familie Katzen, das eine silberne Katze mit einer silbernen Maus auf blauem Grund zeigt, oder die kauernde Katze des italienischen Geschlechts Della Gatta. In Schottland, wo die Wildkatze heimisch ist (siehe S. 18), führten die verschiedenen Zweige des großen Chattan-Clans die Katze in ihrem Familienwappen, zusammen mit der Devise »Fasse die Katze nicht ohne Handschuhe an«. Diese Sippen waren wilde Krieger, und die unzähmbare, aggressive Wildkatze war deshalb für sie ein angemessenes Emblem.

Vor allem in England tauchen Katzen häufig in Wirtshausnamen und -schildern auf. Allbekannt ist »The Red Lion« (Der rote Löwe), aber origineller sind Lokale, die etwa »The Cat and Fiddle« (Katze und Fiedel) oder »Cat and Custard Pot« (Katze und Puddingtopf) heißen. In Frankreich findet man oft Ladenschilder mit einer Katze, was darauf zurückzuführen ist, daß Wappen nach der Französischen Revolution verboten wurden. Tatsächlich haben sich Kneipen, Bars, Klubs, Cafés und Restaurants allesamt die Katze zu eigen gemacht. In Nordamerika macht eine 1892 gegründete Genossenschaft mit dem kuriosen Namen »Concatonated Order of Hoo-Hoo« mit einer schwarzen Katze Reklame für die Holzindustrie. Sie hat heute mehr als 8000 Mitglieder, die alle mit dem Katzenemblem werben.

Heraldische Katzen
(Links) Katzenembleme gibt es ohne Zahl. Das amerikanische Pilotenabzeichen aus den siebziger Jahren zeigt den Kater »Tomcat«, und die Kilt-Anstecknadel ist einem schottischen Wappen nachgebildet.

Anthropomorphes Zeremoniell
(Rechts) Das »Jamaica Inn« in Cornwall beherbergt Exponate des Tierpräparators Walter Potter. Zur Katzenhochzeit haben sich viele Gäste eingefunden, die alle fein herausgeputzt sind. So etwas mag den Leuten im vorigen Jahrhundert gefallen haben, doch heute kommt es uns makaber vor.

Katzenkuriositäten

Auch in der Musikgeschichte haben Katzen ihre Spuren hinterlassen, denn viele Komponisten haben sich von der Schönheit und den Aktivitäten dieser Tiere inspirieren lassen. Domenico Scarlatti (1685–1757) versicherte, seine Katze Pulcinella habe ihm beim Komponieren geholfen. Pulcinella hatte die Angewohnheit, auf den Tasten von Scarlattis Cembalo herumzuspazieren, und dadurch wurde er zu seiner Fuge in g-Moll angeregt, die allgemein »Katzenfuge« genannt wird.
Japanische Instrumentenmacher überzogen den Resonanzkasten des Samisen (dreisaitiges Zupfinstrument) mit Katzenhaut und benutzten für die Saiten Katzendärme. Im 17. Jahrhundert rühmten sich italienische Geigenbauer, sie würden Katgut (Katzendärme) für ihre Instrumente verwenden, obwohl es sich in Wahrheit um Schafsdärme handelte. Sie wollten damit ihre Erzeugnisse schützen, doch der Begriff hat sich eingeprägt und vielleicht auch den Begriff »Katzenmusik« beeinflußt, mit dem man stümperhaftes Geigenspiel bezeichnet.
Als die Kastration noch unbekannt war, gab es viele unerwünschte Katzen, und daraus entstand im 19. Jahrhundert die Mode, solche Katzen im Namen der Kunst zu konservieren. Der Präparator Walter Potter schuf mehrere Werke, in denen ausgestopfte Kätzchen in menschlichen Szenarien posierten. Solche Praktiken finden wir heute abscheulich, aber der Erfolg eines Cartoonbuchs mit dem Titel »101 Verwendungszwecke für eine tote Katze« läßt vermuten, daß sich der moderne Geschmack kaum verändert hat.

Sammlerstücke für Katzenliebhaber

Die meisten Katzenfreunde erstehen hin und wieder ein Bild oder ein Souvenir, das sie an ihre vierbeinigen Gefährten erinnert, aber für manche Liebhaber kann das Sammeln von einschlägigen Gegenständen zu einer wichtigen Freizeitbeschäftigung werden. Weil Katzen um die Mitte des 19. Jahrhunderts immer beliebter wurden, schlossen sich Künstler, Kunsthandwerker und später auch die Reklamefachleute diesem Trend an. Die Folge war eine Vielzahl von Katzenartikeln, von Ansichtskarten und Briefmarken bis zu Spielsachen und Spielen, die für den Sammler leicht zugänglich und erschwinglich sind. Man findet sie in Antiquitätengeschäften ebenso wie auf Flohmärkten. Wer nicht sammeln, sondern nur schauen will, kann eine der vielen Privatsammlungen besuchen, die Interessierten offenstehen.

Bedeutende Artefakte, die die Rolle der Katze in der Geschichte bezeugen, findet man gewöhnlich in Museen, Kunstgalerien und Auktionshäusern. Sie sind jedoch für die meisten potentiellen Sammler unerreichbar. Wohl deshalb ist der Handel mit »Katzenantiquitäten« ein so großes Geschäft geworden. Dank moderner Herstellungsverfahren ist eine Unmenge von einschlägigen Sammlerstücken entstanden, die in der ganzen Welt mit Erfolg vertrieben werden.

Katzen als Massenprodukte

Seit dem 17. Jahrhundert in Europa, und schon vorher im Fernen Osten, wurden die Fächer der Damen aufwendig verziert und bemalt. Tiere waren stets beliebte Motive, und die Katze tauchte zu Beginn des 20. Jahrhunderts häufig in den Schöpfungen des großen französischen Fächerherstellers Duvellroy und seiner Kollegen auf. Es ist durchaus möglich, daß solche prächtigen Katzenfächer nicht nur für den praktischen Gebrauch, sondern auch für Sammler angefertigt worden sind. Im 18. Jahrhundert stellten viele Manufakturen Katzenfigurinen her (siehe S. 48). Aus jener Zeit sind heute nur noch die Massenprodukte zu bekommen. Es gibt jedoch mehr als genug Katzenfiguren, die heutzutage für Sammlerzwecke gefertigt werden. Eine solche Figur ist vielleicht hübsch anzuschauen, eignet sich aber kaum als Spielzeug. Glücklicherweise hat der deutsche Stofftierhersteller Steiff hier Abhilfe geschaffen, und zwar mit einer Serie von schwarzen Katzen, die bis in die achtziger Jahre lief. Die frühen Exemplare, vor allem solche, die noch den »Knopf im Ohr« tragen, sind heute am gesuchtesten. Die Spielzeughersteller machten sich auch sonst die Popularität der Katzen zunutze und brachten andere Artikel auf den Markt, die heute hohe Preise erzielen, etwa viktorianische Blechkatzen, die mit dem Kopf nicken, aufziehbare Plüschkatzen aus Europa, Japan und China oder frühe amerikanische Brettspiele mit Katzenfigürchen.

Katzenpostkarten sind der ideale Einstieg für angehende Sammler. Die meisten europäischen Länder schlossen sich Ende des 19. Jahrhunderts dem internationalen Postsystem an, und Postkarten kamen rasch in Mode. Damals wurden zahlreiche Ansichtskarten mit Katzenmotiven gedruckt, unter anderem die Katzenkarikaturen des deutschen Künstlers Arthur Thiele (1841–1919) und die delikaten Zeichnungen von Helena Maguire (1860–1909). Sammler wie Nichtsammler kennen jedoch wohl am ehesten die anthropomorphen Katzendarstellungen von Louis Wain (siehe S. 44). Dieser Trend, auf den frühen Ansichtskarten bekleidete Katzen bei menschlichen Aktivitäten abzubilden, wurde später durch die Wiedergabe von Schwarzweißaufnahmen von bekleideten realen Katzen abgelöst. Häufig wurden deren Augen künstlich koloriert, zuweilen sogar mit gefärbtem Glas. In den dreißiger Jahren bildete man sehr gern die verschiedenen Katzenrassen ab, die in den Fünfzigern durch hochglänzende Farbfotos von Kätzchen verdrängt wurden.

Briefmarken

Der Ansichtskarte folgte die Briefmarke, die sich als zweckmäßiges Medium für die Abbildung von Katzen erwiesen hat. Die erste Briefmarke, auf der eine Katze zu sehen ist, wurde 1930 von Spanien herausgegeben und erinnert an Charles Lindbergh, der 1927 als erster im Alleinflug den Atlantik überquert hatte. Lindberghs Lieblingskatze Patsy begleitete ihn auf vielen Flügen, doch nicht auf diesem, weshalb sie auf dem Markenbild sehnsüchtig dem startenden Flugzeug nachblickt. Wie die Bildpostkarten sind auch Briefmarken mit Darstellungen von Katzenrassen ungemein beliebt, vor allem wenn es sich um komplette »Katzenmarkensätze« handelt. Der erste Satz dieser Art erschien 1964 in Polen, vielleicht deshalb, weil dieses Land damals wie heute eine der größten Katzenpopulationen Europas aufzuweisen hatte.

Die Karibikinsel St. Vincent gab 1995 einen Block mit neun verschiedenen 1-Dollar-Marken heraus, auf denen Katzen aus aller Welt zu sehen sind. Der Block war so gestaltet, daß die Komposition eine

Spanische Gedenkmarke
Lindberghs Katze ist auf dieser spanischen Gedenkmarke von 1930 abgebildet, obwohl sie nicht mitfliegen durfte.

Beliebter Zimmerschmuck
(Links) Für alle, die sich die kostbaren Porzellankatzen aus Meißen oder von Gallé nicht leisten können, ist ein Massenprodukt wie diese buntbemalte Steingutkatze aus dem 19. Jahrhundert eine erschwingliche Alternative.

Französischer Fächer
(Oben) Der technische Fortschritt in den 1920er Jahren erlaubte es dem Fächerhersteller Duvellroy, diesen begehrten Fächer in Gestalt eines Katzenkopfes zu produzieren.

Volkskunst
(Links) Derartige Teppiche schmückten häufig amerikanische Wohnungen im 18. Jahrhundert. Viele Künstler haben eine Vorliebe für alltägliche Sujets, und deswegen erscheint die Familienkatze oft auf Teppichen.

Veranda mit Blick auf das Meer, mit Bergen im Hintergrund und buntem Katzentreiben im Vordergrund bildet – ein echter Fund für Katzenliebhaber. Mittlerweile machen die meisten Länder den Gewinn mit der Ausgabe von Katzenmarken, die bei Sammlern begehrt sind: Großbritannien mit einem Satz von Elizabeth Blackadders Katzengemälden (siehe S. 42), Schweden mit der nordischen Göttin Freia (siehe S. 26) und Frankreich mit einer Gedenkmarke zum 100. Geburtsjahr ihrer katzennärrischen Schriftstellerin Colette (siehe S. 36). Es gibt inzwischen schon philatelistische Vereinigungen, die sich speziell mit diesem Thema befassen.

Interessanterweise beschränken sich die Motivmarken nicht immer auf die Katzenrassen des jeweiligen Landes, so daß die Russisch Blau auf einer dänischen oder die Scottish Fold auf einer chinesischen Marke auftauchen kann. Die Isle of Man hält es allerdings mit ihrer ungewöhnlichen eigenen Rasse, der Manxkatze. Deren Abbild erscheint nicht nur auf den Postwertzeichen, sondern auch auf den Münzen der Insel.

Spielkarten
Diese modernen Karten, die der österreichische Karikaturist Manfred Deix entworfen hat, werden gern gesammelt. Die humorvollen Abbildungen sind sehr ansprechend, etwa der kettenrauchende Karokönig oder die schielende Katze auf dem As.

Halloween-Symbol
Seit vielen Jahren werden schwarze Katzen mit dem Halloween-Fest in Verbindung gebracht. Vielerorts, besonders in Nordamerika, schmücken die Leute ihre Wohnungen, und solche Katzen sind typisch für die Halloween-Dekoration.

Halloween-Souvenirs

Vielerlei einschlägige Sammlerstücke findet man auch unter den Artikeln, die für Halloween verkauft werden. Das ist der Vorabend von Allerheiligen, an dem – in den angelsächsischen Ländern – die Geister und Hexen umgehen. Hier spielt die uralte Verbindung von Hexen und Katzen mit hinein, insbesondere das geheimnisvolle Wesen der schwarzen Katze (siehe S. 30). Die abergläubischen Vorstellungen von der »bösen« schwarzen Katze sind zwar inzwischen verschwunden, aber ihre Assoziation mit Halloween hat sich gehalten. Dazu gehört, daß man Grußkarten mit dem Bild einer schwarzen Katze verschickt. Die Halloween-Katze wird jedoch heutzutage als freundliches Wesen dargestellt, das eher dekorativ als furchterregend wirkt.

Reklamekatzen

Seit mehr als einem Jahrhundert kommt den Katzen in der Werbung eine besondere Bedeutung zu. Ursprünglich bediente man sich dazu der schwarzen Katze, nicht weil sie so beliebt war, sondern weil sich die schwarze Farbe für preiswerte Massenprodukte anbot. Die schwarze Katze machte Reklame für Zigaretten, Streichhölzer, Strümpfe, Schuhcreme, Whisky und sogar Äpfel. Andere Hersteller erkannten die Chance, die in sammelwürdigem Werbematerial mit Katzenemblemen lag, und verwendeten abwechslungsreich gestaltete Etiketten; das gilt auch für die bekannte Weinsorte »Zeller Schwarze Katz«. Die Werbebranche begnügte sich jedoch nicht mit der schwarzen Katze. Moderne Reproduktionstechniken und der wechselhafte Zeitgeschmack haben eine unübersehbare Vielfalt von Katzenartikeln hervorgebracht, die zu sammeln sich lohnt.

Der Anfänger kann mit jeder der vorgenannten Kuriositäten den Einstieg in sein Hobby finden, doch für manche passionierte Sammler wird dieses Hobby zu einer lebenslangen Beschäftigung. Davon zeugen die Spezialmuseen für Privatkollektionen, die sich in den Niederlanden, in Großbritannien, in der Schweiz, in Amerika und sogar in Malaysia finden.

Katzengrüße
Bildpostkarten waren in den ersten Jahrzehnten des 20. Jahrhunderts besonders populär. Die deutsche Karte (oben) zeigt einen aggressiven schwarzen Kater, der einen übertriebenen Buckel macht, während auf der französischen Karte (links) natürliche Katzenschönheit, gesteigert durch Pariser Haute Couture, dargestellt ist.

Spirituosenreklame
Seit Jahrhunderten wird in Europa der Gin mit Katzen assoziiert. »Old Tom« war in viktorianischer Zeit eine bekannte Marke. In Deutschland erscheint eine schwarze Katze auf dem Flaschenetikett von »Zeller Schwarze Katz«. Eine Katze stand bei einem Winzerwettbewerb einmal auf dem preisgekrönten Faß.

Mäusejäger und Schmusetiere

Ursprünglich wurde die Katze als Mäuse- und Rattenfänger verwendet, und sie hat sich in der ganzen Welt als Schadtierbekämpfer hervorragend bewährt. Doch seit es andere Methoden der Nagetierkontrolle gibt, hat sich die Katze mit ihrem einschmeichelnden Wesen längst einen Platz in den Herzen der Menschen gesichert. Als Vogelfängerin im alten Ägypten, später als Schiffskatze und dann als Schmusetier – die Hauskatze hat viele Rollen übernommen. In Nordamerika und mehreren europäischen Ländern ist sie heute das beliebteste Heimtier, zum Teil wegen ihres Beutefanggeschicks, aber vor allem deshalb, weil sie leicht zu pflegen und eine nahezu ideale Hausgenossin ist.

Ägyptisches Jagdfresko
Einige wenige Jagdszenen, in denen auch Katzen auftauchen, sind in thebanischen Gräbern entdeckt worden. In einer Szene (um 1450 v. Chr.) bedienen sich der Bildhauer Nebamun und seine Familie einer Katze, um Geflügel aus einem sumpfigen Versteck zu treiben.

Seit den Zeiten, in denen die Menschen erstmals Getreidevorräte anlegten, ist die Katze das zuverlässigste und effizienteste Mittel der Schädlingsbekämpfung. Mit zunehmender Verstädterung sind zwar weniger Erntevorräte zu beschützen, aber nicht weniger Ratten und Mäuse zu vertilgen.

Eingefleischte Jäger

Thebanische Grabfresken aus der 12. Dynastie (ca. 1980–1801 v. Chr.) bezeugen, daß Katzen den alten Ägyptern beim Fisch- und Vogelfang geholfen haben. Ob es sich dabei um domestizierte Katzen gehandelt hat, ist ungewiß, doch die Fresken beweisen, daß die Katze eine geborene Jägerin ist. Die Domestikation, die Haustierwerdung, war wahrscheinlich ein symbiontischer Vorgang: Die Menschen veranlaßten die Katzen zum Bleiben, indem sie ihnen Nahrung und Unterschlupf boten, während die Katzen ihrerseits die Häuser von Schadtieren befreiten. Im Laufe der Zeit haben die Katzen diese Aufgabe an vielerlei Orten erfüllt, vom Bauernhof bis zum Museum. Viele können erstaunliche Tötungsrekorde vorweisen. So wird beispielsweise der schottischen Wirtshauskatze Towser (1963–1987) nachgesagt, sie habe rekordverdächtige 28899 Mäuse gefangen. Ein Kloster auf Cypern, St. Nikolas von den Katzen, ist sogar nach den Katzen benannt, die es und die örtliche Bevölkerung vor einer Giftschlangenplage gerettet haben. Diese Katzen wurden um 328 von Ägypten nach Cypern importiert, wo sie sich ohne weiteres an das Inseldasein angepaßt hatten.
Katzen haben gleichermaßen heilige Schriften in asiatischen Tempeln, seltene Bücher in europäischen Bibliotheken und Vorratskammern in aller Welt vor Schäden bewahrt. In neuerer Zeit haben Bibliothekare in den USA »The Library Cat Society« gegründet, um sich für die Katzen einzusetzen, die Bucheinbände vor Nagetieren schützen.

Ungewöhnliche militärische Aufträge

Im Vergleich zu den Hunden haben Katzen zwar eine untergeordnete, aber auch eine unglückselige Rolle im Kriegswesen gespielt. Begonnen hat es bereits 525 v. Chr., als der Perserkönig Kambyses Ägypten eroberte. Es heißt, die Perser hätten die Stadt Pelasium ohne einen Schwertstreich eingenommen. Sie zogen in die Schlacht mit Schilden, an denen Katzen festgebunden waren, denen die Ägypter machtlos gegenüberstanden, weil sie die ihnen heiligen Tiere nicht verletzen wollten.
Andere Katzen im Dienst des Militärs kamen nicht so glücklich davon. 2000 Jahre später hat man in Deutschland angeblich Gefäße auf dem Rücken von Katzen befestigt, die dann auf feindliches Gebiet getrieben wurden und giftige Dämpfe verbreiteten.
Aus jüngster Zeit stammt die Geschichte von einem Versuch der US-Armee, das ausgezeichnete Dunkelsehen der Katzen dadurch auszunutzen, daß man die Tiere in Vietnam als »Nachtaufklärer« ausbildete. So plausibel die Geschichte auch klingt, sie geht zurück auf einen Mitarbeiter der satirischen Zeitschrift »National Lampoon«.

Hochgestellte Freunde
(Oben) Nur auf sehr wenigen Fotos ist Präsident John F. Kennedy (1917–1963) mit einer der Familienkatzen zu sehen, aber seine Frau Jacqueline und Tochter Caroline mit »Tom Kitten« machen auf dieser Aufnahme von 1960 einen fröhlichen und entspannten Eindruck. Vielleicht haben die uralten Vorurteile von den verschlagenen und bösen Katzen Kennedy bewogen, sich nicht mit diesen Tieren zu zeigen, obwohl er sie liebte.

Öffentlichkeitsarbeit
(Unten links) Katzenliebe ist unabhängig von politischen Überzeugungen. Wladimir Lenin (1870–1924), das Staatsoberhaupt der ehemaligen Sowjetunion, streichelt auf diesem Foto eine Katze. Das Bild wirkt eher wie eine staatsmännische Pose als eine private Situation, denn Lenin wendet der Kamera mehr Aufmerksamkeit zu als der Katze.

Arbeit, Ruhe und Spiel
(Rechts) Den Katzen im Kloster Nga Phe Cahung in Birma macht es offensichtlich Spaß, durch Reifen zu springen. Das fiel den buddhistischen Mönchen zum erstenmal auf, als die verspielten Katzen in den langen Meditationsstunden durch deren im Gebet starr abgewinkelte Arme sprangen.

Wir wissen jedoch, daß die britische Armee im Ersten Weltkrieg Katzen zum Aufspüren von Gas eingesetzt hat. Wenn man die Tiere in die vordersten Schützengräben brachte, konnten sie mit ihrem empfindlichen Geruchssinn lange vor den Soldaten ungewöhnliche Duftstoffe wahrnehmen, und so gaben sie ein ausgezeichnetes Warnsystem ab. Früher, vor Einführung der Quarantänevorschriften, nahmen alle Schiffe als Nagetierjäger eine Katze mit an Bord. Einige dieser Katzen haben es zu großen Ehren gebracht. Im australischen Sydney steht eine Bronzestatue von Kapitän Flinders (1774–1814) und seiner vierbeinigen Gefährtin Trim. Ende des 18. Jahrhunderts gehörten die beiden zu den ersten, die die Küste Australiens erkundeten. Eine andere Schiffskatze namens Oscar wurde dadurch berühmt, daß sie im Zweiten Weltkrieg zahlreiche Schiffskatastrophen überlebte.

Kornmahlen
(Links) Versuche, Katzen als Arbeitstiere abzurichten, sind zum Scheitern verurteilt. Dieses aus dem 18. Jahrhundert stammende Modell einer Mühle, die von einer Katze, welche eine Maus zu fangen versucht, angetrieben wird, ist kurios, aber nicht praktikabel. Ein Pferd oder ein Esel wäre für diese Arbeit sicherlich besser geeignet.

Verwöhnte Kätzchen
(Rechts) Der berühmte französische Kirchenfürst Kardinal Richelieu (1585–1642) hatte gern Kätzchen um sich. Obwohl er in seinem Testament Vorsorge für die Pflege der Tiere getroffen hatte, mußten sie nach seinem Tod leiden.

Berühmte Katzenliebhaber

Eine Katze ist eine ideale Vertraute, was vielleicht der Grund dafür ist, daß so viele Staatsoberhäupter – insbesondere amerikanische Präsidenten – Katzen gehalten haben. Abraham Lincoln (1809–1865) brachte aus dem Bürgerkrieg drei arg heruntergekommene Katzen mit heim nach Washington. Slippers, die Katze von Präsident Theodore Roosevelt (1858–1919), nahm regelmäßig an festlichen Diners im Weißen Haus teil. Die »First Cat« von Präsident Clinton heißt Socks, weil sie vier weiße »Söckchen« hat. Der offizielle Wohnsitz der britischen Premierminister, 10 Downing Street, hat eine ganze Reihe von Katzen erlebt. Sir Winston Churchill (1874–1965) war als Katzenliebhaber bekannt, und Jock, sein letzter Kater, wurde von ihm sogar im Testament bedacht.

Die Gesellschaft berühmter Katzenfreunde umfaßt noch viele andere Persönlichkeiten, von Königen und Religionsführern bis zu Schriftstellern, Dichtern und Künstlern. Als ein Reporter den Schweizer Maler und Bildhauer Alberto Giacometti (1901–1966) fragte, welches seiner Meisterwerke er aus dem Feuer retten würde, antwortete er: »Das hängt davon ab, was in meinem Haus ist. Wären es eine Katze und meine Werke, dann würde ich die Katze retten. Das Leben einer Katze ist wichtiger als die Kunst.« Solche Äußerungen von Prominenten haben sehr zur Aufwertung der Katze beigetragen.

Verbesserung der Lebensqualität

In den letzten Jahren haben Wissenschaftler die Beziehung zwischen Menschen und Katzen erforscht. Einer australischen Untersuchung zufolge gehen Katzenhalter weniger häufig zum Arzt als Leute ohne Katze. In den USA starben weniger Katzenbesitzer im ersten Jahr nach einem Herzinfarkt als Patienten, die keine Katze besaßen. Dabei bleibt die Frage offen, ob das Zusammenleben mit Katzen eine höhere Lebensqualität mit sich bringt oder ob es lediglich eine Manifestation einer guten Lebensqualität ist.

Bezahlte Anstellung
(Links) Um das Risiko von potentiell gefährlichen Mikroben herabzusetzen, die mit geschmuggelten Lebensmitteln in Großbritannien eingeschleppt wurden, gaben die Zollbehörden 1935 ein Plakat in Auftrag, das Katzen zeigt, die auf der Suche nach ungewöhnlichen Gerüchen Gepäckstücke beschnuppern. Für diese Dienstleistung wurden sogar 3 Pence in Aussicht gestellt.

Künstlerische Begabung
(Rechts) Es gibt viele Künstler, die Katzen malen, aber gibt es auch Katzen, die malen können? Ein vor einiger Zeit erschienenes Buch behauptet, daß viele Katzen künstlerisch begabt seien. Eine davon ist der Kater Max, der sich hier 1991 als Maler betätigt. Das Buch ist glänzend gemacht und könnte uns beinahe davon überzeugen, daß Katzen über ein angeborenes Talent verfügen.

Drittes Kapitel

DER KÖRPERBAU DER KATZE

Die Katze ist ein nahezu perfekt gebautes Raubtier. Dank ihrer großen Ausgewogenheit und Geschmeidigkeit ist sie imstande, kleine Beutetiere zu fangen und größeren Beutegreifern zu entkommen. Gehirn, Nerven und Hormone sind so gut aufeinander abgestimmt, daß keine Energie verschwendet wird, doch zugleich ist die Katze zu explosiven Aktivitätsschüben fähig. Die Anatomie der Hauskatze ist fast identisch mit der ihrer nächsten wildlebenden Verwandten; die meisten medizinischen Probleme haben ihre Ursache in Verletzungen oder Krankheiten, nicht etwa in unzulänglichem Körperbau. Der Verdauungs- und Ausscheidungsapparat der Katze macht es möglich, daß sie länger als andere domestizierte Tiere ohne Nahrung auskommen kann, und ihr Fortpflanzungssystem ist so angepaßt, daß alljährliche erfolgreiche Paarungen sichergestellt sind.

(Oben) Beigefarbener Siamkater

(Links) Eine adulte Katze macht einen Sprung

Das Skelett

Das leichte, aber erstaunlich stabile Skelett der Katzen entwickelte sich für eine Lebensweise, die gleichermaßen plötzliche Spurts und große Wendigkeit erfordert. Auf diesem Knochengerüst beruht die ungewöhnliche Eleganz der Fortbewegung. Katzen haben mehr Knochen als wir Menschen, vor allem wegen des langen Schwanzes. Alle Bestandteile des Katzenskeletts, vom Schädel bis zu den Schwanzwirbeln, sind gut aufeinander abgestimmt: Die Beine sind schlank, aber robust und tragen einen engen Brustkorb und ein sehr geschmeidiges Rückgrat. Die Schulterblätter sind nicht mit dem Rumpfskelett verbunden und ermöglichen bei jeder Geschwindigkeit eine hervorragende Flexibilität. Die gesamte Struktur wird durch starke, aber elastische Bänder zusammengehalten.

Die feste, starre Struktur des Katzenskeletts schützt die inneren Organe, bietet Befestigungspunkte für die Muskulatur und funktioniert als ein System von Hebeln und Gelenken, das die Voraussetzung für fließende Bewegungen ist. Es wird zusammengehalten durch fasrige Bänder, elastische Sehnen und kräftige, schnell reagierende Muskeln.

Knochenstruktur und -wachstum

Das Innere der Knochen ist ein Netzwerk aus harten verkalkten Streben (Trabeculae), deren Hohlräume mit Knochenmark ausgefüllt sind. Ernährt wird der Knochen durch seine eigene Blutzufuhr, die er durch eine Membranöffnung (Foramen) bezieht.

Im Jugendstadium wachsen die Knochen stetig. Zur Erleichterung der Geburt besteht der Schädel anfangs aus separaten Knochen, die dann an den Nahtlinien miteinander verschmelzen. Bei manchen jungen Kätzchen kann man oben auf dem Schädel eine kleine weiche Stelle ertasten, die aber schnell verschwindet.

Die langen Gliedmaßen- und Rippenknochen sind zunächst als knorpelige Röhren angelegt, die in der Jugend verkalken – Knorpel wird durch Knochen ersetzt. Die Außenseite der Röhre (Periost) produziert neue Knochenzellen, und dadurch nimmt die Knochenstärke zu. An der Innenseite wird altes Knochenmaterial ständig umgeformt, damit die Knochenwand einheitlich dick bleibt.

Das Längenwachstum erfolgt durch die ständige Bildung von neuer Knochensubstanz an den Knochenendstücken (Epiphysen), die von zahlreichen winzigen Arterien ernährt werden. Die Endstücke sind während der Skelettentwicklung verletzungsanfällig, und das Wachstum wird sowohl durch Wachstums- als auch Geschlechtshormone beeinflußt. Kurioserweise hemmen Geschlechtshormone diesen Vorgang: Sehr früh kastrierte Katzen bekommen meist etwas längere Gliedmaßenknochen.

Wenn ein Knochen bricht, werden die Periostzellen aktiv und erzeugen neue Knochensubstanz, um die Lücke zu überbrücken. Gewöhnlich wird zuviel neues Knochenmaterial gebildet, doch der Überschuß allmählich von innen heraus umgeformt.

Gelenke und Bänder

Katzen besitzen sehr unterschiedliche Gelenke: faserig, knorpelig und synovial. Jeder Typ ist unterschiedlich beweglich, und jeder hat eine unterschiedliche Funktion.

Die Verbindungen an den Nahtlinien zwischen den miteinander verwachsenen Schädelknochen bestehen aus harten Fasern. Diese »Gelenke« sind überhaupt nicht flexibel. Der Unterkieferknochen beispielsweise besteht in Wirklichkeit aus zwei Knochen mit einem Fasergelenk an der Mittellinie zwischen den Schneidezähnen. Wenn eine Katze bei einem Sturz mit dem Unterkiefer aufschlägt, kann dieses feste Fasergelenk brechen: Genaugenommen hat sich die Katze nicht den Kiefer gebrochen, sondern dieses Gelenk ist gerissen.

Andere Gelenke, etwa die dicken Scheiben zwischen den Wirbeln des Rückgrats, bestehen aus zähem Knorpel. Diese Knorpelgelenke sind lockerer und elastischer als die entsprechenden Gelenke bei anderen Arten, und sorgen bei der Katze für eine weit größere Geschmeidigkeit des Rumpfes. In der Wachstumsphase sind die Endstücke der Gliedmaßenknochen vorübergehend als Knorpelgelenke ausgebildet, und als solche sind sie weniger stabil und anfälliger als bei adulten Tieren.

Synovialgelenke finden wir dort, wo der größte Beweglichkeitsgrad nötig ist. Es sind Scharnier- oder Kugelgelenke, deren Kontaktflächen mit perlmuttartigem, glattem Knorpel überzogen sind, die von einer mit Gelenkschmiere (Synovia) gefüllten Gelenkkapsel umhüllt werden. Diese Konstruktion weisen die hochflexiblen Gelenke der Gliedmaßen und das Kiefers auf.

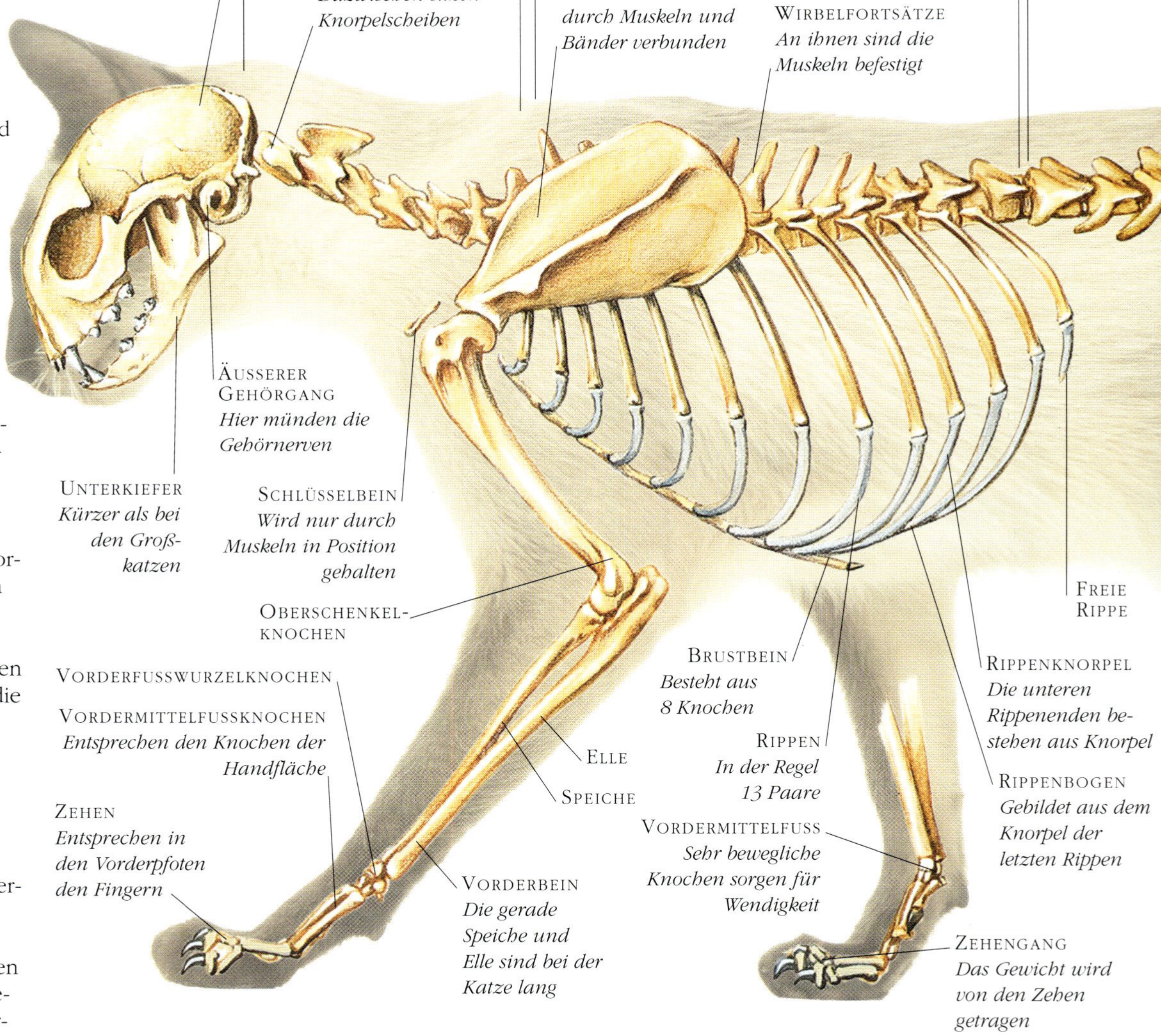

Synovialgelenke leiden manchmal an einer Überproduktion von Gelenkschmiere oder an Entzündungen infolge von Arthritis oder Synovitis, verursacht durch Verletzungen, Erkrankung oder allergische Reaktionen.
Die Bänder, die die Knochen zusammenhalten, sind in allen Gelenken wichtig, aber lebenswichtig in den Synovialgelenken, denen es von sich aus an Stabilität mangelt. Vor allem das Hüftgelenk der Katze ist anfällig für Luxation; dies wird oft, aber nicht immer durch das Band verhindert, das den Oberschenkelkopf in der Gelenkpfanne des Beckenknochens fixiert.

Veränderungen und Erkrankungen des Skeletts

Das Katzenskelett ist eine Meisterleistung der Evolution. Bei der Katze entstehen Probleme wie Arthritis oder Kalkmangel durch Krankheiten oder Hormon- oder Ernährungsstörungen, nicht infolge eines schwachen Knochenbaus. Bis vor kurzem gab es bei den Katzenrassen kaum Abweichungen im Skelett; im Unterschied zum Hund, der durch die Auswahlzucht radikal verändert wurde, ist die Katze von solchen extremen Modifikationen verschont geblieben. Unter dem Druck der Umwelt kommen allerdings natürliche Varianten zustande. In heißen Klimazonen sind Katzen von Natur aus klein; ein kleines Tier weist ein besseres Verhältnis von Körperoberfläche und Gewicht auf, wodurch es kühler bleibt. Katzen, die sich in einem kalten Klima, etwa in Skandinavien, Rußland und Kanada, frei fortpflanzen, haben ein größeres und schwereres Knochengerüst.
Unter natürlichen Bedingungen verschwinden schwere Skelettanomalien, zumeist deshalb, weil mit ihnen tödliche Krankheiten oder Überlebensnachteile gekoppelt sind. Manche, etwa Schwanzlosigkeit oder zusätzliche Zehen (Polydaktylie), können sich verfestigen, wenn sie in einem begrenzten Genpool vorkommen. Die schwanzlosen Rassen sind allesamt auf Inseln entstanden, und isolierte Genpools sind auch verantwortlich für den hohen Anteil von siebenzehigen Katzen in der Gegend von Boston (Massachusetts) und Halifax (Nova Scotia).
Die gezielte Selektionszucht für einen Rassestandard hat neuerdings zu drastischeren Veränderungen geführt. Die Siamesen und Orientalen von heute haben viel längere und dünnere Beinknochen als ihre Vorgängerinnen, während das Skelett der Britisch Kurzhaar kompakter geworden ist und schwere Gliedmaßenknochen besitzt. Diese aktiven Eingriffe haben die größten und bedauerlichsten Skelettprobleme verewigt. Übertriebene Körperformen erhöhen das Risiko von schmerzhaften arthritischen Erbleiden.

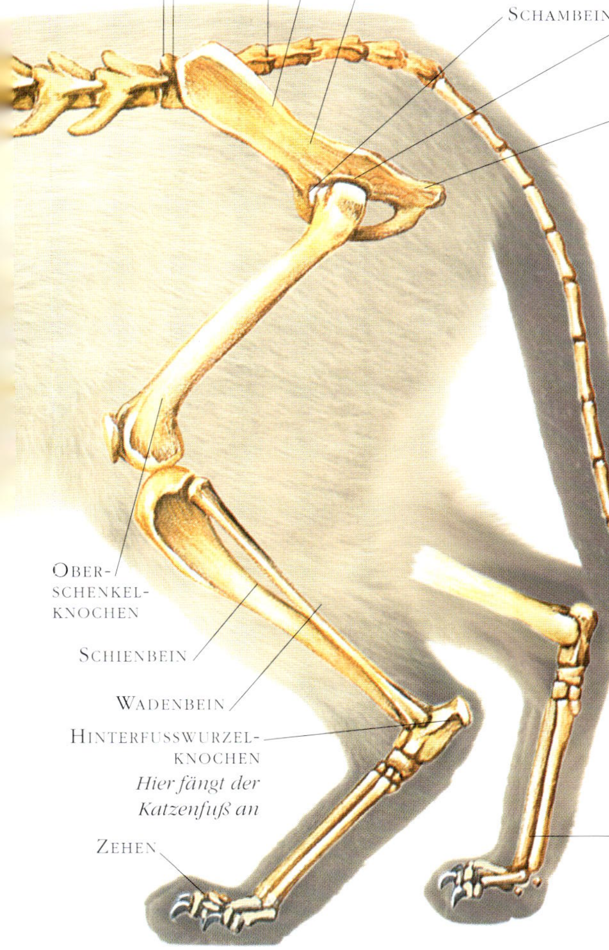

Skeletstruktur
Das Skelett der Hauskatze ist in Form und Proportionen fast identisch mit dem der Großkatzen; der einzige echte Unterschied liegt in der Größe. Bei allen Katzen sorgen die vielen Wirbel für hervorragende Beweglichkeit und die Vorderbeine für eine deutlich erkennbare Geschmeidigkeit: wenn eine Katze schreitet, erheben sich die Schulterblätter über die Wirbelsäule, genauso wie beim Löwen oder Tiger. Weniger augenfällig ist die komplexe Knochenstruktur des Mittelfußes, die der Katze eine außergewöhnliche Geschicklichkeit verleiht, wenn sie etwa ein Beutetier aus seinem Versteck herausholen oder auf einem schmalen Grat wandeln will.

Extreme Schädelformen

Die Katze hat im Vergleich zu anderen Haustieren einen kurzen Gesichtsschädel. Die Auswahlzucht hat diese natürliche Form nicht so stark verunstaltet wie bei manchen Hunderassen, aber Veränderungen hat es gegeben, und die verschiedenen Katzenrassen haben ein mehr oder weniger rundes oder kantiges Gesicht. Die auffälligsten Modifikationen betreffen die Länge des Kopfes oder Mauls.

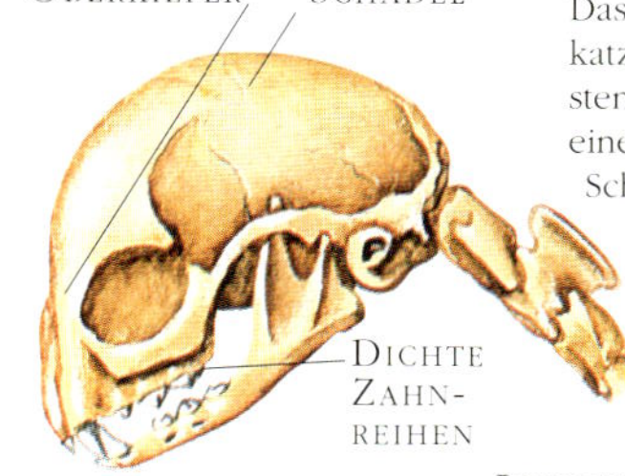

Kurzer Schädel
Das Gesicht der Perserkatzen und ihrer nächsten Verwandten ist zu einem brachyzephalen Schädel mit kleinen, runden Nebenhöhlen verkürzt worden.

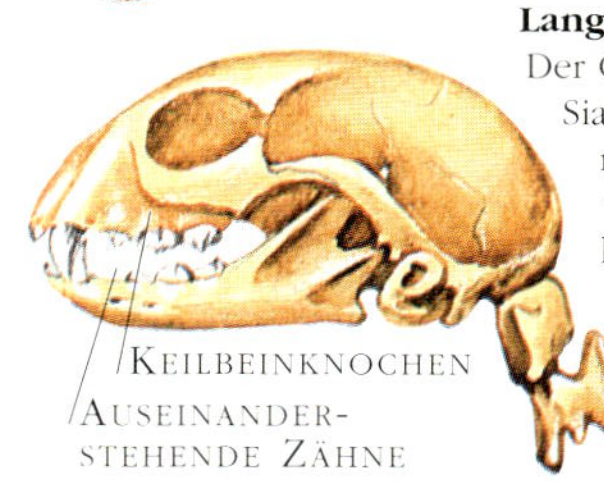

Langer Schädel
Der Gesichtsschädel der Siamesen und ihrer nächsten Verwandten wurde verlängert. Er hat einen langen Gaumen und dünne Nebenhöhlen im Stirn- und Keilbeinbereich.

Rückziehbare Krallen

Die Krallen gehen vom letzten Zehenglied aus und sind durch Bänder verankert. Sie sind Hautanhanggebilde: Eine äußere Schicht aus hartem Protein (Keratin oder Horn) schützt die Haut (Epidermis), das »Leben«. Wenn die Katze läuft, werden die Krallen zum Schutz zurückgezogen.

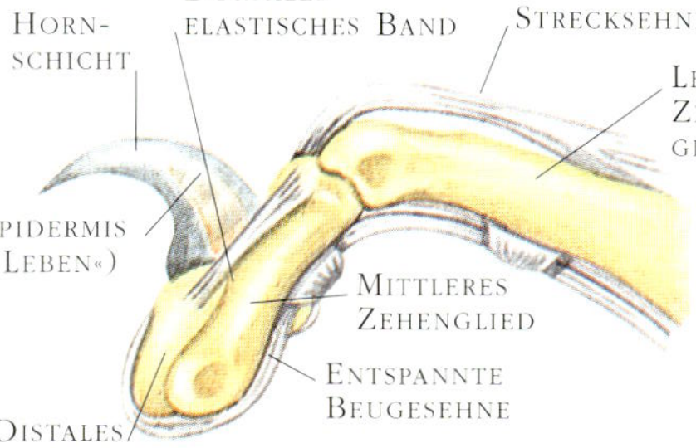

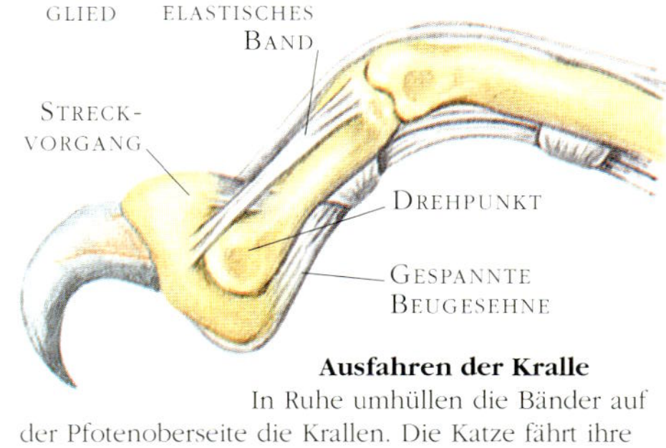

Ausfahren der Kralle
In Ruhe umhüllen die Bänder auf der Pfotenoberseite die Krallen. Die Katze fährt ihre Krallen aus, indem sie die Zehenbeugemuskeln im Bein kontrahiert, wodurch sich die Beugesehnen unter der Pfote straffen.

BIOFEEDBACK UND DAS GEHIRN

Alle Sinnesorgane und die Hormondrüsen des Körpers senden Informationen an das Gehirn. Dieses wertet die chemischen Signale aus und weist den Körper mittels des Nervensystems an, wie er reagieren soll. Das Gehirn übermittelt auch Instruktionen an die Hauptdrüse im Hormonsystem der Katze, die Hypophyse oder Hirnanhangdrüse. Die Informationen aus dem Gehirn regen die Hypophyse zur Bildung von Hormonen an, die Funktionen und Aktivitäten wie die Stoffwechselrate und das Sexualverhalten steuern. Dazu ist sehr viel Energie notwendig: Das Gehirn macht zwar weniger als ein Prozent des Körpergewichts aus, erhält aber 20 Prozent des vom Herzen ausgepumpten Bluts.

Alle Hormone, die die Körperfunktionen steuern und aufrechterhalten oder das Verhalten der Katze regulieren, unterliegen der direkten oder indirekten Kontrolle des Gehirns. In beiden Fällen sendet das Gehirn chemische Botschaften an den Hypothalamus, der die Hypophyse kontrolliert. Die Hypophyse wiederum produziert die Hormone, die anderswo Vorgänge stimulieren.

STEUERUNG DER KÖRPERFUNKTIONEN

Im Gehirn erzeugte Hormone steuern die meisten alltäglichen Körperfunktionen. Der Hypothalamus tief im Gehirn erzeugt das Antidiuretische Hormon (ADH), das die Konzentration des Urins überwacht (siehe S. 68), und das Ocytocin, das bei der Kätzin die Wehen und den Milchfluß anregt (siehe S. 69). Die Hypophyse produziert eine Reihe von Hormonen. Ein wachstumsförderndes Hormon und sein Gegenteil, ein wachstumshemmendes Hormon, regulieren die Produktion des Wachstumshormons im Katzenhirn. Die Produktion dieses Hormons geht nach dem Welpenalter weiter, doch seine Bedeutung für die adulte Katze ist ungeklärt. Das Thyreotrope Hormon (Thyreotropin) regt die Schilddrüse an, die den Stoffwechselumsatz reguliert (siehe S. 68). Das Adrenocorticotrope Hormon (ACTH) stimuliert die Adrenalindrüse zur Ausschüttung von Cortisol als Reaktion auf Streß oder Gefahr. Die Bildung von Geschlechtshormonen, Eizellen und Sperma (siehe S. 70) wird bei der Kätzin durch das Follikelstimulierende Hormon (FSH) und beim Kater durch das Luteinisierende Hormon (LH) reguliert. Ein erst neuerdings entdeckter hormonaler Kontrollmechanismus betrifft das Melanin. Die Hypophyse produziert das Melanocytstimulierende Hormon (MSH), das die Melaninsynthese in der Zirbeldrüse anregt. Das Melanin ist an der Auslösung der Schlafzyklen beteiligt und überwacht die »innere Uhr« des Körpers, die den Tag-und-Nacht-Rhythmus aufrechterhält.

DIE NEBENNIERENDRÜSEN

Die Nebennierendrüsen, die den beiden Nieren aufsitzen, bestehen aus der Nebennierenrinde und dem davon eingeschlossenen Nebennierenmark. Die Nebennierenrinde erzeugt Cortisol und andere Hormone, die für den Stoffwechsel zuständig sind und die Reaktion des Körpers auf Verletzungen bestimmen. Das Nebennierenmark bildet Epinephrin und Norepinephrin, bekannter unter den Namen Adrenalin und Noradrenalin. Diese Hormone steuern den Herzschlag und die Erweiterung der Blutgefäße.

Die Nebennierendrüsen sind ein wesentlicher Bestandteil des Biofeed-Regelkreises. Dieses System reguliert die Kampf-oder-Flucht-Reaktion und hat eine ganz unmittelbare Auswirkung auf das Katzenverhalten. Der Biofeedback-Mechanismus bestimmt die Wesenseigenschaften, die Verträglichkeit und die Zähmbarkeit einer Katze.

DER BIOLOGISCHE COMPUTER

Über all diesen Aktivitäten thront das Gehirn. Das Gehirn ist ein unvorstellbar kompliziertes Informationsspeichersystem, das aus Milliarden von spezialisierten Zellen, den sogenannten Neuronen, besteht, von denen jede bis zu 10 000 Verbindungen zu anderen Zellen aufweist.

Die Neuronen kommunizieren untereinander mit chemischen Botenstoffen, den Neurotransmittern.

Frühes Lernen
Das Gehirn eines Kätzchens ist bei der Geburt fast vollständig entwickelt. Nach sieben Wochen sind die meisten Bereiche ausgereift. Fertigkeiten werden am schnellsten in dieser Entwicklungsphase erworben; das Lernen vor der siebten Lebenswoche ist bei Katzen noch wichtiger als bei Hunden, deren Gehirn sich noch einen weiteren Monat weiterentwickelt, oder beim Menschen, dessen Gehirnentwicklung Jahre braucht.

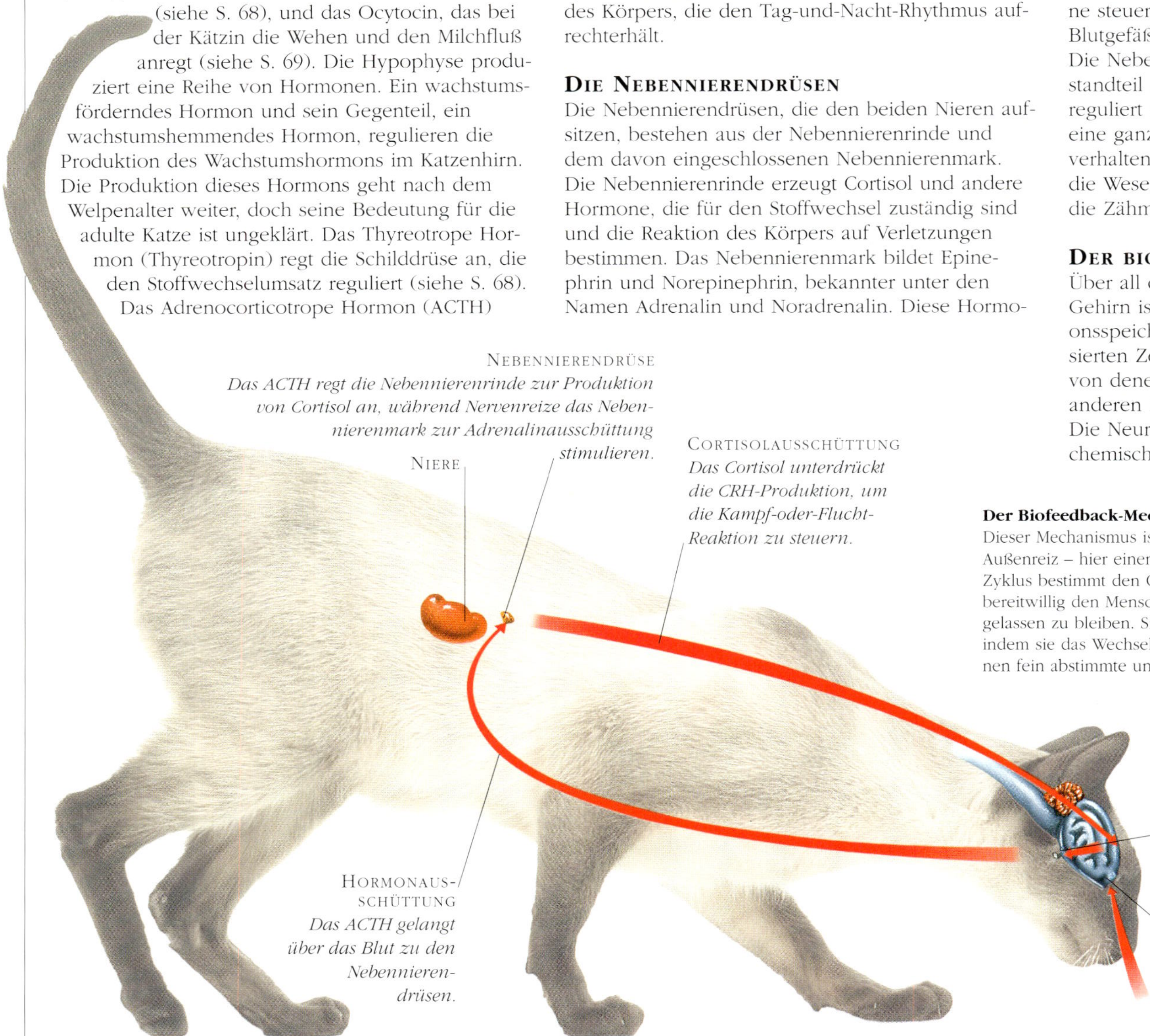

Der Biofeedback-Mechanismus
Dieser Mechanismus ist der Zyklus von Reaktionen auf irgendeinen Außenreiz – hier einen ungewohnten Geruch. Die Ausgewogenheit des Zyklus bestimmt den Charakter einer Katze. Die Falbkatze schloß sich bereitwillig den Menschen an, weil sie die Fähigkeit besaß, in deren Nähe gelassen zu bleiben. Sie regulierte ihren Biofeedback-Mechanismus, indem sie das Wechselspiel von Hypophysen- und Nebennierenhormonen fein abstimmte und ihrer panischen Angst widerstand.

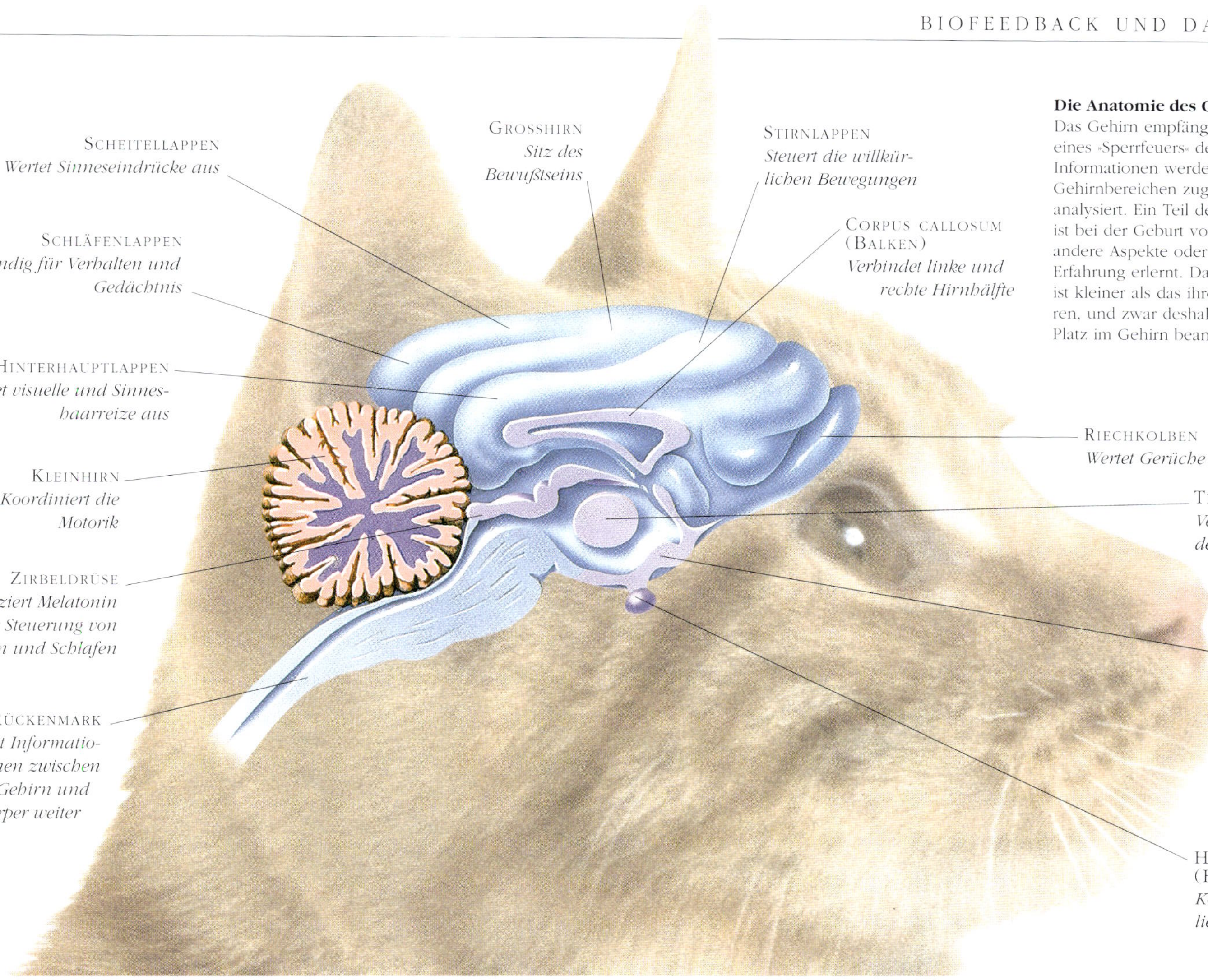

Die Anatomie des Gehirns
Das Gehirn empfängt Informationen in Form eines »Sperrfeuers« der Sinnesorgane. Diese Informationen werden den entsprechenden Gehirnbereichen zugeleitet und dort sofort analysiert. Ein Teil des analytischen Prozesses ist bei der Geburt vorprogrammiert, doch andere Aspekte oder Analysen werden durch Erfahrung erlernt. Das Gehirn der Hauskatze ist kleiner als das ihrer wildlebenden Vorfahren, und zwar deshalb, weil ihre Sinne weniger Platz im Gehirn beanspruchen.

Bei einer sieben Wochen alten Katze flitzen die Botschaften mit fast 400 km/h durch das Gehirn. Diese Geschwindigkeit nimmt mit dem Alter ab, doch neueren Studien zufolge kann dieser Abbau rückgängig gemacht werden. Ältere Katzen, die mental angeregt werden, können tatsächlich ein schwereres Gehirn bekommen. Die Gewichtszunahme ist nicht auf neue Hirnzellen, sondern auf mehr Verbindungen zwischen den vorhandenen zurückzuführen.

Die Fähigkeit des Gehirns, Informationen zu speichern, ist genetisch vorprogrammiert. Manche gespeicherten Daten sind instinktiv oder angeboren und steuern das Sexualverhalten, die Reviermarkierung, die Aggressivität und im Welpenalter eingegangene Bindungen. Das Katzengehirn kann aber auch neue Daten aufnehmen, etwa die Art und Weise, wie ein Katzentürchen benutzt oder Nahrung beschafft wird. Anatomisch ähnelt das Gehirn der Katze dem aller anderen Säugetiere. Das Kleinhirn steuert die Muskeln (siehe S. 64), das Großhirn ist für das Lernen, Emotionen und Verhalten zuständig und der Hirnstamm für das Nervensystem (siehe S. 62). Ein Netzwerk von Zellen, das sogenannte limbische System, integriert wahrscheinlich Instinkt und Lernen. Der Konflikt zwischen dem, was eine Katze instinktiv tun möchte, und dem, was das Lernen sie zu tun zwingt, wird vermutlich hier ausgetragen.

KATZENINTELLIGENZ

Schaltkreise und Hormone bilden den Rahmen, in dem sich die Persönlichkeit entfaltet. Diese Struktur ist von Katze zu Katze verschieden und durch Vererbung beeinflußt. Sie ist freilich nur ein Teil des Gesamtphänomens; Entwicklung beruht auch auf Lernen. So wie der Mensch sich bei der Geburt instinktiv durch Laute mitteilen möchte, aber zuerst die Sprache erlernen muß, so werden auch Katzen mit dem Instinkt geboren, ihr Territorium zu markieren und zu verteidigen oder für ihren Lebensunterhalt zu jagen, doch sie müssen lernen, wie das geht. Katzen, die nicht zu jagen brauchen, um zu überleben, entwickeln einfach nie die für die Jagd zuständigen Gehirnbereiche. Viele jagen dennoch, sind aber nicht so erfolgreich wie jene, die das Jagen erlernt und praktiziert haben (siehe S. 84). Verwilderte Katzen erlangen ein gesundes Mißtrauen gegen andere Tiere und Menschen, denn Katzen sind klein und gegenüber solchen Widersachern relativ wehrlos.

Katzenträume
Der Schlaf wird durch Hormone gesteuert. Im Schlaf träumen Katzen genausoviel wie wir; wahrscheinlich lassen sie die Ereignisse des Tages Revue passieren.

Wenn wir Kätzchen in unserer Wohnung aufziehen, greifen wir aktiv in die Entwicklung ihres Gehirns, ihrer Biofeedback-Mechanismen und ihres Verhaltens ein. Eine Katze, die vor ihrer siebten Lebenswoche von Menschen aufgezogen wird, hat ein modifiziertes Biofeedback. Sie lernt, daß Menschen ungefährlich sind – ein Wissen, das sich ihrem Gehirn und ihren hormonellen Reaktionen auf uns fest einprägt.

Manche Leute glauben, Katzen könnten nichts lernen; sie sind scheinbar unfähig dazu, weil ihr Gehirn für eine solitäre Lebensweise ausgelegt ist und kaum auf soziales Lernen anspricht, das wir als »Rudeltiere« ganz selbstverständlich nutzen. Katzen gehorchen in der Regel nicht, um gelobt zu werden, weil eine Belobigung für einen einzelgängerischen Jäger keinen Überlebensvorteil darstellt, aber sie können unsere Wünsche erfüllen, wenn sie dafür eine Futterbelohnung erhalten. Das schönste Beispiel für kätzisches Denken gibt eine Katze, die sich vor dem Tierarztbesuch dagegen sträubt, in ihren Transportkorb zu steigen, aber hinterher schnurstracks nach Hause läuft. Eine Katze ist durchaus imstande, von zwei Übeln das kleinere zu wählen.

DIE SINNESORGANE

Vom Augenblick der Geburt an braucht eine Katze Sinne, um zu überleben. Gleich nach der Geburt findet sie mit Hilfe der Wärme- und Geruchsrezeptoren in der Nase ihre Mutter. In den nächsten drei Monaten entwickeln sich alle Sinne zur vollen Reife. Informationen aus der Umwelt nimmt die Katze mit ihren Sinnesorganen auf, die diese Informationen in chemische oder elektrische Signale umwandeln, welche über spezialisierte Nerven zum Gehirn weitergeleitet werden. Die Sinne der Katze ähneln den unseren, haben sich aber unterschiedlich entwickelt. Neben den klassischen fünf Sinnen besitzen die Katzen das Vomeronasalorgan für die Wahrnehmung von Sexualduftstoffen, ein Gleichgewichtsorgan und vielleicht noch weitere Sinne, darunter einen elektromagnetischen »Heimfindesinn«.

Die Katze ist das höchstentwickelte und vielleicht auch erfolgreichste Landraubtier überhaupt. Wegen ihrer geringen Größe wird sie allerdings auch von größeren Tieren als Beute betrachtet. Die Sinnesorgane sind deshalb sowohl für die Beutejagd als auch für die Erkennung und Meidung von Gefahren ausgelegt.

TASTEMPFINDLICHER SCHNURRBART

Tastrezeptoren finden sich auf dem ganzen Katzenkörper, vor allem jedoch in den Sohlen und den Schnurrhaaren. Schon im Mutterleib, bevor noch irgendwelche anderen Haare wachsen, entwickelt der Fötus tastempfindliche Schnurrhaare oder Vibrissen, und neugeborene Kätzchen sind zwar blind und nahezu taub, besitzen aber schon einen voll funktionsfähigen »Schnurrbart«. Im späteren Leben helfen die speziellen Sinneswahrnehmungen der Schnurrhaare der Katze bei ihrer nächtlichen Jagd, indem sie ihr Informationen über die Umgebung und die Bewegungen der Beutetiere liefern. Die geheimnisvollen Tasthaare am Kinn und auf der Oberlippe sind am längsten und zahlreichsten. Diese Haare können bei der Begrüßung nach vorne und beim Kampf oder beim Fressen zurückgelegt werden, damit sie nicht stören. Die oberen Reihen lassen sich unabhängig von den unteren bewegen. Tasthaare über den Augen und an den Wangen warnen vor Gefahren, die der Katze auf ihren Erkundungsstreifzügen drohen, und eine sechste Gruppe von Tasthaaren findet sich an der Rückseite der Vorderbeine.

GEHÖR UND GLEICHGEWICHTSSINN

Die Evolution hat die Katze mit einem hervorragenden Gehör ausgestattet, das an die Jagd auf kleine Nager bestens angepaßt ist. Es kann die leisesten hohen Quiektöne einer Maus oder kleinste raschelnde Bewegungen wahrnehmen. Geräusche bestehen aus Druckwellen, die sich in der Luft ausbreiten. Sie werden durch das Ohr kanalisiert, in elektrische Impulse umgewandelt und dem Gehirn zugeleitet, das sie dann auswertet. Der Druck im Innenohr wird reguliert durch dessen Verbindung mit dem Rachen, die durch die Eustachische Röhre hergestellt wird.
Die andere Funktion des Ohrs besteht darin, der Katze zu helfen, die Balance zu halten. Während die meisten Haustiere auf dem Boden leben, ist die Katze von Hause aus ein Klettertier mit einem empfindlichen Gleichgewichtssinn. Das Gleichgewichtsorgan, der Vestibularapparat, befindet sich im Innenohr. Richtungs- oder Geschwindigkeitsänderungen werden in diesem Organ sofort registriert, das der Katze einen ausgleichenden Orientierungswechsel ermöglicht.

DIE OHREN
Mehr als ein Dutzend Muskeln wirken zusammen, um die Ohrenbewegungen exakt zu steuern; die Ohren drehen sich, bei Bedarf auch unabhängig voneinander, um Beute oder Gefahren wahrzunehmen. Eine Katze kann hohe Frequenzen bis 65 000 Hz hören, anderthalb Oktaven mehr als das menschliche Maximum von 20 000 Hz. Wie der Mensch verlieren jedoch Katzen mit zunehmendem Alter die Fähigkeit, höhere Frequenzen wahrzunehmen.

DIE AUGEN
Dank der vorstehenden Augen hat die Katze einen größeren Gesichtswinkel als der Mensch, und auch das periphere Sehen ist besser; beides ist wichtig für ein Tier, das zugleich Beutetier und Beutegreifer ist. Eine Katze kann noch bei einem Sechstel der Lichtmenge sehen, die wir benötigen. Ihre Pupillen können sich bis zu 90 Prozent der Augenfläche weiten, doch in der Sonne verengen sie sich.

NASE UND MUND
Katzen besitzen doppelt so viele geruchsempfindliche Zellen oder Duftrezeptoren in der Nase wie wir Menschen und können deshalb Gerüche wahrnehmen, die wir nicht einmal erahnen. Ihre Geschmacksknospen sind auf die Erkennung der Aminosäuren im Fleisch spezialisiert und können nicht so gut wie die unseren die Kohlenhydratbestandteile von Pflanzenstoffen wahrnehmen.

TASTHAARE
Die Tasthaare sind sehr beweglich und unglaublich empfindlich; sie vermögen alles wahrzunehmen, was sie nur um ein Zweitausendstel der Dicke eines Menschenhaars ablenkt. Die Enden der Schnurrhaare zeigen an, welche Öffnung eine Katze mühelos passieren kann.

Sinne zum Überleben
Viele Hauskatzen jagen zwar nur noch Stofftiere oder die Fersen ihres Besitzers, aber sie haben praktisch alle Sinnesfähigkeiten eines wildlebenden Jägers behalten. Die Auswahlzucht und das sorgenfreie Leben haben die Leistungsfähigkeit ihrer Sinnesorgane nicht geschwächt, doch in Zukunft könnte das geschehen.

Die Zucht bestimmter Katzentypen verfestigt sensorische Defekte, die unter natürlichen Bedingungen begrenzt würden. Taubheit ist beispielsweise nicht lebensbedrohlich für Wohnungskatzen, und manche Züchter produzieren gezielt taube Katzen mit blauen Augen, weil sie wissen, daß diese Tiere im Haus sicher leben können. Rexkatzen haben manchmal zerbrechlichere Schnurrhaare als andere Rassen.

Gesichtssinn

Die meisten Experten halten Katzen für farbenblind. Tests haben jedoch gezeigt, daß die farbempfindlichen Zäpfchen der Netzhaut Blau und Grün, aber nicht Rot wahrnehmen können. Bei Versuchen unterschieden Katzen zwischen Grün, Blau und Gelb, doch Rot konnten sie nicht erkennen. Im normalen Leben sind Farben für die Tiere unerheblich. Katzenaugen sind für Bewegungen empfänglicher als Menschenaugen, denn ihre Netzhaut weist mehr bewegungswahrnehmende Stäbchen auf. Die Welt der Katzen wird gleichsam mit einem Weichzeichner gesehen: Sie können Details nicht scharf auflösen, weil die Linse im Auge so groß ist, um möglichst viel Licht einzufangen. Die bei weitem auffälligste Modifizierung des Katzenauges ist das Tapetum lucidum, eine Schicht aus reflektierenden Zellen hinter der Netzhaut. Sie wirft das Licht zurück durch die Netzhaut, so daß die Stäbchen und Zäpfchen nochmals eine Chance bekommen, Informationen aufzunehmen.

Die chemischen Sinne

Geruch und Geschmack sind chemische Sinne. Katzen haben einen guten Geruchssinn, der besser als der unsere ist, aber nicht so empfindlich wie der des Hundes. Ein neugeborenes Kätzchen kann mit der Nase Unterschiede zwischen den einzelnen Zitzen seiner Mutter wahrnehmen. Später dient die Nase dazu, Beute oder Futter aufzuspüren, potentielle Gefahren zu erkennen, Freunde und Feinde zu identifizieren und die im Urin oder Kot enthaltenen chemischen Botschaften zu lesen. Im Unterschied zu uns, aber wie viele andere Säugetiere besitzen die Katzen ein Vomeronasalorgan (Jacobsonsches Organ) im harten Gaumen des Munddachs. Wenn die Katze dieses Organ einsetzt, öffnet sich ihr Maul zu einem Flehmen. Unter Mithilfe der Zunge werden Duftstoffe in das Vomeronasalorgan gesogen und dann auf einem anderen Weg als die mit der Nase aufgenommenen Gerüche in den Hypothalamusbereich des Gehirns geleitet (siehe S. 58).

Das Katzenmaul ist für eine differenzierte Nahrungsaufnahme hervorragend eingerichtet. Die Spitze, die Seiten und der hintere Teil der Zunge sowie ein Teil der Kehle enthalten Gewebehügelchen, sogenannte Papillen. Eine adulte Katze hat rund 250 pilzförmige Papillen mit jeweils 40 bis 40 000 Geschmacksknospen. Kegelförmige Papillen hinten auf der Zunge sind mit weiteren Geschmacksknospen besetzt. Tests haben ergeben, daß Katzen saure, bittere und salzige, aber keine süßen Geschmacksqualitäten wahrnehmen können.

Ortssinn

Aus wissenschaftlichen Untersuchungen geht hervor, daß Katzen ein Heimfindevermögen besitzen. Forscher in Deutschland und den USA haben nachgewiesen, daß vor allem ältere Katzen wieder heimfinden, wenn sie in einer Entfernung von 12 km freigelassen werden. Daraus kann man den Schluß ziehen, daß sich die Tiere wahrscheinlich an magnetischen Feldern orientieren: An Katzen angebrachte Magneten stören nämlich das Heimfindevermögen. Das könnte erklären, warum in den Gehirnzellen der Katze winzige Spuren von Eisen eingelagert sind.

Die Anatomie der Sinnesorgane

Die Sinne der Katze funktionieren ähnlich wie die unseren. Scheindrücke, Geräusche, körperlicher Kontakt oder Chemikalien in der Umwelt der Katzen beeinflussen ein oder mehrere Sinnesorgane. Diese Außenreize werden vom Organ aufgenommen, das dann die Informationen in elektrische oder neurochemische Botschaften umwandelt. Diese wandern blitzschnell zum Gehirn. Manche Botschaften werden sofort ausgewertet, andere brauchen ein wenig länger. Das Gehirn erzeugt eine körperliche, mentale oder hormonelle Reaktion. Ein Beispiel: Das linke Ohr einer Katze fängt das Quieken einer Maus auf und leitet es zum Gehirn weiter. Gleichzeitig nimmt die Nase einen Geruch auf und leitet ihn zur Hypophyse. Die Katze wendet sofort den Kopf, um Laute mit beiden Ohren aufzufangen und nach einer Bewegung Ausschau zu halten, und die Hypophyse schüttet Hormone aus, wenn sich die Katze auf den Beutesprung vorbereitet.

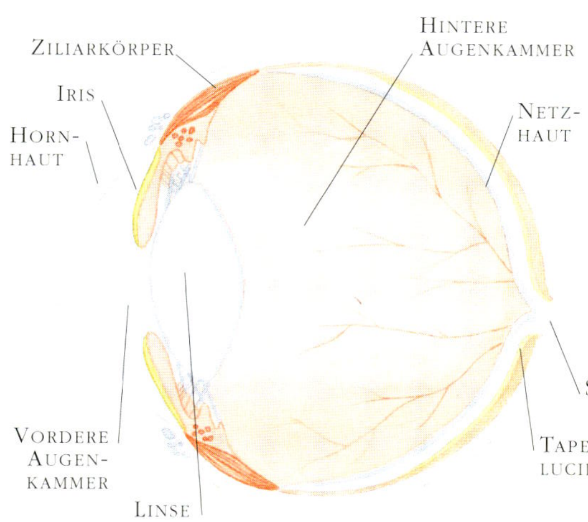

Eine organische Kamera
Eine schützende klare Hornhaut bedeckt die mit Flüssigkeit gefüllte vordere Augenkammer. Dahinter liegt die dreiteilige Uvea: die farbige Iris, der stabilisierende Ziliarkörper und die fokussierende Linse. Hinter der Linse befindet sich die flüssigkeitsgefüllte hintere Augenkammer. Die Netzhaut, die das Auge hinten auskleidet, »liest« das Licht und sendet Informationen über den Sehnerv an das Gehirn. Hinter der Netzhaut liegt das Tapetum lucidum.

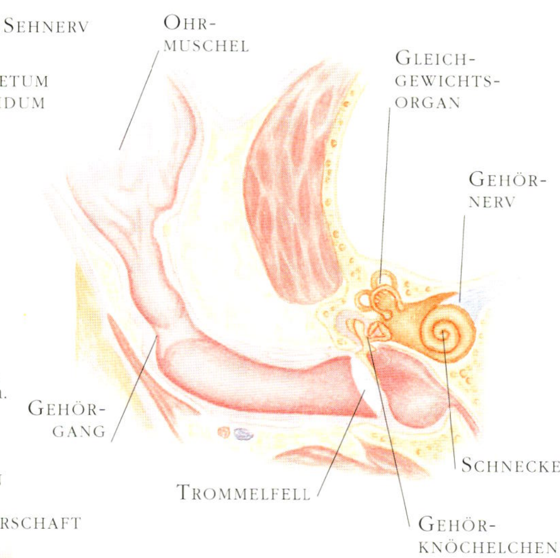

Schalltrichter
Der Schall wandert durch den Gehörgang und versetzt das Trommelfell in Schwingungen. Im Mittelohr übertragen drei Gehörknöchelchen die Schwingungen auf die Schnecke im Innenohr und auf den Gehörnerv. Das Gleichgewichtsorgan besteht aus flüssigkeitsgefüllten Kammern und Kanälen. Sie sind mit empfindlichen Härchen besetzt, die Bewegungen in der Flüssigkeit aufnehmen und Signale ans Gehirn entsenden.

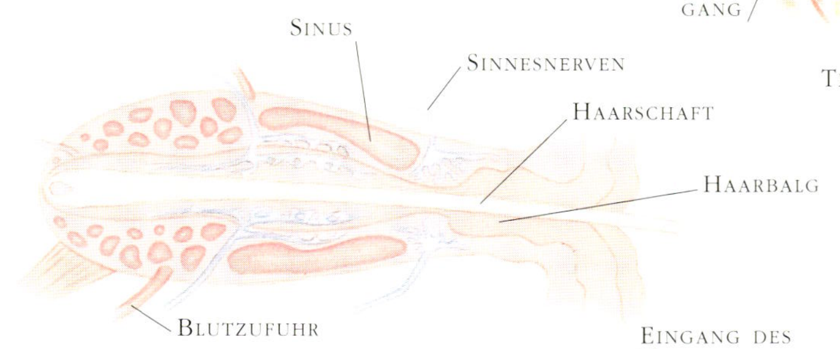

Sensible Haarwurzeln
Unter der Haut ist der Tasthaarbalg ungefähr dreimal so tief wie der Balg eines normalen Haars. Eine spezielle blutgefüllte Kapsel, der Sinus, funktioniert wie eine hydraulische Flüssigkeit und verstärkt das Signal, das an das Netz der Sinnesnerven ringsum entsandt wird.

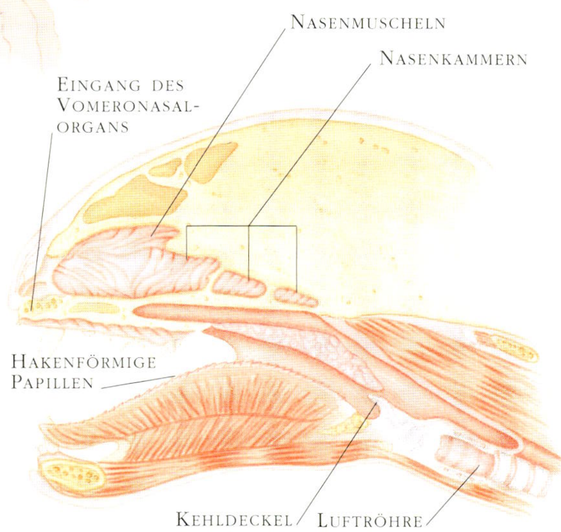

Chemische Rezeptoren
Geschmacksknospen, Ansammlungen von mikroskopisch kleinen geschmacksempfindlichen Zellen, bedecken die Zunge. Jede verfügt über ein Geschmackshaar, das die chemischen Stoffe in der Nahrung aufspürt. In den Nasenkammern heften sich Duftmoleküle an die klebrigen Membranen an, mit denen die gewundenen Knochen der Nasenmuscheln ausgekleidet sind. Andere Duftmoleküle werden vom Vomeronasalorgan im Munddach aufgefangen.

DAS NERVENSYSTEM

Das Nervensystem, die Gesamtheit der erregungsleitenden und erregbaren Organe, koordiniert alle Körpervorgänge und Lebensäußerungen der Katze. Es arbeitet eng mit dem Hormonsystem zusammen, mit dem es durch das Gehirn und die Hypophyse verbunden ist, um alle natürlichen Funktionen des Tiers Sekunde für Sekunde, Tag für Tag, ja Jahreszeit für Jahreszeit aufeinander abzustimmen. Während die Hormone langsam, aber langfristig wirken, reagiert das Nervensystem mit seinen phantastisch komplizierten Vernetzungen schnell, exakt und direkt auf innere wie äußere Vorgänge. Einige Bereiche des Nervensystems werden von der Katze bewußt kontrolliert; andere funktionieren scheinbar automatisch, werden aber in Wirklichkeit auf tieferen, unbewußten Ebenen gesteuert.

Informationen wandern in zwei Richtungen durch das Nervensystem: Sensorische Nerven informieren das Gehirn darüber, wie sich die Katze fühlt, und motorische Nerven leiten Informationen vom Gehirn weg und teilen dem Körper mit, was er dann tun soll.

ZENTRAL UND PERIPHER

Das Nervensystem wird in das zentrale und das periphere unterteilt. Das zentrale Nervensystem umfaßt das Gehirn (siehe S. 58) und das Rückenmark – das Kommandozentrum des Körpers und die Schnellstraße für die zweibahnige Übermittlung der Nervenimpulse. Das periphere Nervensystem empfängt Informationen über Temperatur, Tasteindrücke und Schmerzen und leitet Befehle an die Muskeln weiter (siehe S. 64). Es besteht aus den Hirnnerven und den spinalen oder peripheren Nerven.

Die Hirnnerven sind zuständig für die Gesichtsmuskeln und die Weiterleitung von Informationen der Sinnesorgane (siehe S. 60). Sie verlaufen unterhalb des Gehirns zum Hirnstamm. Die Spinalnerven gehen vom Rückenmark in dessen ganzer Länge aus und verbinden die Extremitäten mit dem Zentralnervensystem.

Diese Unterteilung des Nervensystems dient dem besseren Verständnis, ist aber keine physische Trennung. Viele Nervenzellen liegen teils im Zentralnervensystem und teils im peripheren System.

CHEMISCHE BOTENSTOFFE

Das Nervensystem besteht aus Nervenzellen oder Neuronen und unterhält Zellen, die Strukturen bilden und Myelin produzieren (siehe S. 63).

Ein Neuron ist bedeckt mit zweigähnlichen Gebilden, den sogenannten Dendriten, die Botschaften von anderen Zellen empfangen. Jede Zelle besitzt auch einen langen schwanzartigen Fortsatz, der Axon genannt wird und Botschaften an andere Nervenzellen oder direkt an Organe übermittelt.

Alle diese Botschaften werden von Neurotransmittern weitergeleitet. Das sind chemische Substanzen, die in den Axonen gebildet werden und die winzige Lücke zwischen den Nervenzellen, den synaptischen Spalt, überwinden. Neuronen berühren einander nie.

In jedem Augenblick, selbst im Tiefschlaf, sendet und empfängt das Nervensystem einer Katze zahllose Botschaften. Jede Zelle verschickt dabei gewöhnlich Botschaften an Tausende von anderen Zellen.

Willkürliche Kontrolle

Das periphere Nervensystem besteht aus Millionen von Nervenfasern, die zu einzelnen Nervensträngen gebündelt sind. Diese leiten Informationen der Haut und der Muskeln zum Gehirn und Anweisungen vom Gehirn zurück zu den Muskeln. Einzelne Nervenfasern, die von einer einzigen Zelle ausgehen, können bis zu 30 cm lang sein. Die gesamte Struktur gleicht anatomisch einem weitverzweigten Wurzelsystem.

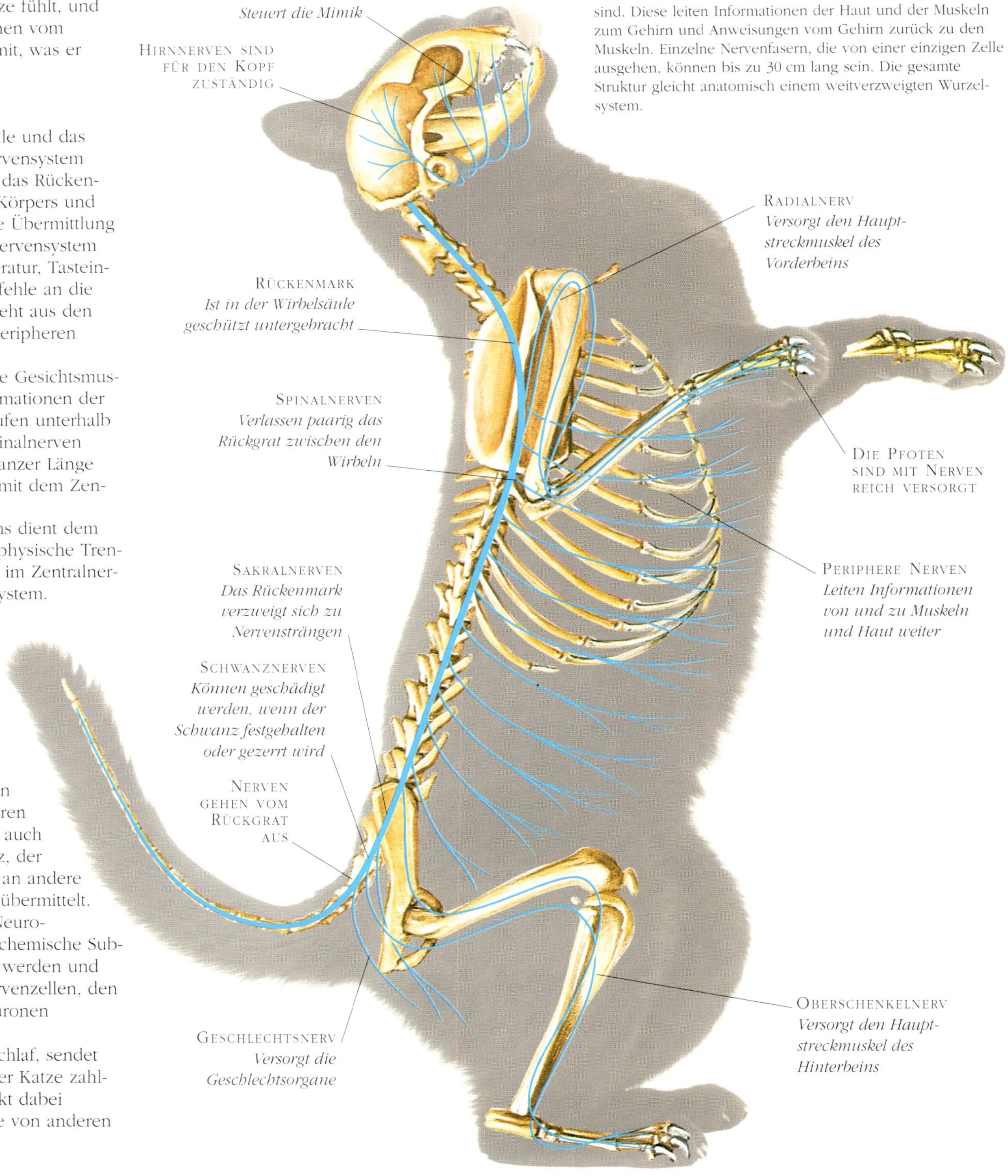

Die Myelinhülle

Myelin ist eine fettige schützende Membran, die die größten Axonen umhüllt und die Übertragungsgeschwindigkeit in den Nerven erhöht. Eine Nervenfaser besteht aus einem Axon und seiner Myelinhülle sowie der Zelle, die Myelin erzeugt. Im Zentralnervensystem wird Myelin von Zellen namens Oligodendrozyten und im peripheren System von Neurolemmozyten produziert. Bei der Geburt besitzen nur wenige Zellen eine Myelinhülle, doch die Nerven der Katzen werden schnell und sehr wirkungsvoll myeliniert.

Schutzschichten
Myelinschichten, hier als farbige Linien dargestellt, umhüllen die Axonen. Das gute Myelinsystem der Katze ist einer der Gründe, warum ihre physischen Reaktionen so ausgezeichnet sind.

Unbewusste Kontrolle

Viele Funktionen des Nervensystems werden bewußt oder willkürlich gesteuert. Wenn eine Katze ein Beutetier erblickt, kontrolliert sie bewußt ihre Muskeln, damit sie sich auf das Opfer stürzen kann. Sinnesnerven leiten Botschaften zum Gehirn weiter, und motorische Nerven leiten Botschaften zurück zu den Muskeln und stimulieren sie, so kontrolliert zu funktionieren, wie es für einen präzisen Beutesprung notwendig ist.

Andere Aktivitäten geschehen dagegen unwillkürlich. Das gilt in der Regel für die inneren Organe, etwa die Regulierung des Herzschlags und der Atmung (siehe S. 66) und die vielen Verdauungsvorgänge (siehe S. 68). Solche unwillkürlichen Aktivitäten werden vom vegetativen (autonomen) Nervensystem gesteuert. Das vegetative System besteht aus zwei Teilen, einem sympathischen und einem parasympathischen. Der erste fördert Aktivität, der zweite hemmt sie. Bei einer entspannt ruhenden Katze koordiniert der Parasympathicus die unwillkürliche Aktivität: Die Pupillen sind entspannt, Puls und Atmung langsam und regelmäßig. Gerät die Katze unter Streß, übernimmt der Sympathicus die Kontrolle; er regt den Hypothalamus und die Hypophyse im Gehirn an, die Nebennierendrüsen (siehe S. 58) zur Kampf-oder-Flucht-Reaktion zu stimulieren. Diese Abläufe sind zwar komplex, erfolgen aber blitzschnell. Blut strömt von den inneren Organen in die Muskulatur, winzige Muskeln unter der Haut richten die Körperhaare auf (siehe S. 72), der Puls beschleunigt sich, und die Pupillen weiten sich, um das Sehvermögen zu verbessern (siehe S. 60). Auch eine erkannte Bedrohung löst diese Kaskade von Aktivitäten im vegetativen Nervensystem aus. Bei falschem Alarm hält sich der Sympathicus zurück, und der Parasympathicus übernimmt wieder die Kontrolle über die unwillkürlichen Aktivitäten.

Angeborene Krankheiten
Manxkatzen leiden häufig an einer angeborenen neurologischen Störung, die Spina bifida genannt wird und die normale Nerventätigkeit beeinträchtigt. Völlig schwanzlose Manxkatzen haben manchmal deformierte Sakral- und Schwanznerven und sind infolgedessen mit Harninkontinenz behaftet.

Neurologische Probleme

Neurologische Störungen sind bei der Katze recht selten – das verdankt sie ihrer gesunden Evolution. Virusinfektionen wie Tollwut, Panleukopenie und Feline Infektiöse Peritonitis (FIP), aber auch Gifte und verschiedene Parasiten schädigen die Nerven. Die häufigste Ursache von Nervenschäden sind jedoch Verkehrsunfälle: Fast die Hälfte aller von Autos angefahrenen Katzen erleidet Kopfverletzungen. Auch eine gebrochene Wirbelsäule, die fast immer mit Rückenmarksverletzungen einhergeht, ist keine Seltenheit. Im Gegensatz zu anderen Körperzellen können sich Nervenzellen nicht regenerieren; eine Heilung ist nicht möglich.

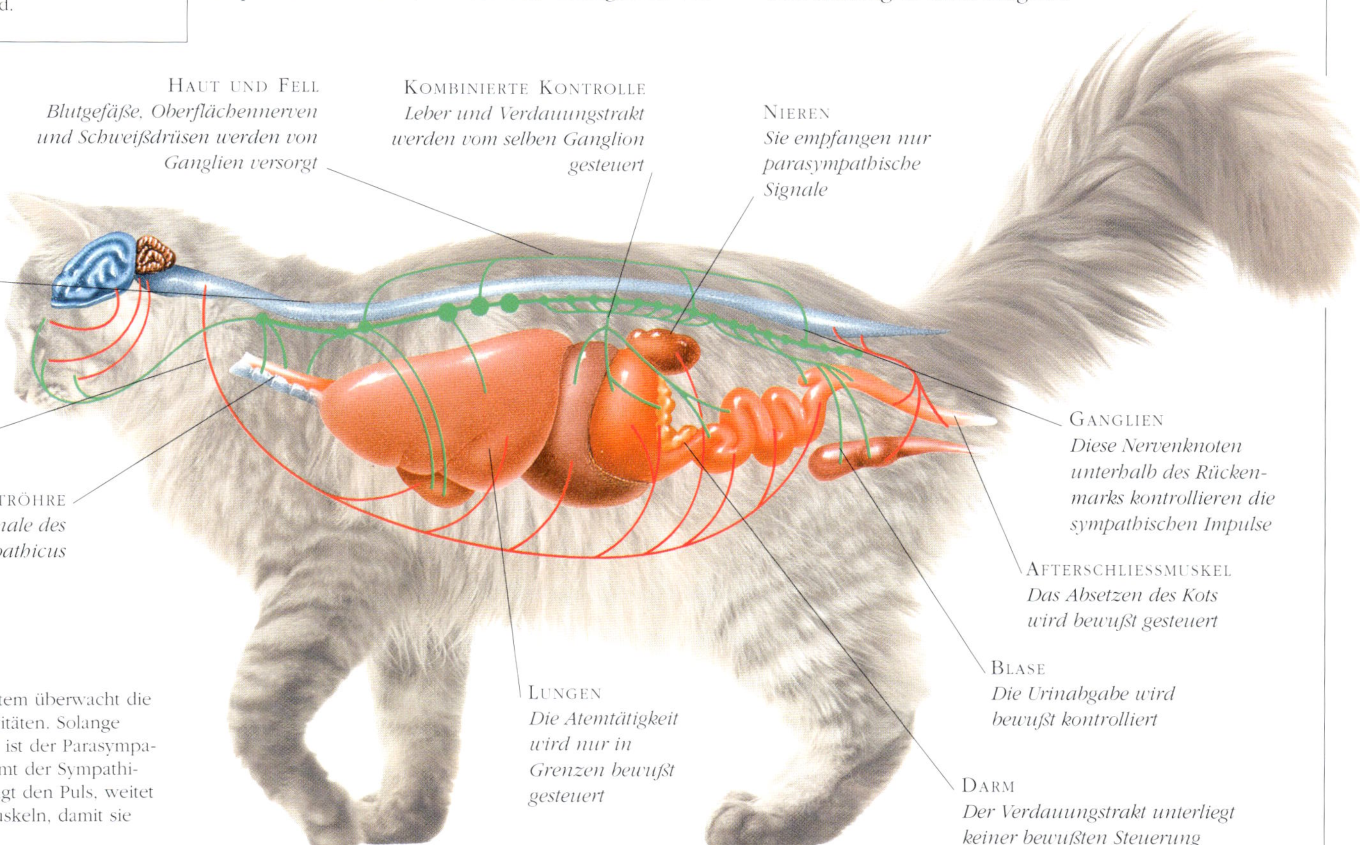

Automatische Kontrolle
Das vegetative (autonome) Nervensystem überwacht die unwillkürlichen Funktionen und Aktivitäten. Solange eine Katze entspannt und streßfrei ist, ist der Parasympathicus zuständig. Unter Streß übernimmt der Sympathicus sofort die Kontrolle; er beschleunigt den Puls, weitet die Pupillen und leitet Blut zu den Muskeln, damit sie unverzüglich in Aktion treten können.

Muskeln und Bewegung

Der Katzenkörper reagiert schnell und präzise auf die Botschaften, die das Gehirn über das Nervensystem aussendet. Die ungewöhnlich geschmeidige Anmut der Katze erklärt sich zum Teil mit ihrem hochspezialisierten Skelett, aber auch mit ihrer reaktionsschnellen Muskulatur. Das kräftige, flexible Muskel-Skelett-System erfüllt zwei wesentliche Aufgaben: Es macht die Katze zu einem geschickten Jäger und befähigt sie, gefährlichen Situationen durch schnelle Flucht zu entkommen. Die Kombination von Kraft, Flexibilität und Ausgewogenheit ermöglicht es der Katze, in der ökologischen Nische der kleinen Raubtiere zu überleben. Die Schnelligkeit und Eleganz ihrer Bewegungen beruhen auf ihrer Muskulatur oder, genauer ausgedrückt, auf den Zelltypen innerhalb der Muskeln.

Alle Muskeln gliedern sich in drei Grundtypen: Da ist zunächst der Herzmuskel, der auf das Herz beschränkt ist (siehe S. 66). Die Muskeln, die für die anderen inneren Organe zuständig sind, arbeiten unwillkürlich, sind also nicht dem Willen der Katze unterworfen, und werden als »glatt« bezeichnet, weil sie unter dem Mikroskop so erscheinen. Die übrigen Muskeln werden »quergestreift« genannt. Sie werden bewußt kontrolliert und bei allen willkürlichen oder instinktiven Bewegungen eingesetzt. Katzen haben weniger quergestreifte Muskeln als wir Menschen, teils deswegen, weil sie für ihre Kommunikation den Gesichtsausdruck nicht so stark verändern.

Jeder Muskel trägt nach seiner Form, Befestigung, Funktion, Lokalisierung und der Zahl seiner Bestandteile einen lateinischen Namen. Die Katzenmuskeln sind von Hause aus flexibler als die vieler anderer Säugetiere und gewährleisten somit eine große Bewegungsfreiheit. Die meisten Muskeln sind an Knochen (siehe S. 56) beiderseits eines Gelenks befestigt und bedienen dieses Gelenk. Muskeln können sich nur zusammenziehen, aber nicht ausdehnen, so daß die gegenüberliegenden Muskeln die gegenläufige Bewegung ausführen: Der Gastrocnemius und Quadriceps strecken das Hinterbein, und der Biceps femoris und tibialis beugen es. Werden die Streckmuskeln oder deren Sehnen bei einem Unfall zerrissen, wird das Bein ständig angezogen; reißt der Retraktormuskel, bleibt das Bein ständig gestreckt.

Muskelzellen

Jeder Einzelmuskel setzt sich aus vielen Muskelfasern zusammen, die durch Bindegewebe gebündelt werden. Das Muskelgewebe besteht aus drei unterschiedlichen Muskelzelltypen: schnell wirkende Zellen, die aber ebenso schnell ermüden; schnell funktionierende, ermüdungsresistente Zellen, die langsamer ermüden; langsam funktionierende Zellen, die vergleichsweise langsam aktiv werden und auch ebenso langsam ermüden.

Geschmeidige Schultern

Die Katzenschulter ist sehr muskulös, weil die Vordergliedmaßen nur durch Muskeln mit dem übrigen Körper verbunden sind. Im Unterschied zu unserem Schlüsselbein, das die Schulter und das Brustbein verbindet, besitzt die Katze ein »freischwebendes« Schlüsselbeinrudiment, das nur durch die Muskulatur fixiert wird. Die frei bewegliche Schulter verlängert wirksam den Schritt der Katze und verleiht ihr eine größere Geschmeidigkeit.

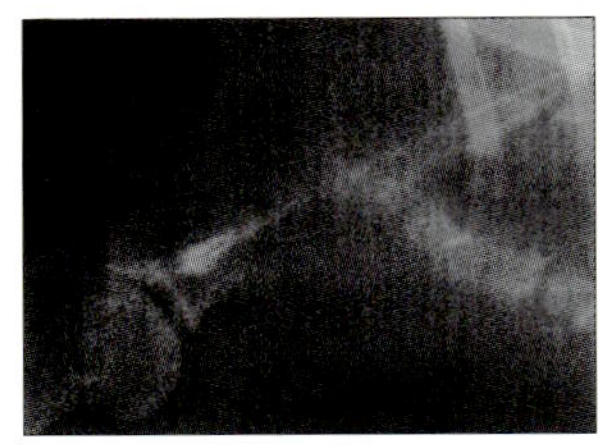

»Schwebender« Knochen
Das Schlüsselbein, in der Röntgenaufnahme oben links zu sehen, ist bloß ein Knochenscheibchen, das durch Muskeln gehalten wird.

Die quergestreiften Muskeln
Die quergestreiften Muskeln sind symmetrisch angeordnet und werden vom zentralen und peripheren Nervensystem kontrolliert (siehe S. 62). Diese Muskeln setzen an Gelenken und nicht an einzelnen Knochen an. Generell liegen sie einander gegenüber und funktionieren gegenläufig.

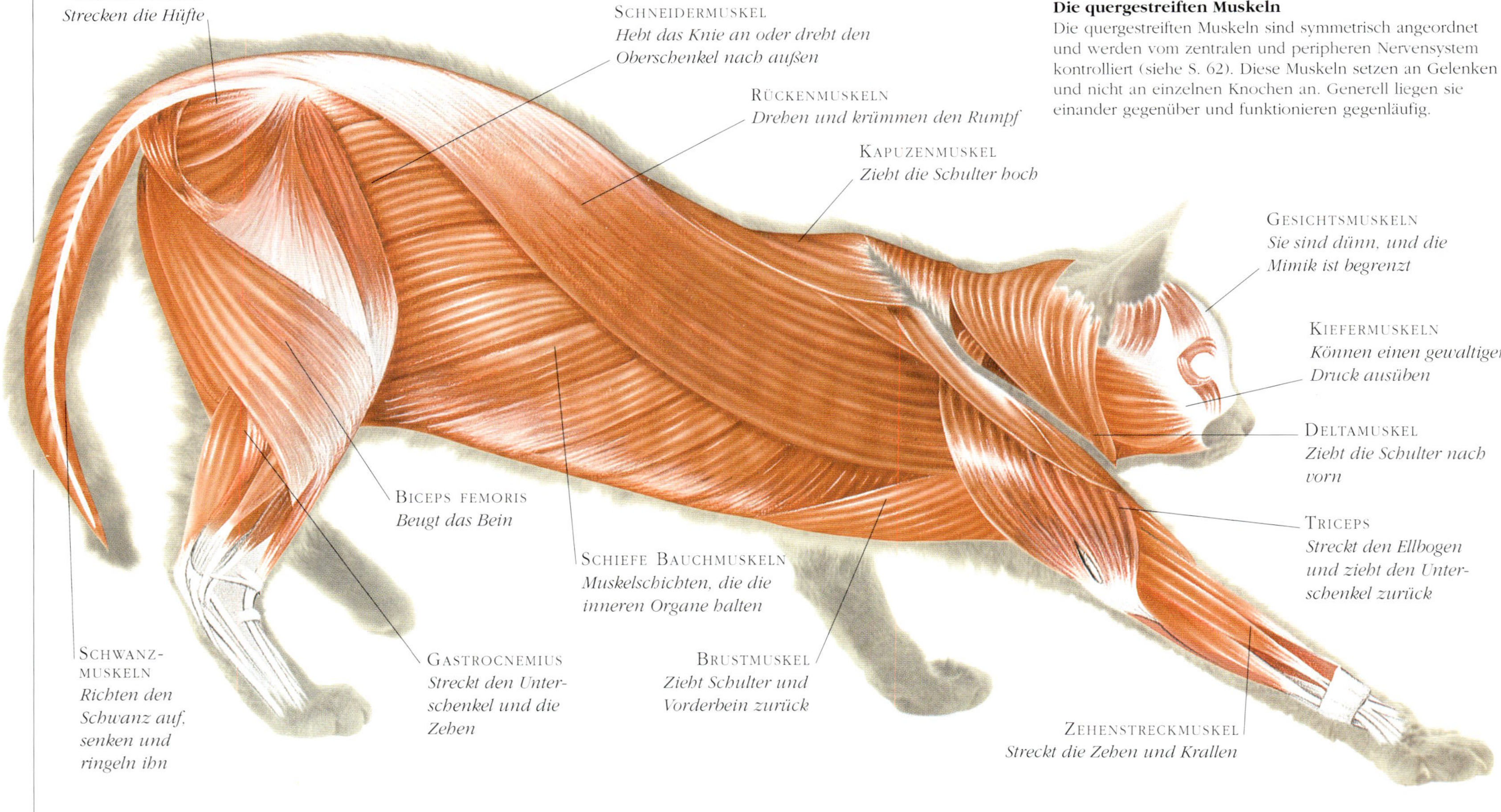

Muskeln in Bewegung
Die kräftigen Hintergliedmaßen werden beim Springen eingesetzt. Bei einem gut getimten Sprung schafft eine Katze das Sechsfache ihrer Körperlänge.

Die Muskulatur der Katze besteht größtenteils aus schnell wirkenden und ebenso schnell ermüdenden Zellen. Sie verleihen der Katze ihre Schnelligkeit und die Fähigkeit, in einem einzigen Satz ein Mehrfaches ihrer Körperlänge zu überwinden, aber sie verbrauchen ihre gesamte Energie im Nu. Sie machen die Katzen zu hervorragenden Sprintern, die in wenigen Sekunden eine Geschwindigkeit von fast 50 km/h erreichen, doch dieses Tempo hat seinen Preis. Weil die Katze nur relativ wenige schnell funktionierende ermüdungsresistente Zellen besitzt, ist es mit ihrer Ausdauer nicht weit her. Selbst wenn sie dahintrottet, benötigt sie mehr Energie als ein Hund gleicher Größe und gleichen Gewichts. Bei einer anhaltenden Anstrengung entwickeln die Muskeln der Katze so viel Energie, daß sie sich überhitzt. Ihre Körpertemperatur steigt nach einem Sprint von weniger als einer Minute an, so daß sie innehalten und keuchen muß. Der dritte Zelltyp, der langsam aktivierte, bewirkt langsame, lang aufrechterhaltbare Kontraktionen. Diese Zellen treten bei der Pirschjagd in Aktion. Sie befähigen die Katze, sich fast unmerklich langsam anzuschleichen oder lange Zeit in kauernder, sprungbereiter Haltung zu warten.

Der Katzengang

Wenn eine Katze geht, wird fast die gesamte Vorwärtsbewegung von den Hinterbeinen bewirkt; die Vorderbeine fungieren wie Bremsen, wenn sie auf dem Boden auftreffen, und heben den geringen Vorschub, den sie erzeugen, nahezu auf, sobald sie den Boden wieder verlassen. Das gleiche gilt, wenn die Katze trabt. Bei dieser Gangart bewegen sich die Beine im sogenannten Kreuzgang: Es werden abwechselnd zugleich ein Vorderfuß und der diagonal dazu stehende Hinterfuß aufgesetzt. Beim Galopp wird der Körper von den beiden kraftvollen Hinterbeinen, die zugleich abheben, nach vorn geschnellt, und die Katze bleibt in der Luft, bis die Vorderfüße aufsetzen.

Springen

Die geschmeidige Muskulatur und die flexible Wirbelsäule erlauben es der Katze, sich zum Schlafen zusammenzurollen oder ihren Körper in der Luft um 180 Grad zu drehen. Dank dieser schlangenähnlichen Wendigkeit verfügt die Katze über ein großes Repertoire von eleganten Sprungbewegungen, die sie unterschiedlichen Situationen anpassen kann. Beim Beutesprung stößt sie sich mit den Hinterbeinen ab, krümmt den Rücken und landet mit den Vorderpfoten auf ihrem Opfer. Wegen der raffinierten Muskulatur der Vorderfußwurzel kann die Katze, genauso wie der Mensch, ihr »Handgelenk« drehen, um ihre Beute zu greifen oder geschickt zu klettern.

Der senkrechte Sprung wird sorgfältig ausgeführt. Die Katze schätzt die zu überwindende Distanz ab und berechnet, wieviel Schubkraft die Hinterbeinmuskeln aufbringen müssen. Anders ist es bei Spontansprüngen, die die Katze macht, wenn sie jagt oder gejagt wird, und diese unterscheiden sich wiederum vom Überraschungssprung. Dabei werden die Streckmuskeln aller vier Beine gleichzeitig aktiviert, und alle Pfoten heben sofort vom Boden ab, als würden sie von Federn hochgeschnellt.

Das Höhensyndrom

Der ausgezeichnete Aufrichtreflex, der den Körper in die richtige Lage dreht, und die weichen Pfoten und elastischen Gelenke, die den Aufprall bei der Landung absorbieren, verleihen der Katze die legendäre Fähigkeit, Stürze aus großer Höhe zu überleben. Seitdem immer mehr Katzen in Hochhäusern leben, haben Tiermediziner ein merkwürdiges Phänomen beobachtet. Katzen, die weniger als vier Stockwerke tief fallen, überstehen gewöhnlich ihr Mißgeschick, doch Stürze aus dem fünften bis zehnten Stock enden meist tödlich. Computermodelle zeigen, daß Katzen bei einem Sturz aus der fünften Etage eine Geschwindigkeit von fast 100 km/h erreichen und die Wucht des Aufpralls so groß ist, daß er nicht mehr aufgefangen werden kann. Seltsamerweise haben jedoch selbst Stürze aus noch größeren Höhen zuweilen kaum Verletzungen zur Folge. Das liegt daran, daß die Katze die Haltung eines Fallschirmspringers im freien Fall einnimmt, sobald der Aufrichtreflex seinen Zweck erfüllt hat: Gliedmaßen ausgestreckt und entspannt, Kopf angehoben. Die Muskelentspannung und die Bremswirkung der abgespreizten Gliedmaßen verringern den Aufprall und die Verletzungsgefahr.

Senkrechtes Klettern
Kraftvolle Beinmuskeln, flexible Gelenke, ausfahrbare Krallen und ein hochentwickelter Gleichgewichtssinn ermöglichen es der Katze, in einer vertikalen und einer horizontalen Welt zu leben.

Der Aufrichtreflex

Der Aufrichtreflex beruht auf hervorragendem Sehvermögen, einem effizienten Vestibularapparat (siehe S. 60), einem flexiblen Rückgrat und einer elastischen Muskulatur. Die gesamte Drehung kann auf nur 60 cm bewerkstelligt werden. Weiche Sohlen und flexible Gelenke wirken wie Stoßdämpfer, wenn die Katze landet.

Schnelle Reaktion
Die Katze zieht den Kopf ein und dreht dann ihre Vorbrust und die Vorderbeine. Die Hinterbeine folgen, und der Rücken krümmt sich. Die Vorderpfoten setzen zuerst auf, und die flexiblen Schultern absorbieren die Wucht des Aufpralls.

Herz und Lunge

Lunge, Herz und Kreislaufsystem der Katze sind auf ein Tier zugeschnitten, dessen Handlungen meist kontrolliert und zielgerichtet sind, manchmal aber auch jähe große Energieschübe erfordern. Anweisungen des Nerven- und Hormonsystems können sehr schnell die Pumptätigkeit des Herzens steigern und zirkulierendes Blut von Gehirn und inneren Organen zu den Muskeln ableiten. Das Blut transportiert Sauerstoff aus der Lunge und Nährstoffe aus den Eingeweiden durch den Körper. Es sammelt Abfallstoffe, die von der Lunge ausgestoßen, in der Leber entgiftet und durch die Nieren ausgeschieden werden. Es wird hauptsächlich im Knochenmark gebildet; ein Notvorrat befindet sich in der Milz. Die Kombination und das perfekte Zusammenspiel aller dieser Organe machen die Lebenstüchtigkeit der Katze aus.

Jedesmal wenn die Katze atmet, nimmt sie lebenswichtigen Sauerstoff auf und scheidet Kohlendioxid aus. Mit jedem Schlag pumpt das Herz diese und andere Substanzen durch das Kreislaufsystem bis in die fernsten Körperregionen und von dort wieder zurück.

Das Atmungssystem

Die eingeatmete Luft strömt zunächst durch den Riechapparat der Nase (siehe S. 60), der von den Stirnbeinhöhlen umgeben ist. Im oberen Teil des Atmungssystems wird die einströmende Luft angewärmt, befeuchtet und gefiltert. Sie gelangt dann durch die Luftröhre in die Lunge. Die Luftröhre verzweigt sich in feinere Bronchien, die in winzige Hohlräume, die Lungenbläschen oder Alveolen, münden.

Das Kreislaufsystem

Der Körper einer typischen, 5 kg schweren Katze enthält etwa 330 ml Blut, ungefähr so viel, wie eine Getränkedose faßt. Der Druck ist am höchsten in den Arterien, die Blut vom Herzen abführen, und am niedrigsten in den Venen, die es zum Herzen zurückleiten. Die muskulösen, elastischen Wände der Arterien dehnen sich aus und ziehen sich zusammen, wenn das Herz Blut durch sie hindurchpumpt; das ist der Pulsschlag. Die dünneren Wände der Venen haben keinen Puls und enthalten Ventile, die dafür sorgen, daß das Blut in ihnen nur in eine Richtung fließt.

Die verschiedenen Körperteile benötigen unterschiedliche Blutmengen. Das Gehirn macht nur einen kleinen Teil des Körpergewichts aus, beansprucht aber 15–20 Prozent des Blutes. Ruhende Muskeln erhalten etwa die doppelte Menge, doch bei einer Verfolgungsjagd oder Flucht können bis zu 90 Prozent des Blutes aus den inneren Organen und sogar aus dem Gehirn den Muskeln zugeführt werden. Die Blutmenge, die jede Körperpartie erhält, wird von Nerven und Hormonen kontrolliert, die die Arteriolen (Äderchen) veranlassen, sich als Reaktion auf eine lokale Aktivität zu weiten, wodurch die Blutversorgung in der betreffenden Region drastisch zunimmt.

Die Zusammensetzung des Blutes

Das Blut besteht zum größten Teil aus blaßgelbem Plasma. Weitere 30–45 Prozent machen die roten Blutkörperchen aus, und der Rest sind weiße Blutkörperchen und Blutplättchen. Im Kätzchen bilden Leber und Milz die Blutzellen; bei adulten Tieren werden sie vom Knochenmark produziert.
Plasma ist das »Transportmittel« des Blutes, das

Das Herz und die Lunge
Herz und Lunge liegen in der Brusthöhle, die von der Bauchhöhle durch das Zwerchfell getrennt ist. Es hält einen negativen Druck innerhalb der Brusthöhe aufrecht, so daß sich die Lunge voll aufblähen kann. Die Arterien transportieren hellrotes, sauerstoffreiches Blut aus der Lunge und Nährstoffe aus dem Verdauungssystem vom Herzen zum Körper. Die Venen leiten dunkleres Blut, das Kohlendioxid und Abfallstoffe enthält, zurück zur Lunge, zur Leber und zu den Nieren. Eine Ausnahme bilden die Lungenarterie, die verbrauchtes Blut zur Lunge, und die Lungenvene, die frisches Blut zum Herzen befördert.

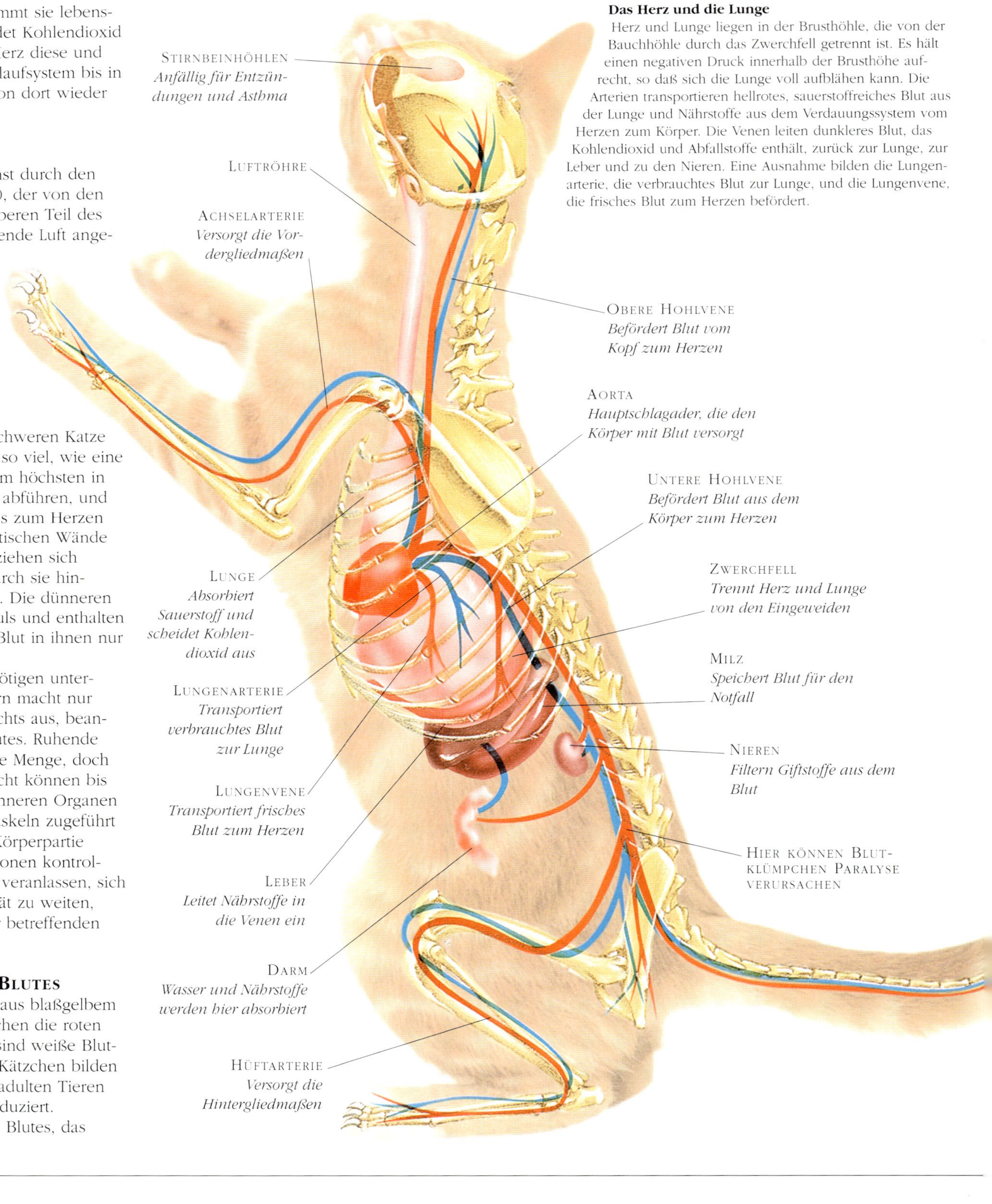

Nährstoffe aus dem Verdauungssystem (siehe S. 68) und Abfallstoffe befördert. Der Plasmaanteil wird durch Flüssigkeit aufrechterhalten, die am gesamten Dickdarm absorbiert wird.

Die roten Blutkörperchen leiten Sauerstoff durch die Arterien zu den Körperzellen. Sauerstoff verbindet sich in den Zellen mit einem rotgefärbten Protein, dem Hämoglobin, und bildet so das Oxyhämoglobin, das hellrot erscheint. Der Sauerstoff diffundiert durch Kapillarwände in das Zellgewebe. Im Gegenzug diffundiert Kohlendioxid in die Venen und heftet sich an das Hämoglobin an, um das blaurote Methämoglobin herzustellen.

Weiße Blutkörperchen verteidigen den Organismus gegen Mikroben und Parasiten, befreien Wunden von Abfallstoffen, entgiften Substanzen, die bei allergischen Reaktionen freigesetzt werden, und unterstützen den Körper durch die Bildung von Antikörpern beim Aufbau eines Immunsystems gegen Infektionen. Die scheibenförmigen Blutplättchen tragen dazu bei, daß das Blut an Wunden gerinnt.

Blutgruppen

Bei Katzen kennen wir drei Blutgruppen: A, B und AB. Die meisten haben die Blutgruppe A, die jedoch geographischen Schwankungen unterliegt. Praktisch alle Katzen der Schweiz, die aus Zufallsverpaarungen hervorgegangen sind, haben die Blutgruppe A, doch in Großbritannien, Österreich und Holland sind es 97 Prozent, in Deutschland 94, in Italien 89 und in Frankreich 85 Prozent. In den USA haben fast 100 Prozent der Katzen in Neuengland die Gruppe A, aber an der Westküste sinkt der Wert auf 95 Prozent ab.

Viele Katzenrassen gehören fast ausnahmslos der Blutgruppe A an, doch andere weisen unterschiedlich Anteile der Gruppe B auf, insbesondere die Exotisch Kurzhaar (siehe S. 150) und die Cornish Rex (siehe S. 198) mit bis zu 25 Prozent sowie die Britisch Kurzhaar (siehe S. 152) und die Devon Rex (siehe S. 200) mit fast 50 Prozent. Die Blutgruppe AB ist extrem selten und nicht an bestimmte Rassen gebunden.

Miauen und Schnurren
Die Fähigkeit zu miauen unterscheidet die Kleinkatzen von den Großkatzen. Sie beruht auf einer abweichenden Struktur des Kehlkopfs. Nicht so leicht zu erklären ist das Schnurren. Manche Anatomen halten es für das Geräusch der Turbulenz in der oberen Hohlvene, die Vibrationen erzeugt, welche auf die Luftröhre übertragen werden.

Blutkrankheiten

Manche Kreislaufbeschwerden haben äußere Ursachen. Wenn eine Katze nicht frißt, befindet sich im Dickdarm zu wenig Wasser, das zur Aufrechterhaltung des Plasmaspiegels absorbiert wird; folglich wird Wasser aus anderen Körperregionen abgezogen, was zur Austrocknung (Dehydration) führt.

Bei der Anämie sinkt der Anteil der roten Blutkörperchen ab, und das muß dadurch korrigiert werden, daß das Knochenmark neue Zellen produziert. Starker Flohbefall, Verletzungen, Magengeschwüre oder Tumoren können vorübergehend eine Anämie auslösen. Krankheit kann die Bildung von neuen Blutzellen hemmen. Eine solche chronische Anämie wird häufig verursacht durch das Feline Leukämie-Virus (FeLV), durch Nierenversagen, Fehlernährung oder Vergiftung. Die hämolytische Anämie, die Folge einer Zerstörung von roten Blutkörperchen, kann durch den Blutparasiten *Haemobartonella felis* ausgelöst werden oder durch Acetaminophen, den Wirkstoff in vielen nicht aspirinhaltigen Schmerzmitteln. Übermäßige Aspiringaben können lebensgefährliche Blutungen hervorrufen. Die Bluterkrankheit ist dagegen bei Katzen selten.

Eine Arterienverhärtung kommt bei Katzen nicht vor, wohl aber Erkrankungen des Herzmuskels (Kardiomyopathie) oder der Herzklappen und Herzrhythmusstörungen. Es können sich auch Blutklumpen bilden (Thromboembolie), die Schmerzen und Lähmungen der Hintergliedmaßen nach sich ziehen.

Das Innere von Herz und Lunge

Die Lugenarterien und deren Kapillaren transportieren sauerstoffarmes Blut durch die Lunge zu den Alveolen, wo Sauerstoff aus der eingeatmeten Luft aufgenommen wird. Die Lungenvenen führen das aufgefrischte Blut zum Herzen zurück, das es durch die Arterien in den Körper pumpt. Der Sauerstoff diffundiert in die Zellen im Austausch gegen Kohlendioxid, und die Venen befördern das verbrauchte Blut zum Herzen, um wieder in die Lunge gepumpt zu werden.

In der Lunge
Kohlendioxid aus dem verbrauchten Blut wird innerhalb der mikroskopisch kleinen Alveolen der Lunge gegen frischen Sauerstoff ausgetauscht. Bei einer typischen Hauskatze beträgt die Gesamtoberfläche der Alveolen etwa 20 m².

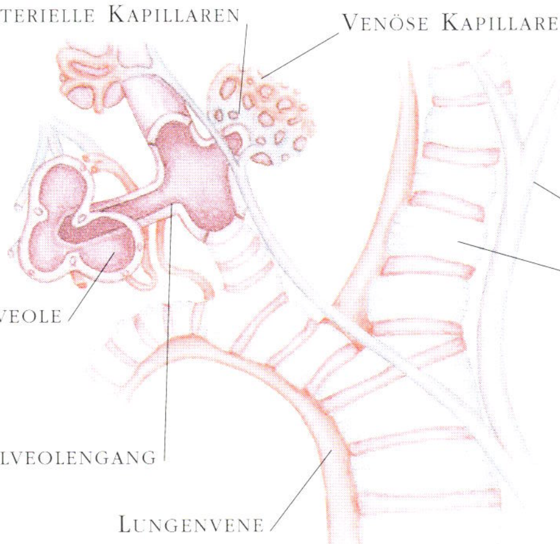

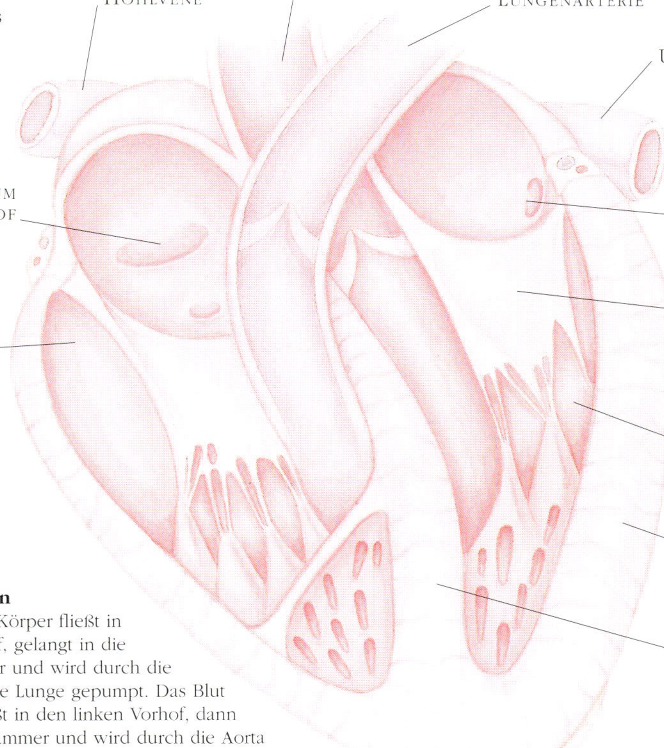

Die Herzkammern
Das Blut aus dem Körper fließt in den rechten Vorhof, gelangt in die rechte Herzkammer und wird durch die Lungenarterie in die Lunge gepumpt. Das Blut aus der Lunge fließt in den linken Vorhof, dann in die linke Herzkammer und wird durch die Aorta in den Körper gepumpt.

VERDAUUNGS- UND AUSSCHEIDUNGSORGANE

Das Verdauungssystem hat die Aufgabe, die Proteine, Kohlenhydrate und Fette der Nahrung in einfache Moleküle aufzuspalten, die durch die Dünndarmwände in den Blutkreislauf absorbiert werden können. Seine zweite, ebenso wichtige Funktion besteht darin, so etwas wie einen Schutzwall gegen etwaige schädliche Bakterien oder andere Krankheitserreger zu bilden, die eine Katze mit der Nahrung versehentlich aufnimmt. Die Nahrung wird gewöhnlich innerhalb von 24 Stunden verzehrt, verdaut, verwertet, entwässert und ausgeschieden. Die Verdauungsorgane der Katze ähneln dem des Hundes oder des Menschen, aber weil Katzen im Unterschied zu den allermeisten Säugetieren ausgesprochener Fleischfresser sind, weisen sie einige wichtige Anpassungen auf.

Das Verdauungssystem der Katze entspricht im wesentlichen dem unseren, ist aber einfacher. Als Fleischfresser brauchen Katzen keinen Blinddarm zur Verdauung von Pflanzenfasern, und ihr Darm ist kurz, verglichen mit dem der Pflanzenfresser, etwa der Schafe, oder der Allesfresser, etwa des Menschen.

NAHRUNGSAUFNAHME UND VERDAUUNG

Die Zähne der Katze zerreißen das Fleisch wie mit Sägemessern, und die mit Hornstacheln besetzte Zunge schabt es von Knochen ab. Der Speichel »schmiert« und bindet die Nahrung vor dem Abschlucken. Die Nahrung gelangt durch die Speiseröhre in den Magen. Der obere Magenabschnitt, der Fundus, produziert Säure zur Aufbereitung von Fleischfasern und ein Enzym zur Aufspaltung von Protein. Die Ausscheidung dieser »Verdauungssäfte« wird hormonell gesteuert. Der Magen scheidet auch Schleim aus, der ihn und den Darm vor Schäden durch die Säure schützt. Muskelkontraktionen vermischen die Nahrung, die dann in den Zwölffingerdarm wandert. Dieser erhält fettlösende Galle aus der Gallenblase in der Leber und Enzyme aus der Bauchspeicheldrüse. Im gesamten Dünndarm, der aus dem Zwölffinger- und dem Krummdarm besteht, geht die Verdauung weiter; die Nährstoffe werden durch die Dünndarmwände absorbiert (siehe S. 66).
Das Blut transportiert diese Stoffe zur Leber, dem größten inneren Organ. Die Leber verarbeitet sie zu essentiellen Fettsäuren und Aminosäuren, den Bausteinen des Lebens«. Anders als die Hunde- oder Menschenleber, benötigt die Katzenleber tierisches Eiweiß, um das gesamte Säuresortiment herzustellen – deshalb muß eine Katze sterben, wenn sie kein Fleisch bekommt. Die Leber baut außerdem Giftstoffe ab.

Kalkulierter Biß
Die Fangzähne der Katze sitzen in Betten aus empfindlichem Gewebe. Die Katze paßt ihren Zugriff auf die Beute an, bis sie in deren Nacken, unmittelbar hinter dem Schädel, eine winzige Einbuchtung spürt. Die Fangzähne sind so gestaltet, daß sie perfekt in diese Delle passen und mit einem Biß die Wirbelsäule durchtrennen, was den sofortigen Tod zur Folge hat.

ENTSORGUNG DER ABFALLSTOFFE

Nach Entnahme der Nährstoffe wandert der unverdauliche Rest in den Dickdarm. Gutartige Bakterien zersetzen ihn und neutralisieren alle in ihm enthaltenen bösartigen Bakterien. Wasser wird durch die Dickdarmwand absorbiert, und Schleimsekrete machen den trockenen Abfall gleitfähig. Wenn er sich im Mastdarm ansammelt, geben Nerven das Signal, daß er ausgeschieden werden muß.
Das Blut befördert Abfallstoffe von der Leber zu den Nieren, wo Nephronen (Nierenkörperchen und -kanälchen) sie ausfiltern und mit dem Urin ausscheiden. Eine Katze produziert davon etwa 60 ml. Die Nephronen sterben mit dem Alter und durch Krankheit ab, doch erst wenn 75 Prozent verlorengegangen sind, trinkt und harnt eine Katze deutlich mehr. Versagende Nieren haben Schwierigkeiten, Harnstoff und Kreatinin, Nebenprodukte des Proteinstoffwechsels und der Muskeltätigkeit, abzubauen. Der Spiegel dieser Chemikalien im Blut zeigt den Zustand der Nieren an, und zur Behandlung gehört die Reduzierung der körperlichen Anstrengungen und des Proteins im Futter. Die Nieren regulieren auch den Blutdruck, aktivieren Vitamin D, halten das chemische Gleichgewicht des Blutes aufrecht und erzeugen Erythropoetin, ein Hormon, das die Bildung von roten Blutkörperchen stimuliert.

VERDAUUNGSHORMONE

Hinter dem Verdauungsvorgang verbergen sich Hormone, die von den Schilddrüsen, den Nebenschilddrüsen und der Bauchspeicheldrüse produziert werden. Die Schilddrüsen beiderseits der Luftröhre steuern den Grundumsatz. Bei Rassekatzen ist die Schilddrüsenaktivität durchweg größer als bei rasselosen Tieren. Eine Überfunktion der Schilddrüsen, bis 1978 nahezu unbekannt, aber heute immer häufiger bei älteren Katzen, verursacht eine dramatisch erhöhte Herzschlagrate, einen gierigen Appetit und eine Gewichtsabnahme.
Eine Schilddrüsenunterfunktion ist äußerst selten.

Das Gebiß der Katze

Die Kätzchen werden mit 26 nadelspitzen Milchzähnen geboren. Diese werden in den ersten sechs Lebensmonaten durch 30 bleibende Zähne ersetzt. Die oberen und unteren Schneidezähne dienen zum Ergreifen der Beute oder des Futters, die Fangzähne packen zu und töten, und die Vorbacken- und Backenzähne zerreißen, zerschneiden und zerkauen das Fleisch. Die Katze besitzt nur wenige Backenzähne, und die oberen sind fast verkümmert, weil sie bei der vorwiegend fleischlichen Kost nicht lebensnotwendig sind.

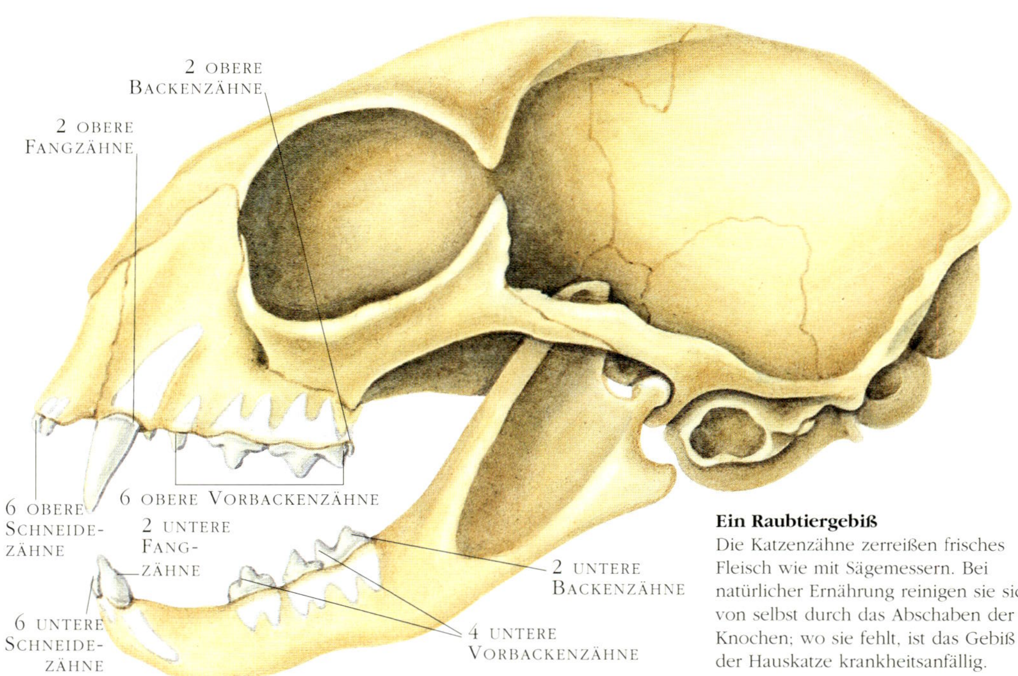

Ein Raubtiergebiß
Die Katzenzähne zerreißen frisches Fleisch wie mit Sägemessern. Bei natürlicher Ernährung reinigen sie sich von selbst durch das Abschaben der Knochen; wo sie fehlt, ist das Gebiß der Hauskatze krankheitsanfällig.

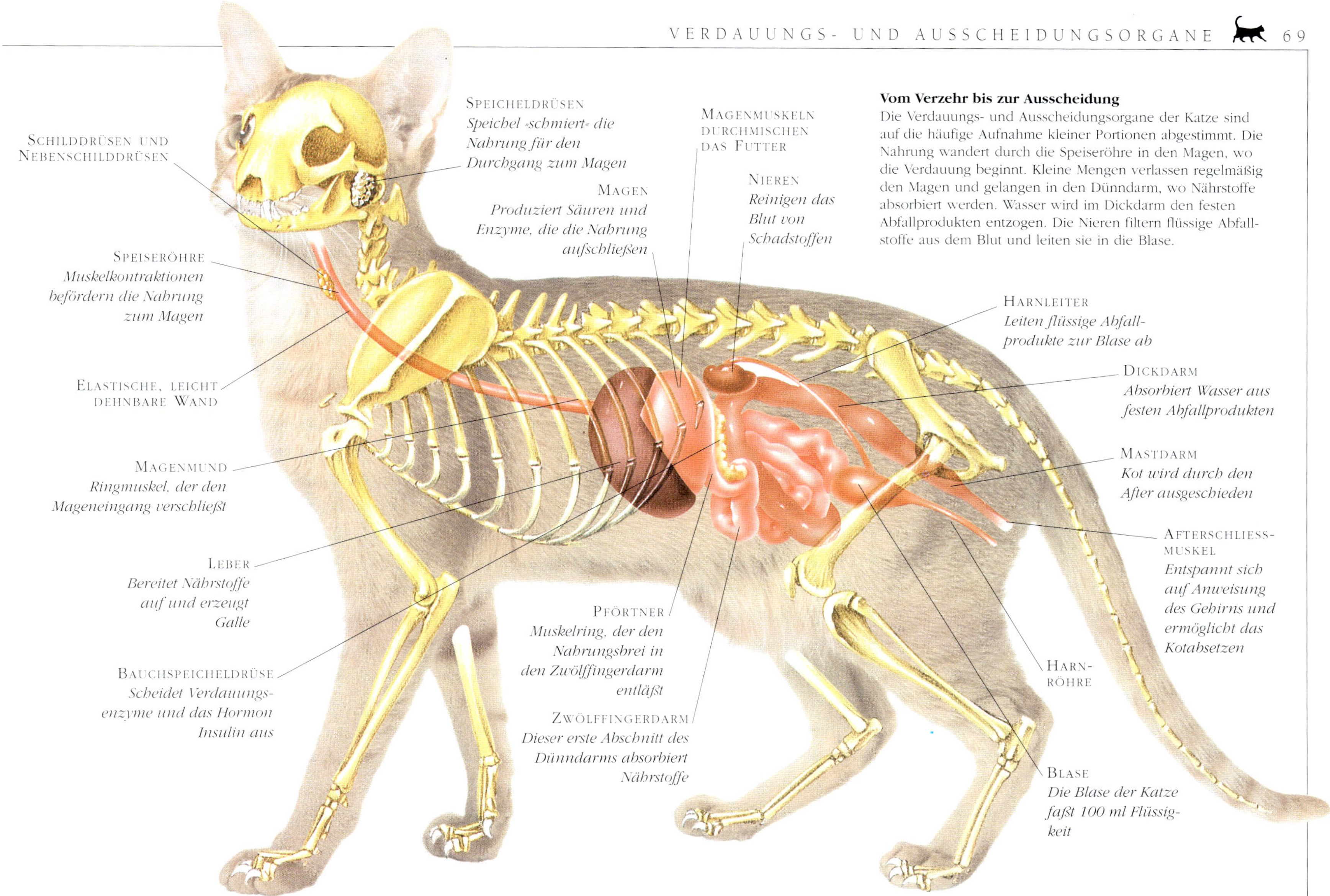

Vom Verzehr bis zur Ausscheidung
Die Verdauungs- und Ausscheidungsorgane der Katze sind auf die häufige Aufnahme kleiner Portionen abgestimmt. Die Nahrung wandert durch die Speiseröhre in den Magen, wo die Verdauung beginnt. Kleine Mengen verlassen regelmäßig den Magen und gelangen in den Dünndarm, wo Nährstoffe absorbiert werden. Wasser wird im Dickdarm den festen Abfallprodukten entzogen. Die Nieren filtern flüssige Abfallstoffe aus dem Blut und leiten sie in die Blase.

Neben jeder Schilddrüse liegt eine winzige Nebenschilddrüse. Sie erzeugt ein Hormon, das den Knochen das für die Muskelkontraktion wichtige Kalzium entzieht. Das in der Bauchspeicheldrüse gebildete Insulin ermöglicht es den Zellen, lebenswichtige Glukose aus dem Blut zu absorbieren. Viele Hormone wirken dem Insulin entgegen: Diabetes bei Katzen kann durch eine Überfunktion der Hypophyse, der Schilddrüsen oder der Nebennierendrüsen entstehen (siehe S. 58).

Verdauungsstörungen

Katzen würgen Futter aus vielerlei Gründen aus, die zum Teil völlig harmlos sind: zu schnelles Fressen, beim Putzen verschluckte Haare, ein verengter Mageneingang oder eine ausgeweitete Speiseröhre. Beim Erbrechen drücken Kontraktionen des Magens und der Bauchdecke den Mageninhalt, dem ein unverkennbarer säuerlicher Geruch anhaftet, wieder nach oben zurück. Dies ist im allgemeinen ernster zu nehmen als bloßes Auswürgen. Erbrechen und Durchfall kommen bei Katzen ziemlich oft vor und können auf Futterumstellung, Unverträglichkeit des Futters, Allergien, Giftstoffe, beim Fressen aufgenommene Fremdkörper, Infektionen oder Parasiten zurückzuführen sein. Bei älteren Katzen können Leber-, Nieren- oder Bauchspeicheldrüsenerkrankungen, Schilddrüsenüberfunktion, Darmentzündungen, Dickdarmkatarrh und Darmkrebs auftreten. Eine typische Nahrungsunverträglichkeit bei Katzen betrifft die Milch. Kätzchen produzieren das Enzym Lactase zur Verdauung von Milchzucker, doch adulten Katzen fehlt häufig dieses Enzym, und dann kann Milch Durchfall verursachen. Andere Unverträglichkeiten sind nicht so leicht zu erkennen.

Die Leber der Katze verarbeitet manche Medikamente nur sehr langsam: Sie braucht beispielsweise rund 72 Stunden, um Aspirin abzubauen; deshalb sind schon kleine Dosen gefährlich, wenn sie mehr als zweimal wöchentlich verabreicht werden. Andere Arzneimittel sind selbst bei noch kleinerer Dosierung lebensbedrohlich. Die Nieren können durch aufgenommene Giftstoffe irreversibel geschädigt werden, insbesondere durch Frostschutzmittel. Verschluckte Gegenstände, etwa eine Schnur, können sich um die Zunge schlingen oder sich im Darm festsetzen. Man darf nie an solchen verschluckten Objekten ziehen, denn das könnte Verletzungen zur Folge haben; hier ist der Tierarzt zuständig. Das Feline Immunschwäche-Virus (FIV), das Feline Leukämie-Virus (FeLV) und die Feline Infektiöse Peritonitis (FIP) verursachen allesamt Erbrechen und Durchfall.

Erkrankungen der Harnorgane

Die Nieren filtern schädliche oder giftige Substanzen aus dem Blut und leiten sie zur Blase weiter. Die unteren Harnorgane, bestehend aus Blase und Harnröhre, können durch falsche Ernährung oder Infektionen an Urolithiasis (Harnsteinkrankheit) erkranken. Eine weitere Störung ist der Blasenkatarrh, gekennzeichnet durch Entzündung und Brennen; er zwingt die Katze zum häufigen Urinieren. In manchen Fällen ist starke Aufregung die Ursache.

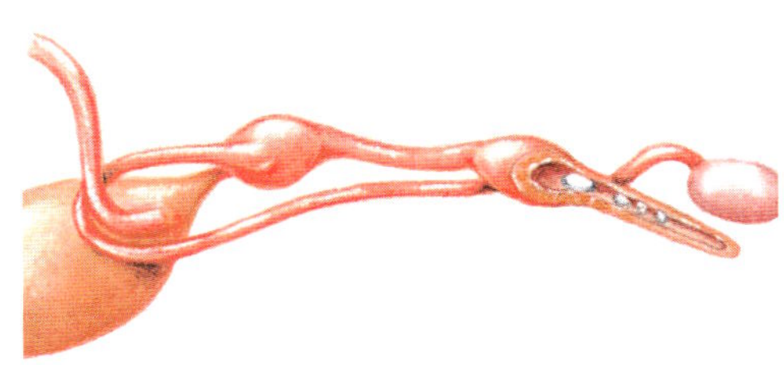

Urolithiasis
Bei dieser Krankheit bilden sich in der Blase Harnsteine oder Harngries. Dadurch kann die Harnröhre verstopft werden, und meist leidet die Katze beim Urinieren heftige Schmerzen.

Die Geschlechtsorgane

Die Katzen haben eine sehr effiziente Fortpflanzungsstrategie entwickelt, die ideal auf die einsamen Jäger abgestimmt ist. Die Kater sind ewige Opportunisten und immer paarungsbereit. Bei Kätzinnen setzt die Rolligkeit (Brunst, Hitze oder Ranzzeit) ein, sobald im Frühjahr die Tageslichtdauer zunimmt, so daß die Geburten in den Frühling und Sommer fallen, wenn das Nahrungsangebot am größten ist. Ihre sexuelle Bereitschaft zeigen sie den Katern dadurch an, daß sie mit ihrem hormonreichen Urin Duftmarken setzen und unverkennbare sonore Laute von sich geben, die jeder Kater in der näheren Umgebung vernimmt. Da jede Katze ein eigenes Jagdrevier hat, könnte es sein, daß in dieser Zeit keine Kater in der Nähe sind. Um keine Eier zu vergeuden, geben die Weibchen sie erst nach erfolgter Begattung aus dem Eierstock frei.

Katzen werden in der Regel mit 6–9 Monaten geschlechtsreif, doch einige Rassen, etwa die Orientalen, sind sexuell frühreif und erreichen die Pubertät schon mit 4 Monaten.

Die männlichen Geschlechtsorgane

Wie bei vielen anderen Säugetieren ist auch beim Kater das Fortpflanzungssystem nach der Geschlechtsreife ständig in Bereitschaft, um jede sich bietende Chance wahrzunehmen. Das leutenisierende Hormon der Hypophyse (siehe S. 58) regt die Hoden zur Herstellung von Sperma und des männlichen Sexualhormons Testosteron an. Die Samenproduktion beginnt in den gewundenen Kanälchen der Hoden und geht das ganze Leben lang weiter. Weil diese Produktion am besten funktioniert, wenn die Temperatur ein wenig niedriger ist als die Körperwärme, liegen die Hoden außerhalb des Körpers im Hodensack (Skrotum). Der Samen wird in den Nebenhoden an der Basis der Hoden gespeichert und wandert, wenn er gebraucht wird, durch die beiden Samenleiter zur Vorsteherdrüse (Prostata) und zur Bulbourethraldrüse. Hier werden ihm zuckerhaltige Sekrete als »Transportmittel« beigemischt.

Der Kater zeigt ganzjährig ein sexuell bestimmtes Verhalten: Er streunt umher, kämpft und spritzt. Seine Sexualität wird durch Gerüche in höchste Alarmbereitschaft versetzt. Wenn sein Vomeronasalorgan (siehe S. 60) weibliche Duftstoffe aufnimmt, vergißt er alles andere und ist nur noch darauf bedacht, die »wohlriechende« Kätzin zu finden, um die er notfalls sogar kämpft.

Weibliche Hormone

Wie die meisten Haustiere ist die weibliche Katze polyöstrisch, das heißt, sie wird mehrmals im Jahr rollig. Doch im Unterschied zu vielen anderen Tierarten, die das ganze Jahr über Paarungszyklen haben, sind Katzen saisonal polyöstrisch: Der Fortpflanzungszyklus der Kätzin ist am aktivsten, wenn die Tageslichtmenge zunimmt, und schwächt sich ab, wenn sie abnimmt.

Zum Winterende stimuliert das verlängerte Tageslicht die Hypophyse zur Produktion des Follikelstimulierenden Hormons (FSH). Das FSH regt die Eierstöcke an, Eier und das weibliche Sexualhormon Östrogen zu bilden. Östrogen wird mit dem weiblichen Urin ausgeschieden und stellt für alle verfügbaren Kater gleichsam eine Einladung zur Paarung dar.

Die beiden Eierstöcke hängen am Dach der Bauchhöhle, unmittelbar hinter den Nieren. Nach der Geschlechtsreife, die bei weiblichen und männlichen Katzen gleichzeitig eintritt, warten die Eier in den Eierstöcken. Im Gegensatz zu den allermeisten Säugetieren geben die Eierstöcke die Eier erst frei, nachdem eine Begattung stattgefunden hat.

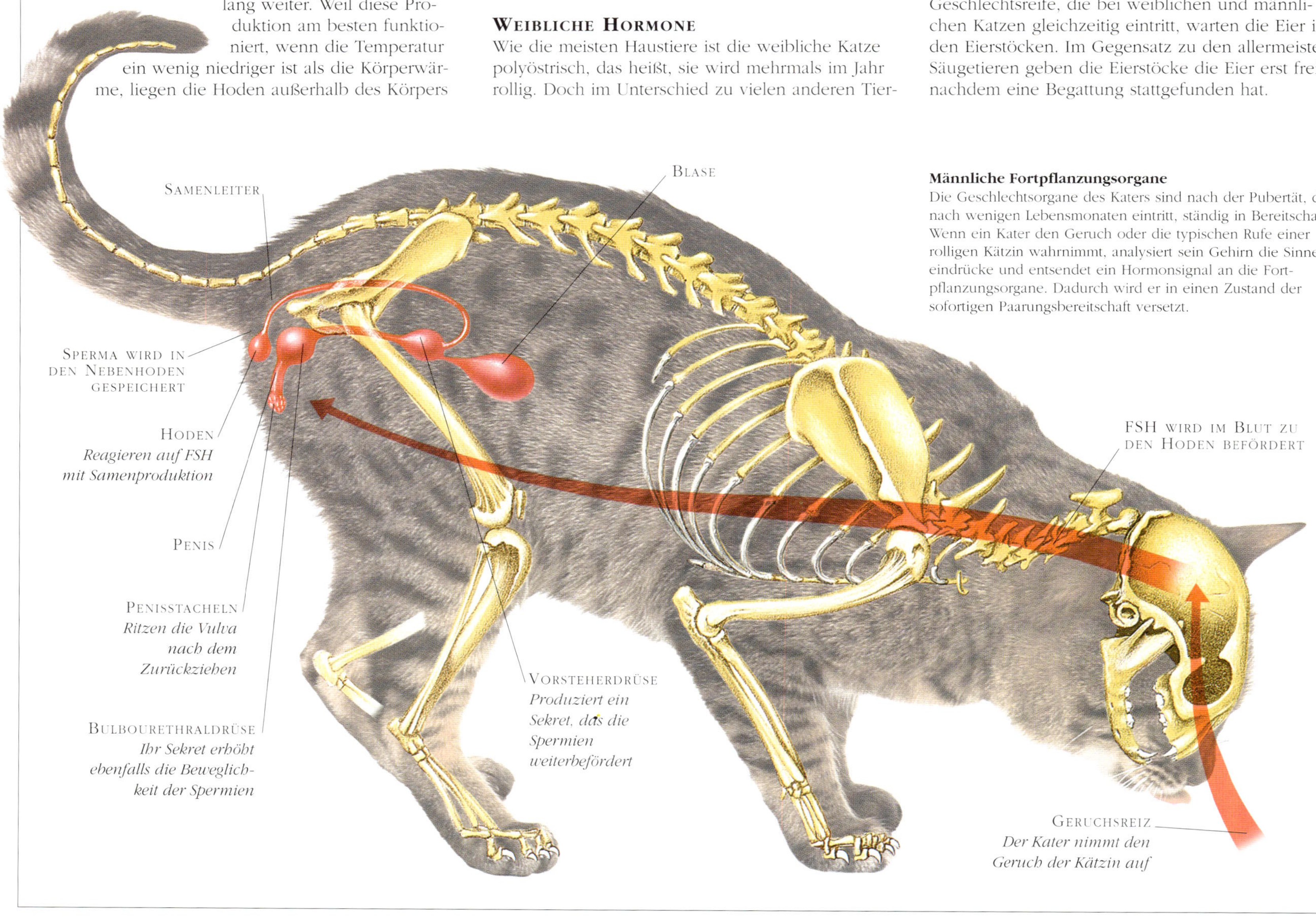

Männliche Fortpflanzungsorgane
Die Geschlechtsorgane des Katers sind nach der Pubertät, die nach wenigen Lebensmonaten eintritt, ständig in Bereitschaft. Wenn ein Kater den Geruch oder die typischen Rufe einer rolligen Kätzin wahrnimmt, analysiert sein Gehirn die Sinneseindrücke und entsendet ein Hormonsignal an die Fortpflanzungsorgane. Dadurch wird er in einen Zustand der sofortigen Paarungsbereitschaft versetzt.

Die Kastration

Die Kastration ist beim Kater ein einfacher Eingriff. Unter Vollnarkose werden die Hoden nach einem kleinen Schnitt in das Skrotum entfernt. Die Samenleiter und die dazugehörigen Blutgefäße werden abgebunden. Ein Kater wird gewöhnlich mit sechs Monaten kastriert. Bei weiblichen Tieren ist eine etwas größere Operation notwendig. Die Eierstöcke und die Gebärmutter bis zum Gebärmutterhals werden entfernt. Dieser Eingriff kann schon vor der Geschlechtsreife erfolgen.

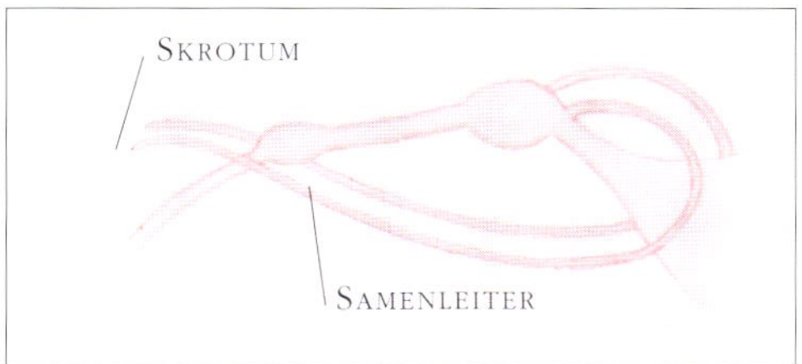

KASTRATION DES KATERS

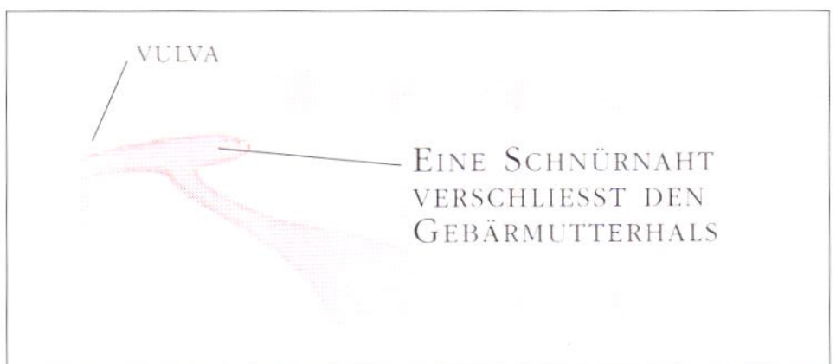

KASTRATION DER KÄTZIN

DIE BEGATTUNG

Die sexuellen Aktivitäten der Katzen sind »schamlos« und lautstark, doch zugleich auch seltsam würdevoll. Im Freileben sind Katzen einsame Jäger. Die Kätzin überwindet ihre naturgegebene Einsamkeit, indem sie vokal ihren sexuellen Zustand verkündet. Sie harnt häufiger und hinterläßt damit möglichst viele Duftmarkierungen, um Kater anzulocken. Ihr sonstiges Verhalten verändert sich ebenfalls: Sie wälzt sich auf dem Boden, streckt ihren Körper, hebt das Hinterteil an oder zieht sich selbst mit den Vorderpfoten über den Boden, als ob ihre Hinterbeine nicht mehr funktionierten. Sie stößt vielleicht auch Klagelaute aus, die manchmal als Schmerzensschreie fehlgedeutet werden. Sie läßt die Paarung erst dann zu, wenn sie völlig bereit ist. Ist es endlich so weit, darf der Kater sie besteigen. Er packt sie im Nackenfell und begattet sie sofort. Der Penis des Katers ist mit hakenförmigen Stacheln besetzt. Wenn er ihn zurückzieht, ritzen diese Stacheln die Vulva. Die Kätzin »schreit« und dreht sich um, um ihn zu beißen, aber ein erfahrener Kater hält den Nackenbiß aufrecht. Er läßt sie los und zieht sich zurück, wenn er glaubt, daß er nichts mehr zu befürchten hat.

Die Abschürfung der Vulva stimuliert die Freisetzung der Eier. Bei Katzen muß die Ovulation induziert werden, das heißt, Eier werden nur durch die Stimulierung bei der Begattung freigegeben. Eine Kopulation reicht dazu oft nicht aus; gewöhnlich sind zwei oder mehr notwendig. Bei den wiederholten Begattungen ermüdet der Kater zuerst. Die Kätzin bleibt jedoch empfängnisbereit: Andere Kater dürfen sich vielfach noch mit ihr paaren. Sind genügend Kopulationen vollzogen, bewirkt die FSH-Produktion im Gehirn der Kätzin, daß Eier die Eierstöcke verlassen und durch die Eileiter zu den beiden Gebärmutterhörnern wandern. Findet während der Rolligkeit keine Begattung statt, werden auch keine Eier freigesetzt. Es folgt eine Ruhezeit, die zwei Tage bis zwei Wochen dauert, und dann schließt sich ein neuer Brunstzyklus an. Unter dem Einfluß des künstlichen Lichts in unseren Wohnungen können unkastrierte Kätzinnen am Ende ständig rollig bleiben.

Mehrere Väter
Obwohl sich Kätzinnen häufig mit mehreren Katern paaren, wissen Tiermediziner und Genetiker noch immer nicht, wie viele Väter an einem Wurf beteiligt sein können: Die möglichen Kombinationen von Fellfarben bei Katzen, die nicht speziell auf Farbe gezüchtet werden, sind allzu vielfältig. Aufschluß geben könnten nur gezielte Kontrollgruppenverpaarungen innerhalb einer Varietät von Rassekatzen mit begrenzten Fellfarben.

TRÄCHTIGKEIT UND GEBURT

Die Befruchtung erfolgt in den bleistiftförmigen Gebärmutterhörnern, und die Embryonen gruppieren sich in Reihen um die beiden Hörner. Die Tragzeit beträgt etwa 63 Tage; in dieser Zeit bewirkt das Schwangerschaftshormon Progesteron Verhaltensänderungen und das Anschwellen der Milchdrüsen.

Die Geburt verläuft in der Regel problemlos, auch wenn manche Kätzchen tot geboren werden. Der Milchfluß setzt kurz nach der Geburt ein und wird durch das Saugen stimuliert. Die Katzenmutter verläßt das Wurflager oft schon wenige Tage nach dem Gebären und trägt ihre Jungen einzeln in ein neues geruchsfreieres und somit für ihre Begriffe sichereres Nest.

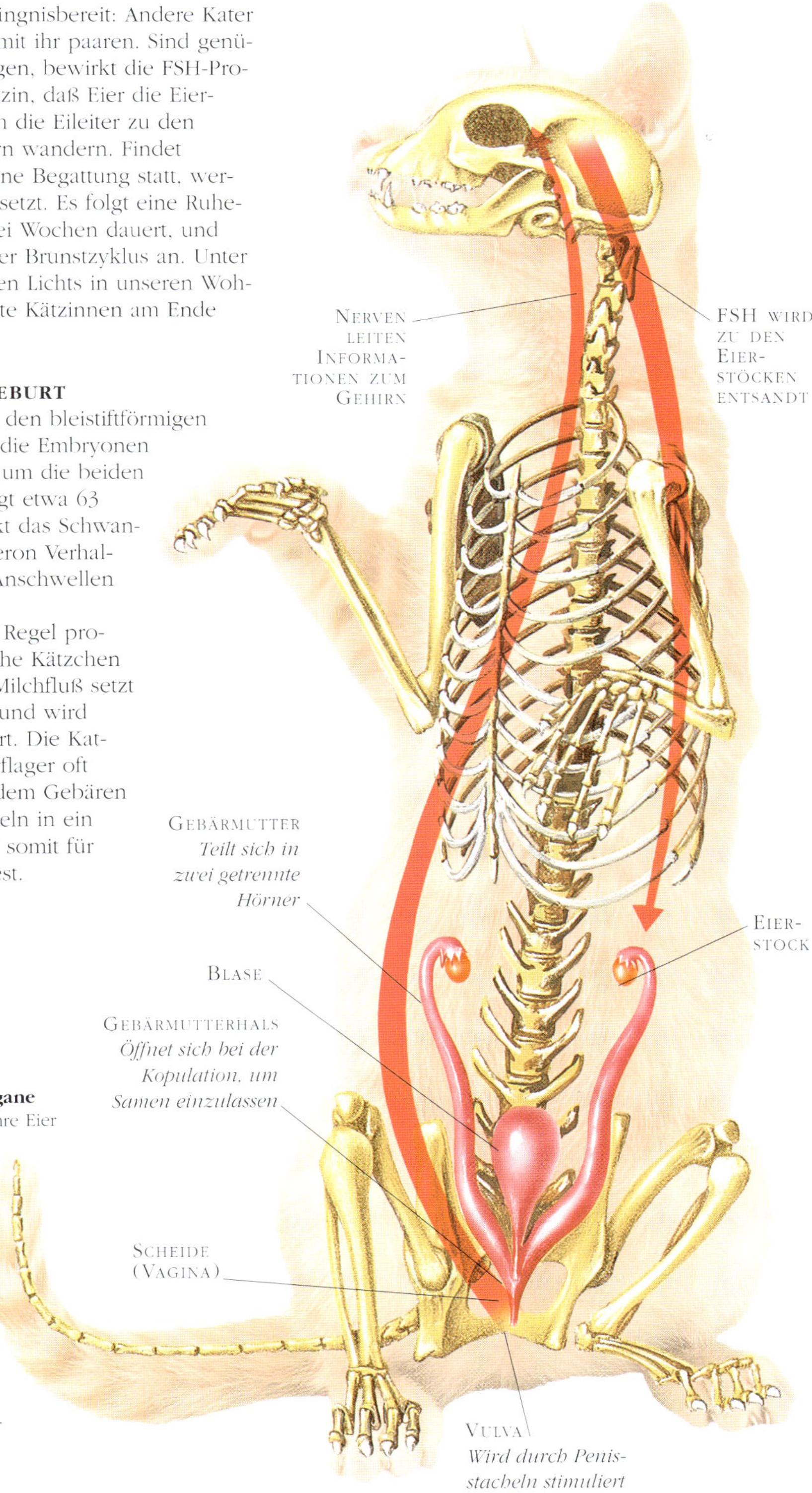

Weibliche Fortpflanzungsorgane
Die Kätzinnen »konservieren« ihre Eier und konzentrieren ihre Fortpflanzungsaktivitäten auf die deutlich angekündigten Rolligkeitsperioden, in denen sie unermüdlich nach potentiellen Partnern Ausschau halten. Sensorische Signale der Vagina während der Kopulation lösen im Gehirn die Produktion von FSH und die anschließende Freisetzung von Eiern aus, die 24 – 48 Stunden nach der Paarung erfolgt.

HAUT UND HAARKLEID

Die Differenziertheit und Bedeutung der Katzenhaut und des Katzenfells werden zuweilen unterschätzt, weil deren Feinbau mit bloßem Auge nicht zu erkennen ist. Die Haut ist das größte Organ des Körpers. Ihre Zellen sind ständig aktiv; sie warnen vor potentiellen Gefahren, kümmern sich um die Entsorgung von Abfallstoffen und produzieren sogar Nahrung für allerlei gutartige Hautmikroben, die sie dadurch gesund erhalten. Bestimmte Hautpartien sind bei der Katze für spezielle Zwecke modifiziert worden: die Pfotenballen für Dauerbelastung, die Krallen für Zugkraft und verschiedene Drüsen am Kinn, an den Lippen und in der Afterregion für die Duftmarkierung. Der Haarwuchs unterliegt verschiedenen äußeren und inneren Kontrollmechanismen.

Haut und Haar erfüllen prosaische, aber wichtige, ja lebenserhaltende Aufgaben. Die Haut enthält Zellen, die für das Immunsystem unverzichtbar sind. Sie stellt die erste und wichtigste Abwehrfront der Katze dar, denn sie verhindert, daß schädliche Mikroorganismen oder Chemikalien in den Körper eindringen. Sensorische Funktionen werden von millionenfachen Nervenenden übernommen, die Wärme, Kälte, Schmerzen, Juckreiz und Druck erkennen. Eine Fülle von feinsten Blutgefäßen, eine weit größere Blutzufuhr, als für die einfache Versorgung der Haut vonnöten wäre, bilden ein ausgeklügeltes thermodynamisches System, mit dessen Hilfe die Katze ihre Körpertemperatur reguliert, wenn sie sich aus einem warmen Bereich in einen kalten bewegt. Die Haut scheidet Drüsenstoffe aus, die den Körper von Abfallprodukten befreit und ihn vor den Unbilden der Außenwelt schützt. Außerdem produziert sie Vitamin D, das für die Bildung kräftiger Knochen notwendig ist.

Fellstruktur

Haare bestehen größtenteils aus Keratin (Hornstoff), dem gleichen Gerüsteiweiß, das die Außenschicht der Haut (Epidermis) und die Krallen bildet (siehe S. 57), die Hautanhanggebilde sind. Weil das Haar hauptsächlich Protein enthält, wird durch das normale Haarwachstum ein hoher Prozentsatz der täglichen Proteinaufnahme aufgezehrt.
Die Haaroberfläche setzt sich aus überlappenden Kutikulazellen zusammen, die vom Körper wegweisen. Fährt man an einem Haar von der Wurzel bis zur Spitze entlang, fühlt es sich glatt an, in der Gegenrichtung jedoch rauh wegen der Anordnung der Zellen. Die Kutikula reflektiert das Licht und trägt so zum Fellglanz bei; ein stumpfes Fell kann auf eine Schädigung der Kutikula hindeuten. Das Haar wächst in Zyklen, die durch Hormone, die Tageslichtdauer und die Umgebungstemperatur gesteuert werden.

Kräuselfell
Bei lang- oder kurzhaarigen Rexkatzen wird das Haarwachstum genetisch gebremst. Die Cornish Rex besitzt keine Leithaare, während die hier abgebildete Devon Rex weiche Leithaare hat, die praktisch mit Wollhaaren identisch sind.

Der Mensch hat einfache Haarbälge oder -follikel: Aus jedem Balg wächst ein einzelnes, großes Haar hervor. Katzen besitzen dagegen eine effizientere Wärmeisolierung, die sie ihren kombinierten Haarfollikeln verdanken: Bis zu sechs Leit- oder Primärhaare, die jeweils von feineren Sekundärhaaren (Grannen- und Woll- oder Daunenhaare) umgeben sind, gehen aus jedem Follikel hervor. Jeder Follikel ist mit einem eigenen Arrektormuskel gekoppelt, der die Leithaare aufrichten kann. Katzen »sträuben ihr Fell«, wenn sie beunruhigt oder wütend sind, aber auch um die Isolierung zu verbessern und Wärmeverluste zu reduzieren.
Katzen verfügen außerdem über zwei spezielle Typen von Sinneshaaren: Die Schnurrhaare oder Vibrissen sind dicke, steife Haare, die an Kopf, Kehle und Vorderbeinen wachsen (siehe S. 60). Andere große Einzelhaare, die Leithaare, die jeweils von einem komplizierten Netz aus Blutgefäßen und Nerven umgeben sind, verteilen sich über den ganzen Körper und fungieren wie kurze Schnurrhaare.

Ein Fell für kaltes Wetter
Bei Langhaarkatzen zieht sich das Haarwachstum in die Länge. Das Haar wächst langsamer und nicht etwa schneller als bei kurzhaarigen Tieren.

Fell für unterschiedliches Klima

Die Evolution hat die Katze mit einem ausgezeichneten Wärme- und Kälteschutz ausgestattet. Rassen, die sich an nördliche Klimazonen angepaßt haben, etwa Britisch Kurzhaar, Maine Coon und Norwegische Waldkatze, tragen ein dichtes Fell mit isolierender Unterwolle. Bei kaltem Wetter richten sich die Haare auf und fangen Luft ein, die wie eine Isolierschicht wirkt. Eine Fettschicht unter der Haut isoliert zusätzlich den Körper; Wärme wird durch Fett sehr viel langsamer abgegeben als durch Muskeln. Bei extremer Kälte rollt sich eine Katze zusammen und bedeckt ihr Gesicht mit dem Schwanz, um es vor Frost zu schützen.
Rassen in heißen Klimaregionen strahlen Wärme effizienter ab. Siamesen haben keine Wollhaare; Katzen, die dieses isolierende Haarkleid besitzen, stoßen es in warmem Klima ab. Wird es ihnen dann noch zu warm, verlieren sie auch Leithaare. Blutgefäße in der Haut dehnen sich aus und beschleunigen so die Wärmeabgabe. Katzen schwitzen nicht wie wir, um sich abzukühlen. Statt dessen belecken sie ihr Fell, und der verdunstende Speichel führt Körperwärme ab.

Der Wachstumszyklus des Katzenhaarkleids

Das Katzenhaar wächst in einer Wachstumsphase von 60–90 Tagen (Anagen) zu einer genetisch vorbestimmten Länge heran. Nach einer kurzen Übergangsphase (Catagen) und einer Ruhepause von 40–60 Tagen (Telogen) fällt es aus und macht Platz für ein neues Haar. Da die Haare sich stets in verschiedenen Phasen befinden, erfolgt der Fellwechsel graduell. Der wichtigste äußere Einfluß auf das Wachstum geht vom Licht aus: Zunehmendes Licht stimuliert einen kräftigen Haarwechsel im Frühjahr. Bei künstlichem Licht haaren Wohnungskatzen oft das ganze Jahr über ab. Katzen, die ihr Haar nicht wechseln, gibt es nicht.

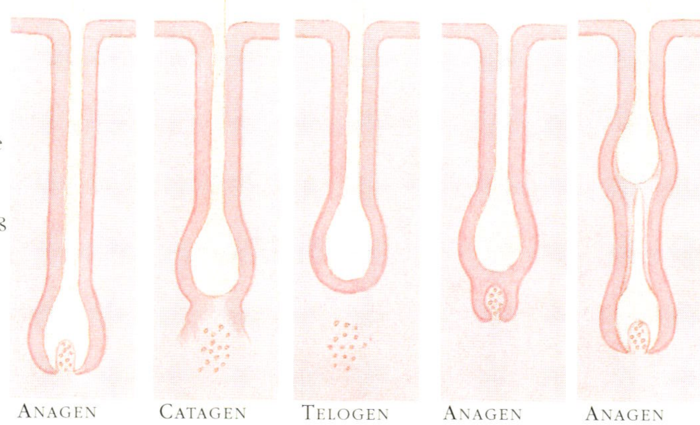

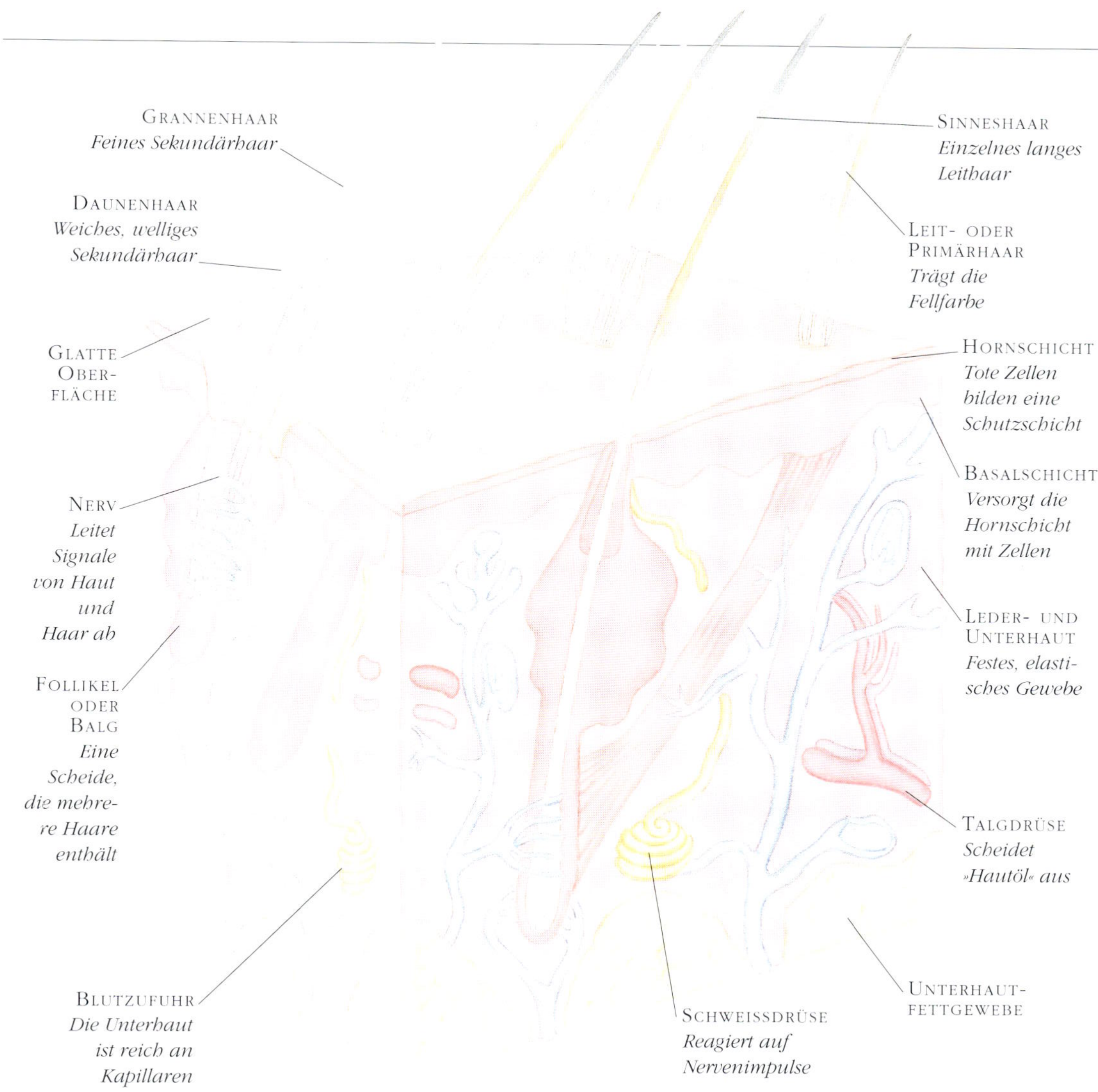

Der Aufbau der Haut
Die auf der Haut angeordneten Haargruppen sind für Wärmeisolierung und Sinneseindrücke zuständig. Die Horn- und Basalschicht der Epidermis haben eine Schutzwirkung. Darunter liegt die mit Nerven und Blutgefäßen reich versorgte Unterhaut, die die Haarfollikel und deren Drüsen enthält und von einem zähen, elastischen Gewebe zusammengehalten wird.

Diese Kontrollmechanismen sind zwar effektiv, aber Katzen sind trotzdem nicht vor Hitzschlag oder Erfrierungen gefeit. Empfindliche Tiere meiden hohe Temperaturen und Nässe, doch genauso wie Hunde sterben sie schnell, wenn sie bei Sonnenschein in einem heißen Auto eingesperrt sind. Katzen können auch erfrieren, weil ihr Fell seinen Wärmeschutz einbüßt, wenn es naß wird; das Risiko einer Unterkühlung ist bei feuchtem Frostwetter am größten.

Hautstruktur

Die Katzenhaut ist zweilagig. Die Oberhaut (Epidermis) besteht aus rund 40 Schichten abgeflachter toter Zellen, die in fetthaltiges Sebum, eine ölige Hautausscheidung, eingebettet sind. Unter dieser »Hornschicht« liegt die etwa vier Zellen dicke lebende Epidermis, die »Basalschicht«. Sie ist nicht sehr fest, spielt aber eine wichtige Rolle im Immunsystem des Körpers. Unter normalen Umständen brauchen die Zellen etwa drei Wochen, um von der Basal- zur Hornschicht zu wandern, doch dieser Vorgang beschleunigt sich, wenn die Haut verletzt ist; dann verkürzt sich die Abstoßung auf zwei Wochen. Unter der Epidermis befindet sich die vereinte Leder- und Unterhaut, das eigentliche Strukturelement der Haut. Sie besteht aus starkem, elastischem Bindegewebe und enthält Drüsen, Blutgefäße, Nerven und Rezeptoren. Jeder Haarbalg ist mit einer Schweißdrüse und einer Talgdrüse verbunden, die beide in der Unterhaut liegen. Die Talgdrüsen produzieren das fettige Sebum, das die Bakterienflora reguliert und dem Haar seinen Glanz verleiht. Sie konzentrieren sich auf den Hals und Rumpf, vor allem aber auf die Lippen und das Kinn. Spezialisierte Talgdrüsen säumen die Augenlider und erzeugen einen öligen Schutzfilm für die Augen. Andere spezialisierte Talgdrüsen um den After und zwischen den Zehen können Pheromone (Sexualduftstoffe) ausscheiden.
Anders als wir Menschen schwitzen Katzen nicht, um ihre Körpertemperaturen zu regulieren: Sie hecheln, was wenig effektiv ist, oder belecken sich ausgiebig.
Die Schweißdrüsensekrete halten die Haut geschmeidig, scheiden Abfallstoffe aus, liefern Nahrung für die Mikrofauna der Haut und enthalten Substanzen, die den Körper vor Chemikalien und gefährlichen Mikroben schützen. Wahrscheinlich sondern sie auch Pheromone ab. Schweißdrüsen, die mit Haarfollikeln gekoppelt sind, werden epitrichial (früher endokrin) genannt. Atrichiale (früher exokrine) Drüsen, etwa die an den Fußballen, sondern ihre Sekrete nach außen und nicht in Haarbälge ab.

Natürliche Flora und Fauna

Wie bei allen Tieren ist auch bei der Katze die Haut natürlicherweise von verschiedenerlei Mikroben besiedelt. Diese Flora und Fauna leben und vermehren sich, ohne die Haut zu schädigen – im Gegenteil, sie sind wesentlich für die Gesunderhaltung der Haut. Die verschiedenen Hautpartien weisen unterschiedliche »Mikroklimate« auf; manche sind für Mikroben attraktiver als andere. Regionen, die häufig feucht oder naß sind, und solche mit dichter Behaarung und Schweißdrüsenkonzentrationen werden von den Mikroben am meisten geschätzt, dünn behaarte am wenigsten.

Haut- und Haarerkrankungen

Haarkleid und Haut, der äußere Schutzwall der Katzen, sind anfällig für diverse Krankheiten, von allergischen und hormonellen Störungen bis zu Parasiten, Infektionen oder Tumoren. Fellkrankheiten fallen ins Auge, weil die Haare brüchig, trocken und glanzlos werden oder ausfallen. Der Einfluß der Hormone auf die Haut und das Fell ist noch nicht genau bekannt, aber hormonelle Störungen sind im allgemeinen nicht mit Juckreiz verbunden. Viele Katzen werden von Scherpilzflechte (Trichopythie) befallen, ohne an einer Infektion zu leiden. Wenn sie in einer Katzenzucht auftritt, können andere Katzen sie bekommen, ohne Symptome zu zeigen. Die Scherpilzflechte kann auch Menschen infizieren: In Paris sind schätzungsweise 90 Prozent der Infektionen von Katzen übertragen worden. Verbreiteter ist eine krustenbildende, juckende Hautkrankheit namens Miliariadermatitis. Sie hat viele mögliche Ursachen, doch eine Flohallergie ist bei weitem die häufigste.

Schweißdrüsen
Die schweißproduzierenden Drüsen der Katze konzentrieren sich auf die Körperteile, die für die Duftmarkierung eingesetzt werden: auf Gesicht, Hals und Schultern, Hinterteil und Zwischenzehenräume, wo die Pfotenabdrücke markiert werden. Spezielle Analbeutel unter dem Schwanz sondern ebenfalls Duftstoffe ab.

Vererbung von Merkmalen

Die Details der Genetik sind sehr komplex, aber die Basis der vererbten Merkmale ist jedoch recht einfach. Alle lebensnotwendigen Informationen liegen in den Genen, die in jeder Körperzelle enthalten sind. Die meisten dieser Informationen sind allen Säugetieren gemeinsam. Der Rest macht die Katzen zu dem, was sie sind, und uns Menschen zu dem, was wir sind. Die wissenschaftliche Vererbungslehre wurde von Gregor Mendel (1822–1884) begründet, der nachwies, daß bei Kreuzungen die elterlichen Merkmale teils dominant und teils rezessiv weitergegeben werden. Das 1953 von Crick und Watson entwickelte Modell der DNS, also des genetischen Speichersystems, führte zu neuen Erkenntnissen, was den Einfluß des Erbguts auf Körpermerkmale, emotionales Verhalten und Krankheiten betrifft.

Die Vererbung folgt einfachen, mathematischen Gesetzen. Jede Zelle im Körper einer Katze enthält einen Kern. Jeder Kern enthält wiederum 38, in 19 Paaren angeordnete Chromosomen, die gerade so groß sind, daß man sie mit einem starken optischen Mikroskop erkennen kann. Jedes Chromosom hat die Form einer eng gewundenen Doppelspirale aus Desoxyribonukleinsäure (DNS oder DNA), die sich ihrerseits aus Tausenden von Komponenten, den Genen, zusammensetzt, welche wie Perlen aufgereiht sind. Jedes Gen besteht aus vier unterschiedlichen Proteinen – A, T, C und G –, und die Kombination dieser Proteine liefert die Informationen für alle Lebensäußerungen der Katze.

Kopien und Mutationen

Jedesmal wenn eine Zelle, etwa eine Hautzelle, ersetzt wird, werden ihre Chromosomen kopiert. Die DNS teilt sich längs der Mitte wie ein Reißverschluß. Ribonukleinsäure (RNS oder RNA), die der DNS entspricht, wird gebildet und gleichsam als Schablone für die Bildung neuer DNS aus den Proteinen der Zelle verwendet. Der Kopiervorgang verläuft so präzise, daß nur in jeweils einer Million Kopien ein Fehler oder eine Mutation in einem einzigen Gen vorkommt. Das wäre so, als würde man diese beiden Buchseiten fünfmillionenmal abtippen und sich dabei nur ein einziges Mal vertippen! Doch solche seltenen Fehler können Krebs auslösen und das Altern beschleunigen.
Erbinformationen werden auf andere Weise weitergegeben. Ei- und Samenzellen enthalten jeweils nur 19 Chromosomen, also ein halbes Paar. Bei der Empfängnis vereinen sich die 19 Chromosomen im Ei mit den 19 im Sperma und lassen so eine neue und neuartige Folge von 19 Paaren entstehen. Jedes Kätzchen erbt von jedem Elternteil jeweils die Hälfte seines genetischen Materials. Wenn sich die Chromosomen »paaren«, ordnen sich auch die Gene für jedes Merkmal nebeneinander an. Fehler oder Mutationen, die manchmal in den Ei- oder Samenzellen vorkommen, bringen neue Merkmale hervor.

Dominante und rezessive Merkmale

Genetische Abweichungen von Merkmalen, zum Beispiel die Haarlänge, werden als dominant bezeichnet, falls eine Kopie davon notwendig ist, um Wirkung zu zeigen, und als rezessiv, wenn zwei Kopien, eine auf jedem Chromosom in einem Paar, nötig sind. Ursprüngliche Merkmale sind im allgemeinen dominant, neue Mutationen rezessiv: Katzen hatten ursprünglich ein kurzes Fell, und das Gen dafür erhielt das Zeichen *L*, doch vor langer Zeit geschah eine Mutation, die ein rezessives Gen für langes Har, das mit *l* bezeichnet wird, hervorbrachte.
Eine Katze, die ein dominantes Merkmal zeigt, kann heterozygot (spalterbig) sein und die rezessive Alternative »verdeckt« unter dem dominanten Merkmal tragen; eine Katze mit einem rezessiven Merkmal muß dagegen für dieses homozygot (reinerbig) sein, da sie keine Alternativen trägt.

Zwei heterozygote Kurzhaarkatzen – beide *Ll* mit dem rezessiven Gen für langes Haar – bringen, wenn sie miteinander verpaart werden, im Schnitt zwei *Ll*-Kätzchen, ein *LL*-Kätzchen und ein langhaariges *ll*-Kätzchen hervor. Äußerlich läßt sich nicht feststellen, welche der drei kurzhaarigen Nachkommen das *l*-Gen haben, das sie befähigen würde, langhaarige Nachkommen zu erzeugen.
Leider sind nicht alle Vererbungsregeln so einfach. Viele Merkmale sind polygenetisch und werden durch eine unbekannte Genkombination bestimmt. Zudem sind nicht alle Gene einfach dominant oder rezessiv; manche

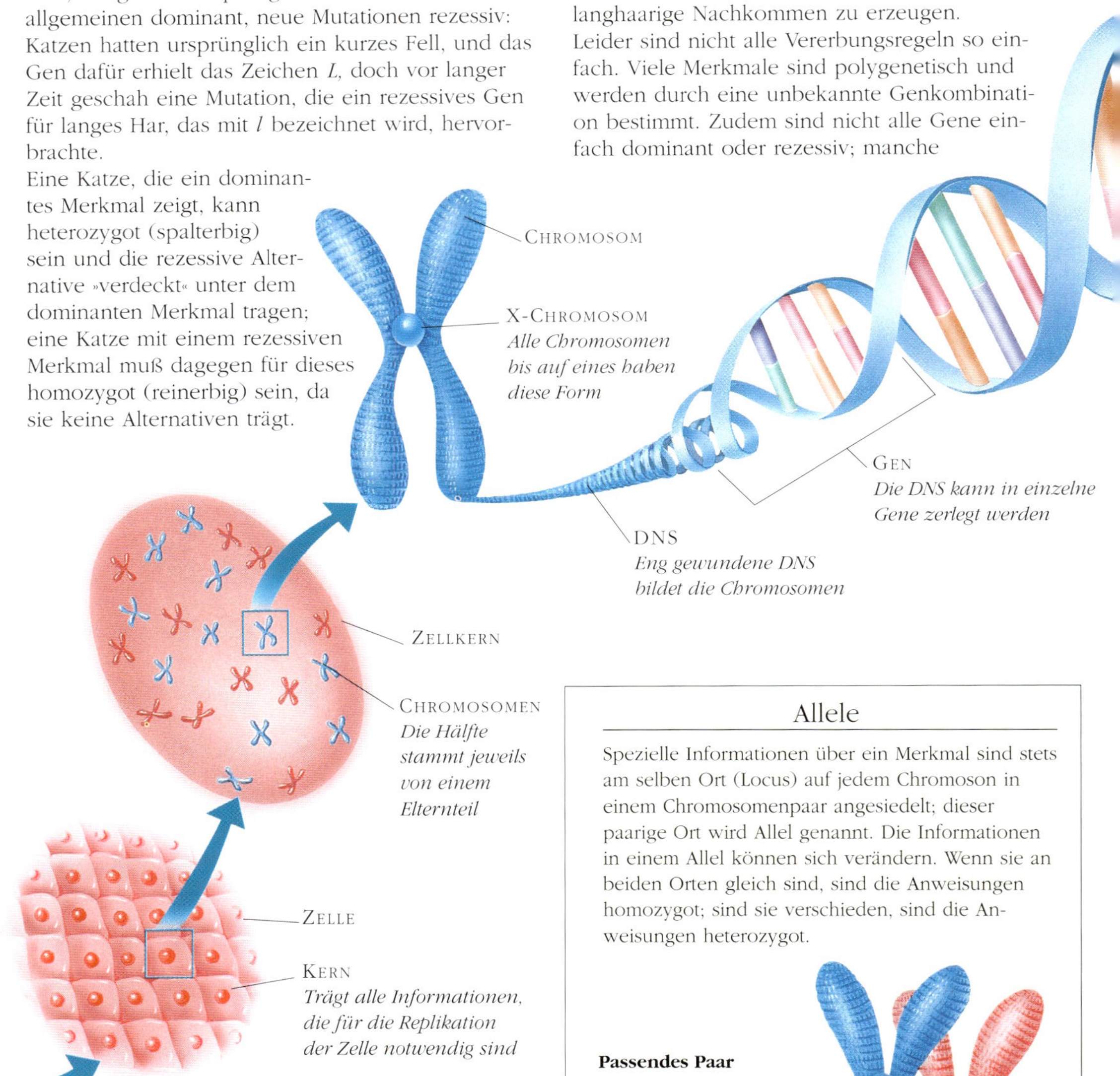

Die Grundlage des Lebens
Jede lebende Zelle enthält einen Kern, in dem 19 Chromosomenpaare gespeichert sind. Alle Chromosomen sind X-förmig, ausgenommen das männliche Geschlechtschromosom, das Y-förmig ist. jedes Chromosom seinerseits ist eine komplizierte Doppelspirale aus vier Proteinen. Diese wird DNS genannt und bildet die Grundlage des Lebens und aller Erbmerkmale.

Allele

Spezielle Informationen über ein Merkmal sind stets am selben Ort (Locus) auf jedem Chromoson in einem Chromosomenpaar angesiedelt; dieser paarige Ort wird Allel genannt. Die Informationen in einem Allel können sich verändern. Wenn sie an beiden Orten gleich sind, sind die Anweisungen homozygot; sind sie verschieden, sind die Anweisungen heterozygot.

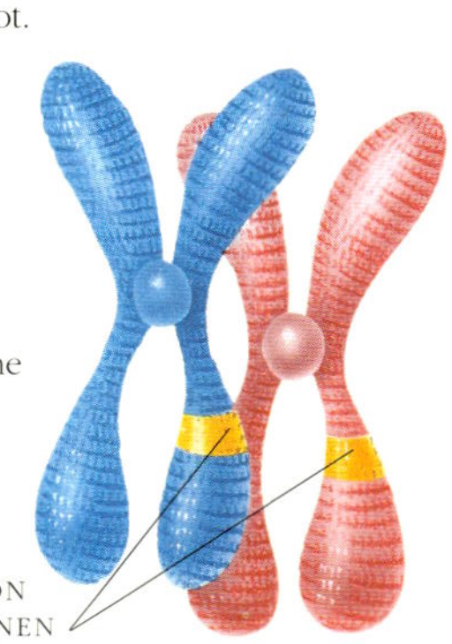

Passendes Paar
Ein Erbmerkmal wird durch die von beiden Eltern stammenden Gene bestimmt, die sich an den gleichen Orten des Chromosomenpaars befinden.

Mutationen zeigen eine partielle Dominanz über andere oder sogar über die ursprüngliche Erscheinungsform.

Der Gründereffekt

Hunderttausende von Jahren waren die afrikanischen Vorfahren der heutigen Hauskatzen fast einheitlich kurzhaarig und gestreift oder gestromt. Doch nur wenige Jahrtausende nach der Auswanderung aus Afrika gibt es Hunderte unterschiedlicher Fellfarben, Zeichnungen und Haarlängen. In der großen Katzenpopulation in Nordafrika hatten zufällige Genmutationen kaum die Möglichkeit, sich weiter auszubreiten, sofern sie keinen wesentlichen Vorteil für die Katzen darstellten. Die meisten Mutationen verschwanden innerhalb weniger Generationen. In einer isolierten Population können Mutationen jedoch leichter überdauern. Die orange-und-weißen Katzen Skandinaviens (siehe S. 94) oder die vielzehigen Tiere von Boston und Halifax (siehe S. 99) sind beide Mutationen von der genetischen »Norm«, aber wenn solche Katzen in Regionen verbracht werden, wo es nur wenige oder gar keine Katzen gibt, machen sie einen hohen Anteil eines kleinen Genpools aus. Der langfristige genetische Einfluß der frühen Vertreter einer Katzenpopulation wird als »Gründereffekt« bezeichnet. Die »Gründer« haben mächtigen Einfluß auf eine neue Population. Deswegen sind bestimmte Fellmuster oder -farben in manchen Ländern so dominant, und dies ist auch die Basis für die Entwicklung von Rassen mit Mutationserscheinungen wie Kräuselhaar oder Haarlosigkeit.

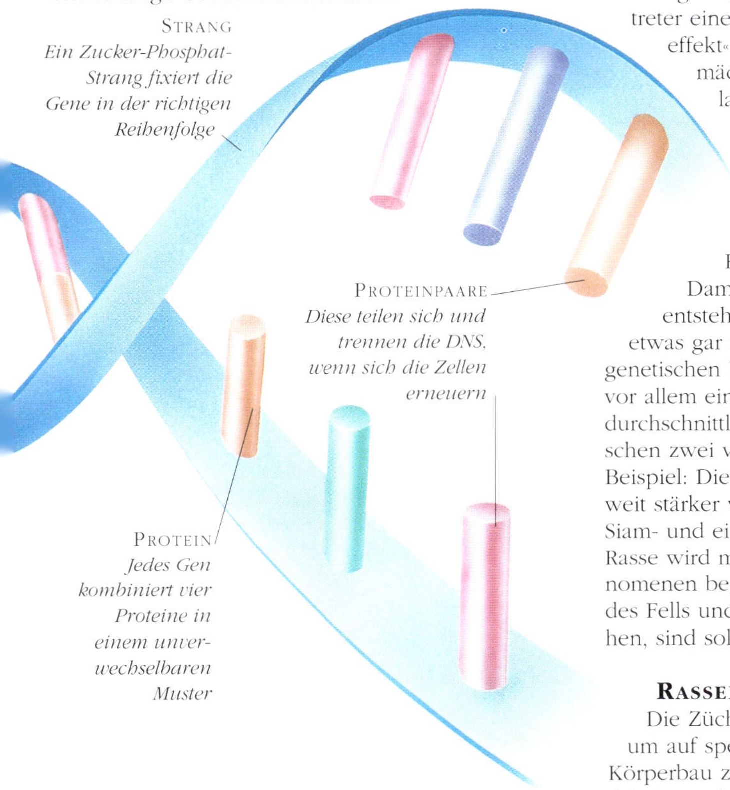

Damit stellt sich die Frage, wie eine Rasse entsteht. Aus streng genetischer Sicht ist so etwas gar nicht möglich, weil die potentiellen genetischen Unterschiede innerhalb einer Rasse, vor allem einer zahlenmäßig sehr großen, die durchschnittlichen genetischen Unterschiede zwischen zwei verschiedenen Rassen überwiegen. Ein Beispiel: Die DNS-Profile zweier Siamesen können weit stärker voneinander abweichen als die einer Siam- und einer Perserkatze. Die Definition einer Rasse wird mit einigen wenigen augenfälligen Phänomenen begründet, etwa der Farbe oder Länge des Fells und dem Körperbautyp. Genetisch gesehen, sind solche Unterschiede belanglos.

Rassen und Erbkrankheiten

Die Züchter wenden die Vererbungsgesetze an, um auf spezielle Merkmale wie etwa Farbe oder Körperbau zu selektieren. Leider selektieren sie dabei manchmal auch ungewollt auf andere versteckte, gefährliche Gene. Auf diesem Weg breiten sich Erbkrankheiten in reingezüchteten Stämmen aus. Um nur einige wenige zu nennen: Mehrere Rassen sind anfällig für die tödliche Krankheit Amyloidose; bestimmte Langhaar-Zuchtlinien leiden an einer polyzystischen Nierenkrankheit; bei Colourpoint-Langhaarkatzen kommen Katarakte häufig vor; Abessinier können an Netzhautschwund leiden; die Devon Rex kann von einem spastischen Muskelleiden befallen werden usw.

Bei der natürlichen Auslese, die das Überleben des »Tüchtigsten« begünstigt, werden solche schädlichen Gene aus dem Genpool ausgemerzt oder nachhaltig reduziert. Bei der künstlichen Auslese können sie sich halten und werden weitervererbt. Das ist bei Katzen das größte genetische Problem, doch verantwortungsbewußte Züchter berücksichtigen heutzutage die Genetik als Teil ihrer Zuchtprogramme, und die Wissenschaft erforscht immer gründlicher die Genetik der Katzen. Das Nationale Krebsinstitut in den USA arbeitet an einem Genkartierungsprojekt, in dem die Katzengenetik im einzelnen untersucht wird. In England hat Alex Jeffreys den »genetischen Fingerabdruck« entwickelt, mit dem ein Individuum aufgrund einer DNS-Probe aus beliebigem Körpergewebe identifiziert werden kann. Damit kann man bei Katzen, wie bei Menschen, die Vaterschaft feststellen. Da aber Rassekatzen häufig eine ähnliche DNS haben, läßt sich ein vermeintlicher Vater lediglich ausschließen, aber nicht einwandfrei ermitteln.

In Wirklichkeit sind die allermeisten Katzenpaarungen dem Zufall überlassen, und die natürliche Auslese übt somit den größten Einfluß auf die genetische Zukunft der Hauskatze aus. Immer häufiger wird man sich jedoch die Fortschritte in der Genetik zunutze machen, um die Abläufe exakt zu steuern.

Mehrzehige Katze
Mindestens zwei Gene sind mit der Polydaktylie (Mehrzehigkeit) gekoppelt. Tiere mit überzähligen Zehen befanden sich unter den ersten Katzen, die nach Boston und Halifax gelangten. Dieses Merkmal tritt in diesen Gegenden häufiger auf als irgendwo sonst auf der Erde.

Mendelsche Vererbungsmuster

Mehrere wichtige Merkmale im Erscheinungsbild der Katze sind identifiziert worden (siehe die Liste rechts). Dominante Merkmale werden mit Groß-, rezessive mit Kleinbuchstaben bezeichnet. Eine Kurzhaarkatze bekommt das Zeichen *L*, sofern Testverpaarungen sie nicht als *LL* ausweisen, denn *L* muß nur einmal in einem Allel auftauchen, um Wirkung zu zeigen; die Natur des zweiten Gens innerhalb des Paars bleibt gewöhnlich unbekannt.

Erbgang
Dieses Diagramm zeigt, wie Langhaar- und Kurzhaarmerkmale weitergegeben werden. Es sind Durchschnittsergebnisse im Laufe vieler Paarungen.

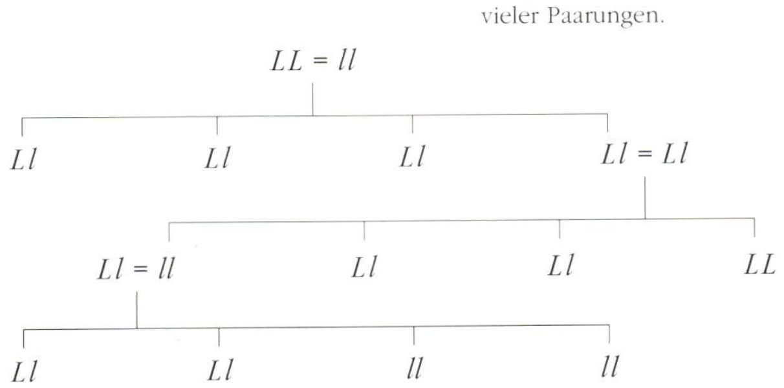

- A Agouti oder Tabby
- a Nicht-Agouti oder einfarbig
- B Schwarz
- b Braun oder Chocolate (schokoladenfarben)
- b^l Hellbraun oder Cinnamon (zimtfarben)
- C Voll pigmentiert oder einfarbig
- c^b Burmazeichnung oder Sepia
- c^s Siamzeichnung oder mit Abzeichen (Points)
- D Dichte, dunkle Farbe
- d Verdünnte, helle Farbe
- I Melanininhibitor oder Silberung
- i Pigmentierung bis zur Wurzel
- L Kurzhaar
- l Langhaar
- O Orange oder geschlechtsbezogenes Rot
- o Melanistische, nicht-rote Farbe
- S Weiße Fleckung oder Bi-Colour
- s Einheitliche Farbe auf dem ganzen Körper
- T Gestreift oder getigert
- T^a Abessiniertabby oder Ticking (Bänderung)
- t^b Gestromt
- W Weiß, dominant über alle Farben
- w Normalfarben

Viertes Kapitel

KATZEN-VERHALTEN

Die Katze ist zwar eine solitäre Jägerin, die zufrieden ist, wenn sie fern von Artgenossen oder Menschen für sich leben kann, aber neuerdings entwickelt sie sich von der totalen Unabhängigkeit weg und zu einer freundlicheren Abhängigkeit hin. Ihr Verhalten gegenüber anderen Katzen und dem Menschen spiegelt diesen evolutionären Vorgang wider. Wir haben das Kätzchen in der Katze gefördert, indem wir die erwachsenen Tiere von uns abhängiger und anhänglicher machen. Doch so sehr wir auch eingreifen, der angeborene Jagdtrieb der Katze und ihr Sexual- und Brutpflegeverhalten werden sich wohl niemals verändern.

(Oben) Die Katze legt die Ohren an – ein Zeichen der Angst

(Links) Eine verwilderte Katzenmutter mit Jungen

Typische Verhaltensmuster

Die Katzen, deren Beliebtheit stetig zunimmt, haben inzwischen in den USA, in Kanada, Großbritannien, den Niederlanden, Deutschland, Österreich und der Schweiz die Hunde zahlenmäßig überrundet. In Schweden, Dänemark und Norwegen wird es voraussichtlich bis zur Jahrtausendwende mehr Katzen als Hunde geben. Angesichts dieser Entwicklung sollten wir uns klarmachen, daß Katzen keine »verkleideten« Hunde sind. Die Katze ist einzigartig unter allen Tieren, die der Mensch domestiziert und in seine Lebenswelt aufgenommen hat, buchstäblich die einzige Art, die von Anfang an und immer und ewig ihren Kopf durchsetzen will.

Zuverlässige Nahrungsquelle
Obgleich diese Katzen sehr unterschiedlich gefärbt sind – ein Zeichen, daß sie nicht eng miteinander verwandt sind –, zeigen sie keine Aggressivität, und zwar deshalb, weil bei den Fischerbooten reichlich Futter abfällt.

Wie alle Arten, einschließlich des Menschen, ist die Katze bestrebt, zu überleben und Nachkommen zu hinterlassen. Im Unterschied zu Menschen oder Hunden bewahrt sie dabei ihre Unabhängigkeit: Von Natur aus ist die Katze kein Rudeltier.

Allein in der Menge

Obwohl wir durch selektive Zucht und Früherziehung der natürlichen Unabhängigkeit der Katze entgegenwirken, bleibt sie ein »freieres« Geschöpf als alle anderen Haustiere.
In der Art und Weise, wie Katzen sich sozialisieren, jagen, werben und sich verpaaren, unterscheiden sie sich von den gemeinschaftsbildenden Tieren. Das Verhalten der Katze, die nur für ihre eigene Bequemlichkeit und Sicherheit sorgt, könnte auf uns egoistisch wirken. Doch solche moralischen Urteile verkennen die biologische Realität: Die Katze benimmt sich wie die Nummer eins, weil sie die Nummer eins ist. Im Freileben treffen Katzen nur im Wettbewerb um Lebensraum mit anderen Katzen zusammen. Selbst die Paarung (siehe S. 86) kann Konflikte auslösen. Sie ist möglicherweise die einzige Zeit nach dem Welpenalter, in der eine Katze einen physischen Kontakt mit einem Artgenossen herstellt.
Der »Geist« der Katze ist immerhin so flexibel, daß er Verhaltensänderungen zuläßt, vor allem als Reaktion auf das Nahrungsangebot. Am geselligsten sind Katzen im Welpenalter, wenn sie zusammen mit der Mutter und den Wurfgeschwistern Teil einer Gruppe sind. Dieses Verhaltensmuster kann bis ins Erwachsenenalter beibehalten werden, wenn Katzen in Gruppen leben, die gewöhnlich aus Muttertieren und ihren weiblichen Nachkommen bestehen: Kater werden geduldet, aber nicht willkommen geheißen. Sie jagen zwar nicht gemeinsam, aber ihr Gruppenverhalten, das auch wechselseitige Betreuung des Nachwuchses einschließt, ist dem eines nur aus Weibchen bestehenden Löwenrudels nicht unähnlich.

Duftmarkieren
Drüsen an Lippen, Gesicht, Ohren, Pfoten und Körper der Katze sondern bestimmte chemische Substanzen ab, die als Duftmarken dienen. Diese Katze hinterläßt ihren Duft an einem Baumstamm – nicht, um andere Katzen abzuschrecken, sondern nur, um ihre Anwesenheit anzuzeigen.

Lernvermögen

Dank ihrer mentalen Anpassungsfähigkeit hat sich die Katze mit Erfolg in unser Leben »eingeschlichen«. Durch die Selektionszucht stärken wir die Geselligkeit unserer Katzen, und indem wir die Kätzchen in unseren Häusern aufziehen und sie in den ersten drei bis sieben Lebenswochen mit vielerlei Erfahrungen konfrontieren, verfestigen wir ihre kindliche Abhängigkeit von uns, was ihre Ernährung, Geborgenheit, Bequemlichkeit und Sicherheit angeht. Frühe Erfahrungen prägen nachhaltig die adulte Katze. Kätzchen, die ohne menschlichen Kontakt aufwachsen, werden immer Angst vor fremden Menschen haben, doch Kätzchen, die mit Menschen oder anderen Tieren groß werden, akzeptieren und genießen diese Gesellschaft das ganze Leben lang.

Reviermarkierung

Katzen verständigen sich untereinander durch Laute und Körpersprache (siehe S. 80). Sie setzen außerdem Zeichen in ihrem Territorium, die während ihrer Abwesenheit »gelesen« werden können. Reviergrenzen werden mit Urin, Kot und Duftstoffen markiert, die an aufrecht stehenden Gegenständen angebracht werden. Das sind keine Warnungen, sondern einfach Marken, die das Territorium als besetzt kennzeichnen. Wenn eine Katze sich am Bein ihres Besitzers reibt, deuten wir das als Zuneigung. Das ist es auch teilweise, doch es ist darüber hinaus eine Reviermarkierung.
Optische Markierungen, etwa Kratzspuren an Bäumen, sind ebenfalls wichtig. Diese optische Komponente der Katzensprache bringt es mit sich, daß Stadtkatzen vielfach dieselben Markierungen, die für uns gelten – etwa Hecken oder Mauern –, als ihre Reviergrenzen betrachten.

Häusliches Raubtier

Zwar zeigen alle Katzen ein Jagdverhalten, aber die jagdlichen Fertigkeiten muß jede Katze erlernen (siehe S. 84). Lernen durch Beobachten ist am effizientesten: Der Verhaltensforscher Paul Leyhausen hat herausgefunden, daß die Beutewahl und der Jagderfolg einer Katze maßgeblich von ihrer Mutter geprägt wird. Manche Mütter lehren ihre Jungen die Jagd auf Vögel, andere die Jagd auf Nagetiere.
Die natürliche Nahrung der Katze besteht aus kleinen Nagern und Vögeln, die für gewöhnlich gerade groß genug sind, einen kleinen Magen zu füllen. Dieses Faktum ist mehr als alles andere verantwortlich dafür, daß die Katze ein unabhängiger, einsamer Jäger ist. Doch obwohl Katzen sich zu solitären Jägern entwickelt haben, können sie eng zusammen leben, wenn das Nahrungsangebot groß ist. Das erkennt man deutlich in manchen Parkanlagen, wo Katzenfreunde verwilderte Hauskatzen täglich mit Futter versorgen, in Fischerhäfen, wo sich Katzen zusammenfinden, um sich an den weggeworfenen Beifängen gütlich zu

Jagdinstinkt
Alle Kätzchen ahmen in ihrem Spiel das Beutefangverhalten der adulten Katzen nach. Diese junge Katze übt das instinktgesteuerte leise Anschleichen an die Beute, die ein kleines Nagetier sein kann, aber wahrscheinlich eher ein Blatt oder ein Wurfgeschwister ist. Die Ohren sind nach vorn gedreht, um selbst das leiseste Geräusch besser auffangen zu können.

Gruppenaktivitäten

Löwen leben und jagen im Rudelverband und erbeuten große Säugetiere. Ein aus blutsverwandten Löwinnen bestehendes Rudel ähnelt in vielerlei Hinsicht einer Gemeinschaft von verwilderten Hauskatzen. Sie fressen und schlafen gemeinsam, betreiben gegenseitige Fellpflege und kümmern sich um fremde Welpen, die sie manchmal sogar säugen, wenn die leibliche Mutter anderweitig beschäftigt ist. Diese Herrscher der afrikanischen Savanne können auch emotionale Bindungen zu Menschen herstellen, wenn sie von klein auf bei ihnen aufwachsen. Den Großkatzen fehlt jedoch die angeborene Gefügigkeit der Hauskatze, und sie bleiben gefährlich.

Schlafgemeinschaft
Löwen schlafen oft gemeinsam, weil sie wissen, daß andere Raubtiere es nicht wagen würden, ein ganzes Rudel anzugreifen. Mütter mit jungen Welpen bleiben allerdings wachsam.

Katzennickerchen
Der Schlaf scheint der natürliche Zustand einer Katze mit vollem Magen zu sein. Niemand weiß, warum Katzen mehr schlafen als andere Tiere. Uns gefällt das, weil der Anblick einer schlummernden Katze auf uns entspannend wirkt.

tun, oder auch in unseren Häusern (siehe S. 82). Wenn Katzen nicht gezwungen sind, ein Jagdrevier zu verteidigen, sind sie zu einem Sozialleben fähig.

Schlafbedürfnis

Ein typischer und liebenswerter Aspekt des Katzenverhaltens ist die Fähigkeit, scheinbar nach Belieben fest einzuschlafen. Wie bei allen anderen Lebewesen wird auch bei der Katze der Lebensrhythmus durch eine innere biologische Uhr, ein komplexes Zusammenspiel von Körper und Geist, reguliert.

Der häufigste Rhythmus bei Tieren ist der 24-Stunden-Zyklus, der sogenannte zirkadische Rhythmus. Er bestimmt, wann die Tiere am aktivsten und am wenigsten aktiv sind. Die Katze ist in der Morgen- und Abenddämmerung am muntersten, wenn die Jagdbedingungen am günstigsten sind, und am schläfrigsten um die Mittagszeit und um Mitternacht. Das Bedürfnis der Katzen, aktiv zu sein, wenn wir Menschen schlafen möchten, und zu schlafen, wenn wir am aktivsten sind, läßt sich nur schwer verändern, weil es so tief im Katzenverhalten verankert ist.

Französische Forscher haben nachgewiesen, daß der Schlaf durch die chemische Substanz Melatonin ausgelöst wird, die das Gehirn produziert (siehe S. 58), und daß deren Ausschüttung wahrscheinlich der Kontrolle eines Gens unterliegt, das den zirkadischen Rhythmus steuert. Das Melatonin ist vermutlich zuständig für die Angewohnheit der Katzen, im Schnitt 16 Stunden pro Tag zu schlafen. Weshalb jedoch die Katzen so viel schlafen, ist noch ungeklärt, obwohl bei Kätzchen das Wachstumshormon nur während des Schlafes ausgeschüttet wird.

Erlerntes Verhalten

Weil sich Katzen nicht wie Hunde erziehen lassen, hält man sie manchmal für gänzlich lernunfähig. Man kann jedoch einer Katze beibringen, einen Knopf zu drücken, um eine Futterbelohnung zu erhalten. Der Schlüssel zu jeglicher Katzenerziehung ist die Verwendung von Belohnungen; Disziplinierung, die bei Rudeltieren, etwa Hunden, gut anschlägt, funktioniert nicht bei Katzen, die sich entweder verstecken oder davonmachen.

Der Geist einer Katze ist am aufnahmefähigsten, wenn sie noch sehr jung ist, denn sie büßt ihre Fähigkeit, neue Erfahrungen zu verinnerlichen, früher ein als die meisten anderen Tierarten. Experimente aus mehr als 100 Jahren beweisen, daß Katzen etwas lernen können, wenn sie bei anderen Katzen beobachten, und daß sie am besten von ihren Müttern lernen. Andere Untersuchungen haben ergeben, daß Katzen sich nicht gut auf das Lösen von Rateaufgaben verstehen, und wenn sie aus einem Labyrinth herausfinden, dann ist das eher dem Zufall als dem »logischen Denken« zu verdanken.

Es gibt allerdings einige Dinge, die eine Katze niemals lernen oder verlernen kann. Familienkatzen müssen sich an eine bisweilen fremdartige Lebensweise anpassen, vor allem wenn sie in der Wohnung gehalten werden. Manche benutzen ihren Jagdtrieb dazu, Haushaltsgegenstände zu beschleichen und zu »töten«. Andere versuchen nachtaktiv zu bleiben und fordern von ihren tagaktiven zweibeinigen Gefährten, daß sie sich nachts mit ihnen beschäftigen.

Weniger eindeutig sind die berühmten »übersinnlichen« Fähigkeiten der Katze. Die meisten einschlägigen Berichte sind anekdotisch, aber es gibt wissenschaftliche Belege dafür, daß Katzen einen Orientierungssinn besitzen und Erdbeben voraussehen können.

Kunststücke
Die natürliche Geschicklichkeit entwickelt sich, wenn ein Kätzchen mit seinen Wurfgeschwistern spielt und das Jagen einübt. Selbst ausgewachsene Katzen können mit Hilfe von Futterbelohnungen gezielt trainiert werden, Scheinangriffe auszuführen, bei denen Sprünge und Tunneldurchquerungen gefordert sind.

Keine Angst vor der Gefahr
Dieses Kätzchen (auf einer sicheren Glasscheibe) ist unbekümmert über den Rand der Stufe geklettert, obwohl es ihn sehen konnte. Schon nach wenigen Wochen wird es zuerst innehalten und sich vergewissern.

Kommunikation

Katzen verständigen sich subtil und erfolgreich mit anderen Katzen, aber weniger gut mit uns Menschen. Soziale Beziehungen sind für sie von geringer Bedeutung, und deshalb sind die Feinheiten ihrer Mimik und ihrer »distanzverkürzenden« Körpersprache nicht sehr ausgeprägt: Das menschliche Lächeln oder der Wedelschwanz des Hundes haben in der Katzenkommunikation keine augenfällige Entsprechung. Andere Methoden des Informationsaustausches unter Katzen sind dagegen hoch entwickelt. Dazu gehören die Stimme (unser bevorzugtes Medium), Berührungen, Gerüche und optische Signale. Da für uns Menschen die Sprache das hauptsächliche Kommunikationsmittel darstellt, verstehen wir oft nicht, was Kratzer am Sofa oder nicht vergrabene Exkremente bedeuten sollen.

Unsere Katzen begrüßen uns, verlangen Futter, beklagen sich und protestieren mit ihrer Stimme, und mit einiger Erfahrung wissen wir genau, was sie uns sagen wollen. Die verschiedenen Rassen haben unterschiedliche verbale Gewohnheiten: Manche »zirpen« mehr als andere, einige sind fast schweigsam und die asiatischen Rassen notorisch lautfreudig. In den 1930er Jahren hat die Psychologin Dr. Mildred Moelk 16 verschiedene Katzenlaute definiert. Dr. Patricia McKinley hat die Lautäußerungen neuerdings in 23 Kategorien eingeteilt. Generell lassen sich jedoch drei Typen unterscheiden: murmelnde, vokalische und intensiv gesteigerte Laute. Das Murmeln umfaßt das Schnurren und das sanfte, glückliche Begrüßungsgurren. Der Ursprung des Schnurrens ist nach wie vor rätselhaft (siehe S. 67). Doch wie dem auch sei, es ist nicht immer ein Zeichen der Zufriedenheit. Gestreßte oder traumatisierte Katzen schnurren ebenfalls – ein Phänomen, das jeder Tierarzt kennt, der verletzte oder kranke Katzen behandelt. Beim Gurren, wie beim Schnurren, sind keine Vokale beteiligt. Es klingt wie »brrrp« oder brrrm« und drückt stets freudige Erregung aus.

Vokale, das klassische »Miauen«, werden je nach Bedeutung variiert. Die Hauskatze bedient sich des Miauens oder Mauzens, weil wir ihr Jugendstadium künstlich verlängert haben (siehe »Felidenkommunikation«, S. 81). Bitten, Forderungen, Befehle, Klagen und Aufregung werden durch feine Abstufungen ausgedrückt, die leicht zu verstehen sind und dem Besitzer bald vertraut werden.

Intensive Lautgebung ist die natürliche Sprache adulter Katzen, und als solche ist sie in der Regel auf die Verständigung mit Artgenossen beschränkt, obwohl sie teilweise auch dem Katzenhalter oder Tierarzt vertraut ist. Durch Veränderung der Mundform können vielerlei Laute hervorgebracht werden, vom Grollen und gereizten Knurren bis zum drohenden Fauchen, Zischen oder Spucken. Angst- und Schmerzensschreie und das Jaulen rolliger Kätzinnen entstehen auf die gleiche Weise.

Selbstbehauptung
Selbstbewußte oder aggressive Gebärden sind leicht zu deuten. Diese Katze sträubt ihr Fell, um größer zu erscheinen, und starrt ihren Widersacher an. Dabei lehnt sie sich nach vorne und läßt die Ohren kreisen.

Mündliche Forderung
Forderungen und Befehle drücken Katzen immer durch Vokale aus. Die dazugehörige Körpersprache ist wachsam und selbstsicher, wie bei dieser entspannten und klagenden jungen Perserkatze.

Körpersprache

Lautäußerungen dienen der Fernverständigung während die Körpersprache vorzugsweise der Kommunikation von Angesicht zu Angesicht vorbehalten ist. Die Körpersprache der Katzen eignet sich am besten für das Signal »Geh weg!«, und aggressive und defensive Gebärden sind ebenso eindeutig wie einfach. Der ganze Körper wird eingesetzt, um »laute« Signale auszusenden, während Ohren und Schwanz subtilere Ausdrucksmittel sind.

Eine Katze, die sich sicher fühlt, bewegt sich mit geschmeidiger Anmut und mit aufgerichtetem Schwanz. Sie ruht vollkommen entspannt und lockert beim Aufwachen ihre Muskulatur durch Streckung des ganzen Körpers. Nervöse Katzen wenden still ihre Augen voneinander ab und gähnen dabei zuweilen.

Zum offensiven Verhalten gehören der direkte Blickkontakt, häufig mit zusammengezogenen Pupillen, und eine Körperhaltung, die einen raschen Angriff gestattet. Kopf und Schnurrhaare sind vorgestreckt.

Ausdruck des Wohlbehagens
Eine Katze, die sich wohl und sicher fühlt, bewegt sich entspannt. Diese verwilderte Katze, die in ihrem Territorium nichts zu fürchten hat, wacht auf dem besonnten Fenstersims auf und streckt sich, um sich auf eine Tätigkeit – oder weitere Untätigkeit – vorzubereiten. Das Gähnen und Strecken teilt anderen Katzen mit, daß keine Spannungen bestehen, kann aber auch dazu dienen, eine gespannte Situation zu entkrampfen.

Die Ohren werden aufgestellt und so verdreht, daß der Gegner ihre Rückseite sehen kann. Ängstliche Aggression ist am Katzenbuckel, geweiteten Pupillen und gesträubtem Haar zu erkennen.
Unbehagen zeigt die Katze durch eine Kauerstellung an, die sie einnimmt, wenn sie sich unsicher fühlt. Wächst das Unbehagen, kauert sie noch tiefer; die Pupillen weiten sich, und die Ohren werden flach an den Kopf angelegt. Fühlt sich ein Katze bedroht, rollt sie sich auf den Rücken in eine Abwehrhaltung und zeigt ihre Krallen und Zähne. Dabei sträubt sich oft das Haar am ganzen Körper.

Katzengraffiti

Katzen hinterlassen auf ihrem Territorium optische Markierungen, um entweder ihre Anwesenheit oder ihren Besitzanspruch anzuzeigen. Das Kratzen dient der Schärfung der Krallen, wird aber auch dazu verwendet, ein sichtbares Zeichen der Anwesenheit zu setzen. Deshalb kratzen Hauskatzen gern an gut sichtbaren Gegenständen, etwa an der Armlehne eines Sofas, und deshalb sollte man Kratzbäume mitten im Zimmer und nicht in einer versteckten Ecke aufstellen (siehe S. 226).
Eine dominante Katze benutzt auch ihre Exkremente, um ihre Reviergrenzen optisch zu markieren. Das ist die Erklärung dafür, daß Katzen ihren Kot in Nachbars Garten nicht verscharren, wohl aber in ihrem eigenen: Die Katze meint, daß sich ihr Territorium weiter erstreckt als der eigene Garten, und ihre Exkremente markieren unübersehbar die Ausdehnung ihres Herrschaftsbereichs.

Duftmarkierung

Exkremente werden auch durch ihren starken Geruch zu einer Reviermarkierung – ein wichtiger Bestandteil des Kommunikationsrepertoires der Katzen (siehe S. 82). Jedesmal wenn die Katze Kot absetzt, quetscht sie ein duftendes Sekret aus den Analbeuteln und versieht dadurch das Häufchen mit einer »Erkennungsmarke«. Französischen Wissenschaftlern ist es gelungen, mindestens 17 verschiedene Chemikalien in den Analbeutelausscheidungen zu bestimmen, was bedeutet, daß dieses übelriechende Sekret vielfältige Informationen vermittelt.
Den gleichen Zweck erfüllt der Katzenurin, der entweder als Abfallprodukt des Körpers auf der Erde abgesetzt oder nur als Duftmarke an aufrecht stehende Gegenstände gespritzt wird. Beide Geschlechter können solche Duftmarken hinterlassen, und beide behalten diese Verhalten manchmal auch nach der Kastration bei (siehe S. 70). Die Kater insbesondere erzeugen einen säuerlichen, stechenden Geruch, der so stark ist, daß selbst die vergleichsweise unempfindliche Menschennase wahrnimmt, daß ein Kater dieses Territorium beansprucht.
Geruchsstoffe der Schweißdrüsen an den Pfoten hinterlassen ebenfalls überall, wo sich eine Katze aufgehalten hat, eine Duftspur. Weitere Drüsen im Gesicht produzieren Substanzen, die Katzen als Duftmarken verwenden. Sie reiben ihren Kopf an Gegenständen, um sie mit ihrem Eigengeruch zu imprägnieren, der oft beschnüffelt wird, wenn die Katze dorthin zurückkehrt. Diese subtilste Form des Duftmarkierens wird von vielen Hauskatzen angewendet, wenn sie ihre heimkehrende Familie begrüßen.

Reviermarkierung
Diese Siamkatze kratzt an einem Baum inmitten ihres Territoriums, um eine hohe und gut sichtbare Markierung zu hinterlassen – nicht als Drohung, sondern einfach als Zeichen, daß das Territorium besetzt ist.

Tastempfindlichkeit

Ihre Anwesenheit zeigen Katzen durch Duftmarken an, aber ihre Wünsche und Bedürfnisse teilen sie durch fein abgestufte Berührungen mit. Katzen berühren einander mit der Nase, teils um sich gegenseitig zu beschnuppern, teils aber auch, um Körperkontakt aufzunehmen.
Viele Katzenbesitzer kennen die federleichte Berührung, mit der die Pfote ihrer Katze frühmorgens ihr Gesicht betastet – eine sanfte Mahnung, daß ein neuer Tag angebrochen ist und es Zeit für eine Mahlzeit wird. Wer die leichte Berührung ignoriert, muß erfahren, daß daraus ein dringliches Stupsen wird. Wenn das nichts nützt, verwandelt sich der Stupser zuweilen in einen veritablen Stoß. Katzen brauchen keine Worte!
Während verwilderte Katzen oft den physischen Kontakt mit Menschen verabscheuen, genießen Katzen, die von klein auf unter Menschen aufgewachsen sind, die Berührung durch den Menschen. Das Streicheln entspricht der als angenehm empfundenen Fellpflege im Welpenalter und vermittelt Sicherheit und Geborgenheit. Sozialisierte Katzen suchen sich ihre Menschen aus, um von ihnen berührt und gestreichelt zu werden.
Doch selbst bei der sanftesten Katze gibt es Tabus. Berührung des Unterleibs provoziert häufig einen Schein- oder echten Angriff, denn der Unterleib ist der ungeschützteste Körperteil. Auch normales Streicheln löst manchmal eine plötzliche aggressive Reaktion aus. Das liegt daran, daß Katzen zwar Streicheleinheiten genießen, daß es sich aber nicht um ein natürliches, sondern ein erlerntes adultes Verhalten handelt. Es entsteht ein innerer Konflikt: Die Katze beißt instinktiv, doch dann bittet sie oft um Verzeihung, indem sie zurückkommt und um mehr »mütterliche« Zuwendung bettelt.

Felidenkommunikation

Alle wildlebenden Verwandten der Hauskatze verwenden ähnliche Kommunikationsformen. Im Erwachsenenalter sind die Lautäußerungen durchweg Murmel- oder hohe Töne; Vokale sind auf das Welpenalter beschränkt. Die territoriale Körpersprache ist hoch entwickelt, desgleichen die Benutzung von Duftmarken und Berührungen. Weil das Territorium so wichtig ist, hinterlassen die meisten Großkatzen auffällige Kratzspuren: In manchen Gegenden, wo nur wenige Bäume wachsen, werden diese über Generationen hinweg mit dichten und tiefen Kratzmarkierungen versehen. Sie werden vielfach auch bespritzt, um gleichzeitig als Duft- und Sichtmarken zu fungieren.

Althergebrachte Praxis
Die kräftigen Kratzspuren auf diesem umgestürzten Baum verraten, daß der Ozelot und viele seiner Artgenossen den Stamm schon seit langem als Kratzbaum verwendet haben.

Unterwerfungsgebärde
Alle Säugetiere versuchen, sich »kleiner zu machen«, wenn sie ihre Unterwürfigkeit anzeigen wollen. Diese ängstliche Abessinierkatze duckt sich ganz tief, um eine andere Katze zu besänftigen und gleichzeitig für eine jähe Aktivität bereit zu sein, falls sie notwendig werden sollte.

Vorzeigen der Waffen
Durch eine subtile Körpersprache wird im allgemeinen ein Streit vermieden, doch manchmal reicht das nicht aus. Diese Jungkatze hat eine volle Abwehrhaltung eingenommen: Sie stellt ihre Waffen zur Schau, um einen Angriff in letzter Sekunde abzuwenden oder um sich selbst zu schützen.

SOZIALVERHALTEN

Wir setzen das Sozialverhalten der Katzen oft mit unserem eigenen gleich oder mit dem unseres ebenso beliebten vierbeinigen Gefährten, des Hundes, doch das ist ein Irrtum. Katzen leben zu ihren eigenen Bedingungen und aus ihren eigenen Motiven zusammen, die sich erheblich von den unseren unterscheiden. Das kätzische Sozialverhalten wird vom Territorium und Nahrungsangebot bestimmt; Beziehungen zu anderen Katzen sind möglich, aber weniger wichtig als die Besitzansprüche. Fast alle Katzen fühlen sich stark bedroht, wenn eine andere Katze, selbst ein Kätzchen, in ihrem Territorium auftaucht. Aus der Sicht des Menschen erscheint ein solches Verhalten antisozial, doch das trifft im Grunde nicht zu. Katzen sind viel weniger solitär und viel gesellschaftsfähiger, als man früher meinte.

Das Sozialverhalten der Katzen ist ungeheuer vielfältig. Unter gewissen Umständen zeigen sie große Vertraulichkeit: Kätzinnen können gegenseitige Fellpflege betreiben oder sogar den Nachwuchs ihrer Artgenossinnen füttern. In anderen Fällen verteidigen weibliche Tiere ihr Lager und Nahrungsrevier energisch gegen zufällige Eindringlinge. Manche Kätzinnen dulden Kater auf ihrem heimatlichen Terrain, andere verjagen sie. Die Kater sind genauso flexibel. Junge Katzen werden toleriert oder heftig attackiert, manchmal sogar von der leiblichen Mutter.

POPULATIONSDICHTE

Diese große Anpassungsfähigkeit des Sozialverhaltens hängt von vielerlei Umweltfaktoren ab, deren weitaus wichtigste der Umfang und die Verfügbarkeit des Nahrungsangebots sind. Das gesellige Verhalten nimmt zu, wenn reichlich Nahrung zur Verfügung steht, und nimmt ab, wenn die Nahrung knapp wird. Studien an verwilderten Katzen, durch die ermittelt wurde, wie viele Tiere ein Gebiet von 100 Hektar unter verschiedenen Bedingungen besetzen, haben dies eindeutig bestätigt. Wenn den Katzen nur Beutetiere als Nahrungsquelle zur Vergügung stehen, trägt ein solches Gebiet nicht mehr als fünf Katzen. Wenn sowohl Beute als auch Abfall genutzt werden kann, können es bis zu 50 Katzen sein. Doch wenn das Nahrungsangebot unbegrenzt ist, wie etwa in den Parkanlagen Roms, wo herrenlose Katzen von Tierfreunden gefüttert werden, oder im Umkreis japanischer Fischverarbeitungsbetriebe, können auf 100 Hektar mehr als 2000 Katzen leben. Unter solchen Bedingungen kommt es zu einer Überlappung vieler kleiner Katzenkolonien, die jeweils aus bis zu 50 miteinander verwandten Tieren bestehen.

Friedliche Koexistenz
Kätzchen, die vor der siebten Woche regelmäßig mit Hunden zusammenkommen, haben später nur selten Angst vor ihren vermeintlichen Erzfeinden.

Familienessen
Wenn reichlich Nahrung vorhanden ist, wie in diesem griechischen Fischerdorf, leben Katzen in Familiengruppen, die man vielfach am ähnlichen Aussehen erkennen kann. Ein Außenseiter wie das rotgelb gestromte Tier (oben) stößt auf Zurückhaltung oder gar Feindseligkeit.

Die sozialen Interaktionen nehmen naturgemäß mit der Populationsdichte zu. Weit verstreut lebende Jagdkatzen reduzieren ihre sozialen Verhaltensweisen vorwiegend auf Abwehrgesten. Gut genährte Katzen, die Kolonien bilden, geben sich dagegen spontan und auffallend gesellig; sie ruhen zusammen, begrüßen einander und betreiben sogar gegenseitige Fellpflege. Wenn sie schlafen, sind sie die Hälfte der Zeit in Kontakt mit einer oder mehreren Katzen. Allerdings haben Kater nur halb so viele körperliche Kontakte wie Kätzinnen. Die gründliche Untersuchung einer verwilderten Katzenkolonie hat ergeben, daß 64 Prozent der Interaktionen Belecken, 29 Prozent Aneinanderreiben und nur 7 Prozent Aggressionen beinhalteten. Die Kontakte gingen von Kätzchen und Kätzinnen, selten von Katern aus.
Verwilderte Hauskatzen sind so flexibel, daß sie ihr soziales Verhalten regelmäßig veränderten Umständen anpassen können. Auf den Hebriden vor Schottland hat jede Katze im Sommer ihr eigenes Kaninchenjagdrevier, das sie gegen Artgenossen verteidigt. Doch wenn der Winter kommt, verziehen sich diese Katzen in die sichere Umgebung der Bauernhäuser, wo sie von Futtergaben leben, und akzeptieren die Anwesenheit von Artgenossen.

ZUSAMMENLEBEN

Wie verwilderte Katzen passen auch Familienkatzen ihre sozialen Aktivitäten den jeweiligen Umständen an. Eine Hauskatze braucht zwar noch immer ihr eigenes Territorium, doch das ist vielleicht nur ein Lieblingsschlafplatz. Überall sonst benimmt sie sich allen anderen Katzen gegenüber freundlich und gesellig, aber ihr auserwähltes Plätzchen verteidigt sie sehr energisch.
Der Grad der Geselligkeit hängt bei Familienkatzen weitgehend von ihren frühen Erfahrungen ab, wird jedoch noch mehr von ihrem sexuellen Status beeinflußt. Die meisten Hauskatzen werden kastriert, oft schon vor der Geschlechtsreife, und das prägt nachhaltig ihre sozialen Verhaltensweisen. Während verwilderte Kater weniger Körperkontakte herstellen als Kätzinnen, suchen kastrierte Hauskater ebenso häufig solche Kontakte wie

Ruhiges Leben
Verwandte und nichtverwandte Katzen können friedlich zusammen leben. Ein reiches Nahrungsangebot reduziert potentielle Konflikte, doch am stärksten wird das Verhalten durch die Kastration verändert.

kastrierte Kätzinnen, die wiederum kontaktfreudiger sind als unkastrierte weibliche Tiere. Wir lassen zwar unsere Katzen aus Gründen der Geburtenkontrolle kastrieren, aber die Auswirkungen auf das gesellige Verhalten sind ebenso auffällig wie positiv.

In einem Haushalt mit mehreren geschlechtsreifen Katzen sind Streitereien selten, weil die Rangordnung festgelegt ist. Wenn zwei Katzen unverhofft aufeinandertreffen, ist diejenige, die zuerst kommt oder einen höheren Standort besetzt, sozial überlegen, doch diese Rangordnung ist fließend. Sie ist zwar von sozialer Bedeutung für die Katzen, aber variabler als bei anderen Arten und wird häufig vergessen, wenn alle sich beim Fressen zusammenfinden.

In manchen Fällen jedoch behandelt eine Gruppe von Katzen ein Individuum als »Paria«, der heftig angegriffen wird, wenn er in ihre Nähe kommt, und dem alle sozialen Kontakte verweigert werden. Paul Leyhausen hat einmal eine Kolonie beobachtet, in der ein solcher Paria gezwungen war, auf Wasserrohren unter der Decke zu leben und dort sogar seine Geschäftchen zu erledigen.

Die Herstellung sozialer Beziehungen

Beobachtungen in Katzenheimen zeigen, daß eine Katze 2–5 Wochen braucht, um sich auf dem neuen Territorium einzugewöhnen. Wahrscheinlich dauert es ebenso lang oder noch länger, bis sich eine Katze in ihrem heimischen Territorium an einen neuen Artgenossen angepaßt hat. Frühe Lernerfahrungen sind von großer Bedeutung: Kätzchen bis zum Alter von sieben Wochen sind bindungsfähiger als ältere Tiere. Die Herstellung sozialer Beziehungen ist im späteren Leben schwieriger und hängt teilweise von natürlichen Merkmalen ab: Einer Studie zufolge gewöhnen sich Perser in ihrer Wohnung schneller an eine neue Katze als Siamesen.

Selbst eine kurze Unterbrechung der Sozialbindung, etwa wenn eine Katze für wenige Tage ins Krankenhaus muß, kann das soziale Gefüge beeinträchtigen, und die heimkehrende Katze wird von ihren Mitbewohnerinnen heftig attackiert. Meist bleiben jedoch einmal etablierte soziale Beziehungen stabil, und wenn sie zerbrechen, löst das Kummer aus. Eine amerikanische Studie an Wohnungskatzen, die zusammen leben, hat ergeben, daß nach dem Tod eines Tieres die überlebende Katze ein »Trauerverhalten« zeigte: Über die Hälfte der Überlebenden fraßen weniger als vorher, sie wurden lautstärker und forderten von den Menschen im Haus mehr Zuneigung. Mehr als 40 Prozent suchten den Lieblingsplatz des gestorbenen Artgenossen auf und verbrachten dort noch sechs Monate nach dem Tod der anderen Katze sehr viel Zeit. Andererseits hören Tierärzte häufig von Katzenhaltern, daß der überlebende Teil viel »glücklicher« ist, wenn er das Haus nunmehr für sich allein hat. Werden diese Katzen medizinisch untersucht, so scheinen sie robuster und entspannter zu sein als vorher. Der Schriftsteller Rudyard Kipling hat das einfühlsam erfaßt mit der »Katze, die ihre eigenen Wege ging« (siehe S. 34). Das Sozialverhalten der Katzen mag uns zuweilen menschlich anmuten, aber Katzen bleiben im Grunde ihres Wesens häufig ausgesprochene Einzelgänger.

Gruppendynamik
Soziale Beziehungen sind dynamisch und reagieren auf wechselnde Gegebenheiten. Während dieser zweimonatigen Untersuchung der bevorzugten Ruheplätze starb der dominante Kater Kaspar. Das veränderte das Territorium von Tom und Maurice nicht, aber Willow wagte sich nach unten. Si, zuvor eine Paria, die sich mit dem Kühlschrank begnügen mußte, verwandelte sich schnell in eine dominante Katze. Das Kätzchen Am durfte sich zunächst überall aufhalten, doch sein Territorium wurde eingeschränkt, als es die Geschlechtsreife erreichte. Auseinandersetzungen wurden gewöhnlich durch Blickkontakte beigelegt.

Grenzpatrouille
Katzen benutzen oft menschliche Territorialgrenzen, zum Beispiel Zäune, als ihre Demarkationslinie. Soziale Gruppen bleiben innerhalb ihrer Grenzen und nehmen keine Sozialkontakte mit Außenstehenden auf.

Grenzstreitigkeiten

Alle freilebenden Verwandten der Hauskatze besetzen und verteidigen ein bestimmtes Jagd- und Fortpflanzungsrevier. Wenn Katzen aus benachbarten Territorien an der Grenze zusammentreffen, werden Beschädigungskämpfe durch Drohgebärden vermieden. Im ritualisierten Grenzstreit machen die Katzen einen Buckel, blecken die Zähne und sträuben das Fell. Außerdem starren sie einander so lange an, bis eine Katze schließlich den Kopf abwendet und den Blickkontakt abbricht. Sie gibt damit zu erkennen, daß sie sich zurückziehen will, doch auf jede abrupte Bewegung reagiert der Sieger mit einem Tatzenhieb. Bei Auseinandersetzungen zwischen Hauskatzen wird das unterlegene Tier in den Schwanz gebissen, wenn es sich verzieht.

Drohstarren
Diese Jaguare versuchen einander durch Körpersprache und Lautäußerungen einzuschüchtern, genauso wie Hauskatzen fauchen, spucken und drohstarren sie, bevor es zum Kampf kommt.

Jagen und Spielen

Die Jagd ist eine Instinkthandlung und von zentraler Bedeutung für die Katze. Ja, die Katze zählt zu den erfolgreichsten landlebenden Beutejägern der Welt. Alle Katzen jagen. Verwilderte Hauskatzen auf dem Land verfeinern ihre Jagdtechniken in Anpassung an die verfügbare Beute, während verwilderte Stadtkatzen sich mehr von Abfällen als von der Jagd ernähren. Familienkatzen jagen, weil sie das Beschleichen und Schlagen der Beute aufregend finden, nicht weil sie so ihren Magen füllen müssen, und wenn sie in der Wohnung leben, jagen sie Spielzeuge. Die meisten Katzen erbeuten Landsäugetiere, und manche spezialisieren sich auf die Vogeljagd. Das kann in Gegenden, wo Landraubtiere fehlen, die der Katze vergleichbar sind, erhebliche Auswirkungen auf den Kleinvogelbestand haben.

Städtische Katzenhalter neigen dazu, die Rolle der Katze als eines der bestausgerüsteten kleinen Raubtiere zu leugnen. Doch es ist so, daß Katzen jagen, und das hat wenig mit dem Hunger zu tun. Der Biologe Robert Adamec hat festgestellt, daß Hunger und Jagen durch verschiedene Gehirnbereiche reguliert werden. Er zeigte Katzen eine Ratte, während sie gerade ihr Lieblingsfutter verspeisten: Sie hörten zu fressen auf, um die Ratte zu töten, kehrten aber dann wieder zu ihrem Freßnapf zurück. Dieses gespaltene Verhalten zeigt, daß die Jagd wichtiger ist, als viele Katzenbesitzer meinen. Eine in Deutschland durchgeführte Untersuchung des Mageninhalts von Hauskatzen, die bei einem Verkehrsunfall getötet wurden, hat ergeben, daß 40–60 Prozent der Katzen Überreste von Beutetieren im Magen hatten.
Eine ausgehungerte Katze wird eher Abfälle fressen als jagen: Für sie ist es viel einfacher, einen Plastikbeutel aufzureißen und darin ein paar Hühnerknochen zu finden, als mühsam eine Maus zu jagen. Doch selbst eine wohlgenährte, teure und reizende Rassekatze wird sich dennoch immer wieder als Hobbyjägerin betätigen.

Beutesprung
Der Beutesprung ist im Nervensystem der Katzen biologisch vorprogrammiert. Er ist ein Instinktverhalten, das von dem Augenblick an, in dem ein Kätzchen zu spielen beginnt, zum Zuge kommt. Dieses Kätzchen nimmt die klassische Beutesprungposition mit nach vorn gerichteten Ohren und aufgestelltem Schwanz ein.

Bevorzugte Beute

Katzen sind opportunistische Jäger, die nehmen, was sie kriegen. Die meisten machen Jagd auf Landsäugetiere und Reptilien, doch manche werden zu geschickten Vogelfängern, weil sie das von ihren Müttern gelernt haben.
Die Beutetiere der Katze zeigen regionale Unterschiede: In der deutschen Untersuchung der Mageninhalte hatten die ländlichen Katzen 14 verschiedene Tierarten gefressen, während die Stadtkatzen nur Katzenfutter und eine vereinzelte Heuschrecke im Magen hatten. Es gibt jedoch noch größere Abweichungen. Nordamerikanische Katzen erbeuten Mäuse, Erd-, Backen- und Flughörnchen, Taschenratten und Wanderdrosseln. Europäische Katzen jagen Mäuse, Wühlmäuse, Spatzen und Jungvögel, aber Spitzmäuse nur dann, wenn sie sehr hungrig sind. In Südschweden fangen die Kater mehr Kaninchen als die kleineren Kätzinnen. Kätzchen in aller Welt und adulte Katzen in den Tropen fressen Spinnen und Insekten. Auf den subantarktischen Inseln werden Seeschwalben und Pinguine erbeutet. In Australien, wo man Katzen eingeführt hat, um die eingebürgerten europäischen Kaninchen zu bekämpfen, fressen diese Kletterbeutler, Reptilien und bodennistende Vögel.
Manche Katzen nehmen auch ungewöhnliche oder ungenießbare Beute, wenn geeignete Beutetiere fehlen oder wenn es ihnen an Jagderfahrung mangelt. Katzen jagen bisweilen Frösche, doch diese nur aus Spaß an der Jagd, denn solche Beute wird nur ausnahmsweise verzehrt. Giftige Kröten werden manchmal von Katzen getötet, was schmerzhafte oder gar tödliche Folgen hat.

Gespannte Erwartung
Beim Beschleichen der Beute trampelt diese Tonkanesin mit den Hinterbeinen, entweder vor Aufregung oder weil sie ihre Muskeln angriffsbereit halten will.

Jagdmethoden

Die Sinne der Katze lassen vermuten, daß Katzen in der Morgen- und Abenddämmerung und bei Vollmond jagen (siehe S. 60), doch das ist nicht immer die Regel. In einem heißen Sommer gehen sie die ganze Nacht hindurch auf die Jagd, in einem kalten Winter um die Mittagszeit. Diese Abweichungen hängen auch mit der Aktivität der Beutetiere zusammen.
Die bevorzugte Jagdstrategie ist das Sitzen und Abwarten. Die Katze sucht sich ein gutes Jagdrevier aus, etwa einen von Kleinsäugern frequentierten Pfad, und hält, während sie geduldig dasitzt, aufmerksam Ausschau. Sobald die Beute auftaucht, schlägt die Katze zu. Sie wirft sich oft auf die Seite und packt das Opfer mit den Vorderpfoten. Bei der Vogeljagd pirscht sie sich im Schutz der Bodenvegetation an. Dabei drückt sie sich dicht an den Untergrund und erstarrt sofort, wenn sie sich entdeckt fühlt, bis sie schließlich nach vorn sprintet oder springt und sich auf die Beute stürzt.
Gut genährte Katzen sind geduldiger als hungrige. Verwilderte Katzen sind bessere Jäger als Familienkatzen, und am besten sind säugende Kätzinnen. Studien an Bauernkatzen in der Schweiz haben ergeben, daß Katzenmütter im Schnitt nur anderthalb Stunden benötigten, um ein Nagetier zu erbeuten, und daß sie bei jedem dritten oder vierten Versuch etwas fingen, während andere Katzen dreimal so lange brauchten und nur bei jedem zwölften Angriff Erfolg hatten.

Praktizierter Beutesprung
(Links) Alle Katzen, ob jung oder alt, brauchen ein Ventil für ihren Jagdtrieb und ihre Energie. Frei umherstreifende Katzen auf dem Lande können diesen Trieb auf natürliche Weise befriedigen. Stadt- oder Wohnungskatzen brauchen einen Beuteersatz in Form von kleinen Bällen, Federn oder anderen Spielsachen, die sie wie echte Beutetiere »fangen« und »töten«.

Anschleichtaktik
(Rechts) Wenn sich eine Katze an ein Beutetier anschleicht, drückt sie sich tief auf den Boden und benutzt hohes Gras als Deckung. Auf einem gepflegten Rasen oder einem glatten Pflaster ist die Jagd nur selten von Erfolg gekrönt.

Spezialisierte Jagdfertigkeiten
Nur wenige Katzen können Vögel fangen. Diese Katze spielt mit einem Vogel, den sie getötet hat, aber sie frißt ihn vielleicht nicht, weil noch weniger Katzen sich auf das Federrupfen verstehen. Es werden scheinbar viele Vögel getötet, da dies am hellen Tag im Garten geschieht und da nur wenige Vögel gefressen werden; die meisten werden gehortet und sind dann nicht zu übersehen. Man schätzt, daß Katzen alljährlich bis zu 6 Prozent der Gartenvögel umbringen. Das läßt sich am einfachsten dadurch verhindern, daß man der Katze ein Glöckchen umhängt.

Transport und Ablegen von Beutetieren

Was den Jagdtrieb angeht, ähnelt die Hauskatze den meisten anderen Mitgliedern der Katzenfamilie. In freier Wildbahn verwenden Katzen ähnliche Strategien des Anschleichens, des Beutefangs und des Tötens. So wie die Hauskatze oft in ihr Heimatrevier zurückkehrt, um ihren Fang zu verzehren, schleppen auch viele wildlebende Katzen ihre Beute heim oder sogar auf einen Baum, wo sie sie gefahrlos fressen können. Wilde Katzen fressen nur so viel, wie sie benötigen, um ihren Hunger zu stillen, und heben sich den Rest zum späteren Verzehr auf. Wie die Hauskatzen oft Beutevorräte im Garten aufhäufen, so legen auch wilde Katzen, die große Pflanzenfresser reißen, einen Fleischvorrat an, den sie als sichere Nahrungsquelle nach und nach verspeisen. Während jedoch die Hauskatze Fleisch im Überfluß hortet, vertilgen wilde Katzen stets alles, was sie erbeuten, es sei denn, sie stehen plötzlich vor einem überreichen Beutetierangebot.

Reste einer erfolgreichen Jagd
Dieser gesättigte Leopard spart sich die Überreste einer Gazelle für die nächsten Tage auf, bis er wieder auf die Jagd geht.

Ob die Beute sofort gefressen oder nur getötet wird, hängt von der Katze und von den Jagdumständen ab. Hat die Katze Hunger, tötet sie ihr Opfer mit einem raschen Biß – ihre Eckzähne sind so geformt, daß sie zwischen die Halswirbel eines kleinen Nagetiers gleiten und es auf der Stelle töten (siehe S. 68). Viele Katzen tragen lebende Beutetiere in ihr heimisches Revier und bieten sie scheinbar sogar ihren Besitzern an. Katzenmütter bringen die Beute ihren Jungen, damit sie sie töten und dabei das Jagen lernen, und solche Katzen betrachten vielleicht ihre Besitzer als hilflose Kätzchen.
Wird ein lebendes Beutetier ein Stück weit getragen, verliert es die Orientierung, und die Katze kann es dann leichter wieder einfangen und mit ihm spielen. Das Jagdspiel ist ein merkwürdiges Phänomen: Nach der Jagd tanzen viele Katzen buchstäblich vor Vergnügen und vollführen hohe, gebogene Schausprünge. Dazu kommt es am häufigsten nach der Überwältigung eines gefährlichen Beutetiers, beispielsweise einer Ratte. Der Verhaltensforscher Paul Leyhausen nennt dies ein »Erleichterungsspiel«, eine Befreiung von der Anspannung der Jagd. Diese Verhaltensform wird vielfach bei Familienkatzen beobachtet, wo sie vielleicht einen Rückfall in kindliches Verhalten darstellt, aber nur selten bei verwilderten Hauskatzen. Wenn die Beute gequält, geschlagen oder umhergeschleudert wird, so dient das möglicherweise ebenfalls einem bestimmten, noch unbekannten Zweck.

Verhinderung des Jagens

Katzen können in einem isolierten Gebiet die dort heimische Tierwelt erheblich schädigen. Am dramatischsten ist der Fall einer einzigen Hauskatze, die 1894 auf die Stephen-Insel vor Neuseeland mitgenommen wurde und eine gesamte endemische Vogelart, den Stephen-Schlüpfer, ausrottete. Hauskatzen haben auch auf anderen Inseln den Untergang von Vogelbeständen beschleunigt. Auf den Galapagos-Inseln erbeuten verwilderte Hauskatzen zahllose frischgeschlüpfte Schildkrötenbabys, die auf dem Sandstrand dem Meer zustreben.
Naturschützer und Regierungen machen sich schon seit langem Sorgen wegen der von Katzen verursachten Wildtierverluste. Der amerikanische Bundesstaat Illinois erließ in den 1940er Jahren ein Gesetz, das die Katzen in die Häuser verbannte, doch der Gouverneur legte dagegen sein Veto ein. In den 1990er Jahren haben viele Staaten Maßnahmen gegen verwilderte Katzen ergriffen. In der Schweiz müssen die Katzen jeden Abend nach Hause zurückkehren. Die Frage, ob Katzen am Jagen gehindert werden sollen, wird am heftigsten in Australien diskutiert, wo es nur wenige bodenständige Landraubtierarten gibt. 1989 wurde in einer Vorstadt von Melbourne ein nächtliches Ausgehverbot für Hauskatzen verhängt. Seit 1995 ist es im Bundesstaat South Australia gestattet, jede nicht identifizierte Hauskatze zu töten.
Wir können den Katzen zwar das Jagen verbieten, aber den Jagdtrieb nicht abschaffen. Immer mehr Katzen leben ständig im Haus. Wenn solche Katzen durch ein geschlossenes Fenster ein Beutetier erspähen, beginnen sie zu »schnattern« oder zu »meckern« – dieses Verhalten ist noch nicht ganz geklärt, kommt aber sonst niemals vor. Besitzer von Wohnungskatzen sollten mit ihnen viel spielen und ihnen reichlich Spielzeug zur Verfügung stellen, denn sonst kann es ihnen passieren, daß ihre Fersen als Beuteersatz betrachtet werden!

Experimente mit Beute
(Rechts) Wegen ihres Jagdinstinkts reagiert die Katze auf alles, was sich bewegt, sei es belebt oder unbelebt. Diese Katze ist fasziniert von einem Frosch und drauf und dran, ihn zu schlagen. Hätte sie Hunger, würde sie den Frosch schnell verspeisen und nicht so mit ihm herumspielen.

Werbung und Paarung

In puncto Sex sind Katzen lautstark, promisk und enthusiastisch. Für dieses ungestüme Verhalten gibt es gute biologische Gründe, die sich allesamt von der ökologischen Rolle der Katze als solitärer Jägerin herleiten. Gesellige Arten wie etwa der Mensch, der Hund oder Nutztiere finden ideale Paarungsbedingungen vor: Männchen sind ständig verfügbar. Katzen haben sich dagegen als einsame Jäger mit individuellen Territorien entwickelt, und wenn Kätzinnen rollig werden, kann es ihnen passieren, daß sich in ihrer Nähe keine Kater aufhalten. Da eine Kätzin sich keine Gelegenheit zur Paarung entgehen lassen kann, erscheint sie im Vergleich zu anderen Säugetieren auffallend »mannstoll«.

Das Werbeverhalten der Katzen ist im allgemeinen ein ziemlich beiläufiger Vorgang, bei dem ein dominanter Kater seinen Anspruch gegenüber anderen Katern durchsetzt und eine paarungsbereite Kätzin schließlich seine Annäherungsversuche akzeptiert. Die Kätzin bestimmt den Zeitpunkt der Paarung und läßt die Kopulation erst dann zu, wenn sie dazu bereit ist (siehe S. 70). Die Kopulation kann sich an einem oder mehreren Tagen wiederholen, und daran können verschiedene Kater beteiligt sein.

Der Ruf nach einem Partner

Außerhalb der Brunstzeit benehmen sich unkastrierte Kätzinnen kaum anders als kastrierte Kater oder Kätzinnen, doch wenn die Brunst einsetzt, vollziehen sich dramatische Veränderungen. Die ersten Anzeichen der Rolligkeit sind zunehmende Unruhe und ein gesteigertes Bedürfnis, sich an Gegenständen oder an anderen Tieren zu reiben. Wenn die Katze Auslauf hat, uriniert sie häufiger und an neuen Stellen, und sie spritzt manchmal auch, um den Katern in der Umgebung ihren Zustand anzuzeigen (siehe S. 81). In dieser Phase läßt sie jedoch noch keinen Kater an sich heran. Wenig später stößt sie ein unverkennbares klagendes Jaulen aus, ein akustisches Signal an alle Kater, daß sie paarungswillig ist. Das Jaulen trägt weiter als der Geruch und erfaßt so einen möglichst großen Bereich. Unerfahrene Katzenbesitzer halten es fälschlicherweise für einen Schmerzlaut.

In dieser Zyklusphase wälzt sich die Kätzin häufig auf den Rücken, und wenn sie dann an der Schwanzwurzel berührt wird, kauert sie sich mit angehobenem Hinterteil hin und wendet den Schwanz zur Seite, um die Vulva freizugeben. Oft maunzt sie dabei, tretelt mit den Vorderpfoten und streckt sich. Selbst normalerweise zurückhaltende Katzen gebärden sich in der Brunst lasziv verliebt. Alle diese »Werbemaßnahmen« sind deshalb nötig, weil die Ovulation bei der Katze induziert wird: Ihre Eierstöcke geben Eizellen erst nach der Begattung frei (siehe S. 71). Das ist angesichts des Unabhängigkeitssinns der Katzen vernünftig, denn so ist sichergestellt, daß keine Eier verschwendet werden, falls kein Kater in der Nähe ist.

Die Erwiderung des Rufs

Der Kater ist ein Opportunist. Ist er nicht kastriert, patrouilliert er regelmäßig sein Territorium ab, um zu spritzen und auf alle Duftmarken und Rufe zu reagieren, die ihm mitteilen, daß ein Weibchen in der Gegend paarungsbereit ist. Wenn er eine rollige Katze riecht, nimmt sein Spritzharnen drastisch zu. Oft ist er allerdings nicht der einzige Kater, der sich angesprochen fühlt. Dominante Kater kämpfen um das Begattungsrecht. Versammeln sich mehrere Kater, schwingt sich einer zum »Zentralmännchen« auf, meist durch Einschüchterung oder überlegene Stärke. Danach ist der Streit zwischen den Katern gewöhnlich beigelegt: Die Unterlegenen warten, bis sie an die Reihe kommen. Die Freigabe der Eizellen nach einer einzigen Kopulation würde den dominantesten Kater belohnen, der aber vielleicht nicht der beste Vater wäre. Die Kätzinnen geben Eier erst nach wiederholten Paarungen frei, so daß jedes männliche Tier, das ein Weibchen begattet, die Chance bekommt, Nachkommen zu zeugen.

Erste Avancen
Die Kätzin (links) bestimmt den Ablauf der sexuellen Aktivitäten. Der Kater wartet geduldig ab. Geht er zu forsch vor, riskiert er eine Abfuhr und eine heftige Attacke.

Übereifrige Kater
Bei unkontrollierten Paarungen wetteifern viele Kater um das Begattungsrecht. Sie kämpfen oft miteinander, und manchmal, wie hier zu sehen, weigert sich einer, geduldig abzuwarten. So etwas kommt jedoch selten vor.

Zurückweisung
Unerfahrene Kater sind oft allzu stürmisch. Dieser Kater hat der Kätzin Avancen gemacht, wird aber abgewiesen. Sie wird sich mit dem Kater ihrer Wahl paaren, sobald sie dazu bereit ist.

Der Begattungsakt

Das Vorspiel ist gewöhnlich nur eine Pflichtübung. Die Kätzin gestattet dem Kater, sie zu beschnüffeln, was er wiederholt tut, um ihren Geruch in sein Vomeronasalorgan (siehe S. 60) einzusaugen; was darüber hinausgeht, wird energisch zurückgewiesen. Der englische Verhaltensforscher Roger Tabor hat beobachtet, daß rangniedrige Kater Kätzinnen zu Beginn der Rolligkeit eifrig umwerben und daß diese dann vielfach den rangniedrigen und nicht den dominanten Kater als ersten Geschlechtspartner akzeptieren.

Der Geschlechtsakt selbst ist kurz und intensiv. Die paarungswillige Kätzin nimmt die Begattungsstellung mit angehobenem Hinterteil ein und fordert damit den Kater zur Paarung auf. Wenn er sie besteigt, packt er mit den Kiefern ihr Nackenfell. Das löst bei ihr eine Art »Tragstarre« aus, wie wir sie bei Katzenkindern kennen (siehe S. 88), und macht sie gefügig.

Die Ejakulation erfolgt unverzüglich. Wenn der Kater den Penis zurückzieht, schürft dieser die Vagina (siehe S. 70). Die Kätzin schreit auf, wendet sich oft fauchend und spuckend gegen den Partner und versucht, ihn sogar zu beißen. Erfahrene Kater, die mit dieser Verhaltensweise vertraut sind, entspannen sich und putzen sich in der Nähe, bis die Kätzin wieder paarungsbereit ist.

Der schwedische Zoologe Olaf Liberg hat beobachtet, daß Katzen sich zehn- bis zwanzigmal an einem Tag paaren und daß die Begattungsphase vier bis sechs Tage andauern kann. Wenn der erste Partner erschöpft ist, wird er von anderen Katern, die förmlich Schlange stehen, ersetzt. Diese Mehrfachkopulationen stimulieren die Kaskade von Hormonen, die die Freigabe der Eier auslösen. Für viele Katzen ist die Paarung die einzige Gelegenheit, mit Artgenossen körperlichen Kontakt herzustellen: Nach der Begattung übernehmen die Kater nur selten irgendwelche elterlichen Pflichten.

Überlebensvorteile

Die Paarung belohnt diejenigen Kater, die andere Kater unterdrücken, die Kätzin eifrig umwerben oder geduldig auf ihre Chance warten. Jeder verfügt über besondere Qualitäten: Stärke, Intelligenz oder Ausdauer. Die mehrfachen Kopulationen tragen außerdem zur genetischen Vielfalt bei. Bei den Löwen tötet ein neuer Rudelführer, dem das Kopulationsrecht zusteht, häufig die Welpen des letzten dominanten Männchens. Wie oft solche Kindestötung bei unseren Hauskatzen vorkommt, ist unbekannt. Aber der Zoologe David Macdonald hat einmal erlebt, wie ein Kater in das gemeinsame Wurflager von drei Kätzinnen eindrang und in deren Abwesenheit sechs Kätzchen umbrachte. Ein Kater, der glaubt, daß seine Nachkommen unter den Würfen wären, hätte sich schwerlich zu einem solchen Verhalten hinreißen lassen. Die Tötung von Kätzchen durch die eigene Mutter kommt extrem selten vor und erklärt sich meist durch Unerfahrenheit oder Streß infolge einer realen oder eingebildeten Bedrohung.

Stimulierung des Eisprungs
Wenn sich der Kater zurückzieht, ritzen seine Penisstacheln die Scheide der Kätzin, die daraufhin einen Schrei ausstößt. Dieser Paarungsschrei klingt leidend, aber der Schmerz verringert nicht ihr Verlangen, die Kopulation zu wiederholen, oft schon in den nächsten 20 Minuten.

Putzen nach dem Geschlechtsakt
Nach jeder Begattung putzen sich beide Partner. Das Putzen wirkt beruhigend. Es beginnt mit der Reinigung der Genitalien und wird dann auf den ganzen Körper ausgedehnt, bevor die nächste Kopulation erfolgt. Die Serien der Paarungen dauern oft den ganzen Tag lang an.

Mit Ausdauer zum Erfolg
Die Kätzin akzeptiert den Kater und nimmt die Begattungsstellung ein. Um sicheren Halt zu finden, sie zu unterwerfen und sie am Beißen zu hindern, packt er mit den Zähnen ihr Nackenfell. Er läßt nicht los, bis er die Begattung vollzogen und den Penis zurückgezogen hat.

Überleben in freier Wildbahn

Die Paarung von wildlebenden Katzen ist der unserer Hauskatze sehr ähnlich. Ein wesentlicher Unterschied besteht jedoch darin, daß es im Freileben selten einen Überschuß an leicht verfügbaren männlichen Geschlechtspartnern gibt. Das Weibchen schart Männchen aus einem möglichst großen Umkreis um sich, indem es immer mehr Duftmarken setzt und stimmlich seine Paarungsbereitschaft bekanntgibt. Das ist eine sinnvolle Lösung des Problems, das das solitäre Jägerleben in einem weiten Jagdrevier mit sich bringt. Bei allen Feliden wird die Ovulation induziert. Um das beste Erbgut für den Nachwuchs zu finden, muß das Weibchen die Eier so lange wie möglich zurückhalten und sich dann mit dem Kater paaren, der ihm am besten geeignet erscheint. Der Eintritt der Brunst bei Wildkatzen unterliegt regionalen Schwankungen: Die Zunahme der Tageslichtmenge ist ein wichtiger Auslöser und hat Nachwuchs im Sommer zur Folge. Haben die Brunstzyklen einmal eingesetzt, folgen sie so lange aufeinander, bis durch eine Reihe von erfolgreichen Kopulationen eine Trächtigkeit zustande kommt.

Ruf der Wildnis
In ihrem weiten Streifgebiet hat sich dieser weibliche Rotluchs einen hohen Felsbrocken ausgesucht. So ist ihr Ruf, der alle potentiellen Geschlechtspartner über ihre Brunst informiert, am besten zu hören.

Katzenmütter und Kätzchen

Eine trächtige Katze wirkt reserviert und heiter-gelassen. Wenn die zweimonatige Tragzeit zu Ende geht, sucht sie sich einen sicheren Platz für die Geburt aus, und wenn der Wurftermin näher rückt, wird sie unruhig. Katzenmütter tragen ihre Jungen in den ersten Tagen viel herum und kümmern sich, wenn sie in einer Gemeinschaft leben, auch um fremden Nachwuchs. Kätzchen sind ungewöhnlich frühreif. Mit drei Wochen sind ihre Sinne entwickelt, und mit sieben Wochen ist ihr Verhaltensrepertoire voll ausgebildet. Ein Kätzchen entwickelt soziale Beziehungen zu anderen Katzen, zu uns Menschen, zu Hunden oder zu fast allen Gefährten, wenn es in den Wochen zwischen den obengenannten Altersstufen häufig mit ihnen zusammenkommt.

Anfangs merkt man der Katze ihre Trächtigkeit kaum an. Nach ungefähr 3 Wochen werden die Zitzen fester und rosiger. Der Bauch rundet sich, und das Progesteron (siehe S. 71) bewirkt eine gelassene Gemütsverfassung.

Die Trächtigkeit dauert 57–70 Tage. Wenige Tage vor der Geburt wird die Katze unruhig und sucht ein Nest. Sie krempelt das »Bettzeug« um und schreitet auf und ab, bis die Wehen einsetzen. Die Wurfgröße schwankt, aber 3–6 Junge sind die Regel, und die Wehen können eine Stunde oder einen ganzen Tag dauern. Die Kätzchen werden in flüssigkeitsgefüllten Fruchtblasen ausgetrieben. Die Mutter leckt die Blasen auf, um die Neugeborenen zum ersten Atemholen anzuregen, und knabbert die Nabelschnur durch. Weitere Wehen stoßen die Nachgeburt (Mutterkuchen) aus, der von der Mutter gefressen wird. Sie vertilgt alle Abfallprodukte der Geburt, um zu verhindern, daß Raubtiere den Nachwuchs aufspüren. Bei der Geburt stimuliert die Ausschüttung des Hormons Prolaktin die Milchproduktion und den Milchfluß.

Instinktgesteuerte Fürsorge
Diese Tonkanesin rollt sich instinktiv zusammen, um ihren Jungen Bequemlichkeit und Geborgenheit und zugleich Nahrung zu bieten. Ihre mütterliche Fürsorge hängt von ihrer Reife, ihrer eigenen Jugendentwicklung und ihren angeborenen Eigenschaften ab.

Mütterliche Fürsorge

Die mütterlichen Eigenschaften hängen zum Teil vom Erbgut ab, aber auch von der emotionalen Reife und den frühen Erfahrungen, die eine Katze mit ihrer Mutter gemacht hat. Die Katzenväter spielen in der Regel keine Rolle bei der Jungenaufzucht, auch wenn manche Züchter von »bemutternden« Katern berichten. Andererseits hat die italienische Wissenschaftlerin Dr. Eugenia Natoli beobachtet, daß alle Kätzinnen innerhalb einer Gruppe als Hebammen fungieren, die die Neugeborenen belecken und Nabelschnüre durchtrennen.

Keine Katze gebärdet sich aggressiver als eine Katzenmutter. Sie macht keine großen Umstände, wenn es darum geht, ihre Kinder sehr energisch zu verteidigen. Ihr übriges Verhalten zeugt von der gleichen Beherztheit. In den allerersten Lebenswochen ist ein Kätzchen ganz und gar auf seine Mutter angewiesen, die sämtliche Körperfunktionen stimuliert. Durch Belecken führt sie die Entleerung von Blase und Darm herbei. Und so wie sie nach der Geburt ihr Nest gesäubert hat, vertilgt sie auch alle Abfallprodukte der Jungen, um Raubfeinde von ihrem Wurf abzuhalten.

Obwohl sie das Wurflager peinlich sauber hält, trägt sie die Kätzchen oft schon gleich nach der Geburt fort und ein weiteres Mal nach ungefähr vier Tagen. Sie ist instinktiv darauf bedacht, den Wurf zusammenzuhalten und in Sicherheit zu bringen, und deshalb packt sie jedes Kätzchen mit dem typischen Nackengriff und trägt es in ein neues, geschützteres Nest. Wildkatzen, die ihre Jungen über große Entfernungen transportieren müssen, legen sie unterwegs ab, damit keines zu lange allein gelassen wird.

Viele Verhaltensforscher gehen davon aus, daß der häufige Jungentransport dem Schutz vor Raubtieren dient, aber einige Untersuchungen zeigen, daß junge Katzenmütter ihre Kinder sehr schnell wieder in das gerade evakuierte Nest eintragen.

Selbst ist die Katze!
Als Einzelgängerin kann sich eine Katze in puncto Körperpflege nicht auf andere verlassen. Dieses Kätzchen begann sich schon mit drei Wochen selbst zu putzen.

Jungentransport
Kätzchen werden stets mit dem Nackengriff umhergetragen. Ein so transportiertes Katzenkind verfällt in eine Tragstarre: Es hört instinktiv auf zu zappeln und zieht die Beine dicht an den Körper an, um unterwegs vor Verletzungen geschützt zu sein. Die Tragstarrereaktion bleibt auch im Erwachsenenalter erhalten.

Tüchtige Mütter
Unter natürlichen Bedingungen überleben nur die widerstandsfähigsten Nachkommen der besten Mütter, und diese Kätzchen werden später selbst wieder ausgezeichnete Mütter.

Einübung des Jagdverhaltens
Der Jagdtrieb ist schon im jüngsten Kätzchen angelegt. Statt das Futter einfach zu fressen, stupst dieses Kätzchen es mit den Pfoten wie ein Beutetier, um festzustellen, ob es sich ihm gefahrlos nähern kann. In der frühen Lernphase springen Kätzchen ihr Futter manchmal an, um es zu »überwältigen« oder zu »töten«, bevor sie es beschnuppern oder fressen. Adulte Katzen spielen nur selten auf diese Weise mit ihrem Futter.

Instinktive Reinlichkeit
Die Katze ist von Natur ein hygienisches Tier. Der Instinkt eines Kätzchens, sich an einer bestimmten Stelle zu erleichtern, ist stark und mit 3 Wochen voll entwickelt, wenn es seine Umgebung zu erkunden beginnt. Diese kleinen Katzen untersuchen die Toilette, die für sie bereitgestellt wurde, und weil sich die Füllung natürlicher anfühlt als die harte Oberfläche des Zimmerbodens, sind sie bereit, sie auch zu benutzen. Trockenfutter und Toiletteneinstreu werden allerdings manchmal verwechselt.

Frühes Lernen

Bei der Geburt ist ein Kätzchen völlig hilflos und sogar unfähig, seine eigene Körpertemperatur zu regulieren. Doch spätestens nach 4 Tagen kann es seine Mutter aus einer Distanz von 50 cm aufspüren und zu ihr hinkrabbeln. 10 Tage später ist seine Koordination so gut entwickelt, daß es seine Vorderbeine benutzen kann. Mit 3 Wochen kann es auf noch wackligen Beinen stehen, riechen, hören, sehen und reagieren. Mit 7 Wochen läuft und springt es umher und kann auch schon einigermaßen das Gleichgewicht halten.
Die ersten Aktivitäten sind Instinkthandlungen, doch das Lernen fängt schon bald nach der Geburt an. Mit 1 Woche kennt ein Kätzchen den Geruch seines Nests und kehrt dorthin zurück, wenn es vom Wurf getrennt wird. Nach 18 Tagen zeigt es bereits eine gewisse Selbständigkeit; es verläßt die Mutter, um die Umgebung zu erkunden. Es kann jetzt seine Ausscheidungen kontrollieren und benutzt eine »Kindertoilette«, falls vorhanden. Es ist zwar, was seine Körperpflege angeht, noch immer weitgehend auf seine Mutter angewiesen, aber mit 5 Wochen kann es sich schon richtig putzen. Die Beziehungen zur Mutter und zu den Wurfgeschwistern bleiben eng, doch allmählich beginnt der Ablösungsprozeß. Zahllose Untersuchungen haben nachgewiesen, daß Kätzchen von ihren Müttern lernen, wie ein Hinderniskurs zu bewältigen oder ein Türgriff zu bedienen ist: Ohne Vorbild können sie solche Aufgaben nicht oder nur per Zufall lösen.

Säugen und Entwöhnung

Ein Kätzchen findet eine Zitze mit Hilfe der Wärmerezeptoren in seiner Nase, und es wird in der ganzen Säugezeit immer wieder zu dieser Zitze zurückkehren. Der Milchfluß wird stimuliert durch den Milchtritt, also die Massage der Milchdrüse mit den Vorderpfoten – eine Verhaltensform, die manche Katzen bis ins Erwachsenenalter beibehalten. Katzenmilch ist sehr fett- und eiweißreich. Die Kätzchen müssen um die ergiebigsten Milchquellen kämpfen; ein Neugeborenes weiß schon nach 2 Tagen, welche Zitze am besten ist. Kätzchen, die sich an die produktivsten Zitzen halten, wachsen am schnellsten, sofern sie nicht durch dominantere Wurfgeschwister verdrängt werden. Für die Ernährung ist eine Säugezeit von 5–6 Wochen notwendig, doch sie wird aus emotionalen Gründen verlängert. In einer Katzengemeinschaft werden die Jungen manchmal auch von Halbschwestern oder Tanten gesäugt. In den ersten Wochen werden die Kätzchen von der Mutter zum Säugen gedrängt, aber dann beginnen sie, sie zu schikanieren, um ihre Mahlzeit zu bekommen. Mit 3 Wochen fangen die Jungen an, feste Nahrung aufzunehmen, und mit 5 Wochen verfügen sie über vollzählige nadelspitze Zähne (siehe S. 68) und können sich von fester Kost ernähren. Die spitzen Zähne spielen auch eine Rolle bei der Entwöhnung: Das beständige Säugen wird für die Mutter zu einer Plage. Sie faucht und spuckt und vertreibt die Kleinen womöglich durch Schläge, wenn sie zu saugen versuchen.
Freilebende Katzenmütter bringen Beute ins Nest und »zerlegen« sie für ihre Jungen. Wenn die Kätzchen heranwachsen, müssen sie diese Arbeit nach und nach selbst erledigen. Schon bald werden lebende Beutetiere eingetragen, mit denen eine nachhaltige Lernerfahrung einhergeht. Wenn die Kätzchen das Saugen einstellen und zu Fleischnahrung übergehen, trocknet die Milch der Mutter ein, und ihr hormonell gesteuerter Muttertrieb schwächt sich ab.

Volle Selbständigkeit

Unter natürlichen Bedingungen lösen sich große Würfe auf, wenn die Kätzchen ein halbes Jahr alt sind, während kleinere Würfe länger zusammenbleiben; ihr Saugen scheint weniger belastend zu sein, und sie dürfen deshalb auch länger saugen. Gleichzeitig werden die Spiele der Wurfgeschwister immer rauher, zwischen männlichen und weiblichen Jungtieren sogar bösartig. Nach 6 Monaten sind die Mutter und ihre Töchter offensichtlich dermaßen gestreßt durch die derben Spiele der Katerchen, daß diese ständig aus dem Nest vertrieben werden. Die Weibchen bilden eine blutsverwandte Gemeinschaft, die die Basis der Sozialgruppe darstellt (siehe S. 82). Die verstoßenen Kater schließen sich einer »Bruderschaft« an, deren Mitglieder einige Zeit miteinander verbringen, aber jeweils ein eigenes Territorium besetzen und auf die Chance warten, eine neue Generation zu begründen.

Verzögerte Entwicklung

Die Welpen von Großkatzen sind bei der Geburt verhältnismäßig klein: Adulte männliche Sibirische Tiger können 350 kg wiegen, aber ihre neugeborenen Nachkommen sind nur 1 kg schwer. Sie haben eine lange Entwicklungsphase. Tigerwelpen, die bei der Geburt ebenso hilflos sind wie Hauskätzchen, bleiben im Lager, bis sie etwa 8 Wochen alt sind; dann kommen sie hervor und ziehen mit der Mutter umher. Im Unterschied zu jungen Hauskatzen, die früh selbständig werden, sind Tigerjunge volle 18 Monate auf ihre Mütter angewiesen. Selbst wenn ein junger Tiger reif genug ist, um selbst auf die Jagd zu gehen, jagt er noch ein weiteres Jahr lang im Revier seiner Mutter, bevor er weiterzieht und ein eigenes Territorium von 20–100 km² besetzt. Wie die Hauskater übernehmen auch die männlichen Tiger keine Vaterpflichten.

Verweilen im Lager
Dieser Jungtiger ist zwar schon sehr stark und groß, aber er bleibt noch mindestens ein Jahr abhängig von seiner Mutter, die für seine Sicherheit und Ernährung sorgt.

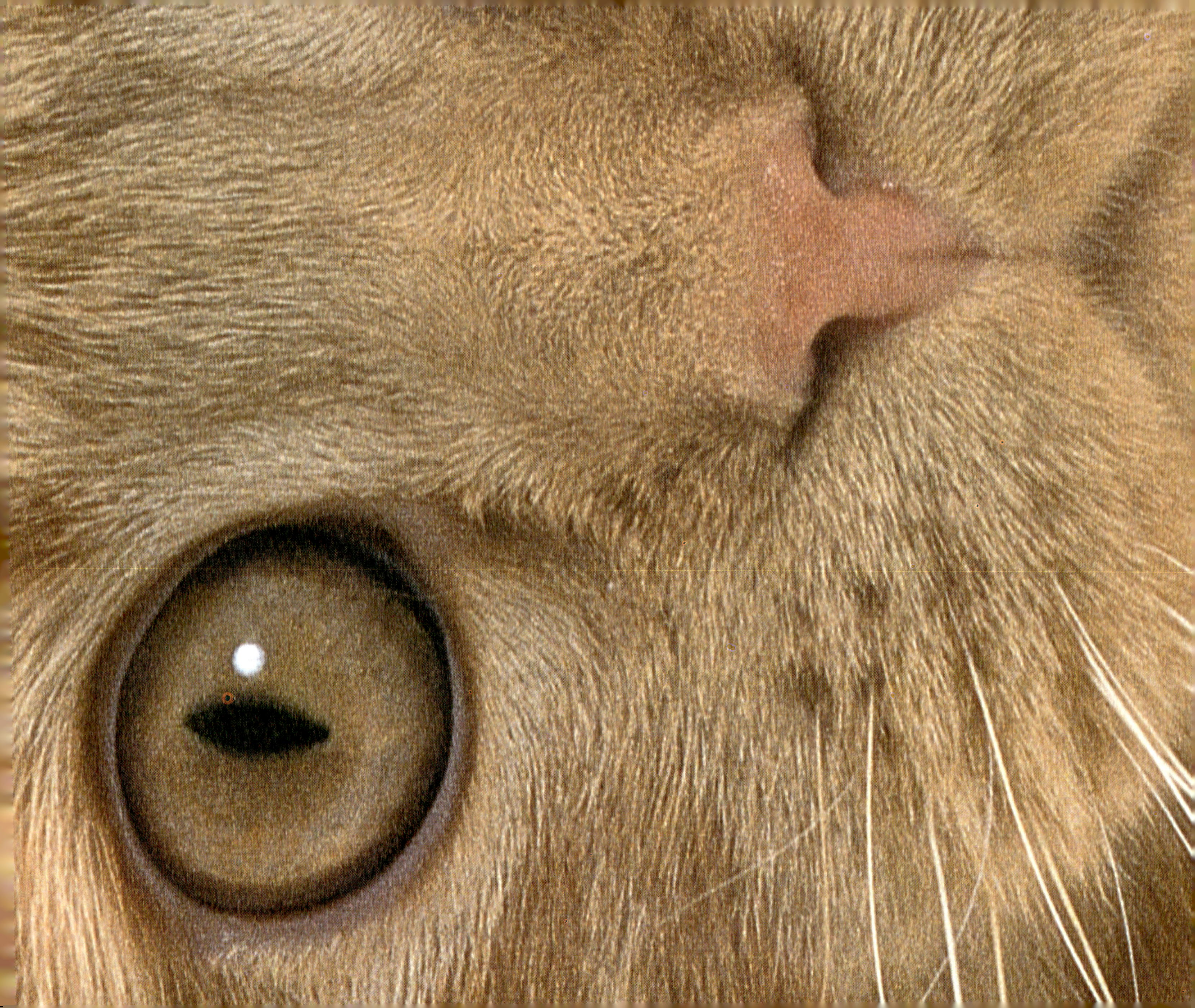

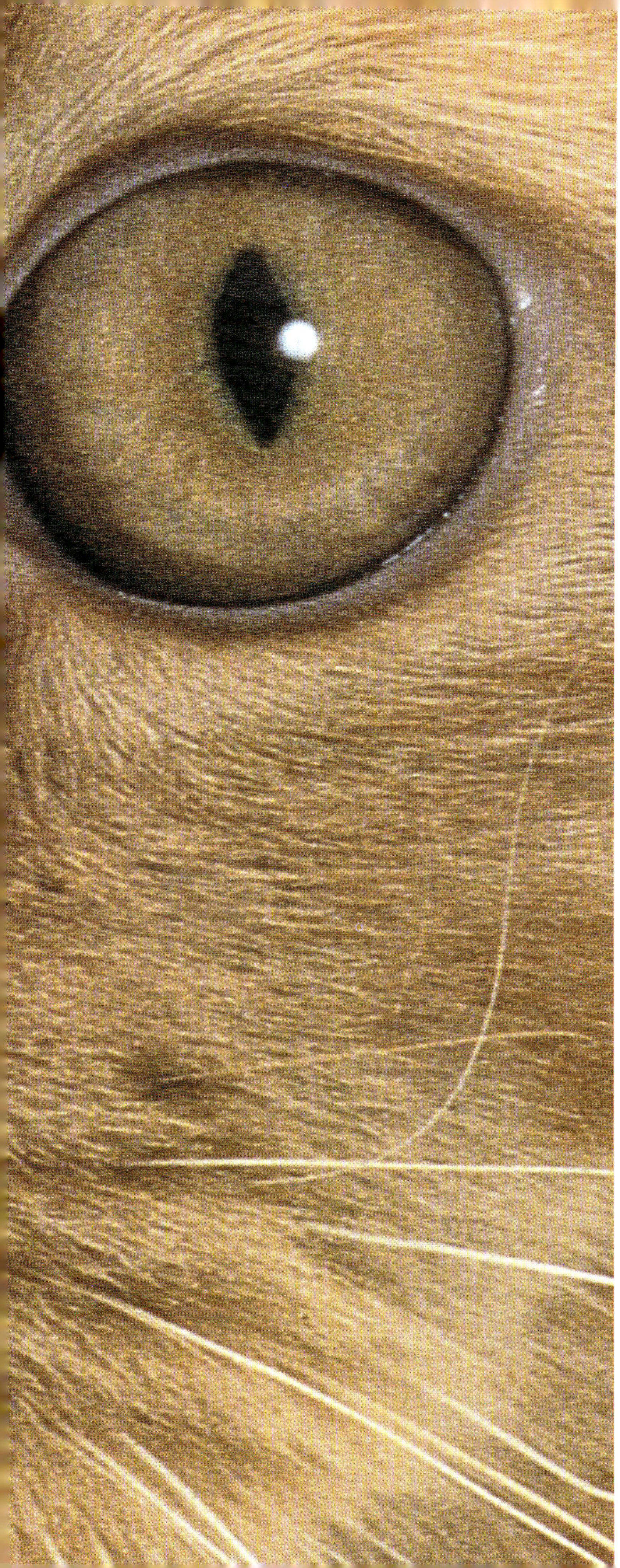

Fünftes Kapitel

DIE RASSEN DER HAUSKATZE

Vor nicht allzu langer Zeit gab es nur wenige Katzenrassen. Die Katzentypen, die existierten, waren unter dem Druck der Umwelt entstanden: dichteres Fell in kalten und dünneres Haarkleid in warmen Klimazonen; größere Formen, wo Katzen Jagd auf größere Beute wie beispielsweise Hasen machten, kleine Formen, wo die Beute aus kleinen Nagetieren und Vögeln bestand. In den letzten 100 Jahren haben Katzenliebhaber viele neue Rassen erzüchtet. Manche wurden durch die selektive Zucht von Katzen geschaffen, die sich in Anpassung an eine spezifische Umwelt entwickelt hatten, andere durch die gezielte Zucht auf Fellfarbe und -dichte. Neuerdings hat man auch Mutationen wie Kräuselfell oder Kurzbeinigkeit weitergezüchtet, um neue Rassen mit ungewöhnlichen Merkmalen hervorzubringen.

(OBEN) CHOCOLATE-TORTIE-TONKANESIN

(LINKS) KATZENAUGEN KÖNNEN RUND, SCHRÄGGESTELLT ODER MANDELFÖRMIG SEIN

Die Geschichte der Selektionszucht

Katzen werden seit Jahrtausenden von Menschen gehalten, doch erst seit gut 100 Jahren hat man eine gezielte Auswahlzucht betrieben. Die ersten Katzenausstellungen am Ende des 19. Jahrhunderts regten die Gründung von Zuchtverbänden in Europa und Nordamerika an. Die ersten Rassen waren jene, die sich auf natürliche Weise entwickelt hatten, aber schon bald nutzten die Züchter die neuen Erkenntnisse der Vererbungslehre, um eine Vielzahl von Fellfarben und -mustern bei kurz- und langhaarigen Katzen hervorzubringen. Dieser neuerliche Eingriff in die Katzenevolution hat einige bemerkenswerte Resultate gezeitigt.

Die vielleicht erste Katzenausstellung fand in der Zeit Shakespeares statt, und zwar 1598 während der St. Giles' Fair im englischen Winchester. Shakespeare nannte die Katze ein »harmloses, notwendiges Geschöpf«, und bei dieser Ausstellung ging es vermutlich ebenso um das Mäusefanggeschick der Katzen wie um deren Wesen und Aussehen. Auf der anderen Seite des Globus, in Thailand, verzeichneten die »Katzenbuchgedichte«, die vielleicht in derselben Zeit entstanden sind, Katzentypen mit unterschiedlichen Fellfarben. Untersuchungen der alten Thai-Originalhandschrift lassen vermuten, daß sie nicht als das älteste »Rassenverzeichnis« der Welt anzusehen ist: Sie beschreibt zwar verschiedene Typen, aber nichts deutet darauf hin, daß die Thai diese Typen aktiv gezüchtet hätten.

Glückbringende Katzen
Alle Katzen, die in den »Katzenbuchgedichten« beschrieben werden, bringen ihren Besitzern Glück auf die eine oder andere Art. Sie wurden offenbar als bloße Spielarten und nicht als spezielle Rassen aufgefaßt.

Die Anfänge des Rassezuchtwesens

Die erste offizielle Katzenausstellung wurde 1871 im Crystal Palace im Londoner Hyde-Park veranstaltet. Organisiert wurde sie von Harrison Weir, der die Standards für alle gezeigten Rassen verfaßte und als einer der drei Preisrichter fungierte: Ein Perserkätzchen trug den Sieg davon. Die meisten Aussteller gehörten dem englischen Landadel an; deshalb gab es nicht nur »Rassenklassen«, sondern auch eine spezielle Klasse für »Katzen der Arbeiterschicht«.

Die erste Katzenschau, die in Nordamerika allgemeines Aufsehen erregte, wurde von James T. Hyde 1895 in New York im Madison Square Garden organisiert; der Champion war eine Maine Coon. Diese Ausstellung und weitere in Kontinentaleuropa waren ein großer Erfolg und der wesentliche Anreiz für die moderne Auswahlzucht, die eine Welle der Begeisterung für »reingezüchtete« Katzen auslöste. Es entstanden Vereine, die die Regeln für die Ausstellungen festlegten: 1887 wurde in Großbritannien der National Cat Club gegründet, dem Harrison Weir vorstand, und 1896 wurde der American Cat Club der erste Zuchtbuchführer in Nordamerika. Elf Jahre nach Weirs National Cat Club trat ein Konkurrent, der Cat Club, auf den Plan. Die Katzenpolitik machte sich in der Katzenzucht breit – bis heute. Die Rolle der Zuchtverbände, die über die Rassen wachen, ist widersprüchlich. Es ist beispielsweise schwer zu sagen, was genau eine Rasse ist. Nicht alle Rassen werden von allen Verbänden anerkannt: Eine Katze kann von einem Verband als eine bestimmte Rasse akzeptiert werden, doch als eine andere Rasse von einem anderen Verband, und mehrere Rassen lassen sich nicht einmal exakt nach den Vorgaben ihres Standards züchten. Alle Züchter legen Wert auf die Gesundheit und das Wohlergehen ihrer Katzen, aber die Feinheiten der Rassenormen sind nach wie vor Gegenstand heftiger Debatten.

Gründervater
Harrison Weir wird oft als »Vater der modernen Katzenliebhaberei« apostrophiert. Er gab der Katze einen neuen Status.

Moderne Zuchtverbände

Die Katzenzucht ist insofern eine wissenschaftlichere Angelegenheit als die Hundezucht, als sie weitgehend auf genetischen Grundlagen beruht. Experimentierfreudige Züchter streben möglichst viele neue Entwicklungen und Merkmale an. Puristen wollen die Rassen so säuberlich getrennt und oft so beschränkt wie möglich halten. In jedem Verband gibt es vielerlei Meinungsunterschiede zwischen diesen beiden Extremen.

Der größte Dachverband der Welt ist »The Cat Fanciers' Association« (CFA), die 1906 gegründet wurde und Clubs in den USA, Kanada, Südamerika, Europa und Japan unterhält. Die Zuchtbuchführung der CFA ist puristisch ausgerichtet; sie läßt zum Beispiel nur 4 Burmesenfarben und 4 Siamesenfarben zu. Am liberalsten und aufgeschlossensten ist »The International Cat Association« (TICA), gegründet 1979 in Nordamerika. Ihr Zuchtbuch nimmt neue Katzen schneller auf als alle anderen Verbände, wenn auch nur vorsorglich, und dadurch ermutigt

Alt oder modern
Die Birmakatze zeigt ein Fellmuster, das sich in einem isolierten Gebiet auf natürliche Weise entwickelt haben könnte, aber mit der Zeichnung anderer Rassen übereinstimmt, so daß manche behaupten, es sei Menschenwerk.

Inselrasse
Stummel- oder Knickschwänze kommen in ganz Südostasien vor, doch nur im notgedrungen begrenzten Genpool einer Insel konnte sich das Merkmal durchsetzen, das uns die Japanische Stummelschwanzkatze bescherte.

Wesenseigenschaften als Zuchtziel
Neuerdings besteht die Tendenz, auf Wesenseigenschaften zu züchten. Die für ihre Sanftheit berühmte Ragdoll ist dafür ein Beispiel, aber sie steht nicht allein.

sie Experimente. Der britische Dachverband, »The Gouverning Council of the Cat Fancy« (GCCF), entstand 1910. Seine Einstellung ist konservativ, aber weniger strikt als die der CFA, und sein Einfluß ist international: Die Zuchtbuchführer in Ländern wie Südafrika, Neuseeland und Australien richten sich bei ihren Entscheidungen nach den GCCF-Regeln.

Die meisten europäischen Länder haben mehrere Zuchtverbände, doch mindestens einer aus jedem Land ist der 1943 gegründeten »Fédération Internationale Féline« (FIFé) angeschlossen. Die FIFé gilt als die größte Dachorganisation der Welt und ist auch außerhalb Europas vertreten. Ihre Haltung ähnelt der des GCCF: Keine der beiden Organisationen wird »Rassen« wie die Munchkin (siehe S. 123) oder Scottish Fold (siehe S. 124) anerkennen, bei denen die Bedürfnisse der Tiere nicht ausreichend berücksichtigt sind, oder Züchtungen mit bekannten Erbdefekten unterstützen, etwa weiße Katzen mit blauen Augen, bei denen sehr häufig Taubheit auftritt.

Alte und neue Rassen

Die Katzenrassen lassen sich in zwei Gruppen einteilen, die nacheinander entstanden sind. Die erste umfaßt die Rassen, die sich auf natürlichem Wege in frei züchtenden und möglicherweise isolierten Populationen entwickelten. Viele davon sind durch eine bestimmte Fellfärbung oder -zeichnung gekennzeichnet, und das sind genetisch fast immer rezessive Merkmale, die sich rein weitervererben (siehe S. 75). So ist zum Beispiel das Ticking der Abessinier ein rezessives Merkmal, das durch die Auswahlzucht verstärkt wird. Einige andere Rassen sind aus auffälligen Mutationen hervorgegangen, etwa die Japanische Stummelschwanzkatze (siehe S. 144) und die schwanzlose Manx (siehe S. 156). Andere entwickelten sich natürlicherweise zu Typen, die dann formell als Rassen anerkannt wurden; dazu zählen die Britisch, Amerikanisch und Europäisch Kurzhaar (siehe S. 152, 160 und 166), die Norwegische und Sibirische Waldkatze (siehe S. 118 und 120) und die Maine Coon (siehe S. 114). Ein weiteres wichtiges Kennzeichen, das diese frühen Rassen charakterisiert, ist die Haarlänge. Die Langhaarkatzen, die unterschiedlich als Perser, Angora, Französische oder Chinesische Katze bezeichnet werden, sind älter als die Zuchtbuchregister, aber die Typbeschreibungen und Standards wurden damals sehr locker gehandhabt.

In neuerer Zeit hat man Rassen gezielt und manchmal sehr wissenschaftlich erzüchtet. Orientalisch Kurzhaar (siehe S. 192), Tonkanese (siehe S. 186), Ocicat (siehe S. 206), Angora (siehe S. 140) und Asian (siehe S. 178) und viele andere wurden gleichsam aus dem Nichts erschaffen. Dies ist die »Wachstumsbranche« des Zuchtwesens, die im 20. Jahrhundert mehr neue Rassen hervorgebracht hat, als in der ganzen Geschichte der Hauskatze vorher entstanden sind. Einige Neuzüchtungen wie etwa die Somalis (siehe S. 132) oder die Balinesen (siehe S. 136) sind nichts weiter als langhaarige Versionen von älteren Kurzhaarrassen. Andere sind Fellmutationen. Im Freileben sterben Katzen mit welligem Rexfell aus. Doch durch sorgfältige Zucht wurde dieser genetische »Fehler« so verewigt, daß verschiedene Rassen zustande kamen. Andere Mutationen sterben aus oder nehmen ab, weil sie potentiell gefährlich sind: Manx- und Faltohr-Gene sind gefährlich, wenn sie homozygot (reinerbig) sind, und deswegen gehen die Züchter hier äußerst behutsam vor; Katzen, die sich frei verpaaren, kennen solche Vorsichtsmaßnahmen nicht. Extreme Beispiele für Züchtungen, die sich vom natürlichen Typ entfernen, sind die haarlose Sphynx (siehe S. 202) und die verzwergte Munchkin. Diese Rassen werfen die Frage auf, ob schon das Konzept der Rassestandards von gesunden Normen weg- und zu potentiell ungesunden Extremen hinführt. Bei den meisten Rassen wird eine »geschlossene Zucht« betrieben, die Einkreuzungen verhindert. Die Züchter argumentieren, daß sie selbst in einem kleinen Genpool gesunde Tiere züchten können, wenn sie auf äußerlich gute Gesundheit selektieren. Das trifft nicht immer zu: Erbdefekte und eine verringerte Krankheitsresistenz machen sich erst nach einiger Zeit bemerkbar.

Zukünftige Entwicklungen
Was Typen und Genmaterial betrifft, ist Afrika eine noch unerschlossene Quelle. Den Typ dieser blauäugigen, zweifarbigen Kamerunkatze trifft man auf den Straßen der Hauptstadt häufig an.

Fragwürdiger Status
Von den meisten Zuchtverbänden würden die beiden abzeichentragenden Kätzchen in diesem Orientalisch-Kurzhaar-Wurf als Siamesen anerkannt. Manche, etwa die CFA, stufen solche Tiere lediglich als »irgendeine andere Varietät« ein.

Fellfarben

Das ursprüngliche Katzenfell bestand aus farbig gebänderten Agoutihaaren, die der Tarnung in der natürlichen Umwelt dienten. Die erste Mutation von gebänderten Haaren zu einfarbigen oder Nicht-Agoutihaaren ergab wahrscheinlich Schwarz; diese Mutation findet man oft auch bei anderen Mitgliedern der Katzenfamilie, zum Beispiel beim »schwarzen Leoparden« oder »schwarzen Panther«. Andere Mutationen führten zu Rot, Weiß und zur Verdünnung (Dilution) der einheitlichen Farben, und alle diese Mutationen wurden weitervererbt, weil die Hauskatze zum Überleben die tarnende Wildfärbung nicht mehr brauchte. Diese wenigen einfachen genetischen Abänderungen schufen den Rahmen für die scheinbar unendliche Vielfalt der Fellfarben, die wir heute kennen.

Alle farbigen Haare enthalten unterschiedliche Anteile der beiden Komponenten des Melanins, Eumelanins und Phenomelanins. Eumelanin erzeugt Schwarz und Braun, Phenomelanin Rot und Gelb. Alle Farben basieren auf dem Fehlen oder Vorhandensein dieser Pigmentstoffe im Schaft eines jeden Einzelhaars. Pigment wird in Hautzellen, den sogenannten Melanozyten, gebildet, deren Verteilung genetisch vorbestimmt ist. Unser Wissen über die Fellfarben beruht hauptsächlich auf Beobachtung und Sachverstand, weniger auf mikroskopischen Genuntersuchungen; deshalb sind noch immer viele Fragen offen.
Katzen mit einheitlich gefärbtem Nicht-Agoutihaar werden einfarbig genannt. Einfarbigkeit ist rezessiv: Die Katze muß zwei Kopien des Nicht-Agouti-Gens tragen (siehe S. 75), damit ihr »wahres« ursprüngliches Tabbymuster überdeckt wird (siehe S. 96).

Maskierung
Schwarz ist die dominanteste eumelanistische Farbe. Es wird maskiert durch Weiß oder Rot, maskiert aber seinerseits die Erbanlagen für andere Fellfarben.

Farbdichte

Manche Katzen besitzen ein kräftig einfarbiges Fell. Dieses kommt in den Farben Schwarz, Chocolate, Cinnamon (Zimtfarbe) und geschlechtsgebundenes Rot vor. Tiere mit einem solchen Fell haben wenigstens eine Kopie des »dichten« Gens *(D)*, das dominant ist und dafür sorgt, daß jedes Haar voll bepackt ist mit zahlreichen Pigmentkörnchen, die eine besonders satte Farbe ergeben. Andere Katzen haben hellere, »verdünnte« Fellfarben in Blau, Lilac, Beige und geschlechtsabhängigem Creme. Diese Tiere besitzen zwei Kopien des Verdünnungsgens *(d)*, das rezessiv ist und bewirkt, daß in jedem Haar weniger und breiter gestreute Pigmente eingelagert sind; der Effekt ist eine hellere Tönung der dichten Farben. Manche Züchter glauben, daß es außerdem ein »Verdünnungsmodifikations«-Gen gibt, provisorisch D^m genannt, das über das Verdünnungsgen *d* dominiert, aber einen anderen Ort auf dem Chromosom hat und somit zu einer Wechselwirkung mit *d* imstande ist. Wenn eine Katze sowohl das *dd*-Merkmal als auch das D^m-Modifikationsgen besitzt, hat sie eine »modifizierte« Farbe: Blau und Lilac verändern sich zu verschiedenen Carameltönen, und Creme wird zu Apricot. Andere Fachleute bestreiten dies und versichern, bei diesen Färbungen handle es sich bloß um minderwertiges Blau, Lilac oder Creme.

Natürliches Merkmal
Verdünnte einheitliche Farben werden stets rein vererbt und sind so zu einem Kennzeichen mehrerer Rassen geworden, die auf natürliche Weise entstanden sind, unter anderem der Russisch Blau.

Rot – eine geschlechtsgebundene Farbe

Es gilt als sicher, daß das Gen für Rot oder Orange bei der Katze an einem bestimmten Ort auf dem geschlechtsbestimmenden X-Chromosom lokalisiert ist. In seiner dominanten Form *(O)* ergibt es die Farbe Rot; in seiner rezessiven Form *(o)* läßt es jede beliebige Farbe, die die Katze besitzt, durchscheinen. Ein Kater mit einer XY-Chromosomenkombination kann stets nur eine Kopie des Gens haben; wenn er also ein *O* trägt, ist er rot, und wenn er ein *o* hat, erhält er irgendeine andere Farbe. Weil die weibliche Katze über eine XX-Kombination verfügt, kann sie dagegen zwei Kopien tragen. Sie ist rot, wenn es zwei Kopien von *O* sind, oder andersfarbig, wenn sie zwei Kopien von *o* trägt, doch im Gegensatz zum Kater kann eine

Rote Burma
Im Fernen Osten existierte zwar ein geschlechtsgebundenes Rot, aber die ersten Burmakatzen im Westen waren braun. Das Rot wurde neu geschaffen, ist jedoch noch nicht allgemein anerkannt.

Katzenfarben

Dicht	Verdünnt	Verdünnungsmodifikation
Schwarz (Seal, Sable) *B–D–*	Blau *B– dd*	Caramel $B–\ d^md^m$
Chocolate (Champagne) *bb D–*	Lilac (Lavender, Platin, Frost) *bb dd*	Undefiniertes Braun $b^lb^l\ d^md^m$
Cinnamon (Sorrel) b^lb^l *D–*	Fawn (helles Lilac, Beige) b^lb^l *dd*	Undefiniertes Braun $b^lb^l\ d^md^m$
Rot *D– O/o(O)*	Creme *dd O– /O(O)*	Apricot d^md^m *O– /O(O)*
Chocolate-Tortie *bb D– Oo*	Lilac-Tortie (Lilac-Creme) *bb dd Oo*	Caramel Tortie $bb\ d^md^m Oo$
Cinnamon-Tortie b^lb^l *D– Oo*	Fawn Tortie b^lb^l *dd Oo*	Undefiniertes Tortie $b^lb^l\ d^md^m\ Oo$
Schildpatt *B– D– Oo*	Blau-Tortie (Blau-Creme) *B– dd Oo*	Caramel-Tortie $B–\ d^md^m\ Oo$

Kätzin auch heterozygot oder spalterbig sein *(Oo)*. Diese Kombination ergibt bei ihr Schildpatt (Tortoiseshell oder Tortie), ein Mosaikmuster aus Rot und Schwarz, bei dem einige Melanozyten dem *O*-Gen und andere dem *o*-Gen gehorchen. Diese Mosaikkombination interagiert mit allen anderen farbenbestimmenden Genen und bringt eine Schildpattzeichnung in allen einheitlichen und verdünnten Farben hervor.
Die Verteilung der Mosaikfarben kann nicht durch Selektionszucht gesteuert werden, so daß es dem Zufall überlassen bleibt, ob das Muster verschwommen oder deutlich ausgeprägt erscheint. Das Schildpatt kann so schwach ausgeprägt sein, daß es praktisch nicht vorhanden ist.
Mindestens eine Schildpattkatze wurde bei der Geburt als schwarz eingestuft und gewann als solche sogar Preise, doch dann gebar sie rote und schildpattfarbene Nachkommen und mußte als (sehr bescheidene) Schildpattkatze registriert werden.

Reifende Farbe
Viele einfarbige Katzen, vor allem rote, zeigen in der Jugend ein Tabbymuster, das Geisterzeichnung genannt wird, so wie diese junge Angora. Das Muster verschwindet oft, wenn die Katze heranwächst, kann aber in verdünnten Fellfarben bestehen bleiben.

Östliche und westliche Farben

Die traditionellen westlichen Fellfarben sind Schwarz und seine Verdünnung Blau sowie Rot und seine Verdünnung Creme, außerdem die zweifarbige Version (Bi-Colour) davon und Weiß. Westliche Rassen, etwa Britisch, Amerikanisch und Europäisch Kurzhaar, Maine Coon und Norwegische Waldkatze, trugen zunächst nur diese Farben, und einige tragen sie immer noch. Andere Rassen sind noch exklusiver gefärbt, so die Türkisch Van (siehe S. 126), die nur zweifarbig rot oder cremefarben mit Weiß auftritt. (Inzwischen werden weitere Farben gezüchtet, die von einigen Verbänden, auch der FIFé, anerkannt worden sind.)
Die herkömmlichen östlichen Farben sind Chocolate und die Verdünnung Lilac sowie Cinnamon und die Verdünnung Fawn, obwohl viele historische Kunstwerke belegen, daß daneben auch westliche Farben in fernöstlichen Katzenpopulationen existierten.
Mittlerweile sind Fellfarben von einer Rassengruppe zur anderen »übertragen« worden. Britisch Kurzhaar wird beispielsweise heute in »östlichen« Farben zugelassen, und Burmesen (siehe S. 182) werden heute häufig in »westlichen« Rot- und Cremetönen gezüchtet.

Weisse und zweifarbige oder Bi-Colour-Katzen

Weiß ist dominant über alle anderen Farbgene, sowohl über das einheitliche Weiß *(W)* als auch über die Weißfleckung *(S)*, der wir die zweifarbigen Katzen verdanken. Weiße Haare enthalten, im Gegensatz zu allen anderen, keinerlei Farbpigmente.
Trotz ihrer schneeweißen Erscheinung ist eine weiße Katze, genetisch gesehen, farbig, und sie gibt dieses Farbenpotential an ihre Nachkommen weiter. Weiße Katzen tragen das dominante *W*-Gen, das die Ausprägung aller anderen Farbgene überdeckt oder maskiert. Oft bricht eine Spur der überdeckten Farbe in einer »Kätzchenkappe« im Kopfhaar der Neugeborenen durch. Beim Heranwachsen verschwindet die Kappe und wird rein weiß.
Mit dem *W*-Gen ist zuweilen die gefürchtete Taubheit gekoppelt, die jedoch häufiger bei weißen Katzen mit blauen als bei solchen mit gelben oder orangefarbenen Augen auftritt. Diese weißen Katzen unterscheiden sich deutlich von albinotischen Tieren, die in ihren rosigen Augen kein Pigment besitzen: Albinoweiß ist bei Katzen extrem selten.
Zweifarbige Katzen tragen ein weißes Fell mit farbigen Flecken und kommen in zwei Typen vor. Die Standardausführung der Bi-Colour ist zu einem Drittel oder zur Hälfte weiß, wobei sich das Weiß grundsätzlich auf die Unterseite und die Beine konzentriert. Die Van-Zeichnung, die ursprünglich allein der Türkisch Van vorbehalten war, aber heute auch bei anderen Lang- und Kurzhaarkatzen anzutreffen ist, besteht aus vorherrschendem Weiß mit einfarbigen oder Schildpattflecken, die sich auf Kopf und Schwanz beschränken. Eine Theorie besagt, daß diese Katzen zwei Kopien des weißen Fleckungsgens *S* tragen, das für den übermäßigen Weißanteil verantwortlich ist.

Van-Zeichnung
Dieses Fellmuster, das in Katzenpopulationen des europäischen Mittelmeerraums natürlich vorkommt, ist heute bei Rassekatzen weit verbreitet. Es wurde erstmals bei Katzen aus der Umgebung des türkischen Van-Sees festgestellt und hat seinen Namen von der Rasse Türkisch Van.

Farbenstandards

Für einheitliche Farben sind nur wenige Gene zuständig, aber die Zuchtverbände machen die Sache dadurch kompliziert, daß sie derselben genetisch bedingten Farbe verschiedene Namen geben, je nach der Katze, die sie trägt. Diese Tendenz zeigt sich am deutlichsten bei farbigen Fellmustern (siehe S. 96), aber auch bei einheitlichen Farben. Lilac wird von einigen nordamerikanischen Verbänden als Lavender bezeichnet, die schwarze Orientalisch Kurzhaar heißt auch Ebony, und die genetisch schokoladenbraune Orientalisch Kurzhaar wird in Europa meist Havana und in Nordamerika Chestnut genannt. Rote Katzen werden oft als einfarbig rot (Red Selfs) spezifiziert, vielleicht weil die Unterscheidung zwischen einheitlich roten und rotgestromten Tieren heikel ist (siehe S. 96). Schildpatt- und Weiß-Katzen heißen in einigen nordamerikanischen Verbänden, vor allem in der CFA, Calicos, weil irgend jemand einmal eine gewisse Ähnlichkeit mit einem buntbedruckten Kaliko- oder Kattunstoff festgestellt hat.

Die Rassestandards schreiben vor, daß die Färbung der Nase, der Lippen und der Pfotenballen mit der Fellfarbe harmonieren soll: rosa bei weißen, schwarz bei schwarzen, blau bei blauen, pink bis ziegelrot bei roten Katzen. Es gibt jedoch Abweichungen: In einigen Fällen hängt die Nasen-, Lippen- und Sohlenfarbe von der jeweiligen Rasse oder sogar von den Entscheidungen der Zuchtverbände ab.

Mosaikfärbung
Das Fleckungsgen *S* scheint einen voraussagbaren Effekt auf die Schildpatt-Mosaikfärbung zu haben. Einheitliches Schildpatt weist meist eine gleichmäßige Farbenmischung auf, aber Schildpatt und Weiß zeigt fast immer große, scharf abgesetzte schwarze und rote Flecken.

Fellmuster

Unter ihren schillernden Fellfarben und -mustern sind alle Hauskatzen verkleidete Tabbys geblieben. So wie selbst der verwöhnteste Stubentiger die Eigenschaften seiner Raubtiervorfahren behalten hat, so erinnert auch die verborgene Tabbyzeichnung an die fernen Ursprünge der Katze, zu denen sie jederzeit zurückkehren kann. Durch Selektion haben Züchter Flecken, Spitzenfärbung und Abzeichen gefördert oder gar neu geschaffen. Ermöglicht wurde dies durch Mutationen in der Vererbung der Fellmuster, Mutationen, die zwar die natürliche Tarnung in freier Wildbahn reduziert haben, aber nicht mehr nötig waren, als die Katze sich dem Menschen angeschlossen hatte.

Die Stammform der Hauskatze, die Falbkatze, ist ein gestreifter Tabby, der durch dieses Fellmuster in seinem Unterschlupf und auf der Jagd gut getarnt war. Die ursprüngliche, genetisch dominante Tabbyzeichnung haben sämtliche Hauskatzen geerbt. Die Haare zwischen den Tabbystreifen oder -flecken weisen Farbbänder auf, die an der Basis hell und an der Spitze dunkel sind und so den Tarneffekt bewirken. Diese Bänderung (Ticking) der Einzelhaare findet sich auch bei anderen Tieren, bei Eichhörnchen, Mäusen und insbesondere beim Agouti, jenem südamerikanischen Nagetier, nach dem sie benannt wurde. Die Farbbänder erzeugen einen »Pfeffer-und-Salz«-Effekt, der zusammen mit den Tabbystreifen dafür sorgt, daß eine Katze mit ihrer Umgebung verschmilzt.

Dominantes Fellmuster

Alle Katzen erben irgendeine Form des Tabbygens, selbst solche mit einem einfarbigen Fell (siehe S. 94). Die Genetiker bezeichnen dieses dominante Agouti-Gen mit *A*. Jede Katze, die von mindestens einem Elternteil *A* mitbekommt, erhält ein gemustertes Fell und wird als *A*– registriert. Einheitliche Farben kommen vor, weil es eine genetisch rezessive Alternative zum Agouti gibt, die Nicht-Agouti oder *a* genannt wird. Bei Katzen, die dies von beiden Eltern erben und mit *aa* gekennzeichnet werden, erscheint das Fell gleichmäßig einfarbig, doch bei genauerem Hinsehen kann eine versteckte Tabbyzeichnung zum Vorschein kommen. Diese Geisterzeichnung ist am auffälligsten bei Jungtieren und verschwindet oft mit zunehmendem Alter.

Bei Katzen unterscheiden wir vier Grundformen des Tabbymusters: getigert (mackerel), gestromt (classic oder blotched), getupft (spotted) und Agouti oder Abessiniertabby (ticked, »getickt« oder Abyssinian). Diese vier Zeichnungsmuster sehen deutlich verschieden aus, sind aber in Wirklichkeit nur mutierte Varianten des natürlich dominanten Tabbygens. Die Streifen des getigerten Tabbys sind schmal, parallel angeordnet und verlaufen vom Rückgrat über die Flanken zum Bauch. Diese Zeichnung herrschte in Europa bis vor wenigen Jahrhunderten vor und wurde dann verdrängt durch die gestromte Version. Gestromte Tabbys haben breite Streifen, die an den Flanken Rädermuster mit einem Fleck in der Mitte bilden.

Getickte Tabbys sind subtiler gefärbt: Deutliche Abzeichen sind auf Kopf, Beine und Schwanz beschränkt; der Körper ist sanft gefleckt. Die Falbkatze trägt ein Agoutifell mit getickten (gebänderten) Haaren. Dieser Felltyp scheint sich ostwärts nach Asien und nicht nordwärts nach Europa ausgebreitet zu haben. Von Natur aus getickte Katzen, oft mit gestreiften Beinen, findet man in Sri Lanka und Malaysia und bis Singapur. Die Abessinier (siehe S. 172) waren die erste Rasse, die dieses Zeichnungsmuster aufwies. Das getupfte Muster entsteht, wenn die Tabbystreifen aufgebrochen werden. Die Tupfen vieler älterer Rassen in Europa und Amerika folgen den Streifen des getigerten Tabbymusters, doch es kommen auch andere Formen vor. Die Tupfen der Ocicat (siehe S. 206) gehören dem gestromten Tabbytyp an, während die der Ägyptisch Mau (siehe S. 204) zufällig wirken. Die Spotted Mist (siehe S. 174) zeigt wohl die komplizierteste Zeichnung der neueren Rassen, unter anderem scheinbar regellose Tupfen, durchsetzt mit Ticking.

Alle diese Merkmale sind polygenetisch: Sie unterliegen dem Einfluß mehrerer Gene.

Verkleideter Tabby
Alle einfarbigen Katzen sind verkleidete Tabbys. Wird ein einfarbiges Tier mit einem Tabby verpaart, werden mindestens einige Nachkommen Tabbys.

Zwei Tabbys
Die getigerte Tabbyzeichnung (unten links) ist genetisch dominant über das gestromte Muster (unten rechts), doch die Stromung herrscht bei europäischen, nordamerikanischen und australischen Katzen vor.

Neues Tupfenmuster
Die Zeichnung neuer Rassen, etwa der Ocicat, sollen vielfach bewußt die Fellzeichnung wildlebender Arten imitieren. Der Erbgang dieser neuen Tupfenmuster ist nicht geklärt.

Musterüberlagerung
Eine Tabbyzeichnung über einem Schildpattmuster ergibt vermutlich die komplexeste Fellfärbung überhaupt.

Ausgefallene Smokefärbung
Das Inhibitorgen bringt gewöhnlich eine weiße Unterwolle hervor, doch ungewöhnliche Effekte können bei Langhaarkatzen auftreten, so wie bei dieser Perserkatze (siehe S. 104).

Schattiertes Langhaarfell
Der Unterschied zwischen einem Silbertabby und einer silberschattierten einfarbigen Katze wird ausschließlich durch polygenetische Faktoren bestimmt, denn beide Felltypen sind genetisch Agouti. Die Erbfaktoren, die sich hinter dem schattierten Gold wie bei dieser jungen Perserkatze (siehe S. 106) verbergen, sind noch nicht geklärt.

Faszinierende neue Zeichnungsmuster, etwa die Rosetten und das »King Spangled« im Fell der Neuzüchtung California Spangled (siehe S. 203), lösen bei Genetikern und Züchtern lebhafte Debatten über die hier beteiligten Erbfaktoren aus.

Feine Schattierungen

Die Haarfarbe wird durch Hautzellen erzeugt, die das Haar mit Pigmenten versorgen. Das Inhibitorgen (*I*) bewirkt, daß nur der erste Teil des wachsenden Haars mit Pigment angefüllt wird. So entsteht eine Vielzahl von subtilen Mustern, die zu changieren scheinen, wenn sich die Katze bewegt. Bei einfarbigen Tieren ergibt sich eine Smoke-Färbung (»Rauch«) mit weißer Unterwolle. Bei einem Agoutifell ist der Farbanteil geringer. Unterschiedliche Schattierungsgrade bescheren uns schattierte und Silberfarben und Silbertabbys, die deutlich wahrnehmbare Farben aufweisen, sowie Haarkleider mit Spitzenfärbung (Tipping), die mit Farbe lediglich »überhaucht« sind. Die Bezeichnungen für diese Farben sind uneinheitlich. Spitzengefärbte Felle werden oft, aber nicht immer, »Chinchillas« genannt, während ein schattiertes oder spitzengefärbtes Rot in der Regel »shaded« oder »tipped Cameo« heißt. In einigen Rassen unterscheidet man schattierte Katzen mit einem warmtonigen Unterfell und silberschattierte mit eindeutig silberner Unterwolle.

Colourpoint-Muster

Das *I*-Gen ist nicht das einzige farbenbeschränkende Gen. Beschränkung der Farbe auf die »Abzeichen« (Points) kommt bei Katzen vor, die am Körper hell und an ihren Abzeichen (Ohren, Pfoten, Schwanz und Nase) dunkler gefärbt sind. Bei Katern ist auch der Hodensack dunkler behaart. Ein wärmeempfindliches Enzym in den Melanozyten, den Pigmentierungszellen der Haut, ist für dieses Muster verantwortlich. Die normale Körpertemperatur hemmt auf dem größten Teil des Katzenkörpers die Pigmentbildung, doch in den Points, wo die Hauttemperatur niedriger ist, wird das Enzym aktiviert und das Haar pigmentiert. Die Abzeichenfärbung kann bei allen Farben und Fellzeichnungen auftreten. Da sie temperaturabhängig ist, werden Kätzchen weiß geboren, haben Katzen in kühleren Breiten ein dunkleres Fell als solche in warmen Weltgegenden und dunkeln alle Katzenkörper mit zunehmendem Alter nach.

Am klarsten ist die Abzeichenfärbung bei der Siamkatze (siehe S. 188) ausgeprägt: ein fast weißer Körper mit dunklen Points. Das Fellmuster der Burmakatze (siehe S. 182), meist als »Sepia« bezeichnet, zeigt so geringe Unterschiede zwischen Körper- und Abzeichenfarbe, daß man kaum von Colourpoint sprechen kann. Das »Mink« (Nerzfarbe) der Tonkanese (siehe S. 186) ist eine Mischung von Siamesen- und Burmesenzeichnung. Keines der Gene ist dominant, und eine Tonkanesin kann Nachkommen mit Mink-, Sepia- und abzeichentragendem Fell hervorbringen.

Bedeutung der Farben

Die Vielfalt der Fellfarben und -muster bei den Katzen ist vielleicht nicht nur eine Frage der Ästhetik. Untersuchungen an anderen Tierarten deuten auf einen Zusammenhang zwischen »Zähmbarkeit« und Nicht-Agouti-Farben hin. Der Populationsgenetiker Dr. Neil Todd hat die Verteilung der Fellfarben bei Katzen erforscht und längs der alten Handelswege, die von Afrika ausgehen und an den europäischen Flüssen stromaufwärts verlaufen, einen stetig zunehmenden Anteil an Nicht-Agouti-Fellen nachgewiesen. In Großbritannien, am Ende der Handelsrouten, fand er den höchsten Prozentsatz von Nicht-Agouti-Katzen. Todd vertritt die These, daß die Selektion durch den Menschen längs dieser Routen die zahmsten Katzen bevorzugt hat. Schon lange vor dem organisierten Zuchtwesen haben die Leute ihre Katzen wohl nach der Farbe ausgewählt.

Abzeichenmuster
Die Abzeichengene interagieren mit allen anderen Farben- und Mustergenen. Um die »Handschuhe« der Birmakatze (siehe S. 110) rankt sich eine hübsche Legende, aber die Geschichte ist vielleicht nichts weiter als die phantasievolle Erfindung eines Züchters.

Fellmuster

Einfarbig (*aa*, Nicht-Agouti)
Tabby (*A*–, Agouti)

Alle Katzen tragen ein Tabbymuster, entweder getigert (*T*–), getickt (t^at^a), gestromt (t^bt^b) oder in einer anderen, noch nicht definierten Form. Das *aa*-Allel maskiert die Tabbyzeichnungen: Melaninpigment (siehe S. 94) füllt das ganze Haar aus, und die Katze erscheint einfarbig oder schildpattfarben. Das Allel *A*– bringt die Tabbyzeichnung zum Vorschein. Ob eine Katze *aa* oder *A*– ist, hat keinen Einfluß auf geschlechtsbezogene rote Farben. Der Unterschied zwischen einfarbigen und Tabbykatzen in diesen Farben beruht auf den feinen polygenetischen Effekten, die bestimmen, ob die Abzeichen schwach oder stark ausgeprägt sind.

Smoke (*aa I*–, schattiert Nicht-Agouti)
Silbertabby, schattiert, Spitzenfärbung (*A*– *I*–, schattiert, Agouti)

Das Inhibitorgen *I* blockiert die Farbbildung. Bei Nicht-Agouti-Katzen sind nur die Haarwurzeln weiß, während bei Agoutikatzen der Haarschaft stärker gefärbt ist. Der Unterschied zwischen schattierten einfarbigen und Silbertabbys ist polygenetisch, je nachdem, wie kräftig die Tabbyzeichnung ausgeprägt ist. Polygenetische Effekte differenzieren wahrscheinlich auch schattiertes und spitzengefärbtes Fell, obwohl manche behaupten, es gebe ein »Breitband«-Inhibitorgen. Beim geschlechtsgebundenen Rot sind die Unterschiede zwischen dem smokefarbenen, schattierten Silbertabby und den Katzen mit Spitzenfärbung allesamt polygenetisch.

Siamkatze (c^sc^s, mit Spitzenfärbung)
Burmakatze (c^bc^b, Sepia)
Tonkanese (c^bc^s, Mink)

Genaugenommen handelt es sich in diesen Fällen um Abzeichenmuster. Alle sind wärmeempfindlich, wobei sich praktisch die gesamte Farbe (bei der Siam) oder die kräftigste Farbe (bei der Burma) auf die kühleren Abzeichen oder Points konzentriert. Die Farbe ist außerdem leicht abgeschwächt oder aufgehellt; Schwarz wird bei der Siam zu Seal und bei der Burma zu Sable (Braun). Die Tonkanese besitzt kein eigenes Gen: Ihre schwache Abzeichenfarbe ist eine Hybridform von Abzeichen- und Sepiagenen. Sie bringt stets Varianten dieser Zeichnungsmuster sowie ihr eigenes Minkmuster hervor.

Gesichtsform und Körperbau

Die meisten Katzenrassen werden nicht durch Fellfarbe oder -zeichnung definiert, weil viele Rassen diese Merkmale gemeinsam haben. Viel häufiger unterscheidet man Rassen nach der charakteristischen Form des Gesichts und des Körpers; zuweilen sind auch auffällige physische Merkmale wie Schwanzlosigkeit oder Faltohren als rassetypische Kennzeichen anzusehen. Die Katzenrassen zeigen darüber hinaus Wesensunterschiede, die in hohem Maße mit diesen verschiedenen Körperformen gekoppelt sind: Rassen des schlanken, gestreckten Typs sind durchweg lebhafter und extrovertierter als kompakte, dichtbemuskelte Rassen. Diese Unterschiede des Rassetyps, von kompakt und rundlich bis geschmeidig und sehnig, lassen sich generell von Westen nach Osten verfolgen.

Die heutigen Rassenunterschiede sind – manchmal in extremer Form – aus natürlichen Spielarten entwickelt worden, die in sich frei vermehrenden Katzenpopulationen vorkommen. Diese ursprünglichen Typvariationen wurden weitgehend durch die jeweilige Umwelt geformt, und deshalb ist der Körperbautyp einer Rasse oft ein verläßlicher Hinweis auf deren geographische Herkunft.

Persergesicht
Über die Jahrzehnte hinweg ist das Gesicht der Perserkatzen immer flacher geworden. Der Grad dieser Veränderung wird von den Zuchtverbänden unterschiedlich festgelegt. Die Beliebtheit des Pekeface („Pekinesengesicht«) hat jedenfalls abgenommen.

Altmodisches Gesicht
Die Chinchilla ist die einzige Langhaarvarietät, die im allgemeinen die radikale Gesichtsverkürzung der Perser nicht mitgemacht hat. In Südafrika verfügt sie über einen eigenen Standard, der eine längere Nase zuläßt.

Kaltwetterkatzen

Die schwersten und kompaktesten Hauskatzen haben sich durch natürliche Auslese in kaltem Klima entwickelt. Viele dieser »natürlichen Rassen« haben einen ziemlich großen, rundlichen Kopf, ein mäßig kurzes, breites Maul, einen kräftigen Körper mit breiter Brust, stämmige Beine mit runden Pfoten und einen kurzen bis mittellangen, dicken Schwanz. Sie sind im wesentlichen so gebaut, daß der Körper möglichst viel Wärme hält.

Kurzhaarige Beispiele dieser gedrungenen Katzen sind die Britisch Kurzhaar (siehe S. 152) und die Amerikanisch Kurzhaar (siehe S. 160), desgleichen die pummelig wirkende Kartäuserkatze (siehe S. 168). Andere Rassen, die aus diesen hervorgegangen sind, unterscheiden sich auf den ersten Blick vielleicht nur durch einen einzigen Aspekt ihres Körperbautyps. Die Scottish Fold (siehe S. 159) wurde aus der Britisch Kurzhaar herausgezüchtet und ist hauptsächlich an ihren abnormen Ohren zu erkennen. Amerikanisch Kurzhaar wurde für die American Wirehair (siehe S. 162) verwendet, doch diese Rasse hat inzwischen ihr Aussehen verändert und wirkt mehr und mehr »asiatisch«. Die Entwicklung der Manx (siehe S. 156) verlief parallel zu der Britisch Kurzhaar; heute erscheint sie noch schwerer als ihre nahe Verwandte.

Die ursprünglichen Langhaarkatzen, die Perserkatzen (siehe S. 104), waren ebenfalls gedrungen und muskulös. Diese körperlichen Eigenschaften ermöglichten es ihnen, die strengen Winter in den hohen Bergen in der Türkei, in Iran und Kaukasien zu überstehen. Die Rasse hat ihren ursprünglichen kräftigen Körperbau behalten; andere Merkmale, etwa das abgeflachte Gesicht, wurden angezüchtet und in jahrzehntelanger Selektionszucht übertrieben. Dies führt vielfach zu einer Verfärbung des Gesichtshaars durch Tränenfluß, denn je flacher das Gesicht ist, desto schwerer können die Tränen aus den Augen in die Nase abfließen. Die extreme Abflachung des Gesichts scheint heute etwas aus der Mode zu kommen. Andere kräftige und robust gebaute Langhaarkatzen entwickelten sich auf natürliche Weise in nördlichen Klimazonen. Die Norwegische Waldkatze (siehe S. 118) und die Sibrische Waldkatze (siehe S. 120) sowie die Maine Coon (siehe S. 114) sind in kaltem Klima aus Bauernkatzen hervorgegangen, die großenteils im Freien lebten. Diese derben Katzen haben ein mäßig langes Gesicht, das für die Jagd wie geschaffen ist. Die Katzenfreunde sind begeistert von der Maine Coon: In den USA hat sie die Perser vom ersten Platz der Rassekatzen verdrängt, und in Großbritannien ist sie inzwischen die zweitbeliebteste Rasse – nur 20 Jahre nach ihrem ersten Auftritt. Auch auf dem europäischen Festland erfreut sich die Maine Coon zunehmender Beliebtheit.

Niedrige Herkunft
Die Vorfahren der Britisch Kurzhaar waren fleißige Mäusejäger oder schlugen sich mühsam in den Großstadtstraßen durch. Das Resultat war ein robuster Körperbau und ein Haarkleid, das im feucht-kalten Winter einen guten Wärmeschutz bot – Eigenschaften, die die Rasse bis heute auszeichnen.

Semi-Foreign-Rassen

Eine zweite Gruppe von Katzen besitzt Körpermerkmale, die eine Zwischenform zwischen den kompakten Katzen Nordeuropas und dem Schlanktyp, der sich in den wärmeren Breiten Afrikas und Asiens entwickelt hat. Diese schlanken, aber muskulösen Katzen werden häufig als »semi-foreign« bezeichnet, was soviel wie »halb fremdländisch« bedeutet, aber besser mit »halb asiatisch« zu übersetzen wäre. Rassen wie die Türkisch Angora (siehe S. 130), die Russisch Blau (siehe S. 170) und die Abessinier (siehe S. 172) haben leicht ovale, schräggestellte Augen, einen mäßig keilförmigen Kopf, schlanke, aber muskulöse Beine, ovale Pfoten und einen langen, sich gleichmäßig verjüngenden Schwanz.

Mehrere neue Rassen sind aus den originalen Semi-Foreign-Katzen herausgezüchtet worden und haben durchweg den gleichen Körperbautyp. Einige unterscheiden sich lediglich durch neue Farben oder durch Haarlänge von den Ausgangsrasssen; das gilt zum Beispiel für die Nebelung (siehe S. 129), die Somali (siehe S. 132) und die umstrittenere Russisch Schwarz und Russisch Weiß (siehe S. 170).

Abweichung von der Norm
Die Scottish Fold zeichnet sich, wie viele Neuzüchtungen, durch ein einziges auffälliges Merkmal aus – die Faltohren. Die Zuchtverbände achten streng auf die Unverwechselbarkeit der Rasse.

Neuere Bestrebungen, wildtierähnliche Katzen wie etwa die Ocicat (siehe S. 206) zu schaffen, gingen von Semi-Foreign-Rassen aus, was sich in ihrem Typ niederschlägt. Einige jüngere Züchtungen passen ebenfalls zu diesem Körperbautyp: Die American Curl (siehe S. 122) hat einen modifizierten keilförmigen Kopf und einen geschmeidigen Körper und ist vor allem an den Ohrenspitzen zu erkennen. Die Mode favorisiert derzeit das Erscheinungsbild der Semi-Foreign: Die Somali ist in Nordamerika als Werbeträger sehr beliebt, denn sie besticht durch ihre Eleganz, ohne extrem oder befremdend zu wirken.

Der Blick nach Osten
Die Devon Rex entstand in England und ist in Nordamerika beliebt, aber sie sieht wie eine Asiatin aus. Große Ohren und Feingliedrigkeit sind nicht gerade typisch für die Katzen in der Grafschaft Devon.

Asiatische Rassen

Die Katzen, die durch ihre ungewöhnliche Schlankheit auffallen, gehören den »orientalischen«, also fernöstlichen Rassen an, die sich zumeist in warmen Klimaregionen entwickelt haben, wo die Abgabe überschüssiger Körperwärme sehr viel wichtiger war als deren Speicherung. Mit ihren großen Ohren, dem keilförmigen Kopf, den feingliedrigen Beinen, dem schlanken Rumpf und dem langen, dünnen Schwanz besitzen diese Katzen eine für ihre Größe maximale Körperoberfläche, die für die Abfuhr des Wärmeüberschusses sorgt. Dieser Körperbautyp hat von jeher ovale, schräggestellte Augen, und sein klassischer Vertreter ist die Siamkatze (siehe S. 188). Manche behaupten mit guten Gründen, die Siam habe nicht immer so ausgesehen; vielmehr sei eine Katze, die es so nie gegeben habe, durch die stereotype westliche Vorstellung von asiatischer Zierlichkeit »verfeinert« worden. Andere halten dagegen, daß die Katze schon immer so ausgesehen habe, und führen alte Rassestandards an, die dies zu bestätigen scheinen, aber unterschiedlich interpretiert werden können. Eine Rasse, die offensichtlich die Theorie von der westlichen »Verfeinerung« stützt, ist die Japanische Stummelschwanzkatze (siehe S. 144), die in Japan wesentlich massiger ist als im heutigen Nordamerika, wo sie auf typische »asiatische« Zierlichkeit gezüchtet wird. Kurioserweise fordert jedoch der amerikanische Standard für die unbestritten asiatische Burmakatze (siehe S. 182), die aus Rangun eingeführt wurde, zunehmend einen kräftigen Körperbau.

Im Westen hat man neue Rassen geschaffen, die gezielt den asiatischen Typ kopieren. Die Orientalisch Kurzhaar (siehe S. 192), die einfarbige Version der Siam, ist im Westen entstanden, nachdem die abzeichenlosen kurzhaarigen Katzen aus Südostasien innerhalb der ursprünglichen Siamesenimporte ausgestorben waren. In Großbritannien wurde diese Neuzüchtung zunächst als »Foreign« bezeichnet, woraus neuerdings »Oriental« geworden ist – eine Namensänderung, die wohl die internationale Konfusion beenden sollte, aber auch darauf verweist, daß die Rasse immer hagerer geworden ist. Andere eindeutig westliche Rassen wie die Cornish Rex (siehe S. 198) und die Devon Rex (siehe S. 200) wurden auf Ähnlichkeit mit östlichen Rassen gezüchtet, in extremerer Form in Nordamerika. Die Devon Rex hat diesen Aspekt teilweise auf die Sphynx (siehe S. 202) übertragen. Von den asiatischen Rassen ist die Siam nach wie vor die populärste, allerdings nicht mehr so populär wie in der Vergangenheit. Das liegt vielleicht daran, daß sich manche Leute heutzutage durch das extrem hochgezüchtete Erscheinungsbild abgestoßen fühlen. Dagegen erfreut sich die Siam-Burma-Kreuzung, die maßvoll wirkende Tonkanese (siehe S. 186), steigender Beliebtheit.

Warmwetterkatze
Asiatische Rassen wie die Siam waren schon immer leicht gebaut, doch ihr moderner Typ ist sehr viel zierlicher als der der freilaufenden Katzen in Thailand.

Neuerungen im Körperbautyp

Viele sind fasziniert von der Möglichkeit, durch Kreuzung größere oder kleinere Katzen zu züchten. Wenn dieser Versuch unternommen wird, schlagen die großen oder kleinen Katzen in der nächsten Generation meist zur normalen Hauskatzengröße zurück.

Im Unterschied zum Hund scheint die Hauskatze über ein genetisch vorprogrammiertes, begrenztes Größenspektrum zu verfügen. Nur die Einkreuzung einer anderen Art – ein umstrittenes Vorgehen – könnte daran etwas ändern.

Einige wenige Rassen werden aufgrund eines einzigen anatomischen Merkmals klassifiziert, wobei es sich möglicherweise um eine Fehlbildung handelt. Die Schwanzlosigkeit der Manx ist zum Beispiel mit einer potentiell lebensgefährlichen Krankheit gekoppelt. Andere Katzen besitzen überzählige Zehen, ein ebenso absonderliches physisches Merkmal. Solche Katzen gibt es in abnorm großer Zahl in der Umgebung von Boston in Massachusetts und von Halifax in Nova Scotia. Es mag absurd erscheinen, diese Tiere selektiv zu züchten, um eine neue Rasse zu kreieren, aber es hat zumindest einen, wenngleich kurzlebigen Versuch gegeben. In gewisser Hinsicht ist das nichts anderes als die Auswahlzucht auf irgendeinen bestimmten Körperdefekt. Die spektakulärste Veränderung des Katzenkörpers liegt bei der Munchkin vor. Dies ist eine verzwergte Rasse, die ihren zweifellos niedlichen Namen der kleinwüchsigen Rasse in »The Wizard of Oz« verdankt: Die meisten Körperknochen sind normal ausgebildet, die Gliedmaßenknochen hingegen drastisch verkürzt. Die Hauskatze hat ihre Vollkommenheit im Laufe von Hunderttausenden von Jahren durch einen natürlichen Ausleseprozeß erlangt. Eingriffe in ihre Fortpflanzung, die eine derartige inhärente und unschuldige Makellosigkeit bedrohen, sind offensichtlich besonders anmaßend und verantwortungslos.

Rasselose Rassekatze
Die American Curl fällt vor allem durch ihre außergewöhnlichen Ohren auf. Ihr Körperbau ist semi-foreign. Durch die Einkreuzung von rasselosen Katzen setzt sie sich immer weiter von vielen älteren Rassen ab.

Transatlantische Moden
In Nordamerika wirkt die Burmakatze rundlich, was besonders die Kopfform betrifft (links). Die europäischen Nachkommen dieser Rasse (oben) haben ein typisch »asiatisches«, eckiges Gesicht entwickelt.

AUGENFORM UND -FARBE

Die Schönheit liegt im Auge des Betrachters, doch im Falle der Katzen liegt sie oft in den lebhaften, unerschrockenen Augen der Betrachteten. Katzen besitzen im Verhältnis zur Kopfgröße ungewöhnlich große Augen. Dieses Verhältnis zwischen Augen- und Kopfgröße entspricht den Proportionen, die man bei den meisten Lebewesen, einschließlich des Menschen, im Kindesalter antrifft. Sie sind ein wesentlicher Aspekt des »Kindchenschemas«, das in uns den Drang auslöst, solche jungen Tiere zu verhätscheln, und davon profitiert auch die Katze. Da die Augen zu den reizvollsten Attributen der Katze zählen, sind viele Züchter bestrebt, auf bestimmte Augenfarben zu züchten, wodurch ein ganzes Spektrum von herrlichen Farbtönen entstanden ist, denen selbst die besten Fotos kaum gerecht werden können.

Kätzchen werden mit blauen Augen geboren, deren Farbe sich allmählich verändert. Adulte Katzen haben kupferbraune, orangefarbene, gelbe oder grüne Augen; bei einigen bleibt auch das durch Fellfarbengene bestimmte Blau erhalten. Manche Katzen werden nur in den ersten Lebensjahren ausgestellt, wenn die Farbe am kräftigsten ist, während andere erst nach zwei Jahren mit der schönsten Farbe aufwarten können.

AUGENFARBEN

Wildlebende Katzen haben haselnuß- oder kupferfarbene Augen, die bisweilen nach Gelb oder Grün tendieren. Die Auswahlzucht hat bei Hauskatzen eine Vielzahl von Farbtönen hervorgebracht, von leuchtendem Blau über Grün bis Orange.
Die meisten Augenfarben sind nicht von der Fellfarbe abhängig, obwohl einige Rassestandards beides miteinander koppeln: Bei Silbertabbys sind beispielsweise häufig grüne Augen vorgeschrieben, doch genetisch können sie auch kupferfarben oder golden sein. Die einzige Farbe, die mit der Fellfarbe gekoppelt ist, ist Blau. Blaue Augen entstehen durch Formen des Albinismus, die zu einem Pigmentmangel im Haarkleid und in der Iris führen, und treten bei Tieren mit einem großen Weißanteil im Fell auf. Blauäugige weiße Katzen sind häufig taub, weil das Gen, das den Pigmentmangel verursacht, leider auch bewirkt, daß die Flüssigkeit im Corti-Organ austrocknet, dem Schallrezeptor in der Schnecke.
Die blauen Augen der Siamkatze – sie wurden von dem Naturforscher Peter Pallas im 19. Jahrhundert im Kaukasus entdeckt – haben einen anderen Ursprung. Sie sind nicht mit Taubheit gekoppelt, möglicherweise aber mit einem schlechten dreidimensionalen Sehen. Frühe Siamkatzen blinzelten oft, um den Defekt auszugleichen. Das Blinzeln ist inzwischen weggezüchtet worden, anscheinend ohne Beeinträchtigung des Sehvermögens.
Es gibt jedoch bei Katzen mindestens noch ein anderes seltenes Gen für blaue Augen, das bei allen Fellfarben vorkommt. Es wurde nach 1960 in England, nach 1970 in Neuseeland und nach 1980 in den USA, in New Mexico, festgestellt. Die Genetik dieser ausgefallenen Katzen, die heute Ojos Azules genannt werden, wird noch immer erforscht.

AUGENFORMEN

Wildkatzenaugen sind oval und leicht schräggestellt. Rassen, die angeblich der »natürlichen« Katze nahestehen, etwa die Maine Coon (siehe S. 114), besitzen diese »wilden« Augen, obgleich einige nordamerikanische Standards neuerdings rundere Augen bevorzugen. Die natürliche Augenform ist auf doppelte Weise verändert worden: Die Augen können runder oder schräger gestellt sein. Alte westliche Rassen, zum Beispiel die Kartäuser (siehe S. 168), haben generell runde, vorstehende Augen. Manche östlichen Katzen, etwa die Burma (siehe S. 182) haben ebenfalls runde Augen, doch bei asiatischen Rassen sind mandelförmige, schräggestellte Augen die Regel. Die zeigt sich am extremsten bei den Siamesen und der Orientalisch Kurzhaar (siehe S. 192). Solche extremen Formen können Probleme machen. Vorstehende Augen in einem flachen Gesicht neigen zu übermäßigem Tränenfluß und Entzündungen, während extrem schräggestellte Augen Schleim zurückhalten, was das Infektionsrisiko erhöht.

Haselnußfarbe

Grüngetönte Augen
Grüne Augen sind bei rasselosen Katzen immer häufiger anzutreffen, doch reine Grüntöne sind ein Kennzeichen mehrerer Rassen. Die meergrünen Augen der Chinchilla weisen den Züchtern womöglich einen anderen Weg zu blauen Augen.

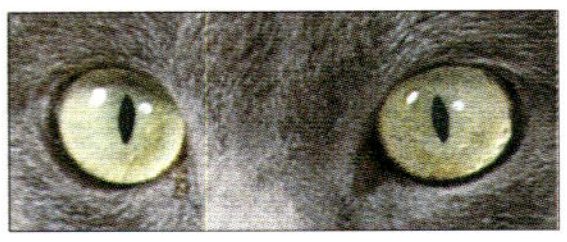
Reines Grün

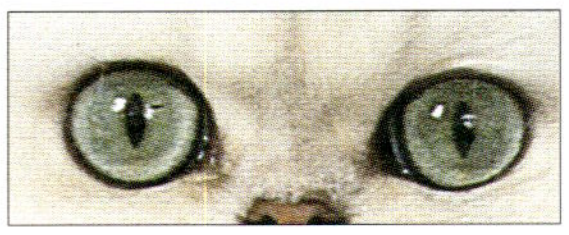
Meergrün

Braun

Gelbgetönte Augen
Diese Augenfarben stehen denen der wildlebenden Katzen am nächsten. Viele grüne Augen machen eine frühe braune oder gelbe Phase durch, bevor sie ihre adulte Farbe annehmen. Kupferfarbene Augen können im Alter verblassen, während goldgelbe Augen je nach Umgebungslicht sehr variabel erscheinen.

Kupferfarbe

Golden

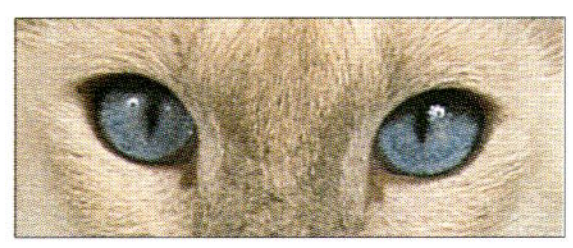
Siamblau

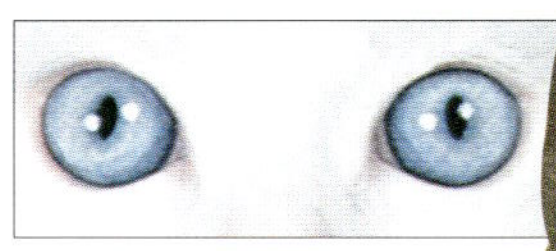
Babyblau

Birmablau

Blaue Augen
Der Pigmentmangel in blauen Augen erlaubt eine höhere Absorption des Sonnenlichts, das der Körper zur Bildung von Vitamin C verwendet. Deswegen trifft man blaue Augen gewöhnlich in lichtarmen Regionen an; die Siamesenmutation hat wohl in Nordasien stattgefunden und wurde mit Hilfe des Menschen südwärts verbreitet. Die Farbkraft von blauen Augen schwankt beträchtlich.

ERLÄUTERUNGEN ZUM RASSENTEIL

Obwohl die überwältigende Mehrheit der Familienkatzen nach wie vor aus Zufallspaarungen hervorgeht, sind Rassekatzen selbst bei solchen Leuten beliebt, die sie weder züchten noch halten. Viele Besucher von Katzenausstellungen haben nie ein rassereines Tier besessen. Eine Übersicht über die Katzenrassen kann indes einen faszinierenden Einblick in das Wesen auch unserer rasselosen Katzen bieten. Rassekatzen haben manchmal durch zufällige Paarungen Einfluß auf freilaufende Katzenpopulationen ausgeübt – wie im Fall des Abzeichenmusters, das innerhalb einer einzigen Rasse in den Westen eingeführt wurde und heute bei vielen Familienkatzen vorkommt.

Vor einigen Jahrzehnten gab es lediglich eine Handvoll anerkannter Rassen. Inzwischen sind es Dutzende. Neue Mutationen werden von manchen Zuchtverbänden zugelassen, neue Rassen werden aus bestehenden Rassen durch die Einführung neuer Farben oder einer abweichenden Haarlänge herausgezüchtet, und Rassen aus einem Land werden in anderen Ländern anerkannt.

Rassebeschreibungen

Jede Rassebeschreibung enthält eine Darstellung der Gesamterscheinung und der Wesenseigenschaften der betreffenden Rasse. Während Rassekatzen äußerlich weitestgehend übereinstimmen, können ihre Wesensmerkmale variieren. Vieles hängt hier von individuellen Erfahrungen ab; Katzen einer besonders liebenswürdigen Rasse können infolge einer unzureichenden frühen Sozialisation nervös oder gar bösartig werden.

Die Rassengeschichte umreißt die Vorfahrensreihe der Rasse und ihren Weg bis zur Akzeptanz durch die Zuchtverbände. Einige Vorgeschichten lassen sich leicht zurückverfolgen, doch andere sind nicht so eindeutig: Ältere Rassen sind vielfach von romantischen Legenden umrankt, und selbst bei manchen neueren Rassen, etwa der Ragdoll (siehe S. 112), ist die genaue Herkunft umstritten.

Die wichtigsten Fakten sind in dem Kasten »Kurz-Info« zusammengefaßt: Ursprung, Vorfahren, Zuchtgeschichte, Synonyme, Eigenschaften, Farben usw.

Internationale Unterschiede

Nicht von allen Zuchtverbänden werden die gleichen Rassen oder die gleichen Farben und Fellzeichnungen einer jeden Rasse anerkannt. Die gleiche Rasse kann sogar in verschiedenen Ländern verschieden aussehen, je nach der jeweils herrschenden »Mode«. Bei der Siam (siehe S. 188) zum Beispiel werden Farben, die in Europa als Farbschläge der Rasse aufgefaßt werden, von der CFA, dem wichtigsten nordamerikanischen Dachverband, als völlig getrennte Rassen registriert.

Der Rassenteil ist so international wie möglich gestaltet und verwendet Katzen aus verschiedenen Ländern, um die Unterschiede zu verdeutlichen.

Auch die Angaben zu den Farben sind so ausführlich wie möglich; verzeichnet werden (in Grundschrift) die Farben, die von den maßgeblichen Dachverbänden anerkannt worden sind (GCCF für britische Katzen, FIFé für Kontinentaleuropa, CFA für Nordamerika und Japan), sowie (in Kursivschrift) zusätzliche Farben, die vorkommen, aber entweder nicht anerkannt sind oder möglicherweise von anderen großen Verbänden anerkannt werden, gewöhnlich von der TICA, die bei den meisten Rassen großzügiger verfährt.

EINFÜHRUNGSTEXT
Stellt die Körper- und Wesensmerkmale der Rasse dar

KLEINERE FOTOS
Zeigen Farbvarianten oder Kätzchen

KURZ-INFO
Enthält Informationen zur Geschichte, Synonyme, zulässige Einkreuzungen usw.

SYMBOLE
Verweisen auf Wesenseigenschaften und Fellpflegebedarf (siehe unten)

FARBEN
Umfassen die von den Dachverbänden anerkannten offiziellen Farben in Grundschrift und weitere Farben in Kursivschrift

KÄSTCHEN
Illustrieren bei Bedarf weitere Farben und Varianten

HINWEISE AUF ZUSÄTZLICHE MERKMALE

GROSSES FOTO
Veranschaulicht die körperlichen Merkmale, möglichst bei der auffälligsten oder beliebtesten Färbung der Rasse

KOPFBILD
Enthält detailliertere Informationen zur Kopfform

RASSENGESCHICHTE
Beschreibt die Entwicklung der Rassen vom Ursprung bis zur Anerkennung durch die Zuchtverbände

BILDLEGENDEN
Erläutern die Forderungen des Rassestandards bei Ausstellungskatzen

Verwendete Symbole

Die Angaben zu den Wesensmerkmalen in den Rassebeschreibungen beruhen auf Fragebogen, die an Züchter und Rassezuchtvereine versandt wurden. Sie geben einen Querschnitt durch die gesamte Rasse, doch nicht alle jeweiligen Symbole treffen auf jede Einzelkatze zu: Vielleicht findet sich sogar eine schweigsame Siamkatze!

Gesellig — Zurückhaltend
Ruhig — Aktiv
Still — Lautfreudig

Fellpflegebedarf
Gering — Mäßig — Täglich

Aufbau der Rassebeschreibungen
Manche Informationen zu einer Rasse lassen sich ohne weiteres stichwortartig zusammenfassen: Zur raschen Orientierung sind diese Angaben im Kasten »Kurz-Info« untergebracht. Eine solche Aufzählung kann jedoch nie einen ausgewogenen Gesamteindruck vermitteln, und deshalb findet man weitere Details im Einführungstext und in der Rassengeschichte. Alle Zusatzinformationen zum Körperbau und bestimmte Farben sind in den Legenden zum Hauptfoto und den kleineren Fotos enthalten. Angaben zu den Standards, die für Ausstellungskatzen gelten, findet man in den Anmerkungen zum Hauptfoto.

LANGHAARKATZEN

Genetisch ist allen langhaarigen Katzen das rezessive Allel gemeinsam, das bewirkt, daß ihr Haarkleid länger wächst als das ihrer wildlebenden Vorfahren (siehe S. 75). Der Unterschied zwischen voll ausgebildetem Langhaar und seidigem Semilanghaar (halblanges Haar) beruht auf polygenetischen Faktoren. Einige Autoren gehen noch immer davon aus, daß das Gen für langes Haar vom zentralasiatischen Manul (siehe S. 17) auf diese Hauskatzen übertragen wurde, doch dafür gibt es keinen Beweis: Die Ursache ist mit ziemlicher Sicherheit eine einfache genetische Mutation. Die Herkunft der Langhaarkatzen ist nicht genau bekannt, aber solche Tiere kamen natürlicherweise schon vor Jahrhunderten in Mittelasien vor. Einige dieser Katzen gelangten nach Europa: Der französische Experte Dr. Fernand Mery berichtet, einzelne Exemplare seien um 1550 nach Italien und wenig später

Balinese
Wie ihre nahe Verwandte, die Siamkatze, besitzt die Balinese keine isolierende Unterwolle, und ihr Semilanghaar ist eher dekorativ als funktional. Im Sommer stoßen diese Katzen zuweilen so viel von ihrem langen Haar ab, daß sie wie Kurzhaarkatzen aussehen.

La Perm
Die La Perm, eine der jüngsten Neuzüchtungen, stammt von einer Mutation ab, die bei einer gewöhnlichen Bauernkatze auftrat. Die meisten Rex-Mutationen haben eine Verringerung der Wärmeschutzwirkung des Fells zur Folge, aber bei Wohnungskatzen bringt das keine ungebührlichen Nachteile mit sich.

Perserkätzchen
Zu den ältesten Langhaarrassen zählt die Perserkatze. Im Laufe der Zeit wurde das Haarkleid dieser Rasse immer länger gezüchtet. Viele Züchter scheren ihre Tiere, wenn diese nicht ausgestellt werden, denn sonst müßten sie das Fell mehrmals täglich pflegen.

Türkisch Van
Das Haarkleid der Türkisch Van ist extrem fein und wegen der fehlenden Unterwolle leicht zu pflegen. Die Fellzeichnung und der Körperbautyp ist in der Türkei zwar schon seit Jahrhunderten bekannt, aber die Rasse gelangte erst relativ spät in den Westen.

nach Frankreich importiert worden. Die frühen Langhaarkatzen in Europa wurden als russisch, französisch oder chinesisch bezeichnet. Fast drei Jahrhunderte mußten vergehen, bis für diese Katzen die heutige Klassifikation eingeführt wurde.

Nach der Katzenausstellung von 1871 im Londoner Crystal Palace wurden für Perserkatzen (siehe S. 104) Standards veröffentlicht, desgleichen für Angoras, die als Angora (siehe S. 140) in Großbritannien und als Türkisch Angora (siehe S. 130) erneuert wurden. Die beliebteste Langhaarkatze auf den frühen amerikanischen Ausstellungen war die Maine Coon (siehe S. 114). Das Fell dieser Rasse kam über England aus Zentralasien, doch einige Katzen der frühen Siedler könnten das Gen für Langhaar auch von einer anderen Mutation mitbekommen haben. Sicher ist jedenfalls, daß das rauhe Klima Neuenglands das Überleben großer Katzen mit langem, wärmendem Haarkleid begünstigt hat. Andere Langhaarrassen entstanden dadurch, daß man das Langhaargen in kurzhaarige Rassen einführte. Neue Rassen wie die Tiffanie (siehe S. 135) und die Nebelung (siehe S. 129) sind auf beiden Seiten des Atlantiks erzüchtet worden.

Norwegische Waldkatze
Rassen, die sich in rauhem Klima entwickelt haben, etwa die Norwegische Waldkatze oder die Maine Coon, verraten ihre Herkunft durch ihr Fell. Sie tragen meist ein wasserabweisendes Deckhaar und eine dicke, isolierende Unterwolle.

Somali
Langhaarige Kätzchen fielen jahrelang in Abessinierwürfen an, bevor man den Versuch unternahm, daraus eine eigene Rasse zu züchten. Die so entstandene Somali ist heute in Nordamerika eine recht beliebte Hauskatze.

PERSER

Diese Rasse, die gewöhnlich in der Wohnung gehalten wird, ist so etwas wie ein Salonlöwe. Die Perserkatze, im angelsächsischen Raum einfach »Longhair« genannt, ist eine gelassene Beobachterin. In statistischen Erhebungen von Tiermedizinern wird sie als die stillste und ruhigste Rasse überhaupt bezeichnet und als eine, die andere Katzen in der Wohnungen am ehesten akzeptiert. Das bedeutet freilich nicht, daß sie völlig passiv wäre. In Europa haben Rassekatzen mehr Auslauf im Freien als anderswo, und die Perser hütet ihr Territorium und fängt und tötet Beutetiere mit verblüffender Leichtigkeit, wenn man ihr flaches Gesicht bedenkt. Das Fell muß täglich gepflegt werden; nicht selten müssen Tierärzte ein stark verfilztes Haarkleid scheren. Probleme bei der Zucht bereiten die polyzstische Nierenkrankheit, die durch Reihenuntersuchungen ermittelt werden kann, und häufig auftretender Kryptorchismus (Verbleiben der Hoden in der Bauchhöhle).

Braungestromter Tabby
Die Stromung ist die traditionelle Fellzeichnung der Perserkatzen, obgleich einige nordamerikanische Verbände auch andere Tabbymuster zulassen. Braun ist die ursprüngliche Farbe, die den natürlichen Tabby kennzeichnet.

RASSENGESCHICHTE

Die ersten nachweislichen Vorfahren der Perserkatze wurden 1620 von Petro della Valle aus Persien nach Italien eingeführt und ungefähr gleichzeitig von Nicholas-Claude Fabri de Pieresc aus der Türkei nach Frankreich. Ihre Nachkommen, die mit verschiedenen Namen belegt wurden, galten in den folgenden zwei Jahrhunderten als Statussymbole. Im späten 19. Jahrhundert züchtete man die Perser nach den Vorgaben der von Harrison Weir fixierten Rassestandards. Der ursprüngliche gedrungene Körperbau ist noch immer ein wesentliches rassebildendes Kennzeichen, doch andere Merkmale sind drastisch verändert worden. Um die Jahrhundertwende wurde die Rasse von allen Zuchtverbänden anerkannt.

Silberschattiert
Die dunklere Silberschattierte Perser, die früher zur Chinchilla mit Spitzenfärbung gestellt wurde, wird heute separat bewertet. Wie fast alle Silberperser hat sie grüne Augen. Eine Ausnahme ist die Pewter (zinnfarbener Schlag), die kupferfarbene Augen besitzt, aber ansonsten der Silber ähnelt.

Blau

Das verkürzte Gesicht kann Gesundheitsprobleme mit sich bringen, aber es verleiht der Perserkatze das kindliche Aussehen, das zu ihrer großen Beliebtheit beigetragen hat. Das Blau gehört zu den ältesten Fellfarben, die 1871 auf der ersten Katzenschau in London zu sehen waren, und ist bis heute populär geblieben. Verlangt wird ein mittleres bis blasses Blau, dazu kräftig orange- oder kupferfarbene Augen. Jede Schattierung, weiße Haare oder Tabbyzeichnungen sind verpönt.

Kurz-Info

ENTSTEHUNGSZEIT: 19. Jahrhundert
URSPRUNGSLAND: Großbritannien
VORFAHREN: Mittelöstliche Langhaarkatzen
EINKREUZUNGEN: Keine
SYNONYME: Im Englischen Longhair, in Nordamerika auch Persian; einige Farbschläge als Kashmirs bezeichnet
GEWICHT: 3,5–7 kg
WESEN: Interessierte Zuschauer

Farbschläge

EINHEITLICHE UND SCHILDPATTFARBEN
Schwarz, Chocolate, Rot, Blau, Lilac, Creme, Schildpatt, Chocolate-Schildpatt, Blaucreme, Lilaccreme, Weiß (mit blauen, orangefarbenen und verschiedenfarbigen Augen)
SMOKEFARBEN
Farben wie bei einfarbig und Schildpatt, ausgenommen Weiß
SCHATTIERT
Silberschattiert (grünäugig), Pewter (orangeäugig), Rotschattiert-Cameo, Golden, Cremeschattiert-Cameo, Schildpatt-Cameo, Blaucreme-Cameo
Andere einheitliche und Schildpattfarben
TABBY (NUR GESTROMT)
Braun, Chocolate, Rot, Blau, Lilac, Schildpatt, Chocolate-Schildpatt, Blau-Schildpatt, Lilac-Schildpatt
Creme, andere Tabbymuster
SILBERTABBY (NUR GESTROMT)
Silber
Jede andere Tabbyfarbe, andere Tabbymuster
BI-COLOUR (STANDARD UND VAN)
Alle zugelassenen einheitlichen, Schildpatt- und Tabbyfarben mit Weiß
Alle einheitlichen und Schildpattfarben, Smoke, schattiert und spitzengefärbt sowie Silbertabby mit Weiß

Rot und Weiß

Ursprünglich waren bei Bi-Colours nur Schwarz, Blau, Rot und Creme erlaubt. Diese Rot-und-Weiß-Perser trägt symmetrische Markierungen, die der Standard jedoch nicht mehr vorschreibt.

Neuere Perserfarben

Ursprünglich wurden Perser nur in einer begrenzten Farbenpalette anerkannt, doch heute werden sie in einer Vielzahl von neuen Farbtönen gezüchtet. Die hier gezeigte Farbenvielfalt ist jedoch nicht die einzige Neuerung: Haarkleid und vor allem das Gesicht haben sich im 20. Jahrhundert verändert. Das Haar ist inzwischen so lang, daß viele Züchter ihre Katzen lieber scheren, wenn sie nicht ausgestellt werden, als sie mehrmals täglich zu bürsten. Die früheren Perserkatzen waren weniger gedrungen und hatten ein kurzes, aber nicht flaches Gesicht. Während europäische Züchter noch immer auf mäßig ausgebildete Nasen selektieren, bevorzugen ihre amerikanischen Kollegen und insbesondere die amerikanischen Preisrichter ein flacheres Gesicht (»Ultra-Typ«). Das führte im Extremfall zum Pekeface-Perser. Wegen der verengten Nasenöffnungen und Tränenkanäle ist diese Varietät nicht mehr erwünscht.

Golden
Dieser Farbschlag mit tiefer Spitzenfärbung auf apricotfarbener Basis gleich einer goldenen Version der Silberschattierten. In Amerika unterscheidet man zwei Formen, die Schattierte und die Chinchilla; in Großbritannien ist nur die erste anerkannt. Die Vererbung dieser Farbe ist noch ungeklärt.

Blaucreme
Obwohl diese Farbe seit den Anfangstagen der Rasse existiert, wurde sie erst 1930 anerkannt, vor allem deswegen, weil man die Vererbung der Fellfarben noch nicht kannte und Blaucreme-Perser nur zufällig anfielen.

Fell in Pastelltönen

Creme-Shell-Cameo
Chinchillas und Silberschattierte wurden in der Geschichte der Perserkatzen schon früh anerkannt, aber andere Perser mit Spitzenfärbung entstanden erst nach dem Zweiten Weltkrieg. Diese Creme-Shell-Cameo ist im Grunde eine Creme-Chinchilla mit warmtoniger Spitzenfärbung und leuchtenden kupferfarbenen Augen.

Farben gut verteilt

Chocolate-Schildpatt
Die Chocolate ist in den 1950er Jahren aus einer Perser-Havana-Kreuzung hervorgegangen und heute von allen großen Verbänden anerkannt. Chocolate-Tabbys und Chocolate-Schildpattperser folgten, wie nicht anders zu erwarten. Wie bei vielen Rassen fordern europäische Standards gemischte Farben, während die nordamerikanischen Verbände Flecken bevorzugen.

Lilac-Tabby
Zusammen mit den Chocolate-Farben wurden auch die Lilac-Farben früher in Nordamerika als eine besondere Rasse eingestuft, unter dem Namen Kashmir. Fell und Körperbautyp stimmen heute mit der Perser überein. Abgebildet ist ein Jungtier mit einem leichteren Haarkleid.

Chocolate und Weiß
Schildpatt-und-Weiß-Perser wurden in den 1950er und andere Farben in den 1960er Jahren anerkannt. 1971 gestattete der Standard farbige Partien auf dem Weiß, das ein Drittel bis die Hälfte des Fells ausmacht. Diese Änderung hatte einen großen Popularitätsschub zur Folge. Heute sind alle Farben und Muster in der Standard- und Van-Verteilung erlaubt.

Rotschattiert-Cameo
Das Inhibitorgen war von Anfang an in Perserkatzen vorhanden, doch Cameos traten erst relativ spät auf den Plan. Sie wurden in den 1950er Jahren in den USA erzüchtet und 1960 von der CFA anerkannt. Danach wurden sie weltweit übernommen; die Zucht in Europa begann 1962.

Cremeschattiert-Cameo
Diese Verdünnung von Rotschattiert-Cameo ist eine kühlere, hellere Färbung. In Großbritannien werden nur Rot-, Creme-, Schildpatt- und Blaucremeschattierte Cameos akzeptiert, weil die ursprüngliche Zucht mit Schildpattkatzen erfolgte. Die Silberschattierten und Pewters haben einen anderen Ursprung.

Colourpoint-Langhaar

Diese Langhaarkatze, hervorgegangen aus der vielleicht ersten gezielten Kreuzung zweier Rassen, war auch die erste anerkannte »Übertragung« der Siamabzeichen (siehe S. 188) auf eine andere Rasse. Die so entstandene Katze hat das üppige, dicke und lange Haarkleid der Perser und das exotische Farbmuster der Siam. Die Augenfarbe ist weniger intensiv als bei der Siam, und die Abzeichen oder Points sind, da wärmeabhängig, bei den langhaarigen Tieren weniger ausgeprägt; die Maske ist durchweg weniger dicht und die Körperfarbe blasser. Bei der Colourpoint-Langhaar sind auch die unterschiedlichen Wesenseigenschaften der Ausgangsrassen abgemildert: Während sich die normale Perserkatze damit begnügt, dem Treiben der Welt zuzuschauen, und die Siamkatze immer dabei ist, wo etwas los ist, ist die Colourpoint-Langhaar ein freundlicher, aber gelassener Gefährte. Besitzer sollten auf rechtzeitige Kastration achten: Die sexuelle Frühreife der Siamvorfahren könnte auch bei diesen Katzen durchschlagen.

Chocolate-Point
Ein elfenbeinweißer Körper ist gekoppelt mit braunen Abzeichen, die in Ton und Tiefe gleichmäßig sein sollten.

Rassengeschichte

Die ersten Kreuzungszuchtversuche mit Siamesen und Persern wurden in den 1920er Jahren in Europa durchgeführt: Eine Rasse, die die Namen Khmer erhielt, existierte auf dem europäischen Kontinent bis in die 1950er Jahre, und einige behaupten, auch die Birmakatze (siehe S. 110) sei ein Ergebnis dieser Experimente. In den 1930er Jahren verpaarten amerikanische Genetiker, die Erbmerkmale erforschten, eine schwarze Perser mit einer Siam. Die erste Generation waren lauter schwarze, langhaarige Katzen, aber bei der Rückkreuzung dieser Tiere entstand eine Langhaarkatze mit Abzeichen. Diese wurden später Himalayan genannt, nach dem Abzeichenmuster, das bei vielen Kaninchen im Himalaja auftritt, aber es bestand kaum Interesse an der Zucht einer neuen Rasse. Parallele Bestrebungen in England, eine Katze mit Points und von einem guten Persertyp zu schaffen, gingen in den 1930er und 1940er Jahren weiter. Die Colourpoint-Langhaar fand 1955 Anerkennung; auf dem europäischen Festland wurde der Name Khmer entsprechend verändert. Das wieder erwachte Interesse an den Himalayans während der 1950er Jahre in Nordamerika führte 1961 zur Anerkennung durch alle großen Dachverbände. Der Status der Katzen ist international uneinheitlich: Das GCCF und einige nordamerikanische Verbände fassen sie als Farbschläge der Perser auf, während andere sie als eigene Rasse betrachten.

Junge Cream-Point
Die Abzeichen aller Farben brauchen zur Entwicklung länger als bei Kurzhaarkatzen, und die Abzeichen aller verdünnten Farben, wie etwa Cream-Point, brauchen bis zur vollen Ausbildung länger als die dunkleren Farbtöne.

Kurz-Info

Entstehungszeit: 1950er Jahre
Ursprungsland: Großbritannien und USA
Vorfahren: Perser-Siam-Kreuzungen
Einkreuzungen: Perser
Synonyme: Colourpoint Longhair, im deutschsprachigen Raum früher Khmer, in den USA manchmal Himalayan genannt
Gewicht: 3,5 – 7 kg
Wesen: Ruhig und freundlich

Farbschläge

Einfarbige und Schildpattabzeichen
Blau, Chocolate, Cream, Lilac, Rot, Seal, Blaucreme, Chocolate-Schildpatt, Lilac-Cream, Seal-Schildpatt
Tabbyabzeichen
Farben wie bei einfarbigen und Schildpattabzeichen

Cream-Tabby-Point | Red-Point | Blue-Point | Seal-Tabby-Point

Seal-Point
Die Maske einer geschlechtsreifen Colourpoint bedeckt das Gesicht, sollte sich aber nicht auf den übrigen Kopf ausdehnen. Bei Katern ist die Maske größer als bei Kätzinnen.

Lilac-Point
Dieser Farbschlag hat warmtonige Lilac-Abzeichen und einen magnolienweißen Körper. Colourpoint-Langhaar wird mit anderen Langhaartypen gekreuzt. Weil das Abzeichengen rezessiv ist, können alle Nachkommen aus solchen Paarungen latent das Potential für die Zeugung von Colourpoint-Kätzchen tragen, und dieses Potential wird im Stammbaum vermerkt. Träger des Abzeichengens unterscheiden sich im Typ nicht von Perserkatzen.

BIRMA

Diese auffällig gezeichnete Rasse mit ihrer geheimnisvollen Geschichte ist eine gutgebaute Katze mit farblich abgesetzten Pfoten und großen blauen Augen. Ihr seidiges Fell ist nicht so dick wie das der Perser (siehe S. 104) und neigt weniger zum Verfilzen, aber tägliche Pflege ist dennoch notwendig. Züchter meinen, daß kastrierte Kater mehr Zuwendung verlangen, während kastrierte Kätzinnen sich ziemlich herrschsüchtig gebärden können. Die Rasse war im Westen gegen Ende des Zweiten Weltkriegs nahezu erloschen; damals gab es nur noch zwei Exemplare in Frankreich. Diese wurden zwecks Erhalt der Rasse mit anderen Katzen gekreuzt, wodurch die genetische Basis verbreitert und die Anlagen für vielerlei Abzeichenfarben eingebracht wurden. Wie bei allen Rassen mit kleinem Genpool können auch hier Erbdefekte durch Inzucht gehäuft auftreten, doch glücklicherweise sind bei dieser Rasse nur seltene Haut- und Nervenkrankheiten erblich bedingt.

Profil
Das Profil der Birma, hier bei einer Red-Point, ist kräftig, mit einer leichten Einbuchtung, aber keinem ausgeprägten Stop. Das Kinn verjüngt sich, darf aber nicht fliehend sein.

Gesicht
Die Blue-Point zeigt eine voll ausgebildete Maske von der Nase zur Stirn, die mit den Ohren durch farbige »Spuren« verbunden ist. Bei einfarbigen Tieren sollte die Maske ebenmäßig und dicht sein und der Nasenspiegel sollte farblich zum Fell passen.

RASSENGESCHICHTE

Der Überlieferung zufolge stammt die Birma von den Tempelkatzen in Birma (Burma) ab, im besonderen von einer trächtigen Katze namens Sita, die Auguste Pavie 1919 nach Frankreich mitbrachte. Die Legende leitet die Birma von einer weißen Katze her, die Sinh hieß. Sie lebte in einem Tempel, der Tsun-Kyan-Kse geweiht war, einer goldenen Göttin mit Saphiraugen. Als der Tempel angegriffen wurde, nahm Sinh die Farben der Göttin an und ermutigte die Mönche zum Gegenangriff. Die Rasse dürfte eine entfernte Verwandte der ähnlich gezeichneten Siam (siehe S. 188) sein und ihren Ursprung in Birma haben, doch eine weniger romantische Version besagt, daß sie eine Schöpfung französischer Züchter ist und gleichzeitig mit der Colourpoint-Langhaar (siehe S. 108) entstand.

Lilac-Point
Dies war, zusammen mit Chocolate, eine der ersten »neuen« Farben, die Anerkennung fanden. Die Abzeichen müssen rosagrau und der Nasenspiegel analog gefärbt sein. Der Körper weist ein warmes Magnolienweiß auf.

Blue-Tabby-Point
Das Tabbymuster eine der frühen Ergänzungen der Abzeichenfarbenpalette bei der Birma und wird heute in vielen Farben gezüchtet. Tabby-Points sollten eine klare Skarabäuszeichnung und eine hellere »Brille«, markierte Schnurrhaarkissen, gestreifte Beine und einen gebänderten Schwanz aufweisen.

Kurz-Info

Entstehungszeit: Unbekannt
Ursprungsland: Birma (heute Myanmar) oder Frankreich
Vorfahren: Ungeklärt
Einkreuzungen: Keine
Synonym: Heilige Birma, im Englischen Birman
Gewicht: 4,5 – 8 kg
Wesen: Freundlich und zurückhaltend

Farbschläge

Einfarbige und Schildpattabzeichen
Seal, Chocolate, Rot, Blau, Lilac, Creme, Seal-Schildpatt, Chocolate-Schildpatt, Blau-Schildpatt, Lilac-Schildpatt

Tabbyabzeichen
Farben wie bei einfarbigen und Schildpattabzeichen

Seal-Tortie Tabby / Chocolate

Cream-Point
Zusammen mit der Red-Point ist dies einer der jüngsten Birma-Farbschläge. Das Foto zeigt eine junge Katze: Wenn sie älter wird, erstreckt sich die Maske über das ganze Gesicht, und die Tabbyzeichnung verblaßt. Ein leichtes Tabbymuster ist bei diesen beiden Farben kein schwerer Fehler.

Seal-Point
Diese »klassische« Birma zeigt die Farben, die in der legendären Version vom Ursprung der Rasse beschrieben sind: weiße Handschuhe an den Pfoten, dunkelbraune Abzeichen, ein golden überhauchter Körper und tiefblaue Augen. Lange Zeit waren nur Seal und seine Verdünnung Blau zugelassen.

Seal-Schildpatt-Point
Eine gute Schildpatt-Point ist oft schwer zu züchten: Das Muster braucht nicht völlig gleichmäßig zu sein und eine Blesse ist nicht erforderlich, aber alle Abzeichen müssen eine Vermischung der Farben zeigen. Die helleren Schattierungen auf dem Körper müssen ebenfalls leicht ungleichmäßig sein.

RAGDOLL

Die Ragdoll (zu deutsch »Stoffpuppe«), die durch ihre ungewöhnliche Sanftheit Berühmtheit erlangte, ist eine große und erstaunlich schwere Katze. Ihr mittellanges Fell hat eine weiche Textur und verfilzt nicht so leicht wie das der Perserkatzen. Ragdolls sind eigentlich abzeichentragende Tiere, die weiß geboren werden und ihre Farbe und Zeichnung im Laufe von zwei Jahren allmählich ausbilden. Die Ragdoll läßt sich mit Belohnungen erziehen und kann mühelos an die Benutzung eines Kratzpfostens gewöhnt werden. In Australien ist sie beliebt, weil sie sich kaum für die Jagd begeistert, was angesichts der Wildtierproblematik des Kontinents nur von Vorteil ist. Berichte über die große Schmerzunempfindlichkeit der Rasse sind jedoch eindeutig widerlegt worden.

Blue-Mitted
Unter den Vorfahren der Ragdoll befand sich zweifellos eine Birma, die dieses Fellmuster weitervererbt hat. Diejenigen, die die Ragdoll für einen »Abklatsch« der Birma halten, haben gewisse Vorbehalte gegen die »behandschuhten« (mitted) Katzen, ja gegen die ganze Rasse. Es besteht jedoch ein Unterschied in der Fellzeichnung: Die weißen Handschuhe der Ragdoll erstrecken sich hinten bis über den Mittelfuß.

RASSENGESCHICHTE

Obwohl die Ragdoll eine relativ junge Rasse ist, ist ihre Geschichte verworren. In den 1960er Jahren züchtete Ann Baker in Kalifornien die ersten Ragdolls, indem sie Josephine, eine weiße, wahrscheinlich rasselose Langhaarkatze, und Daddy Warbucks, einen Birma- oder birmaähnlichen Kater, miteinander verpaarte. Sie erklärte, die Ragdolls würden erschlaffen, wenn man sie anfasse. Sie gründete einen Rassezuchtverein, doch dessen Ragdolls wurden von anderen Verbänden nicht anerkannt. Später wurden die Ragdolls von anderen Leuten weitergezüchtet, und so entstand die Rasse, die heute von den meisten Verbänden akzeptiert wird. Der Erfolg der Rasse beruht auf der Nachfrage nach sanften Wohnungskatzen. Ähnliche Rassen werden derzeit erzüchtet, alle mit ebenso niedlichen Namen und zum Teil mit noch bizarreren Aussagen, was ihre Herkunft und Merkmale betrifft.

Seal-Point
Diese Farbe und ihre Verdünnung, das Blau, kommen bei der Ragdoll am häufigsten vor. Es hat sich nämlich als schwierig erwiesen, einwandfreie Chocolate- und Lilacfarben zu erzielen, und manche Züchter glauben, daß sich noch andere unidentifizierte Farben im Genpool befinden. Die Körperfärbung darf bei der Ragdoll kräftiger sein als bei vielen anderen Abzeichenträgern.

Pfoten
Groß und rund, mit Haarbüscheln

Beine
Mittellang, kürzer behaart als der Körper

Hals
Kurz und gedrungen

Kurz-Info

Entstehungszeit: 1960er Jahre
Ursprungsland: USA
Vorfahren: Ungeklärt
Einkreuzungen: Keine
Synonyme: Keine
Gewicht: 4,5–9 kg
Wesen: Sanftmütig und ruhig

Farbschläge

Mit Abzeichen
Seal, Chocolate, Blau, Lilac
Mit Handschuhen
Farben wie bei Abzeichen
Bi-Colour
Farben wie bei Abzeichen

Chocolate Bi-Colour — Lilac-Point — Chocolate-Point

Seal Bi-Colour
Der Standard schreibt vor, daß die weiße Partie in einem kopfstehenden V im Gesicht beginnt und die gesamte Unterseite vom Kinn bis zur Schwanzwurzel überzieht. Die Vorderbeine sollten ganz weiß, die Hinterbeine nur im unteren Teil weiß sein. Weiße Flecken sind überall auf dem Körper erlaubt, doch nicht an Kopf, Ohren und Schwanz.

Ragdoll-Kopf
Im Profil gesehen, sollte das Gesicht auf der mittellangen Nase ganz leicht eingebuchtet sein. Diese Seal-Mitted hat auf der Nase eine schmale weiße Blesse, die bei diesem Fellmuster erlaubt ist.

Maine Coon

Die kraftvolle, ruhige und robuste Maine Coon hat sich neuerdings zu einem sehr beliebten Hausgenossen entwickelt. Am besten sieht sie im Winter aus, wenn das schwere, glänzende Fell am üppigsten ist. Ein unverwechselbares Merkmal, das diese Rasse von anderen unterscheidet, ist das häufig vorgetragene und einschmeichelnd fröhliche Trillern, mit dem sie ihre vier- und zweibeinigen Familienmitglieder begrüßt. Sie genießt die Gesellschaft der Menschen, ist aber ein unabhängiges Geschöpf, das am liebsten das tut, was ihm Spaß macht; manche Besitzer versichern, daß dazu auch das Schwimmen gehöre. Kätzinnen geben sich würdevoller als Kater, die manchmal ein wenig linkisch wirken, doch Schoßtiere sind sie alle nicht. Es sind echte Kumpel und keine Babys, was vielleicht der Grund dafür ist, daß in gehobenen Herrenmagazinen mehr Anzeigen für Maine Coons erscheinen als für alle anderen Rassen.

Braungetigert und Weiß
Ursprünglich wurden nur braune Tabbys als Maine Coons bezeichnet: Mit ihrem Fell, dem massigen Körper und dem riesigen Schwanz ähnelten diese Katzen dem Waschbären (»raccoon« oder kurz »coon«). Andere Farben und Fellmuster hießen in den Anfangsjahren der Rasse allgemein Maine Shags.

Rassengeschichte

Die Frühgeschichte der Maine Coon ist unbekannt. Zu ihren mutmaßlichen Vorfahren zählen englische Katzen, die mit den frühen Siedlern nach Amerika kamen, und langhaarige russische oder skandinavische Katzen an Bord von Schiffen, die in den Häfen von Maine anlegten. Der strenge Winter in Neuengland begünstigt Katzen mit dichtem Fell, die so groß sind, daß sie Jagd auf Hasen machen können. Der schwarz-weiße Captain Jenks of the Horse Marines war die »erste« Maine Coon, die 1861 auf Ausstellungen in Boston und New York auftrat, als die Rasse eine frühe Beliebtheit erlangte. Um die Wende zum 20. Jahrhundert verlor sie an Boden gegenüber den Perserkatzen. Sie überdauerte als Rasse, weil Farmer ihre hervorragenden Jagdeigenschaften erkannten. Das Interesse an ihr erwachte wieder in den 1950er Jahren und ist seit 1980 so groß, daß sie heute zu den Spitzenrassen der Welt zählt.

Gesicht der Maine Coon
Hinsichtlich der Gesichtsform, vor allem der Größe und Stellung der Ohren, haben die einzelnen Rassezuchtverbände unterschiedliche Präferenzen. Alle verlangen jedoch, daß die Augen grün, golden oder kupferfarben sein müssen, wobei blaue oder verschiedenfarbige Augen bei weißen Tieren erlaubt sind.

Rotgestromt
Bei der Maine Coon werden nur getigerte und gestromte Tabbys anerkannt, die dem traditionellen Erscheinungsbild entsprechen. Rote Tabbys sollten eine gute rotbraune Färbung aufweisen, um sich von der gewöhnlicheren Ingwerfarbe rasseloser Katzen abzuheben.

Schwarz
Die Maine Coon wird von den meisten Leuten mit Tabbyfarben und -mustern assoziiert, aber auch einfarbige Tiere werden häufig gezüchtet. Vor allem dunkle Farben bringen den Glanz des Fells gut zur Geltung. Das Haarkleid der Maine Coon ist hart und von einzigartiger Textur.

Schildpatt-Tabby

Das Erscheinungsbild der Maine Coon als eines großen, locker behaarten Tabbys hat sich dem allgemeinen Bewußtsein so stark eingeprägt, daß der Laie jede Katze, die dieser Beschreibung entspricht, wahrscheinlich für eine Maine Coon hält. Die Rasse unterliegt jedoch einem strengen Standard und muß sorgfältig gezüchtet werden, damit die kräftige Farbstellung wie bei dem gezeigten Beispiel erhalten bleibt. Die Körpergröße der Maine Coon ist fast zu einem Mythos geworden: Die Behauptung, daß einige Zuchtlinien 15 kg auf die Waage bringen, konnten bisher nicht bestätigt werden.

Kurz-Info

ENTSTEHUNGSZEIT: 1860er Jahre
URSPRUNGSLAND: USA
VORFAHREN: Bauernkatzen
EINKREUZUNGEN: Keine
SYNONYM: Maine Shag
GEWICHT: 4–10 kg
WESEN: Sanfter Riese

Farbschläge

EINFARBIG UND SCHILDPATT
Schwarz, Blau, Creme, Rot, Schildpatt, Blau-Schildpatt, Weiß (mit blauen, grünen, verschiedenfarbigen, orangefarbenen Augen)
SMOKE UND SCHATTIERT
Farben wie bei einheitlichen und Schildpattfarben mit Ausnahme von Weiß
TABBY (GESTROMT, GETIGERT)
Braun, Rot, Blau, Creme, Schildpatt, Blau-Schildpatt
SILBERTABBY
Farben wie bei Standardtabbys
BI-COLOURS
Alle einheitlichen, Schildpatt- und Tabbyfarben mit Weiß

CREME-SCHATTIERT — SCHWARZ-SMOKE — BRAUN-GESTROMT — BLAUSILBER-TABBY

MAINE-COON-VARIATIONEN

Die Fellstruktur dieser Rasse ist zweifellos die einer Bauernkatze. Obwohl das Haar lang und dick ist, braucht es erstaunlich wenig Pflege; außerdem ist es wasserabstoßend, so daß es nur selten gewaschen werden muß. Einige Farben haben indes in Züchterkreisen Fragen aufgeworfen: Man vermutet, daß Perser verwendet worden sind, um die Smoke- und Silberfarben einzubringen. Das ist unwahrscheinlich, da viele freilaufende Katzen in Nordamerika, die nichts mit Perserkatzen zu tun hatten, das Inhibitorgen tragen, das für diese Farben zuständig ist. In Europa ist bei einfarbigen, Smoke-, schattierten, Tabby- und Silbertabbyfellen die gleiche Farbenpalette zulässig. In Nordamerika ist die Situation komplizierter.

Blau und Weiß (Kätzchen)
Der kräftige Körperbau der Rasse zeigt sich schon im frühesten Alter. Der Entwicklungsprozeß ist bei der Maine Coon manchmal unberechenbar; einige hervorragende Exemplare geben sich erst als solche zu erkennen, wenn sie voll ausgewachsen sind.

Rotschattierter Tabby
Ein guter Roter Tabby zeigt sowohl in der Grundfarbe als auch in den dunkleren Markierungen eine satte rote Tönung. Das Inhibitorgen läßt die Grundfarbe verschwinden, aber die Markierungen sollten das gleich kräftige Rotbraun aufweisen wie ein einfarbiges Fell.

Maine Wave
Diese umstrittene Züchtung ist eine rassereine Maine Coon mit einer Rexmutation. Die Mutation galt früher als letal, doch in mehreren Zuchtlinien scheint es inzwischen keine Gesundheitsprobleme zu geben. Dem Fell fehlen die Leithaare, und es sieht deswegen völlig anders aus als ein typisches Maine-Coon-Fell. Es ist unwahrscheinlich, daß solche Katzen als Vertreter der Rasse anerkannt werden. Da die Mutation rezessiv ist, werden sie wohl auch nicht mehr verschwinden.

Schwarz-Smoke
Das schwere Deckhaar der Maine Coon verdeckt fast am ganzen Körper die weiße Unterwolle. Nur dort, wo das Fell sich teilt – an den Beinen und am Hals –, scheint das silbrige Weiß durch. Die Unterwolle tritt stärker hervor, wenn das Winterfell in der warmen Jahreszeit abgestoßen wird.

Weiß mit verschiedenfarbigen Augen
Wie bei allen Rassen kann auch hier bei weißen Katzen Taubheit auftreten. Dies trifft hauptsächlich, aber nicht ausschließlich auf Weiße mit blauen und verschiedenfarbigen Augen zu. Manche Züchter versichern, daß Jungtiere mit großen »Kätzchenkappen« aus dunklerem Haar für diese Taubheit weniger anfällig seien, und versuchen konstant hörfähige Weiße zu erzielen, indem sie auf größere »Kappen« züchten.

Britisches Erscheinungsbild
Dieser Silbertabby ist repräsentativ für das Erscheinungsbild, das das GCCF bei der Maine Coon bevorzugt. Das breite Gesicht mit ovalen Augen wird gekrönt von mäßig großen Ohren, die von den Ecken des Kopfs abstehen. Körper und Beine sind entsprechend stämmig und erwecken den Eindruck einer Katze, die sich überall zu behaupten vermag.

Alternatives Aussehen
Dieser Silbertabby verkörpert den Maine-Coon-Typ, der von der TICA, einem vorwiegend nordamerikanischen Dachverband, bevorzugt wird. Das Gesicht ist etwas eckiger als in Europa üblich, die größeren Ohren sind am Kopf höher angesetzt und die Augen runder.

NORWEGISCHE WALDKATZE

Die Norwegische Waldkatze, die sich Fremden gegenüber etwas reserviert verhält und ihr bekannten Menschen ruhiges Vertrauen entgegenbringt, hat mit der Maine Coon (siehe S. 114) und der Sibirischen Waldkatze (siehe S. 120) einiges gemeinsam. Mit ihrer Größe und ihren langen Hinterbeinen wirkt sie recht imposant. Norwegische Züchter vergleichen diese »Naturkatze« gern mit einem kleinen Luchs. Sie gibt einen freundlichen Hausgenossen ab, verteidigt aber ihr Territorium mit Nachdruck. Sie klettert und jagt hervorragend, und Besitzer, die an einem Wasserlauf wohnen, berichten, daß sie auch Fische fängt. Die Rasse ist im allgemeinen gesund, doch bei der Zucht auf einen längeren Rumpf und eine längere Nase muß darauf geachtet werden, daß Rückgrat- und Zahnprobleme vermieden werden.

RASSENGESCHICHTE

Katzen gelangten um 1000 n. Chr. nach Norwegen, als die Wikinger Handelsverbindungen mit dem byzantinischen Osten unterhielten. Daß Katzen von Byzanz direkt nach Norwegen importiert wurden, wird durch norwegische Katzenpopulationen belegt, deren Fellfarben in der Türkei weit verbreitet, aber in Europa selten sind. Möglicherweise geht die Norwegische Waldkatze auf langhaarige türkische Katzen zurück. Das rauhe skandinavische Klima begünstigt große Langhaarkatzen, die bei den Bauern immer beliebter wurden. Erst in den 1930er Jahren erkannte man in ihnen eine eigene Rasse, aber die planmäßige Zucht begann erst in den 1970er Jahren. Seit 1977 ist die Rasse von der FIFé anerkannt.

Schwarz-Smoke und Weiß
Der Rassetyp sollte stets seine Eleganz behalten. Der Körperbau ist zwar groß und robust, darf aber nicht gedrungen erscheinen, und das Gesicht sollte kantig sein und aufgeweckt wirken, nicht rundlich oder »niedlich«.

Blautabby und Weiß
Tabbys und zweifarbige Tiere sind häufig in den freilaufenden Katzenpopulationen anzutreffen, aus denen die Norwegische Waldkatze hervorgegangen ist. Diese Fellmuster herrschen auch in der Rasse vor, da der Standard wenig Anreiz bietet, auf Farben zu züchten.

Silbertabby und Weiß
Bei fast allen Katzen wirkt das Haarkleid manchmal leicht gelblich oder »schmutzig« infolge der Rufismusgene; dieser Effekt fällt bei Silbertabbys am stärksten ins Auge. Bei vielen Rassen gilt dies als Fehler, der möglichst weggezüchtet werden muß, nicht aber bei der Norwegischen Waldkatze.

Kurz-Info

Entstehungszeit: 1930er Jahre
Ursprungsland: Norwegen
Vorfahren: Bauernkatzen
Einkreuzungen: Keine
Synonyme: Norwegian Forest Cat, Skogkatt, Skaukatt, Wegie
Gewicht: 3–9 kg
Wesen: Zurückhaltend

Farbschläge

Einheitliche und Schildpattfarben
Schwarz, Rot, Blau, Creme, Weiß (mit blauen, grünen, verschiedenfarbigen und orangefarbenen Augen)
Smoke-Farben
Wie bei einheitlichen und Schildpattfarben, ausgenommen Weiß
Schattiert und spitzengefärbt
Wie bei Smoke-Farben
Tabbyfarben (gestromt, getigert, getupft)
Braun, Rot, Blau, Creme, Schildpatt, Blau-Schildpatt
Silbertabbyfarben
Farben und Zeichnung wie bei Standardtabbys
Bi-Colours
Alle zugelassenen Farben und Zeichnungen mit Weiß

Braun-tabby — Blau und Weiss — Rottabby

Schwanz
Lang und buschig, ebenso lang wie der Rumpf

Schwarz
Die in ein dickes schwarzes Winterfell gehüllte Norwegische Waldkatze gleicht einer der wilden Katzen der nordischen Sagen. Die Augenfarbe ist nicht mit der Fellfarbe gekoppelt, so daß schwarze Tiere mit goldleuchtenden oder hexenkatzengrünen Augen auftreten können. Das schwarze Haarkleid neigt zu einer leichten rostbraunen Verfärbung, wenn es nicht nachhaltig von Sonnenlicht geschützt wird.

Silbertabby
Der Rassestandard der Norwegischen Waldkatze schreibt vor, daß sich in ihrem Äußeren die Abkunft von Bauernkatzen widerspiegelt. Die wichtigsten Merkmale sind der Körperbautyp und die Fellbeschaffenheit. In der Punktskala sind der Fellfarbe keine speziellen Wertungspunkte zugeordnet. Tabbys sind beliebt, weil sie das »natürliche« Erscheinungsbild unterstreichen.

Sibirische Waldkatze

In der kalten Heimat dieser Rasse entwickelten sich vorzugsweise große, kräftig gebaute Katzen mit einem schützenden dicken Haarkleid. Es ist unmöglich, die ältesten Vorfahren dieser Katze zu ermitteln, aber fest steht, daß die Sibirische Waldkatze durch ihre Umwelt perfektioniert wurde, genauso wie die Norwegische Waldkatze (siehe S. 118). Alles an diesen Katzen ist auf das Überleben unter widrigen Bedingungen ausgerichtet: Das Deckhaar ist kräftig, reich und ölig, die Unterwolle so dicht, daß sie auch den stärksten Wind abhält, und der Körperbau groß und robust. Robustheit ist jedoch nicht gleichbedeutend mit Phlegma: Dies sind aktive und sehr agile Katzen. Auch ihr Wesen ist ein Produkt ihrer Vergangenheit: Sie sind zwar gesellig, aber alles andere als passive Schoßtiere.

Rassengeschichte

Langhaarige Katzen sind im unwirtlichen Norden Rußlands überall anzutreffen. Wie viele »natürliche« Rassen fand auch die Sibirische Waldkatze erst in neuester Zeit größere Beachtung. Ernsthafte Zuchtbemühungen zur Standardisierung des Typs begannen in den 1980er Jahren, doch inzwischen ist die Rasse von vielen Zuchtverbänden in ihrer Heimat anerkannt worden, unter anderem vom Allrussischen Katzenklub. 1990 wurde die Rasse in die USA importiert, und zwar von Elizabeth Terrell. Der Name ihrer Zucht, »Starpoint«, taucht in den meisten Stammbäumen der dort lebenden Spitzentiere auf. Von den großen Dachverbänden hat bisher nur die TICA die Rasse anerkannt. Einige russische Verbände befürchten, daß die in den Westen eingeführten Katzen nicht immer erstklassig sind. Das »TICA-Gesicht« weicht vom russischen Typ ab, und es könnte sei, daß sich die Rasse international in zwei unterschiedlichen Erscheinungsformen entwickeln wird.

Braungestromt (rechts)
Äußerlich erinnert die Sibirische Waldkatze mehr als alle anderen Rassen an eine Wildkatze. Einzigartig ist auch das sehr breite Gesicht mit den ovalen, schräggestellten Augen, das auffallend urwüchsig und »asiatisch« wirkt. Die russischen Zuchtverbände wollen dieses wilde Aussehen erhalten wissen.

Tabby Rotschattiert und Weiß
Die Rasse ist in ihrem Heimatland nur in Farben zugelassen, die auf Schwarz und Rot basieren; anderswo ist eine größere Farbenpalette erlaubt. Das Inhibitorgen, das schattierte Farben hervorbringt, ist von Natur aus vorhanden, aber nicht dominierend.

Kätzinnen sind feingliedriger als Kater

Schildpatt-Tabby und Weiß
Die weiblichen Katzen sind, wie bei vielen Rassen, etwas kleiner und leichter als die Kater. Bei beiden Geschlechtern sind die Hinterbeine, wenn sie gestreckt werden, ein wenig länger als die Vorderbeine, und der Rumpf wird mit einem leicht gebogenen Rückgrat getragen.

In Nordamerika werden rundliche Augen bevorzugt

Braungetigert
Laut TICA-Standard sieht der Kopf der Sibirischen Waldkatze nicht so »wild« aus, wie er von den russischen Zuchtverbänden bevorzugt wird. Der Kopf sollte zwar breit sein, aber eher »rundlich« wirken, mit einem lieblichen Ausdruck und mit fast runden Augen. Die nordamerikanischen Katzen haben mittelgroße bis große Ohren.

Kurz-Info

Entstehungszeit: 1980er Jahre
Ursprungsland: Östliches Rußland
Vorfahren: Haus- und Bauernkatzen
Einkreuzungen: Keine
Synonym: Sibirian Forest Cat
Gewicht: 4,5–9 kg
Wesen: Sensibel und ausdauernd

Farbschläge

Einfarbig und Schildpatt
Schwarz, Rot, Blau, Creme, Schildpatt, Blau-Schildpatt
Alle anderen einheitlichen und Schildpattfarben
Smoke, schattiert und spitzengefärbt
Wie bei einheitlichen und Schildpattfarben
Tabbys, Silbertabbys (gestromt, getigert, getupft)
Braun, Rot, Blau, Creme, Schildpatt, Blau-Schildpatt
Gebändert, alle anderen einheitlichen und Schildpattfarben
Bi-Colour
Alle zugelassenen einheitlichen, Schildpatt- und Tabbyfarben mit Weiß

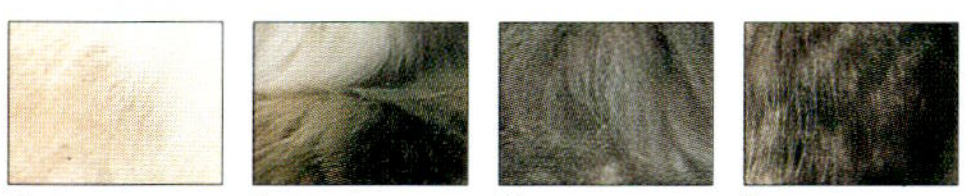

Creme und Weiss — Schildpatt und Weiss — Blau — Silber-Tabby

Schwanz
Mittellang und dick, mit gerundeter Spitze

Braungetupft und Weiß
Ursprünglich überwogen bei der Sibirischen Waldkatze die Tabbymuster, wie nicht anders zu erwarten bei einer Rasse, die sich im Freileben entwickelt hat, wo allenthalben natürliche Feinde lauern. Die Züchter sind sich indes weitgehend einig in dem Wunsch, ein größeres Spektrum von einheitlichen und schattierten Farben zu erreichen, doch Tabbyzeichnungen aller Art machen nach wie vor einen recht großen Prozentsatz der Rasse aus.

AMERICAN CURL

Diese ruhige und sanfte Rasse ist im Grunde eine gewöhnliche nordamerikanische Hauskatze mit einer einzigen, auffälligen Mutation: Ihre Ohren sind nach hinten und zur Kopfmitte hin gedreht. Dieses ungewöhnliche Merkmal verleiht der »Amerikanisch Kräuselohr« einen merkwürdig koboldhaften, erstaunten Gesichtsausdruck. Das Merkmal ist dominant, so daß bei der Verpaarung einer Curl mit einer beliebigen Katze mindestens 50 Prozent »Kräuselohren« anfallen. Die übrigen Nachkommen, sogenannte American Curl Straight Ears, werden für Zuchtprogramme verwendet oder als Hausgenossen verkauft. Einkreuzungen, aus denen eine kurzhaarige Curl (siehe S. 163) hervorgegangen ist, sorgen dafür, daß die genetische Vielfalt innerhalb der Rasse erhalten bleibt. Spontane Mutationen dieser Art können Mißbildungen zur Folge haben: Bei der Curl sind sie noch nicht aufgetreten, doch einige Zuchtverbände befürchten Spätfolgen.

Seal-Point
Die Abzeichen oder Points, die einst einer einzigen Rasse vorbehalten waren, finden sich heute bei vielen Rassekatzen. Neuzüchtungen wie die Curl tragen gewöhnlich dieses Fellmuster. Bei längerem Haarkleid werden die Abzeichen generell schwächer und heller ausgebildet.

Schildpatt und Weiß
Diese Fellzeichnung, in Nordamerika auch Calico genannt, ist fast ausschließlich auf weibliche Tiere beschränkt. Der gemäßigte Standard der Curl bevorzugt Kätzinnen, die jedoch bei schwereren Zuchtlinien den stämmigen Katern oft unterlegen sind.

RASSENGESCHICHTE

Viele Leute werden zu Katzenhaltern, indem sie streunende Tiere zu sich nehmen. Das ist auch der Ursprung der Curl. Ein herrenloses Kätzchen tauchte 1981 im Haus von Grace und Joe Ruga im kalifornischen Lakeland auf. Katzen sind sehr geschickt bei der Auswahl ihrer Betreuer: Grace Ruge stellte der kleinen Katze Futter hin. Sie fraß es, fand Gefallen an dem Ambiente und erwählte es zu ihrem neuen Zuhause. Die reizende schwarze Kätzin hatte ein langes, seidiges Fell und ungewöhnliche Ohren. Joe Ruga gab ihr den Namen Shulamith (was soviel wie »die Friedliche« bedeutet) nach der Schafhirtin im Hohenlied Salomonis. Alle Curls gehen auf Shulamith zurück. Sie warf im Dezember desselben Jahres 4 Kätzchen, von denen 2 die gleichen »Kräuselohren« besaßen. Diese Katzen wurden 1983 in Kalifornien ausgestellt, und inzwischen ist die Rasse in Nordamerika voll anerkannt. Die ersten Curls trafen 1995 in Europa ein, doch es ist unwahrscheinlich, daß sie vom GCCF oder von der FIFé akzeptiert werden.

Kurz-Info

ENTSTEHUNGSZEIT: 1981
URSPRUNGSLAND: USA
VORFAHREN: Amerikanische Hauskatzen
EINKREUZUNGEN: Rasselose Hauskatzen
SYNONYM: Amerikanisch Kräuselohr
GEWICHT: 3–5 kg
WESEN: Ruhig und anhänglich

Farbschläge

EINFARBIG UND SCHILDPATT
Schwarz, Chocolate, Rot, Blau, Creme, Weiß, Schildpatt, Blaucreme
Alle anderen einheitlichen und Schildpattfarben
SMOKE
Wie bei einfarbig und Schildpatt, ausgenommen Weiß und zusätzlich Chocolate-Schildpatt
Alle anderen einheitlichen und Schildpattfarben
SCHATTIERT UND SPITZENGEFÄRBT
Silberschattiert, Goldenschattiert, Cameoschattiert, Schildpattschattiert, Chinchilla-Silber, Chinchilla-Golden, Shell-Cameo, Shell-Schildpatt
Alle anderen einheitlichen und Schildpattfarben
TABBYS (ALLE ZEICHNUNGEN)
Braun, Rot, Blau, Creme, Braungefleckt, Blaugefleckt
Alle anderen einheitlichen und Schildpattfarben
SILBERTABBYS
Silber, Chocolate, Silber, Cameo, Blausilber, Lavendersilber, Cremesilber, Silbergefleckt
Alle anderen einheitlichen und Schildpattfarben
BI-COLOURS (GESTROMT UND VAN-ZEICHNUNG)
Schwarz, Rot, Blau, Creme, Schildpatt, Blaucreme und alle Tabbyfarben mit Weiß
Alle anderen Farben mit Weiß
EINFARBIGE UND SCHILDPATTABZEICHEN
Seal, Chocolate, Flame, Blau, Lilac, Creme, Schildpatt, Chocolate-Schildpatt, Blaucreme, Lilaccreme
Alle anderen Farben, Sepia- und Minkmuster
LYNX-(TABBY-)POINTS
Wie bei einfarbigen und Schildpattabzeichen, ausgenommen Rot
Alle anderen Farben, Sepia- und Minkmuster

MUNCHKIN

Die Munchkin, zweifellos die umstrittenste und ungewöhnlichste Neuzüchtung seit Jahren, wird durch ein einziges dominantes Merkmal definiert: Die langen Gliedmaßenknochen sind hier einfach nicht lang. Andere Knochen sind nicht unmittelbar betroffen, und die Züchter versichern, daß die Kurzbeinigkeit keine schädlichen Nebeneffekte habe, doch das ist vielleicht nur eine Frage der Zeit. Die elastische Wirbelsäule der Katzen könnte die Rasse vor den Rücken- und Hüftproblemen der Zwerghunderassen bewahren, aber in allen anderen Tierarten sind Zwergformen anfällig für Arthritis, und auch verzwergte Katzen bleiben davon wohl nicht verschont. Wo Katzen vorwiegend in der Wohnung leben, scheinen kurze Beine kein großes Handicap zu sein, doch anderswo wird diese Rasse schwerlich Anhänger finden. Einen Vorzug billigen selbst Kritiker der Munchkin zu: Sie hat offenbar einen liebenswerten Charakter und zählt zu den besten Komödianten in der Katzenwelt.

RASSENGESCHICHTE

Verzwergte Individuen kommen in vielen Tierarten vor; die Katze macht da keine Ausnahme. Die Munchkin entstand durch eine Mutation, die 1983 in Louisiana aufgetreten ist. Als sich Züchter mit der Mutation befaßten und rasselose Katzen einkreuzten, nahmen Popularität und Kontroversen gleichermaßen zu. Die TICA gewährte der Munchkin 1995 den Status einer »neuen Rasse«; bislang ist sie der einzige große Dachverband, der die Rasse anerkannt hat, und der Standard ist noch immer sehr allgemein gehalten. Züchter anderer Rassen befürchten, daß verzwergte »Ausgaben« ihrer Rassen entstehen könnten. Der Reiz der Neuheit kann nicht geleugnet werden, und manche Züchter könnten sich für einen solchen Weg entscheiden, aber die TICA-Standard untersagt ausdrücklich die Einkreuzung in andere Rassen, und kein Zuchtverband würde wahrscheinlich Zwergformen etablierter Rassen gutheißen.

Munchkinkopf
Die Kopfform liegt zwischen einem fast gleichseitigen Dreieck und einem modifizierten Keil: Die Begriffe »mittel« und »mäßig« werden im Standard am häufigsten verwendet. Im Zuge der Weiterentwicklung der Rasse wird er vermutlich neu gefaßt werden. Augen- und Fellfarben sind nicht miteinander gekoppelt.

Schwanz
Von mittlerer Dicke, in eine gerundete Spitze auslaufend

Körper
Mittelgroß, mit geradem oder von der Schulter zum Hinterteil leicht ansteigendem Rückgrat

Kopf
Mittelgroß, weder rund noch keilförmig

Ohren
Dreieckig und mittelgroß

Augen
Groß und walnußförmig, mit offenem Ausdruck

Beine
Verkürzt, aber gerade, mit leicht auswärts gedrehten Pfoten

Rot und Weiß
Die Munchkin wird in allen Farben und Fellmustern anerkannt; eine Begrenzung wäre auch fast unmöglich bei einer Rasse, in die rasselose Katzen eingekreuzt werden. Tabbys und Bi-Colours sind häufiger als »asiatische« Farben und Zeichnungen.

Schwarz und Weiß (Kätzchen)
Schon bei der Geburt läßt sich feststellen, welche Kätzchen eines Wurfs Munchkins sind und welche nicht. Anhänger der Rasse meinen, daß die Attraktivität der Munchkin nicht in ihrem Körperbau, sondern in ihrem Wesen liegt: Die Tiere erhalten sich angeblich ihre kindliche Neugier und ihre Drolligkeit bis ins Erwachsenenalter.

Kurz-Info

ENTSTEHUNGSZEIT: 1990er Jahre
URSPRUNGSLAND: USA
VORFAHREN: Hauskatzen
EINKREUZUNGEN: Rasselose Hauskatzen
SYNONYME: Keine
GEWICHT: 2,25–4 kg
WESEN: Anschmiegsam und neugierig

Farbschläge

Alle Farben und Zeichnungen, einschließlich Abzeichen, Mink und Sepia, sind anerkannt

SCOTTISH FOLD

Die langhaarige Scottish Fold, die die gleichen auffälligen Ohren besitzt wie ihr kurzhaariges Gegenstück (siehe S. 159), trägt ein üppiges, warmes Fell. Wie alle Langhaarkatzen sieht die Rasse am besten im Winter aus, wenn sie sich eine imposante Haarkrause, elegante »Bundhosen« und einen mächtigen buschigen Schwanz zulegt. Alle Kätzchen werden mit geraden Ohren geboren, die sich mit etwa 3 Wochen zu falten beginnen. Die Gelenkprobleme, die bei Gleich-zu-Gleich-Verpaarungen entstehen, zeigen sich nach 4–6 Monaten: Ein kurzer, verdickter Schwanz ist ein Merkmal, das bei einem langhaarigen Kätzchen fehlen kann; deshalb sollte man die Schwänze sorgfältig – und behutsam – inspizieren.

Schildpatt-Tabby und Weiß
Diese Kombination von Schildpatt- und Tabbyzeichnung wird in der CFA auch als »geschecktet Tabby« und in der TICA als »Torbie« bezeichnet. Die Tabbyzeichnung sollte in den braunen und roten Flecken, die bei einer Bi-Colour wie der hier gezeigten größer und schärfer begrenzt sind, deutlich hervortreten. Die geforderte Augenfarbe, die möglichst leuchtend sein sollte, ist Gold.

RASSENGESCHICHTE
Katzen mit Falt- oder Hängeohren sind seit mehr als 200 Jahren nachgewiesen. Alle Scottish Folds lassen sich jedoch auf Susie zurückführen, eine weiße Bauernkatze, die 1961 in Schottland zur Welt gekommen ist. Zwei Genetiker, Pat Turner und Peter Dyte, überwachten die frühe Entwicklung der Rasse und stellten fest, daß Susie das Gen für Langhaar trug, das von kurzhaarigen Nachkommen weitergegeben werden und in späteren Generationen hervortreten könnte. Die wegen ihrer genetischen Disposition umstrittene Fold ist noch immer selten: Da keine langhaarigen Rassen eingekreuzt werden, wird die Rasse noch seltener.

Blausmoke und Weiß
Dieses Tier erfüllt den Rassestandard in zwei Punkten nicht: Die Ohren liegen nicht dicht am Kopf an, und das Gesicht zeigt statt des verlangten reinen Blaus feine Tabbymarkierungen. Solche kosmetischen Bagatellen ändern jedoch nichts am Charakter der Katze und an ihren Haustierqualitäten.

Kurz-Info

ENTSTEHUNGSZEIT: 1961
URSPRUNGSLAND: Schottland
VORFAHREN: Bauernkatzen, Britisch und Amerikanisch Kurzhaar
EINKREUZUNGEN: Britisch und Amerikanisch Kurzhaar
SYNONYME: Schottische Faltohr- oder Hängeohrkatze, Highland Fold
GEWICHT: 2,4 – 6 kg
WESEN: Ruhig und selbstbewußt

Farbschläge

Alle Farben und Fellmuster, einschließlich Abzeichen, Sepia und Mink, sind anerkannt

BRAUNER TABBY | ROTER TABBY | LILAC | WEISS

Selkirk Rex

Dies ist die vielleicht spektakulärste Rexrasse überhaupt. Die ungewöhnliche Langhaarigkeit hat sie mit der La Perm (siehe S. 143) gemeinsam, aber ihre Gesamterscheinung ist ganz unverwechselbar. Das lange, dicke Fell zeigt sich am schönsten bei heterozygoten Katzen mit einem Rexgen und einem Gen für gerades Haar. Diese Kombination ergibt ein lockeres Löckchenfell. Alle drei Haartypen sind im Fell vorhanden, und eine langhaarige Selkirk Rex kann beim Fellwechsel ebensoviel Haare verlieren wie eine Perser (siehe S. 104). Die langhaarige Form gibt sich genauso freundlich-entspannt wie die kurzhaarige (siehe S. 158).

Schattiert-Schildpatt
Bei der Geburt sind die Kätzchen sehr lockig behaart, doch sie können ihre Locken fast vollständig verlieren, und die Jungkatzen sehen eine Zeitlang recht ungepflegt aus, bis sie wieder ein lockiges Fell bekommen. Der Grad der Lockenbildung am Körper variiert mit dem Klima, der Jahreszeit und den Hormoneinflüssen.

Kurz-Info

Entstehungszeit: 1987
Ursprungsland: USA
Vorfahren: Tierheimkatze, Perser, Exotisch, Britisch und Amerikanisch Kurzhaar
Einkreuzungen: Ausgangsrassen
Synonyme: Keine
Gewicht: 3–5 kg
Wesen: Ruhig und geduldig

Farbschläge

Alle Farben und Muster, einschließlich Abzeichen, Sepia und Mink, sind anerkannt

Creme | Weiss | Blau

Rassengeschichte

Die allererste Selkirk Rex, Miss DePesto of NoFace oder einfach Pest, war ein kurzhaariges Kätzchen, das in einem Tierheim in Montana geboren wurde. Sie kam in das Haus von Jeri Newman, der Perserkatzen züchtete. Jeri verpaarte den Neuzugang mit ihrem schwarzen Perser-Champion Photo Finish of Deekay. Der Wurf enthielt kurz- und langhaarige Kätzchen mit einer Mischung aus geraden und lockigen Haaren. Diese Spielart zeigte nicht nur, das Pests Rexmutation einfach dominant war, sondern auch, daß sie wie viele rasselose Katzen das rezessive Gen für Langhaar trug. Von Anfang an trat die Selkirk Rex somit in einer lang- und einer kurzhaarigen Variante auf. Die beiden werden nicht formell getrennt, und die zulässigen Einkreuzungen umfassen auch weiterhin die Perserkatze.

Rotschattierter Tabby
Die Löckchen im Fell enthüllen die weiße Unterwolle, so daß dieses Muster weit weniger kontrastreich ausfällt als ein bei einer Langhaarkatze mit geradem Haar. Die Tabbyzeichnung am Körper wird durch die Locken abgeschwächt: Je deutlicher sie hervortritt, desto besser. Die Skarabäuszeichnung im Gesicht bleibt gut sichtbar.

Gesicht der Selkirk Rex
Im Unterschied zu den anderen Rexrassen hat die Selkirk ein kräftiges, rundliches Gesicht. Die Schnauze ist kurz und breit, mit einem deutlichen Stop und vollen Wangen und Schnurrhaarkissen. Die Farbe der Augen ist nicht an die Fellfarbe gebunden.

Türkisch Van

Mit ihrem unglaublich weichen Fell und den großen runden Augen wirkt die Türkisch Van wie eine ideale sanftmütige Schmusekatze. Die Rasse ist jedoch in einer Region, wo das Leben alles andere als leicht war, aus Landkatzen hervorgegangen und hat sich ihren Eigensinn und ihr Temperament bewahrt. Eine solche Katze ist nicht ganz einfach zu haben – sie will respektiert und überzeugt werden. Zweierlei zeichnet die Rasse aus: die streng beschränkte Fellfarbe, die so unverwechselbar ist, daß das Farbmuster auch bei anderen Rassen als Van bezeichnet wird, und ihre Vorliebe für ein Bad im heißen Sommer, das ihr in ihrer Heimat den Namen »Schwimmkatze« eingetragen hat.

Rassengeschichte

Die moderne Geschichte der Rasse begann 1955, als zwei Katzen nach England eingeführt wurden. Die Rasse breitete sich in Europa aus, doch die Akzeptanz durch die Verbände dauerte einige Zeit. 1982 gelangten Türkisch Vans in die USA, wo sie von CFA und TICA anerkannt wurden. Das GCCF läßt nur die originale rote Farbe und das später hinzugekommene Creme zu. Andere Dachverbände gestatten bei der Rasse von Schwarz abgeleitete Farben; neuerdings hat auch die FIFé ihre Bestimmungen geändert und diese Farben zugelassen.

Kastanienbraun und Weiß
Diese Farbe wird bei fast allen anderen Rassen als Rot aufgefaßt; nur bei der Van trägt sie diesen poetischen Namen. Das Fellmuster, zu dem Bernsteinaugen gehören, war das ursprüngliche Haarkleid der Van, als sie im Westen eintraf. Die Grundfarbe sollte kalkweiß, die dunklere Zeichnung auf den Kopf und den Schwanz beschränkt und der Nasenspiegel rosa sein.

Schildpatt und Weiß
Schildpatt-Vans entstanden, als Schwarz in die Rasse eingeführt wurde. Die farbigen »Daumenabdrücke« über dem Schwanz dieser Katze entsprechen nicht ganz dem Rassestandard. Daß der Standard so schwer zu erfüllen ist, bedeutet, daß es zwar wenige makellose Rassetiere, aber relativ viele Liebhaberkatzen gibt.

Das Gesicht der Türkisch Van
Die farbigen Markierungen auf dem Kopf sollten vorne die Augenhöhe und hinten den Ohrenansatz nicht überschreiten. Im Idealfall sollte die Stirn eine weiße Blesse zieren, die die Farbpartie teilt, und die Ohren sollten gefärbt sein.

»Lokalfarbe«
Das Van-Muster kommt von Natur aus bei vielen Katzen im Nahen Osten vor, ist aber anderswo selten. Dieses ungewöhnliche Phänomen beeindruckte zahlreiche Künstler im 19. Jahrhundert, und in vielen Basar- und Dorfszenen erkennt man eine Katze mit Van-Zeichnung, die es sich zwischen Seidenballen und Teppichen gemütlich macht. Diese Katze findet sich in dem Gemälde »Der arabische Schreiber, Kairo« von John Frederic Lewis (1805–1876).

Blau und Weiß
Die Intensität des Blaus schwankt erheblich, und diese frühe Blaue ist dunkler, als es die meisten Standards erlauben. Die Einführung neuer Farben in die Türkisch Van hat zwangsläufig auch einige unerwünschte Merkmale zur Folge gehabt. Es ist schwierig, die satte goldene Augenfarbe zu erhalten, und so fallen manchmal grüne Augen an.

DAS FELL »TEILT« SICH LEICHT

Creme und Weiß
Dieser Farbschlag, die Verdünnung von Kastanienbraun und Weiß, ähnelt eben diesem Schlag in Zeichnung und Augenfarbe. Das weiche Fell der Van ist wasserabstoßend und teilt sich leicht bei jeder Körperdrehung, ordnet sich aber wieder, wenn sich die Katze bewegt.

Kurz-Info

ENTSTEHUNGSZEIT: Vor dem 18. Jahrhundert
URSPRUNGSLAND: Umgebung des Van-Sees in der Türkei
VORFAHREN: Hauskatzen
EINKREUZUNGEN: Keine
SYNONYM: Turkish Van, Türkische Schwimmkatze
GEWICHT: 3–8,5 kg
WESEN: Selbstbewußt

Farbschläge

BI-COLOURS (MIT BERNSTEINFARBENEN, BLAUEN, VERSCHIEDENFARBIGEN AUGEN)
Kastanienbraun, Creme, jeweils mit Weiß

CYMRIC

Diese kräftige Katze mit dem hüpfenden Gang gleicht der ursprünglichen kurzhaarigen Manx (siehe S. 156), abgesehen vom Fell, das halblang und doppellagig ist. Wie bei ihrem kurzhaarigen Pendant kommen »Stumpies« und »Longies« mit einem mehr oder weniger kurzen Schwanz vor, desgleichen völlig schwanzlose »Rumpies«, die allein ausstellungswürdig sind. Die Rasse hat zwar ihren Ursprung in Nordamerika, aber ihr Name kommt vom »Cymru« (walisisch für Wales); man glaubt, daß schwanzlose Katzen für Wales typisch seien. Die Rasse wird auch als Longhaired Manx bezeichnet, doch Cymric hat sich allgemein durchgesetzt.

RASSENGESCHICHTE

Obwohl der Name auf Wales verweist, handelt es sich um eine ausschließlich nordamerikanische Neuzüchtung. In Manx-Würfen tauchen immer wieder langhaarige Kätzchen auf, und in den 1960er Jahren bemühten sich Züchter, darunter Blair Wright in Kanada und Leslie Falteisek in den USA, um die Anerkennung dieser langhaarigen Varietäten. In den 1980er Jahren wurden sie von der CFA und der TICA als eigene Rasse mit dem Namen Cymric anerkannt, aber die CFA hat sie inzwischen wieder als Longhaired Manx eingestuft. In Europa ist die Rasse nicht anerkannt.

Weiß mit orangenfarbenen Augen
Die Augen der Weißen Cymric können tiefblau, leuchtend kupferfarben oder verschiedenfarbig sein. Das Fell sollte reinweiß sein, ohne jeden Anflug von Gelb und ohne andersfarbige Einzelhaare.

Braungetigert und Weiß
Fellfarbe und Markierungen spielen bei der Bewertung der Cymric nur eine untergeordnete Rolle. Am wichtigsten sind die völlige Schwanzlosigkeit, ein gedrungener Körperbau und ein rundlicher Kopf mit ausgeprägten Wangen und Schnurrhaarkissen. Es kann zwei Jahre dauern, bis die geforderten tiefen Flanken und der rundliche Körper ausgebildet sind.

Kurz-Info

ENTSTEHUNGSZEIT: 1960er Jahre
URSPRUNGSLAND: Nordamerika
VORFAHREN: Manx
EINKREUZUNGEN: Manx
SYNONYME: Longhaired Manx, Kymrische Katze
GEWICHT: 3,5–5,5 kg
WESEN: Freundlich und ausgeglichen

Farbschläge

EINFARBIG UND SCHILDPATT
Schwarz, Rot, Blau, Creme, Weiß, Schildpatt, Blaucreme
Alle anderen einheitlichen und Schildpattfarben
SMOKE
Schwarz, Blau
Alle anderen einheitlichen und Schildpattfarben
Schattiert und spitzengefärbt
SILBERSCHATTIERT, CHINCHILLA-SILBER
Alle anderen einheitlichen und Schildpattfarben
TABBYS (GESTROMT, GETIGERT)
Braun, Rot, Blau, Creme, Braungefleckt, Blaugefleckt
Getupft und getickt, alle einheitlichen und Schildpattfarben
SILBERTABBYS
Silber, Silbergefleckt
Alle anderen Tabbyfarben
BI-COLOURS (STANDARD UND VAN)
Alle einheitlichen und Schildpattfarben mit Weiß
Alle Farben und Muster mit Weiß
MIT ABZEICHEN
Alle Farben und Muster

SCHWARZ UND WEISS — CHOCOLATE (NICHT CFA) — ROTTABBY — BLAU

Nebelung

Das blaue Haarkleid mit silberner Spitzenfärbung verleiht dieser Rasse eine schimmernde Eleganz. Das Licht wird von den Leithaaren reflektiert und erzeugt so einen weißlichen Nebelschleiereffekt; dem deutschen Wort Nebel verdankt die Katze auch ihren Namen. Erst wenn man das Semilanghaar gegen den Strich bürstet, erkennt man die kräftige blaue Grundfarbe der Haarschäfte. Die Neuzüchtung beruht auf einem »verlorengegangenen« langhaarigen Zuchtstamm der Russisch Blau (siehe S. 170).

Nebelungkopf
Das Gesicht, eine modifizierte Keilform aus sieben Flächen, zeigt einen leicht lächelnden Ausdruck. Die grünen Augen bilden sich erst nach einiger Zeit heraus; bei Kätzchen und Jungtieren sind sie gelb. Mit vier Monaten sollte die Pupille von einem grünen Rand umgeben sein, und mit der Geschlechtsreife sollten sich die Augen grün färben.

Rassengeschichte

Blaue Kurz- und Langhaarkatzen aus Rußland wurden schon vor mehr als 100 Jahren ausgestellt. Aus dem Kurzhaar wurde die Russisch Blau, aber das Langhaar büßte seine Eigenständigkeit ein. 1986 wurde Siegfried, der Gründervater dieser erneuerten Rasse, mit seiner langhaarigen Schwester verpaart, die langhaarige blaue Nachkommen warf. 1987 anerkannte die TICA die Nebelung als Rasse, die 1993 auch von der FCA anerkannt wurde, doch andere große Dachverbände haben sie bislang nicht akzeptiert.

Blau
Der Standard der Nebelung ähnelt sehr dem der Russisch Blau. Er verlangt die gleiche geschmeidige Erscheinung, die gleiche silberne Spitzenfärbung und eine Semilanghaarversion des charakteristischen Doppelfells. Es bleibt abzuwarten, ob diese Rasse, abgesehen von der Haarlänge, mit der Russisch Blau identisch bleibt oder ob sie sich abweichend entwickeln wird.

Kurz-Info

Entstehungszeit: 1986
Ursprungsland: USA
Vorfahren: Russisch Blau
Einkreuzungen: Russisch Blau
Synonyme: Keine
Gewicht: 2,5 – 5 kg
Wesen: Zurückhaltend

Farbschläge

Einfarbig
Blau

Augen
Sehr leicht oval, grün und weit auseinandergestellt

Obren
An der Basis breit, mit leicht gerundeter Spitze

Hals
Lang und schlank unter der Haarkrause

Körper
Geschmeidig und schlank, aber nicht röhrenförmig

Fell
Fein, doppellagig und mittellang, mit silbern spitzengefärbten Leithaaren

Kopf
Modifizierte Keilform mit flacher Stirn und geradem Profil

Pfoten
Klein und rund, scheinbar auf den Zehenspitzen stehend

Schwanz
Lang und locker behaart, verjüngt sich von der dicken Wurzel zur feinen Spitze hin

Türkisch Angora

Diese anmutige, athletische und feingliedrige Rasse mit ihrem seidigen Fell entspricht dem Modetrend des späten 20. Jahrhunderts. Es ist eine kleine bis mittelgroße Katze mit einem muskulösen Körper und mit einem einlagigen Fell, das schimmert, wenn sie sich bewegt. Die Türkisch Angora kommt in allen Farben vor, ausgenommen die »asiatischen«. Die lebhafte Katze hat eine rasche Auffassungsgabe und einen raschen Bewegungsablauf. In manchen Veröffentlichungen über die Rasse wird noch immer die Theorie wiederholt, sie stamme vom Manul (siehe S. 17) ab. Es heißt, die Tataren hätten den Manul domestiziert und in die Türkei gebracht, doch das ist sehr unwahrscheinlich. Das mittellange Fell der Türkisch Angora ist vermutlich das Resultat einer Mutation, die vor Jahrhunderten in isolierten Hauskatzenpopulationen Zentralasiens aufgetreten ist.

Nationalkatze
Türkisch Angoras erscheinen oft auf Briefmarken: Diese Weiße mit verschiedenfarbigen Augen erinnert an das 25jährige Bestehen des türkischen Veterinärwesens.

Rassengeschichte

Angorakatzen aus der Türkei gelangten im 17. Jahrhundert nach Frankreich und Großbritannien, aber erst Mitte des 19. Jahrhunderts registrierten die Züchter die Unterschiede zwischen dieser Rasse und den Langhaarkatzen aus Persien und Rußland. Zu Beginn des 20. Jahrhunderts führte die Kreuzungszucht mit anderen Langhaarkatzen praktisch zum Aussterben der Rasse außerhalb der Türkei. Angeblich wurde sie durch ein Zuchtprogramm im Zoo von Ankara gerettet, doch das ist vielleicht nur eine romantische Legende. Auf jeden Fall importierten Züchter in Schweden, England und Amerika nach dem Zweiten Weltkrieg Angoras aus der Türkei, wo die Rasse unter Schutz steht, und begründeten eine erfolgreiche Erneuerungszucht. Die Türkisch Angora ist in Großbritannien nicht anerkannt, wo eine nicht mit ihr verwandte Rasse namens Angora (siehe S. 140) besteht.

Rotschattiert
Das Inhibitorgen ist seit Jahrhunderten in der Türkisch Angora angelegt. Im Verein mit dem Agutigen ergibt es silbrige oder schattierte Farben, die von der CFA nicht anerkannt sind, wohl aber von TICA und FIFé. Wenn das Fell im Sommer gewechselt wird, tritt das Silber, wie hier zu sehen, deutlicher hervor, besonders im Gesicht.

Schildpatt und Weiß
Das vorwiegend weiße Van-Muster herrscht bei türkischen Katzen vor. Bei der zweifarbigen Türkisch Angora sollte die Unterseite einheitlich weiß sein, und die schwarzen und roten Flecken sollten ebenmäßig gefärbt sein.

Schwarz
Das Haar der Schwarzen Türkisch Angora muß tiefschwarz und von der Wurzel bis zur Spitze durchgefärbt sein. Wie bei allen Katzen nimmt diese Farbe eine rostbraune Tönung an, wenn sie zu lange der Sonne ausgesetzt ist, aber das einheitliche Schwarz kehrt wieder zurück, wenn das Sommerfell gegen das vollere Winterfell eingetauscht wird. Alle Langhaarkatzen sind im Winter am schönsten, vor allem die schwarzen.

Schildpatt-Smoke
Smoke-Angoras wurden erstmals in Großbritannien gegen Ende des 19. Jahrhunderts registriert. Die Smoke-Türkisch-Angora sollte in Ruhe voll gefärbt erscheinen; die Unterwolle darf nur in der Bewegung zum Vorschein kommen. Der Verlust des langen Haarkleids im Sommer mindert diesen Effekt.

Kopf der Türkisch Angora
Der Kopf bildet einen breiten Keil, der zum sanft gerundeten Kinn spitz zuläuft, ohne auffällige Einbuchtung (»Pinch«) in den Schnurrhaarkissen. Die Augenfarbe ist beliebig, von Kupferfarbe über Gold und Grün bis Blau.

Kurz-Info

ENTSTEHUNGSZEIT: 15. Jahrhundert
URSPRUNGSLAND: Türkei
VORFAHREN: Hauskatzen
SYNONYM: Turkish Angora
EINKREUZUNGEN: Keine
GEWICHT: 2,5–5 kg
WESEN: Energisch und freundlich

Farbschläge

EINHEITLICHE UND SCHILDPATTFARBEN
Schwarz, Rot, Blau, Creme, Schildpatt, Blaucreme, Weiß
Alle anderen einheitlichen und Schildpattfarben

SMOKE
Wie bei einfarbig und Schildpatt, ausgenommen Weiß

SCHATTIERT
Wie bei einfarbig und Schildpatt, ausgenommen Weiß

TABBYS (GESTROMT, GETIGERT)
Braun, Rot, Blau, Creme
Gefleckt und getickt, alle anderen einheitlichen und Schildpattfarben

SILBERTABBYS (GESTROMT, GETIGERT)
Silber
Gefleckt und getickt, alle anderen einheitlichen und Schildpattfarben

BI-COLOURS
Alle einheitlichen und Schildpattfarben mit Weiß
Alle anderen Farben und Zeichnungen mit Weiß

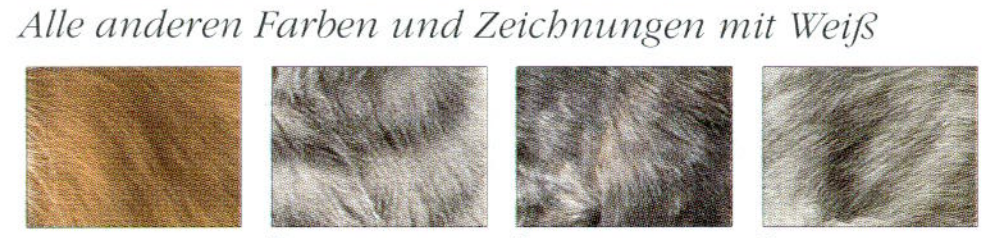
ROT BLAUTABBY BLAUCREME SILBERSCHATTIERT

Somali

Mit dem buschigen Schwanz, dem hochgebogenen Rücken und dem scheinbaren Zehenspitzengang gehört diese attraktive Katze zu den beliebtesten Neuzüchtungen der Welt. Wie ihr Vorfahre, die kurzhaarige Abessinier (siehe S. 172), trägt die Somali ein getícktes Fell: Jedes Körperhaar ist drei- bis zwölffach gebändert. Die Bänder sind dunkler als die Grundfarbe und erzeugen bei einer voll behaarten Katze einen leuchtenden, lebhaft sprühenden Schimmer. Die Gesichtsmarkierungen sind besonders auffällig und ausdrucksstark. Somalis sind aktive Tiere, die ihrem leicht »wilden« Aussehen alle Ehre machen, und geborene Jäger, die sich draußen am wohlsten fühlen: Gefangenschaft im Haus akzeptieren sie nur, wenn sie früh daran gewöhnt werden.

Fawn (Beige)
Im Sommer haart die Somali stark ab und wirkt dann fast kurzhaarig, wenn man vom buschigen Schwanz absieht. Fawn ist die Verdünnung von Sorrel (Rotbraun): blasse hafermehlfarbige Unterwolle und beige Bänderung (Ticking). Bei den blassen Farben ist ein guter Kontrast zwischen Grundfarbe und Bänderung schwer zu erzielen.

Rassengeschichte

Die genetischen Wurzeln dieser Rasse liegen in Großbritannien. In Abessinierwürfen tauchten hin und wieder langhaarige Kätzchen auf, und in den 1940er Jahren exportierte die Züchterin Janet Robertson Abessinier (»Abys«) nach Nordamerika, Australien und Neuseeland. Nachkommen dieser Abys brachten manchmal flauschige, dunkle Kätzchen, und 1963 stellte die kanadische Züchterin Mary Mailing eine ihrer langhaarigen Katzen in einer Ausstellung vor. Der Richter Ken McGill erbat sich ein solches Tier, um damit zu züchten, und die erste offizielle Somali war sein May-Ling Tutsuta. Evelyn Mague, eine amerikanische Aby-Züchterin, beschäftigte sich ebenfalls mit der Entwicklung von Langhaarkatzen, die sie Somalis nannte. Mit Hilfe von McGills Zuchtstamm begann der Kanadier Don Richings mit Mague zusammenzuarbeiten, und Ende der 1970er Jahre war die Rasse in Nordamerika voll akzeptiert. Somalis kamen in den 1980er Jahren nach Europa und fanden 1991 weltweit Anerkennung. In Europa sind mehr Farben zugelassen als in Nordamerika.

Kurz-Info

Entstehungszeit: 1963
Ursprungsland: Kanada und USA
Vorfahren: Abessinier
Einkreuzungen: Keine
Synonym: Longhaired Abyssinian
Gewicht: 3,5 – 5,5 kg
Wesen: Still, aber extrovertiert

Farbschläge

Tabbys (getickt)
Wildfarben, Chocolate, Sorrel, Rot, Blau, Lilac, Fawn, Creme, Wildfarben-Schildpatt, Chocolate-Schildpatt, Sorrel-Schildpatt, Blau-Schildpatt, Lilac-Schildpatt, Fawn-Schildpatt
Silbertabbys (getickt)
Wie bei einfarbig und Schildpatt

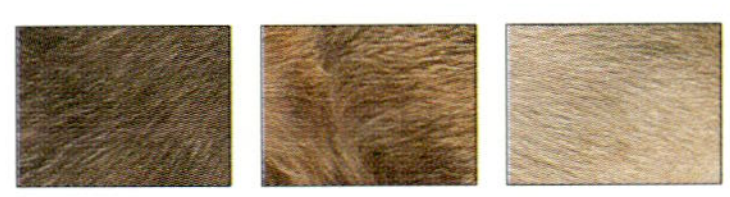

Lilac
Das warmgetönte Fell der Lilac hat eine hafermehlfarbene Basis mit Lilac-Ticking; die Pfotenballen und der Nasenspiegel sollten entsprechend mauve-rosa gefärbt sein. Wie alle einfarbigen und Schildpattschläge der Somali darf nur die Umgebung der Lippen und des Kinns weiß sein.

Gesicht der Somali
Alle Somalis haben dunkel umrandete Augen, die von »Brillen« aus helleren Haaren umgeben sind, und zeigen auf Wangen und Stirn klare Tabbymarkierungen. Diese junge Schwarzsilber weist eine leichte Fleckung auf, die verschwinden sollte. Bei Silber-Somalis sind Brust und Unterseite weiß.

Wildfarben
Dieser Farbschlag, der in England »Usual« (normal) und in Nordamerika »Ruddy« (rötlich) genannt wird, wurde bei Ausstellungskatzen als einer der ersten akzeptiert; der zweite war »Sorrel« (rotbraun). Die Grundfarbe ist eine kräftige rotbraune Tönung von Apricot, während das Tickung tiefschwarz ist. Der geschmeidige und leicht kantige Körperbau der Somali im Verein mit dem vollen Haarkleid und dieser rötlichen Färbung hat der Rasse den Spitznamen »Fuchskatze« eingetragen.

Chantilly/Tiffany

Die noch immer äußerst seltene Rasse hat ein angenehmes Wesen: weder so leise wie eine Perser noch so aktiv wie die Langhaarkatzen des »asiatischen« Typs. Die Chantilly drückt ihr Behagen durch ein rührendes »Zirpen« aus, das wie das Gurren einer Taube klingt; wer einmal »angezirpt« worden ist, ist fasziniert von diesen reizenden Lauten. Die ersten Vertreter der Rasse waren kräftig schokoladenbraun, aber die Chantilly kommt inzwischen in vielerlei »asiatischen« Farben und auch Tabbymustern vor. Sie ist ein Spätentwickler. Das mittellange, einfache Haarkleid ist erst nach zwei bis drei Jahren voll ausgebildet.

Chocolate-Tabby-Kätzchen
Obgleich man sich diese Rasse gewöhnlich einfarbig vorstellt, werden auch Tabbys gezüchtet. Kätzchen brauchen einige Zeit, um ihre Anlagen auszuprägen: Vor allem bei der Augenfarbe kann es Jahre dauern, bis sie ihre volle Leuchtkraft erlangt.

Rassengeschichte

Diese anhängliche und anspruchslose Rasse ist nicht so jung, wie ihr neuerlicher Ruhm vermuten läßt, doch ihre Geschichte ist einigermaßen verworren. 1967 erwarb Jennie Robinson in New York ein Paar schokoladenbraune, goldäugige Langhaarkatzen unbekannter Herkunft, obwohl die Farbe auf Burmesenvorfahren hindeutete. Signe Lund, eine Züchterin aus Florida, kaufte die Katzen und prägte den Namen Tiffany. Da sie außerdem Burmakatzen züchtete, wurde die Assoziation mit dieser Rasse unabsichtlich aufrechterhalten. Die Konfusion führte in den 1980er Jahren fast zum Aussterben der Neuzüchtung. Tracy Oraas im kanadischen Alberta erneuerte die Rasse 1988 und erforschte ihre Vorgeschichte; sie kam zu dem Schluß, daß es sich wahrscheinlich um ein Nebenprodukt des Zuchtprogramms handelte, aus der die Angora (siehe S. 140) hervorgegangen ist. Der Name Tiffanie wurde unterdessen von britischen Züchtern für die Langhaarform der schattierten Asian oder Burmilla verwendet (siehe folgende Seite), was die Verwirrung noch vergrößerte. Deshalb entschieden sich die kanadischen Züchter für die Bezeichnung Chantilly/Tiffany.

Kurz-Info

Entstehungszeit: 1970er Jahre
Ursprungsland: Kanada und USA
Vorfahren: Ungeklärt
Einkreuzungen: Angora, Braune Havana, Nebelung, Somali
Synonyme: Tiffany, Foreign Longhair
Gewicht: 2,5–5,5 kg
Wesen: Sanft und vorsichtig

Farbschläge

Einfarbig
Chocolate, Cinnamon, Blau, Lilac, Fawn
Schwarz
Tabbys (getigert, getupft und getickt)
Wie bei Einfarbig

Chocolate
Dies ist die ursprüngliche Farbe. Die tiefgoldenen Augen scheinen aus dem warmen, sattbraunen Fell hervorzuglühen. Der Nasenspiegel und die Pfotenballen passen dazu, und die schokoladenbraunen Schnurrhaare vervollständigen das aparte Erscheinungsbild.

TIFFANIE

Die Tiffanie wird manchmal mit ihrem Namensvetter aus Nordamerika (siehe vorhergehende Seite) verwechselt, doch sie hat mit dieser Rasse nichts zu tun. Sie ist im Grunde eine langhaarige Asian (siehe S. 184), wurde jedoch im Rahmen eines gut dokumentierten Programms aus Chinchilla-Persern (siehe S. 104) und Burmesen (siehe S. 184) herausgezüchtet. Tiffanies schlagen nur im Fell nach ihren langhaarigen Vorfahren; der Körperbautyp entspricht der Burma. In ihrem Wesen vereinen sie zu ihrem Vorteil die Eigenschaften der Ausgangsrassen, denn sie sind temperamentvoller als die normale Perser und zurückhaltender als die Burma: Der Rassestandard legt Wert auf gute Wesensmerkmale. Die freundliche und pflegeleichte Tiffanie verdient eine größere Verbreitung.

Braun
Dieser Farbschlag wird häufig mit der Chantilly/Tiffany verwechselt. Die Farbe wirkt zwar wie ein sehr dunkles Chocolate, ist aber in Wirklichkeit schwarz, leicht abgeschwächt durch das Sepiaabzeichenmuster; bei der Burma wird es als Sable (Zobel) bezeichnet. Sepiaabzeichen sind bei einfarbigen Tiffanies zugelassen; das lange Fell verhindert die Verwechslung mit der Burma.

RASSENGESCHICHTE

Die Tiffanie, im wesentlichen eine langhaarige Burma, ist die einzige langhaarige Vertreterin der Asian-Rassengruppe. Diese Gruppe läßt sich auf eine 1981 in London passierte Zufallsverpaarung einer Chinchilla-Perser mit einer Lilac-Burma zurückführen, die der Baroness Miranda von Kirchberg gehörten. Die Nachkommen der ersten Generation waren kurzhaarige, schattierte Burmillas, doch bei den folgenden Paarungen setzten sich die rezessiven Gene für Langhaar und Sepiaabzeichen wieder durch. Die Rassengruppe wurde mit Unterstützung von Burmazüchtern entwickelt und bleibt von dieser Rasse getrennt. In der Asian-Gruppe lassen sich jedoch zwei Formen unterscheiden: Die FIFé-Katzen gehören zwar teilweise denselben Zuchtlinien an wie die GCCF-Tiere, aber in Großbritannien verwendet man heute stärker abweichendes Zuchtmaterial.

Blausilberschattiert
Schattierte Tiffanies sind das langhaarige Gegenstück zur Burmilla, der ursprünglichen Asian-Fellzeichnung. Alle Mitglieder der Asian-Gruppe streben denselben Körperbautyp an; sie unterscheiden sich durch die Färbung, Zeichnung oder Länge des Haarkleids. Das Semilanghaar der Tiffanie ist am längsten in der Halskrause und am Schwanz.

Kurz-Info

ENTSTEHUNGSZEIT: 1970er Jahre
URSPRUNGSLAND: Großbritannien
VORFAHREN: Burma-Chinchilla-Kreuzungen
EINKREUZUNGEN: Burma/Chinchilla
SYNONYME: Keine
GEWICHT: 3,5–6,5 kg
WESEN: Lebhaft und anschmiegsam

Farbschläge

EINFARBIG (DURCHGEFÄRBT, SEPIA)
Schwarz, Chocolate, Rot, Blau, Lilac, Creme, Caramel, Apricot, Schwarz-Schildpatt, Chocolate-Schildpatt, Blau-Schildpatt, Lilac-Schildpatt, Caramel-Schildpatt
SCHATTIERT (DURCHGEFÄRBT, SEPIA)
Wie bei Einfarbig
TABBYS (DURCHGEFÄRBT, SEPIA, ALLE MUSTER)
Braun, Chocolate, Rot, Blau, Lilac, Creme, Caramel, Apricot, Schwarz-Schildpatt, Chocolate-Schildpatt, Blau-Schildpatt, Lilac-Schildpatt, Caramel-Schildpatt

BALINESE

Die schlanke, feingliedrige und aristokratisch wirkende Balinese ist eine ungemein gesellige Katze, die am glücklichsten ist, wenn sie sich ankuscheln kann oder im Mittelpunkt des Geschehens steht. Voller Neugier untersucht sie hingebungsvoll den Staubsauger, die Schränke und die Einkaufstüten. Mit ihrem röhrenförmigen Körper kann sie Kunststücke wie ein Schlangenmensch vollführen: Tierärzte wissen, daß sie, genauso wie die Siam (siehe S. 188), eine gewiefte Ausbruchskünstlerin ist. Es ist eine lautfreudige Katze, die wie ihre kurzhaarige Verwandte manchmal mit sich selber zu reden scheint. Dieses Energiebündel braucht ständig mentale und physische Anreize. Als typische abzeichentragende Katze hat sie kein auffallend langes Haarkleid, und aus einiger Entfernung könnte man sie zuweilen mit einer Siamkatze verwechseln, wenn nicht der schöne buschige Schwanz wäre.

Anmutige Namensgeberin
Graziöse Bewegungen, perfekte Körperbeherrschung und ein geschmeidiger Leib sind die Voraussetzungen für die Tempeltänzerinnen auf Bali, denen diese Rasse ihren Namen verdankt.

RASSENGESCHICHTE

Siamkatzen bringen schon seit langem immer wieder Nachkommen mit halblangem Fell. Ob sie das Gen für Langhaar schon in der Vergangenheit trugen oder ob es eingekreuzt worden ist, läßt sich nicht sagen. Bereits 1928 wurde in England von der CFA eine langhaarige Siam registriert. Züchter gaben solche Spielarten gewöhnlich als Liebhabertiere ab – bis in die Zeit nach dem Zweiten Weltkrieg, als Marion Dorsey in Kalifornien gezielt auf Langhaar züchtete. Langhaarige Siamkatzen wurden 1955 ausgestellt und 1961 anerkannt. Siamzüchter protestierten gegen die Verwendung des Namens, und so schlug eine frühe Züchterin den neuen Namen Balinese vor, weil die Katzen sie an balinesische Tempeltänzerinnen erinnerte. Mitte der 1970er Jahre traf die Rasse in Europa ein. Hier werden alle Farbschläge als Balinese bezeichnet; in Nordamerika heißen einige für gewöhnlich Javanese (siehe S. 138).

Chocolate-Point
Wie bei allen abzeichentragenden Katzen dunkelt das Fell im Alter nach: Die »Karriere« einer Ausstellungskatze kann ziemlich kurz sein. Bei diesem Kater ist die Schattierung für Schauzwecke zu deutlich ausgeprägt, doch er war früher einmal ein Champion.

Lilac-Point
Diese Farbe, die Verdünnung von Chocolate, ist von bezaubernder Anmut. Das warme, magnolienweiße Fell kann eine leichte Lilac-Schattierung aufweisen, während der Nasenspiegel und die Ballen rosig oder blaßlilac gefärbt sind, im Einklang mit den Abzeichen. Wie bei allen Farbschlägen zeigen auch hier die Augen ein klares, lebhaftes und leuchtendes Blau. Diese Farbe wird auch in den verschiedenen nordamerikanischen Verbänden durchweg als Lilac-Point bezeichnet, manchmal aber als Lavender-Point oder gar Frost-Point.

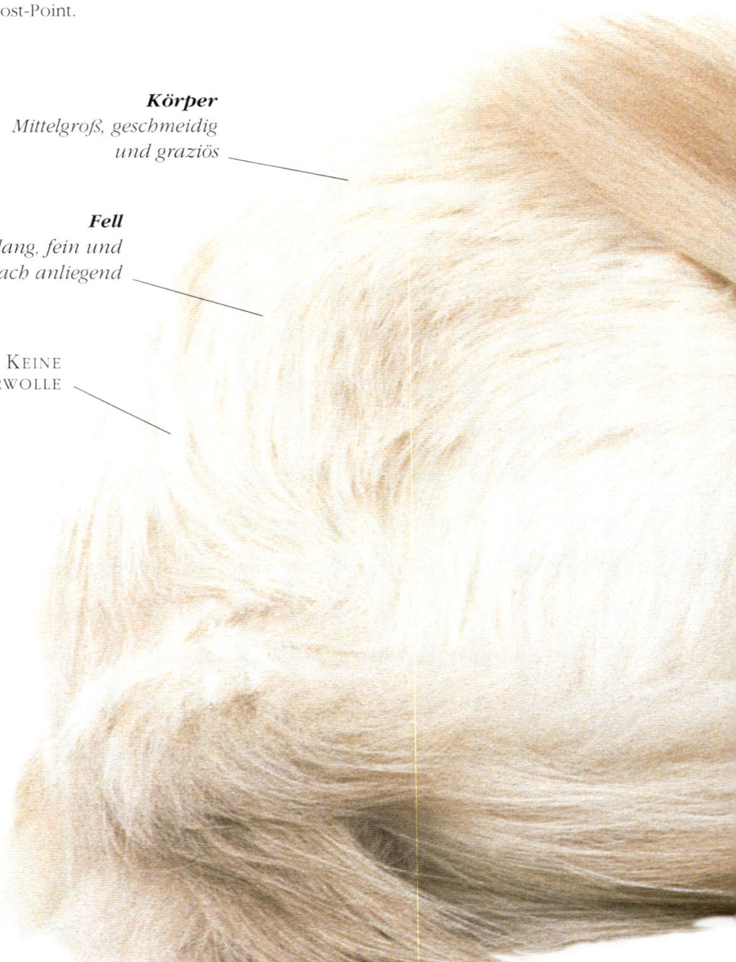

Blue-Point
Der Standard für die Blaue schreibt einen gletscherweißen Körper vor, dazu Abzeichen und eine etwaige Rückenschattierung in kühlem Blau. Auch der Nasenspiegel muß blau sein. Auf keinen Fall darf eine Blue-Point mit einer Lilac-Point verwechselt werden.

Seal-Point
Gleichmäßig tiefbraune Abzeichen und eine weiche Beigeschattierung auf dem Körper sind Kennzeichen dieses Farbschlags. Das Seal ist nicht so warm wie das Chocolate, so wie auch bei den Verdünnungen dieser beiden Farben das Blau kühler wirkt als das Lilac.

Kopf der Balinese
Von vorn gesehen (links), ist das Gesicht zwischen den Ohren breit, und es verjüngt sich geradlinig zum zierlichen Maul hin. Diese Blue Tabby-Point zeigt außerdem klare Markierungen in der Gesichtsmaske. Im Profil gesehen (unten), sollte die Nase gerade und das Kinn kräftig sein. Diese Seal-Schildpatt-Point hat eine voll ausgebildete Maske.

Kurz-Info

ENTSTEHUNGSZEIT: 1950er Jahre
URSPRUNGSLAND: USA
VORFAHREN: Langhaarige Siam
EINKREUZUNGEN: Angora in Großbritannien, Siam in den USA
SYNONYME: Balikatze, einige Farbschläge in den USA als Javanese bezeichnet
GEWICHT: 2,5–5 kg
WESEN: Energisch und extrovertiert

Farbschläge

ABZEICHENFARBEN DER BALINESE
Seal, Chocolate, Blau, Lilac
ABZEICHENFARBEN DER JAVANESE (CFA)
Rot, Creme, Schildpatt und Tabby in allen Farben
Cinnamon, Fawn, Smoke, Silber und mehrfarbig

ROTTABBY

BLAU-SCHILDPATT

Neuere Balinesen

Ursprünglich wurden bei der Balinese nur Seal-, Blue-, Chocolate- und Lilac-Points anerkannt, doch die Züchter haben sich bemüht, weitere Farben und Abzeichenmuster zu schaffen, die wir heute kennen. In Großbritannien und Australasien umfaßt der Name Balinese alle Farben und Zeichnungen, sowie der Name Siamese all ihre kurzhaarigen Pendants umfaßt. Die nordamerikanische CFA und einige kleinere Dachverbände in anderen Ländern lassen nach wie vor bei diesen Rassen nur die vier »traditionellen« Farbschläge gelten. Andere Farben, etwa Rot und Creme sowie die Tabby- und Schildpattmuster, werden als getrennte Rassen aufgefaßt. Die langhaarigen Formen heißen Javanese, die kurzhaarigen Colourpoint Shorthairs. Noch komplizierter wird die Sache dadurch, daß viele europäische Organisationen den Namen Javanese für die Angora (siehe S. 140) verwenden, eine völlig andere Rasse, zu der allerdings die Siam beigetragen hat. Die Balinese muß man sich als eine langhaarige Siam vorstellen, obwohl ihr feines Haarkleid nicht so lang wie das der meisten Langhaarkatzen ist und keine Krause bildet.

Seal-Tabby-Point
Bei allen abzeichentragenden Rassen kommen die Kätzchen mit einem weißen Fell zur Welt, und die jungen Katzen sind heller gefärbt als die älteren. Eine gewisse Schattierung ist jedoch bei allen Tabby-Points unvermeidlich, und zumal die Seal-Tabby-Point ist deutlich schattiert, wobei die cremefarbene Körperschattierung auf dem Rücken in einen warmen Beigeton übergeht. Der Körper darf keine Tabbyspuren aufweisen. Beine, Schwanz und Gesicht sollten dagegen klare Tabbymarkierungen zeigen, und insbesondere die Schnurrhaarkissen sollten kräftig gesprenkelt sein.

Chocolate-Schildpatt-Point
Balinesen mit Schildpattabzeichen müssen in allen Abzeichen eine gewisse Farbmischung zeigen, sei sie auch noch so klein oder ungleichmäßig, und jede Schattierung auf dem elfenbeinweißen Körper sollte ungleichmäßig sein. Die Flecken der Chocolate-Schildpatt-Point sind eine Mischung von hellem Schokoladenbraun und unterschiedlichen Rottönen; größere rote Partien dürfen eine schwache Tabbyzeichnung aufweisen. Nasenspiegel und Ballen sind eine Mixtur aus Chocolate und Rosa.

Chocolate-Tabby-Point
Tabby-Points müssen eine klare Gesichtszeichnung haben, mit deutlich gesprenkelten Schnurrhaarkissen und dunkel umrandeten Augen. Beine und Schwanz sollten ebenfalls gebändert oder geringelt sein, doch es läßt sich unmöglich feststellen, welche Tabbyzeichnung eine abzeichentragende Katze aufweist. In Nordamerika werden die Tabby-Points als Lynx-Points bezeichnet.

Seal-Schildpatt-Point
Das kräftige Sealbraun, gemischt mit Rottönungen, ist die dunkelste Abzeichenfarbe der Schildpatt-Points. Wie bei allen anderen Schildpattfarben muß jedes Abzeichen eine Farbmischung zeigen, aber die Mischung braucht nicht gleichmäßig zu sein: Ein Abzeichen darf fast gänzlich die eine oder andere Farbe aufweisen, solange es nicht vollständig mit dieser Farbe überzogen ist. Das gilt nicht für die Maske, doch für die Rückseite der Ohren, die gescheckt sein sollten.

Blue-Tabby-Point
Im Unterschied zur Balinese mit einfarbigen Abzeichen dürfen die Tabby-Points einen Nasenspiegel haben, der nicht den Abzeichen entspricht. Eine Blue-Point muß eine blaue Nase besitzen, aber bei einer Blue-Tabby-Point kann sie rosa und blau umrandet sein. Die Augen unterliegen indes demselben Standard wie die der Tiere mit einfarbigen Abzeichen. Die »Daumenabdrücke« auf der Ohrenrückseite dürfen bei einer Blue-Tabby-Point schwächer ausgeprägt sein als bei anderen Tabby-Points.

Seal-Schildpatt-Tabby-Point
Alle Abzeichen einer Schildpatt-Tabby-Point müssen sowohl Tabbymarkierungen als auch gemischte Farben aufweisen, und die Körperschattierung sollte, wie bei Tabby-Points, ungleichmäßig sein. Bei Tabby-Points und Schildpatt-Tabby-Points wird die Färbung nicht so streng bewertet wie bei einfarbigen Abzeichen: Abweichungen vom vorgeschriebenen Farbton sind gestattet, denn bei diesen Fellmustern ist auch eine gewisse Körperschattierung zu erwarten.

ANGORA

Diese Katze ähnelt in Wesen und Typ den »asiatischen« Rassen; sie ist lebhaft und neugierig, langgestreckt und schlank, und ihr Schwanz bildet einen hinreißend eleganten »Federbusch«. Das feine, seidige, mittellange Fell hat keine Unterwolle und ist somit recht mühelos zu pflegen. Balinese (siehe S. 136), Siam (siehe S. 188) und Orientalisch Kurzhaar dürfen in Angora-Zuchtlinien eingekreuzt werden. Die Rasse leidet unter einem großen Namenswirrwarr: Da sie mit der Türkisch Angora (siehe S. 130) nicht verwandt ist, wird sie auf dem europäischen Kontinent Javanese genannt, um Verwechslungen vorzubeugen, aber einige nordamerikanische Verbände bezeichnen einige Farbschläge der Balinese mit Javenese. In Nordamerika hieß die Angora früher Orientalisch Langhaar, was den falschen Schluß nahelegt, sie stamme direkt von der Orientalisch Kurzhaar ab. Es gibt inzwischen eine Orientalisch Langhaar (siehe S. 142) mit dieser Abstammung. Es bleibt zu hoffen, daß die Angoras fortan einfach Angoras genannt werden.

Weiß mit blauen Augen
Für viele ist dies die klassische Farbe der historischen Angora oder »Französischen Katze«. Die blauen Augen sind leuchtend und lebhaft, ähnlich wie bei der Siam, und zeigen nicht das blassere Babyblau der westlichen Rassen.

RASSENGESCHICHTE

Die Angora wurde in Großbritannien von Maureen Silson erzüchtet, die Mitte der 1960er Jahre eine Sorrel-Abessinier (siehe S. 172) mit einer Seal-Point-Siam verpaarte, um so eine Siamkatze mit getickten Abzeichen zu erzielen. Die Nachkommen erbten sowohl das Merkmal Zimtfarbe (Cinnamon), das zimtfarbene Orientalisch Kurzhaar ergab, als auch das Gen für Langhaar, das schließlich zur Entstehung der Angora führte. Die Abkömmlinge dieser Paarung bilden den Grundstock für die heutigen Angoras. Die Rasse ist nicht verwandt mit der Angora des 19. Jahrhunderts oder mit der erneuerten Türkisch Angora oder mit der Neuzüchtung Orientalisch Langhaar.

Kurz-Info

ENTSTEHUNGSZEIT: 1970er Jahre
URSPRUNGSLAND: Großbritannien
VORFAHREN: Siam-Abessinier-Kreuzungen
EINKREUZUNGEN:
Siam, Balinese, Orientalisch Kurzhaar
SYNONYME: Javanese (Europa), früher Orientalisch Langhaar (USA), Mandarin
GEWICHT: 2,25–5 kg
WESEN: Energisch und extrovertiert

Farbschläge

EINFARBIG UND SCHILDPATT
Schwarz, Chocolate, Cinnamon, Rot, Blau, Lilac, Fawn, Creme, Caramel, Apricot, Weiß (mit blauen, grünen oder verschiedenfarbigen Augen), Schildpatt, Chocolate-Schildpatt, Cinnamon-Schildpatt, Blau-Schildpatt, Lilac-Schildpatt, Fawn-Schildpatt, Caramel-Schildpatt
SMOKE, SCHATTIERT, SILBERSCHATTIERT UND MIT SPITZENFÄRBUNG
Wie bei Einfarbig und Schildpatt, ausgenommen Weiß
TABBYS (ALLE MUSTER)
Braun, Chocolate, Cinnamon, Rot, Blau, Lilac, Fawn, Creme, Caramel, Schildpatt, Chocolate-Schildpatt, Cinnamon-Schildpatt, Blau-Schildpatt, Lilac-Schildpatt, Fawn-Schildpatt, Caramel-Schildpatt
SILBERTABBYS (ALLE MUSTER)
Wie bei Standardtabbys

CHOCOLATE-SCHILDPATT-TABBY — CINNAMON-SCHILDPATT-TABBY — CARAMAL-SCHILDPATT

Chocolate
Die satten, warmen Töne dieser Farbe zeichnen ein wahres Luxusgeschöpf aus. Die Färbung sollte insgesamt gleichmäßig sein, doch das ganze Haarkleid hellt sich in der Sonne auf, so daß längere Fellabschnitte, etwa der Schwanz, blasser wirken als das übrige Fell.

Historisches Vorbild
Die Angora sollte die eleganten Langhaarkatzen wiedererstehen lassen, die in Gemälden wie diesem Porträt (1813) von Louis Léopold Boilly (1761–1845) dargestellt worden sind.

Rotsilberschattiert
Bei schattierten Angoras ist das Unterfell sehr blaß, aber in einem warmen Ton gefärbt. Die silberschattierten Farbschläge, so wie diese Rote, haben ein rein silbernes Unterfell, das auffällig mit der Spitzenfärbung kontrastiert. Das Angorafell entwickelt sich langsam; bei dieser Jungkatze ist es noch kurz.

Cinnamon
Die erste Angora namens Cuckoo war zimtfarbig (Cinnamon). Das Gen für diese Farbe stammt von den Abessiniervorfahren, bei denen es Sorrel genannt wird. Der Ton sollte warm sein, und die Augenränder und der Nasenspiegel sollten dem Fell entsprechen.

Orientalisch Langhaar

Diese schöne, voll ausgefärbte Semilanghaarversion der Orientalisch Kurzhaar vervollständigt das Quartett der »orientalischen« Rassen. So wie die Siam (siehe S. 188) ein Semilanghaarpendant in der Balinese (siehe S. 136) hat, gibt es für die Orientalisch Kurzhaar (siehe S. 192) ein Gegenstück in der Orientalisch Langhaar. Das Fell dieser Katze hat keine Unterwolle und liegt meist flach am Körper an. Im Sommer wirkt sie, abgesehen vom buschigen Schwanz, manchmal fast wie eine Kurzhaarkatze. Sie vereint in sich die typischen Merkmale ihrer Rassengruppe: Sie trägt die Farben der Oriental und das weiche Haarkleid und den buschigen Schwanz der Balinese.

Chestnut Silver Ticked Tabby
Das getickte (gebänderte) Haarkleid sollte klare Tabbymarkierungen im Gesicht, an den Beinen und am Schwanz und mindestens ein »Halsband« aufweisen. Die Silberung schwächt die Farbe ab, und der Kontrast zwischen Deckhaar und Unterfell kann den Schimmer des Tickings überlagern.

Rassengeschichte

Ungeachtet aller Bemühungen der Züchter, die Paarungen zu kontrollieren, warten die Katzen immer wieder mit Überraschungen auf. 1985 taten sich bei der Züchterin Sheryl Ann Boyle eine Orientalisch Kurzhaar und eine Balinese zusammen, um einen Wurf Semilanghaar-Orientalen mit seidigem Fell zu zeugen. Diese Kätzchen waren viel zu attraktiv, um ignoriert zu werden. Daraufhin wurde die neue Rasse erzüchtet, die inzwischen von der TICA und CFA anerkannt worden ist. Wie bei der Orientalisch Kurzhaar sind sich auch hier die Rassezuchtverbände nicht einig über den Status der abzeichentragenden Tiere. Gelegentlich sorgen die Namen dieser Katze und der Angora (siehe S. 140) für einige Verwirrung, denn letztere wurde früher in Nordamerika als Orientalisch Langhaar bezeichnet. Äußerlich und in der Abstammung unterscheiden sich die beiden jedoch recht deutlich.

Chestnut
In Nordamerika werden die Farbschläge der Orientalisch Langhaar mit den bei der Orientalisch Kurzhaar üblichen Namen belegt. In Europa heißen Orientalen dieser Farbe Havana, während die Farbe in anderen Rassen Chocolate genannt wird. Das Haarkleid der »kastanienbraunen« Katzen sollte ein sattes, warmes Braun zeigen, etwas rötlicher als bei Chocolate üblich.

Kurz-Info

Entstehungszeit: 1985
Ursprungsland: Nordamerika
Vorfahren: Orientalisch Kurzhaar, Balinese
Einkreuzungen: Siam, Balinese, Orientalisch Kurzhaar
Synonym: Oriental Longhair
Gewicht: 4,5–6 kg
Wesen: Freundlich und neugierig

Farbschläge

Alle Farben und Zeichnungen, außer Abzeichen, Sepia und Mink

Blau-Schildpatt-Tabby | Fawn und Weiss | Weiss | Schwarz

LA PERM

Die meisten Rexrassen sind aus Kurzhaarkatzen hervorgegangen und werden deshalb kurzhaarig gezüchtet. Die langhaarige La Perm und die Selkirk Rex (siehe S. 125) sind die einzigen Katzen mit gelocktem langem Haarkleid, die von größeren Dachverbänden akzeptiert worden sind. Die Bohemian Rex, die als Rex-Langhaar vorgestellt wurde, ist niemals anerkannt worden, und die Maine Coon (siehe S. 117) mit Rexfell ist ebenfalls heftig umstritten. Obwohl die La Perm von nicht selektierten amerikanischen Vorfahren abstammt, hat sie ein »asiatisches« Äußeres mit einem keilförmigen Kopf und schlankem Körperbau. Es sind sehr aktive, neugierige Katzen, und die Rassebeschreibung verweist auf die Abkunft von Bauernkatzen, wenn sie sie als »ausgezeichnete Jäger« bezeichnet.

RASSENGESCHICHTE

Eine Bauernkatze in The Dalles, Oregon, warf 1982 sechs Kätzchen, von denen eines unbehaart war. Trotz dieses Handicaps überlebte die kleine Kätzin, der schließlich doch ein Fell wuchs. Im Gegensatz zu ihren Wurfgeschwistern bekam sie jedoch ein lockiges Haarkleid, das sich weich anfühlte. Linda Koehl, die Begründerin der neuen Rasse, gab dem Kätzchen den Namen Curly. In den folgenden fünf Jahren züchtete sie eine Reihe von »curly-coated« (lockig behaarten) Katzen, die zum Ausgangsmaterial der Rasse La Perm wurden. Das Gen ist dominant; deswegen sind vielerlei Einkreuzungen zur Vergrößerung des Genpools möglich, ohne daß die Zahl der Nachkommen mit Rexfell abnimmt. Von den großen Verbänden hat nur die TICA die La Perm anerkannt.

Kurz-Info

ENTSTEHUNGSZEIT: 1982
URSPRUNGSLAND: USA
VORFAHREN: Bauernkatzen
EINKREUZUNGEN: Rasselose Katzen
SYNONYM: Auch Dalles La Perm genannt
GEWICHT: 3,5–5,5 kg
WESEN: Anschmiegsam und neugierig

Farbschläge

Alle Farben und Zeichnungen, auch Sepia, Abzeichen und Mink

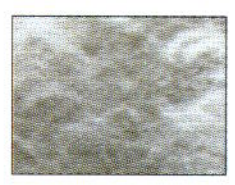

WEISS

Rottabby
Der Anteil von roten Katzen in der nicht selektierten Population unterliegt geographischen Schwankungen. Es läßt sich jedoch vorhersagen, daß es nur wenige einfarbig rote Tiere gibt, denn gewöhnlich bedarf es sorgfältiger Zucht, um die Tabbyzeichnung bei dieser Farbe zu eliminieren. Bei jeder neuen Rasse, vor allen wenn rasselose Katzen eingekreuzt werden, muß diese Arbeit bei Null beginnen.

Blaugetigertes Kätzchen
Die erste La Perm wurde nackt geboren und bekam dann ein Rexfell, doch die meisten La Perms kommen mit einem leicht gekräuselten Haarkleid zur Welt. Nach einer haarlosen Phase im ersten Lebensjahr kehrt die Behaarung mit mehr Lockenbildung zurück.

Kurilen-Stummelschwanzkatze

Die Besitzansprüche an dieser Rasse und deren Heimat sind gleichermaßen ungeklärt. Die Inselkette der Kurilen, die sich vom östlichsten Punkt Rußlands bis zur Nordspitze der japanischen Insel Hokkaido erstreckt, ist ein Streitobjekt der beiden Staaten. Die Kurilen-Stummelschwanzkatze verkörpert einen ganz anderen Typ als die Japanische Stummelschwanzkatze (siehe folgende Seite), obwohl sie ebenfalls kurzschwänzig ist. Ihr Haarkleid, entstanden im rauhen Klima ihrer nördlichen Heimat, ist länger und dicker als das ihrer südlicheren Verwandten, und ihr Körperbau ist gedrungener. Der Rassestandard läßt nur eine relativ kleine Farbenpalette zu. Die Katzen sind freundlich, haben sich aber ihre Unabhängigkeit bewahrt.

Rassengeschichte

Bis vor kurzem gab es nur eine allgemein bekannte Stummelschwanzrasse, die japanische. Seit sich die Länder der ehemaligen Sowjetunion der Welt öffnen, tauchen neue Rassen auf, darunter einige Überraschungen wie die bislang verborgen gebliebene. Die Kurilen-Stummelschwanzkatze repräsentiert die gleiche Mutation wie die Japanische, und sie ist mit ziemlicher Sicherheit schon seit Jahrhunderten auf den Kurilen heimisch. Während diese genetische Ähnlichkeit den russischen Verbänden keine Probleme bereitet, könnte die gemeinsame Mutation, die für den Stummelschwanz verantwortlich ist, die Akzeptanz der Rasse in Europa erschweren.

Rot
Das geschlechtsgebundene Rot ist häufig bei Katzen aus dieser Region, und es geht im Idealfall mit kupferfarbenen Augen einher. Das Fell ist am längsten an der Kehle und in den »Kniehosen« der Hinterbeine. Die Kater entwickeln oft ein volles Gesicht mit deutlicher Wamme.

Schildpatt und Weiß
Auch die weiblichen Tiere wie das abgebildete legen sich nach der Geschlechtsreife einen eindrucksvollen Körperbau mit kräftigen Beinen und breiten Schultern zu. Die Hinterbeine sind länger als die Vorderbeine, und der Rücken steigt von den Schultern zum Hinterteil leicht an. Der Schwanz sollte einen weichen Ball aus längerem Haar bilden und wird hoch getragen.

Kurz-Info

Entstehungszeit: Vor dem 18. Jahrhundert
Ursprungsland: Kurileninseln
Vorfahren: Hauskatzen
Einkreuzungen: Keine
Synonym: Kurile Island Bobtail
Gewicht: 3–4,5 kg
Wesen: Eifrig und freundlich

Farbschläge

Einfarbig und Schildpatt
Schwarz, Rot, Blau, Creme, Schildpatt, Blaucreme, Weiß
Smoke, schattiert und spitzengefärbt
Wie bei Einfarbig und Schildpatt, ausgenommen Weiß
Tabbys (gestromt, getigert, getupft)
Braun, Rot, Blau, Creme, Braun-Schildpatt, Blau-Schildpatt
Silbertabbys
Farben wie bei Standardtabbys
Bi-Colours
Alle zugelassenen Farben mit Weiß

Japanische Stummelschwanzkatze

Diese anhängliche und neugierige Langhaarrasse ist noch immer recht selten. Weltweit haben nur sehr wenige Züchter sich ihrer angenommen, zum Teil deshalb, weil das Gen für Langhaar in Langhaar-Kurzhaar-Verpaarungen überdeckt wird und weil die geringe Zahl von langhaarigen Tieren bedeutet, daß die Verpaarung von Langhaar mit Langhaar zu einer bedenklichen Inzucht führen könnte. Bei der Semilanghaarversion der Stummelschwanzkatze bildet der kurze Schwanz eine volle, buschige Quaste. Dieses Merkmal bringt keine Wirbelsäulen- oder Knochendeformationen mit sich. Die Stummelschwanzkatze ist sehr gesellig, aber auch schnell gelangweilt, und wenn sie sich langweilt, kann sie sich arg destruktiv gebärden.

Gesicht
Das Gesicht bildet ein fast gleichseitiges Dreieck und hat weiche Konturen und hohe Backenknochen. Stummelschwanzkatzen mit verschiedenfarbigen Augen sind begehrt, vor allem mit dem Fellmuster Schildpatt und Weiß, das Mi-ke genannt wird.

Rassengeschichte

Diese Katze hat zwar erst neuerdings größeres Aufsehen erregt, ist aber nur eine natürliche Spielart der kurzhaarigen Stummelschwanzkatze (siehe S. 196). Beispiele beider Typen finden sich in japanischen Holzschnitten und Gemälden der letzten drei Jahrhunderte (siehe S. 38); die langhaarigen Tiere werden sich im kalten Klima der nördlichsten Landesteile Japans besser behauptet haben. Die dokumentierte Rassengeschichte beginnt allerdings erst 1968, als kurzhaarige Stummelschwanzkatzen in die USA gelangten; sie trugen das Gen für Langhaar, wie sich in den frühen 1970er Jahren herausstellte. Nachdem die kurzhaarige Form in Nordamerika inzwischen fest etabliert ist, gewinnt auch die langhaarige dort allmählich an Boden. In Europa ist sie noch nicht anerkannt.

Kurz-Info

Entstehungszeit: 8. Jahrhundert
Ursprungsland: Japan
Vorfahren: Hauskatzen
Einkreuzungen: Keine
Synonym: Japanese Bobtail (Longhair)
Gewicht: 2,5–4 kg
Wesen: Sehr aufgeweckt

Farbschläge

Einfarbig und Schildpatt
Schwarz, Rot, Schildpatt, Weiß
Alle anderen einheitlichen und Schildpattfarben, auch Abzeichen, Mink und Sepia
Tabbys
Alle Farben in allen vier Tabbyzeichnungen
Bi-Colours
Schwarz, Rot, Schildpatt mit Weiß
Alle anderen Farben und Zeichnungen mit Weiß

Kopf
Breit, mit merklichen Einbuchtungen in den Schnurrbaarkissen und leichtem Stop in Augenhöhe

Ohren
Groß, weit auseinanderstehend und aufgerichtet

Augen
Groß und oval, schräggestellt

Körper
Langgestreckt, gerade und schlank, aber gut bemuskelt

Schwanz
Kurze Quaste, entweder gerade oder lockig behaart

Beine
Lang und schlank, aber nicht zierlich

Fell
Halblang, weich und seidig

Rot und Weiß
Die Gesamterscheinung ist durch lange, gerade Linien gekennzeichnet. Die Stummelschwanzkatze ist gut bemuskelt, aber eher athletisch als massig gebaut. Die Gliedmaßen sind dementsprechend schlank, doch nicht zerbrechlich. Die Hinterbeine sind länger als die Vorderbeine, werden aber gebogen getragen, so daß der Rumpf fast gerade erscheint, wenn die Katze steht oder geht.

RASSELOSE LANGHAARKATZEN

Die bei weitem am häufigsten gehaltenen Hauskatzen sind gewöhnliche, aus Zufallsverpaarungen hervorgegangene Vierbeiner. Selbst in Ländern mit einem großen Bestand an Rassekatzen ist die Zahl der unselektierten Katzen viermal so groß. Manche Leute sind auf das Erscheinungsbild und die Wesenseigenschaften einer bestimmten Rasse fixiert, doch viele von uns, die sich nicht so festgelegt haben, begnügen sich gerne mit einer Katze ohne Stammbaum. Das Wesen einer Katze wird durch ihre frühen Erfahrungen geprägt, und deshalb ist ein rasseloses Exemplar so liebevoll, wie wir es aufziehen, auch wenn es nicht die Geschwätzigkeit der »asiatischen« Rassen oder die extreme Anschmiegsamkeit mancher Langhaarrassen aufweist. Nur wenige dieser gewöhnlichen Hauskatzen tragen ein langes Fell, weil dies ein rezessives Merkmal ist; aber Katzen, die der Angora (siehe S. 140) oder der Maine Coon (siehe S. 114) ähneln, kommen hin und wieder vor: Schließlich sind diese Rassen aus solchen rasselosen Katzen hervorgegangen.

Blau
Blau, die charakteristische Farbe mehrerer Rassen, die auf natürliche Weise entstanden sind, trifft man häufig in den Katzenpopulationen des europäischen Festlandes an. Der ziemlich schlanke Körperbautyp einer solchen Katze deutet auf eine gemeinsame Vergangenheit mit südeuropäischen Rassen hin, etwa der Türkisch Angora (siehe S. 130). Katzen dieses Typs begegnet man oft auf griechischen Inseln.

Weiß mit grünen Augen
Diese Katze, die man mit einer Angora verwechseln könnte, besitzt ein weißes Fell von einer Reinheit, wie man es bei Rassekatzen antrifft. Die Augen zeigen vielleicht nicht das leuchtende Grün, das hochgezüchtete Ausstellungstiere aufweisen, aber auch viele Rassekatzen aus Liebhaberzuchten erfüllen diese strengen Standardanforderungen nicht.

Schwarz
Viele Langhaarkatzen aus nördlichen Breiten, etwa die Maine Coon (siehe S. 114) oder die Norwegische Waldkatze (siehe S. 118), haben ein breites Gesicht, einen gedrungenen Körperbau und ein dickes, fast zottiges Fell. Diese Rassen wurden aus freilaufenden Bauernkatzen herausgezüchtet, die nach wie vor wunderschöne Einzeltiere hervorbringen.

Creme und Weiß
Cremefarbene Tiere kommen in nicht selektierten Katzenpopulationen seltener vor als rote. In beiden Farbschlägen zeigen selbst einfarbige Exemplare fast immer eine Tabby-Geisterzeichnung. Züchter von Rassekatzen selektieren ihre Zuchttiere sehr sorgfältig, um diese Markierungen verschwinden zu lassen, und erzielen durchgängig einheitliche Fellfarben, aber auch bei rasselosen Katzen zeigen einzelne Tiere gelegentlich eine verblüffend gleichmäßige Einfarbigkeit.

Silberschattiert
Die schattierten und spitzengefärbten Perserkatzen (siehe S. 104) sind der Inbegriff der Eleganz. Das ungewöhnlich lange Haarkleid dieser Rasse ist das Ergebnis einer hundertjährigen Zucht, und es ist deshalb höchst unwahrscheinlich, daß es auch bei gewöhnlichen Hauskatzen vorkommt. Doch die Schattierung, die auffallenden schwarzen Augenränder und der umrandete Nasenspiegel tauchen immer wieder auf, und viele Haustiger besitzen ein Fell, das den frühen Perserkatzen alle Ehre gemacht hätte.

Kurzhaarkatzen

Schwarze Bombay
Die Bombaykatze war die erste Rasse, die einen Wildtiertyp imitieren sollte. Sie gleicht einem schwarzer Panther en miniature. Mehrere Rassen ähnlichen Typs sind inzwischen erzüchtet worden.

Colourpoint-Exotisch-Kurzhaar
Einige Rassen sind das unerwartete Resultat von Zuchtprogrammen: Diese Kurzhaar-Perserkatze entstand bei dem Versuch, eine langhaarige Amerikanisch Kurzhaar zu schaffen.

Vor Jahrtausenden haben sich Hauskatzen aus Ägypten in verschiedenartige Weltgegenden ausgebreitet. Der frühe Falbkatzentyp – mittelgroß, schlank, mit einem feinen Haarkleid – war von Natur aus nicht für alle neuen Umweltverhältnisse geeignet. Die neuen Spielarten, die sich entwickelten, bilden die Grundlage der heutigen Rassen. Der Überlebenskampf im Norden begünstigte gedrungene Formen mit einem dichten, isolierenden Unterfell aus wasserabweisenden Wollhaaren, das ihnen im Winter Schutz bot. In nördlichen Klimazonen legten sich die Katzen einen »plumpen« Körperbau zu; aus diesem Plumptyp ging später die Britisch Kurzhaar (siehe S. 152) hervor, und er diente als Ausgangsmaterial für viele Katzenrassen der Welt, zum Beispiel der Amerikanisch Kurzhaar (siehe S. 152).

Gleichzeitig breitete sich die Hauskatze ostwärts nach Asien aus. In dem warmen Klima begünstigte die natürliche Zuchtwahl ein dünneres, leichteres Haarkleid und einen kleineren Körper, um das Verhältnis von Körperoberfläche und Gewicht zu verbessern und die Abfuhr des Wärmeüberschusses zu erleichtern. Diese Katzen wurden länger und schlanker als ihre Vorfahren, und ihrem weicheren, dünneren Fell fehlt vielfach jegliche Unterwolle. Solche Katzen gehören dem Schlanktyp an.

Ocicat
Diese versehentlich entstandene Rasse brachte ein neues Fleckenmuster in das Spektrum der Fellfarben. Sie ist ein schönes Beispiel für den neuen Trend, dessen Zuchtziel wildtierähnliche Katzen sind. Man muß allerdings ein Auge zudrücken, wenn man die vermeintliche Ähnlichkeit mit dem Ozelot erkennen will.

Mutationen des Felltyps sind immer wieder vorgekommen, doch ohne Eingriff des Menschen wieder ausgestorben. Viele Kurzhaarrassen haben ein welliges oder gelocktes Rexfell, das erstmals bei der Cornish Rex (siehe S. 198) weitergezüchtet wurde. Die extreme Mutation der Haarlosigkeit ist oft ein letales Merkmal, das in der Natur verschwindet, aber in der Selektionszucht zum ungewöhnlichen Phänomen der Sphynx (siehe S. 202) geführt hat. Ein neuer Zuchttrend geht dahin, nicht das zu verfeinern, was die Natur bereits erreicht hat, sondern ein neuartiges Erscheinungsbild zu kreieren. Viele dieser Rassen ahmen wildlebende Katzen nach: Ein typisches Beispiel ist die Ocicat (siehe S. 206). Die Bengal (siehe S. 206) war die erste Rasse, die durch die Verpaarung der Hauskatze mit einer Wildkatze, der Bengalkatze (siehe S. 17), entstanden ist. Ihr folgen die Pixiebob (siehe S. 211), angeblich mit Rotluchsvorfahren (siehe S. 14), und die Chausies aus der Kreuzung mit *Felis chaus* (siehe S. 16).

Siamkatze
Diese Rasse war früher für die meisten Menschen allein durch ihre Abzeichen (Points) gekennzeichnet. Heute zeigen viele Rassen diese Zeichnung, und die Siam erkennt man eher an ihrem extrem graziösen gestreckten Schlanktyp, der in Züchterkreisen ziemlich umstritten ist.

Korat-Kätzchen
Einige Neuzüchtungen haben in kurzer Zeit große Beliebtheit erlangt, während manche älteren Rassen wie etwa die Koratkatze noch immer einen gewissen Seltenheitswert haben. Die in ihrer thailändischen Heimat seit Jahrhunderten bekannte Rasse ist im Westen erst seit 1965 als Ausstellungskatze anerkannt.

Europäisch Kurzhaar
Wie die Britisch und Amerikanisch Kurzhaar hat sich diese Rasse im Laufe vieler Jahrhunderte aus freilaufenden Katzen ohne Zutun des Menschen entwickelt. Sie wurde von Züchtern im 20. Jahrhundert erhalten und weitergezüchtet.

Exotisch Kurzhaar

Diese kurzhaarige Perserkatze (siehe S. 104) mit ihrem durchaus »exotischen« Erscheinungsbild hat das sanfte Wesen und die weiche, quäkende Stimme der Ausgangsrasse. Die Exotisch Kurzhaar hat den Körperbau der Perser, aber ein höchst eigenartiges Fell: nicht richtig kurz, doch auch nicht halblang. Einkreuzungen zwecks Erzielung des kurzen Fells haben der Rasse einen Charakter mitgegeben, der munterer und neugieriger ist als der ihrer Vorfahren; sie haben jedoch nicht die anatomischen Probleme des ererbten Persergesichts beseitigt. Dem dichten Doppelfell bekommt es gut, wenn es zweimal wöchentlich durchgekämmt wird. Die Rasse ist noch immer selten, zum Teil deshalb, weil die Würfe nach wie vor langhaarige Kätzchen enthalten, bei denen umstritten ist, ob man sie als Exotisch Kurzhaar oder Perser bezeichnen soll.

Rassengeschichte

In den frühen 1960er Jahren versuchten Züchter der Amerikanisch Kurzhaar (siehe S. 160) die Felltextur der Perser in ihre Rasse einzubringen. Das Ergebnis waren jedoch Katzen mit dem Fell der Kurzhaar auf dem gedrungenen, kompakten Körper der Perser. Unabsichtlich entstand so eine »Kurzhaar-Perser« mit einem flachen »Teddybärengesicht« und einer kleinen, klagenden Stimme. Um ihre Katzen von der Amerikanisch Kurzhaar abzugrenzen, gaben die Züchter ihnen den Namen Exotisch Kurzhaar (Exotic Shorthair) und nahmen Britisch Kurzhaar (siehe S. 152), Burma (siehe S. 182) und sogar Russisch Blau (siehe S. 182) in ihre Zuchtprogramme auf. Die CFA anerkannte die Rasse 1967. In Nordamerika dürfen nur Amerikanisch Kurzhaar und Perser eingekreuzt werden, in anderen Ländern werden auch andere Rassen verwendet.

Schwarz
Mit dem schimmernden schwarzen Fell und den goldleuchtenden Augen könnte dieser Farbschlag als Vorbild für die vielen schwarzen »Glückskatzen« gedient haben, die seit Jahren als Werbeartikel hergestellt werden. Bei schwarzen Kätzchen können im Fell graue oder rostige Töne auftreten, die bei adulten Ausstellungstieren nicht akzeptiert werden.

Seal-Point
Das Abzeichenmuster gehört zu den Exotisch-Farbschlägen und wird nicht, wie bei den Langhaarkatzen, als getrennte Rasse angesehen. Alle Abzeichen sollten farblich übereinstimmen, und die Maske bedeckt das ganze Gesicht. Die Abzeichenfarben bilden sich unterschiedlich schnell aus; die dichten Farben wie das Seal entwickeln sich als erste.

Blaucreme
Der Standard für alle Schildpattschläge schreibt eine ausgewogene Farbenverteilung mit weichen Übergängen vor, und alle Beine und der Schwanz müssen beide Farben aufweisen. Einige deutliche Farbflecken sind erlaubt, ebenso Blessen im Gesicht. Die Schildpattzeichnung ist von Natur aus nicht vorhersagbar.

Kopf der Exotisch Kurzhaar
Die Exotisch Kurzhaar hat von den Persern einige Defekte geerbt, etwa die tränenden Augen, die engen Nasenlöcher und Gebißprobleme. Um die Zucht auf Gesundheit zu fördern, verlangen die britischen Standards für beide Rassen, daß die Oberkante des Nasenspiegels unter dem unteren Augenrand liegt; damit sind stark verkürzte Gesichter verpönt. Die Erfüllung dieser Forderung ist schon im Kätzchenalter zu erkennen; dem abgebildeten Jungtier dürfte Ärger erspart bleiben.

Braungetigert
Während die Perser nur gestromt anerkannt wird, kann die Exotisch Kurzhaar auch getigert oder getupft sein. Die Gesichtszeichnung ist bei allen drei Tabbymustern gleich, nur die Körperzeichnung variiert. Der getigerte Tabby sollte zahlreiche schmale Streifen aufweisen, die den Körper überziehen und den Schwanz ringeln.

Blau
Die vorgeschriebene Farbe der Blauen Exotisch Kurzhaar ähnelt der der Blauen Britisch Kurzhaar, die in den Farbschlag eingezüchtet worden ist. Ein Vergleich der beiden Rassen zeigt, wie unterschiedlich die Erscheinungsformen sind, obwohl es sich in beiden Fällen um relativ kompakte Katzen handelt. Die Exotisch ist von allen Kurzhaarkatzen am rundlichsten, und ihr Standard verlangt eine Rundung bei allen Konturen von den Ohren bis zu den Zehen. Das pummelige Aussehen darf jedoch nicht mit Weichheit gleichgesetzt werden: Unter dem plüschartigen Fell sollten sich die Muskeln deutlich abzeichnen.

Kurz-Info

ENTSTEHUNGSZEIT: 1960er Jahre
URSPRUNGSLAND: USA
VORFAHREN: Perser/Amerikanisch Kurzhaar
EINKREUZUNGEN: Keine
SYNONYM: Exotic Shorthair
GEWICHT: 3–6,5 kg
WESEN: Sanft und neugierig

Farbschläge

Alle Farben und Zeichnungen, einschließlich Abzeichen, Sepia und Mink

BRITISCH KURZHAAR

Diese kompakt gebaute Katze ist selbstbewußt und selbstsicher. Obwohl sie sich freundlich und sanftmütig gibt, läßt sie sich nicht gern anfassen: Richter und Züchter beschreiben sie als eine Katze, die mit allen Vieren fest auf dem Boden steht. Wegen der zahlreichen festen Leithaare fühlt sich das dichte Fell unverwechselbar harsch an, und die Unterwolle schützt die Katze an den kältesten Tagen. Die dickbeinige und gut bemuskelte Rasse ist gedrungen und zugleich überraschend schwer. Die großen, runden Augen betonen ihr im Grunde sanftes Wesen, auch wenn sie sich beim Auftauchen eines Beutetiers als ungewöhnlich tüchtiger Jäger erweist.

Profil der Britisch Kurzhaar
Wie bei dieser Rotgetupften ist der Kopf rund und der Hals kurz und kräftig. Der Standard schreibt eine gerundete Stirn, eine mäßige Einbuchtung am Nasenansatz und eine kurze, gerade Nase vor.

RASSENGESCHICHTE

Die Britisch Kurzhaar wurde im 19. Jahrhundert aus englischen Bauern-, Straßen- und Wohnungskatzen herausgezüchtet. Obwohl sie auf den ersten britischen Ausstellungen am häufigsten auftrat und obwohl Harrison Weir, der Begründer des Katzenzuchtwesens, »Britisch Blaue« züchtete, erlebte die Rasse um die Jahrhundertwende ihren Niedergang, und sie wäre in den 1950er Jahren beinahe erloschen. Sie wurde erneuert durch engagierte Züchter, die Zuchttiere nach Irland und in das ganze Britische Weltreich exportierten. In den 1970er Jahren war sie auch in den USA eingetroffen, wo sie als Britisch Blau dank ihrer Anhänglichkeit, Ausdauer und Zurückhaltung sofort viele Anhänger fand. Eine Eigentümlichkeit unterscheidet die Britisch Kurzhaar von den meisten Kurzhaarkatzen; ungefähr die Hälfte der Rasse hat die seltene Blutgruppe B.

Silbergetupft
Diese aparte Zeichnung gehört ebenfalls zu den ältesten; sie tauchte in den 1880er Jahren auf. Es gibt Silberserien von allen Tabbyfarben und -mustern, aber die schwarze zählt zu den beliebtesten. Wie in anderen Rassen haben auch hier die Silbernen keine kupferfarbenen, sondern haselnußbraune Augen.

Blau
Dies ist die zeitlose, klassische Britisch Kurzhaar. Blau war eine der ersten Farben und ist stets die beliebteste geblieben. Längere Zeit war die Britisch Blau die einzige in Nordamerika anerkannte britische Katze. Als der Rassebestand im Zweiten Weltkrieg zurückging, kreuzten die Züchter zunächst »asiatische« Katzen ein, dann Blaue Perser, die im Typ eher paßten. Daraus ergaben sich Probleme mit der flauschigen Behaarung und kurzen Nasen, doch inzwischen hat der blaue Schlag seine Form längst wiedererlangt. Sie wird allerdings manchmal noch immer mit der Kartäuserkatze (siehe S. 168) verwechselt.

Rotgestromt
Die ursprüngliche Tabbyfarbe war Braun, das man heute nicht mehr so oft sieht, aber auch Rot trat früh auf. Ingwerrot kommt bei rasselosen Katzen in Großbritannien häufig vor, doch durch hundertjährige Zucht hat sich diese Farbe in kräftige gelbbraune Töne verwandelt.

Kurz-Info

Entstehungszeit: 1880er Jahre
Ursprungsland: Großbritannien
Vorfahren: Haus-, Straßen- und Bauernkatzen
Synonym: British Shorthair; Farben mit Spitzenfärbung wurden früher Chinchilla-Kurzhaar genannt
Gewicht: 4–8 kg
Wesen: Freundlich und ungezwungen

Farbschläge

Einfarbig und Schildpatt
Schwarz, Chocolate, Rot, Blau, Lilac, Creme, Schildpatt, Chocolate-Schildpatt, Blau-Schildpatt, Lilac-Schildpatt, Weiß (mit blauen, orangefarbenen oder verschiedenfarbigen Augen)
Smoke und spitzengefärbt
Wie bei Einfarbig und Schildpatt, außerdem mit goldener Spitzenfärbung
Tabbys (gestromt, getigert, getupft)
Braun, Chocolate, Rot, Blau, Lilac, Creme, Schildpatt, Chocolate-Schildpatt, Blau-Schildpatt, Lilac-Schildpatt
Silbertabbys (gestromt, getigert, getupft)
Wie bei Standardtabbys
Bi-Colours
Alle einheitlichen und Schildpattfarben mit Weiß
Abzeichenfarben
Alle einheitlichen Schildpatt- und Tabbyfarben

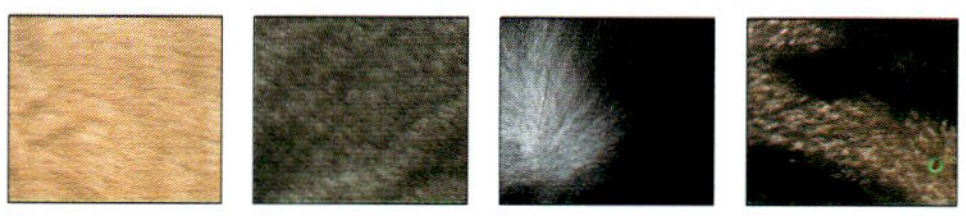

Weiß mit orangefarbenen Augen
Dieser Farbschlag wurde aus der Weißen mit blauen Augen herausgezüchtet, die um die Jahrhundertwende auftrat. Ein makelloses Weiß ohne Anflug von Geld ist selten. Weiß mit blauen und verschiedenfarbigen Augen können an angeborener Taubheit leiden (siehe S. 94), und der Standard verlangt tiefblaue Augen, um das Problem möglichst auszuscheiden. Katzen mit orangefarbenen Augen neigen im allgemeinen nicht zu dieser Form der Taubheit.

Schildpatt
Dieser Farbschlag ist zwar schwer zu züchten, wurde aber gleichwohl als einer der ersten anerkannt. Der Standard für das Schildpattmuster bei dieser Rasse fordert eine gleichmäßige Farbenmischung ohne auffällige Flecken, im Unterschied zum Schildpattstandard der Amerikanisch Kurzhaar (siehe S. 160). Stichelung oder Tabbymarkierungen sind fehlerhaft.

Schwarz
Der Aberglaube, der sich um schwarze Katzen rankt, ist ambivalent (siehe S. 30); in Großbritannien wurden sie voll rehabilitiert und als Glücksbringer betrachtet. Dennoch sind diese Katzen nach dem Ersten Weltkrieg fast untergegangen. Die leuchtend goldene Augenfarbe trifft man bei rasselosen Katzen nur selten an, die gewöhnlich grüne oder haselnußbraune Augen haben.

NEUERE FARBSCHLÄGE DER BRITISCH KURZHAAR

Seit der Entstehung der Rasse Britisch Kurzhaar gegen Ende des 19. Jahrhunderts hat die Vielfalt der Farbschläge gewaltig zugenommen. Einige traten vor dem Zweiten Weltkrieg in Erscheinung, und seitdem sind immer mehr Farben und Fellmuster erzüchtet worden. In den 1950er Jahren waren die Bestandszahlen niedrig, und die Züchter kreuzten die überlebenden Britisch Kurzhaarkatzen mit Persern (siehe S. 104), um den Fortbestand der blauen Fellfarbe zu sichern. Der Einfluß der Perser ist zwar stark zurückgegangen, doch er bewirkt, daß noch immer vereinzelt Nachkommen mit flauschigem Haarkleid geboren werden. Die Perser haben auch die Spitzenfärbung in die Britisch Kurzhaar eingebracht und damit eine neue Kategorie von Farbschlägen begründet. Neuerdings wurden durch kühne Verpaarungen reizvolle neue Farben geschaffen, die auf Einkreuzung von »asiatischen« Katzen hindeuten; sie werden jedoch außerhalb Großbritanniens nicht überall anerkannt. Durch das Erbgut der Siam (siehe S. 188) wird nicht nur deren Abzeichenmuster eingeführt, sondern auch die Chance, eine blauäugige weiße Form ohne Taubheit zu züchten.

Chocolate-Kätzchen
Das Gen für dieses satte Braun stammt ursprünglich von »asiatischen« Katzen. Durch Kreuzungszucht wurde die Farbe in die Perser eingebracht und von diesen auf die Britisch Kurzhaar übertragen. Weil sie durch Kreuzungen zustande kam, wird sie außerhalb Großbritanniens nicht allgemein anerkannt.

Creme
Obwohl die Farbe Creme, eine Verdünnung von Rot, seit der Jahrhundertwende vorkommt, wurde sie erst in den 1920er Jahren anerkannt. Die Züchter wußten nicht, wie diese Farbe zu erzielen sei, und die ersten cremefarbenen Katzen waren »warm« und ähnelten Roten. Gute, »kühle« Cremetöne, möglichst weit von Rot entfernt, konnten nur mühsam erzüchtet werden.

Lilac-Kätzchen
Lilac, die Verdünnung von Chocolate, wurde durch Perserblut in die Britisch Kurzhar eingeführt. Sowohl Blau als auch Lilac sind Abschattierungen von Grau, doch in guten Beispielen sind sie recht deutlich ausgeprägt.

Schwarze Spitzenfärbung
Dieser Farbschlag hieß bis 1978 Chinchilla-Kurzhaar, weil er durch Verpaarung mit Chinchilla-Persern erzüchtet wurde. Das Persererbe schlägt bei Jungtieren noch durch, solange sie nicht voll ausgefärbt sind.

Schwarz und Weiß
Die zweifarbige Britisch Kurzhaar gibt es seit den Anfangstagen der Rasse, aber der Standard verlangte ursprünglich eine symmetrische Verteilung der Farben, eine Forderung, die kaum zu erfüllen war. Eine Revision des Standards, die eine weniger strenge Verteilung der Farbe auf dem zu einem Drittel bis zur Hälfte weißen Fell vorschreibt, verschaffte den Bi-Colours größere Popularität. Anfangs waren nur Schwarz, Blau, Rot und Creme zugelassen.

NASENSPIEGEL ZEIGT ZWEI FARBEN

Blaucreme
Verdünntes Blau und Schildpatt zählten zwar zu den Farben, die am frühesten anerkannt wurden, aber dieses verdünnte Schildpatt erlangte den gleichen Status erst in den 1950er Jahren, zum Teil wohl deshalb, weil die genetische Basis nicht geklärt war.

FARBEN MÜSSEN GLEICHMÄSSIG VERTEILT SEIN

Kätzchen mit Seal-Abzeichen
Die Colourpoint-Farben fanden erst in den 1990er Jahren volle Anerkennung in Großbritannien, und anderswo sind sie noch immer nicht zugelassen. Sie entstanden durch Siameinkreuzungen, doch die Katzen gleichen nach wie vor der traditionellen Britisch Kurzhaar in jeder Hinsicht, abgesehen von den »exotischen« Abzeichen.

DIE HELLEN AUGEN DUNKELN NACH

Schildpatt und Weiß
Im Unterschied zum üblichen Schildpattmuster sind hier deutlich abgegrenzte rote und schwarze Flecken zu sehen. Aus einem noch unbekannten Grund beeinflußt das Bi-Colour-Gen das geschlechtsgebundene Gen für Rot, so daß bei Schildpatt und Weiß eine Farbenmischung fast unmöglich zu erreichen ist. Wie bei anderen Bi-Colours sollte der Weißanteil ein Drittel bis eine Hälfte ausmachen.

DICKES, HARSCHES FELL

Blaucremeabzeichen
Wie bei den einheitlichen Farben sollten auch bei den Colourpoint-Schildpattkatzen die Abzeichen gleichmäßig gefärbt sein. Idealerweise zeigt jedes Abzeichen eine ausgewogene Farbenmischung. Trotz des »asiatischen« Einflusses besitzen diese Katzen das freundliche Wesen ihrer britischen Vorfahren.

MANX

Die Schwanzlosigkeit ist das augenfälligste Kennzeichen dieser Rasse, doch genauso unverwechselbar ist der kaninchenähnliche hoppelnde Gang. Sollte man die Manx mit einem einzigen Wort charakterisieren, dann mit dem Adjektiv »rund« – runder Körper, runde Augen, rundes Hinterteil, runder Kopf, runde Pfoten. Die sich langsam entwickelnde Manx kommt in sehr vielen Farben und Mustern vor, doch Abzeichen (Points) werden nicht von allen Verbänden akzeptiert. Man unterscheidet »Rumpies« (ohne Schwanz, mit einer kleinen Vertiefung am Ende der Wirbelsäule), »Stumpies« (mit kurzem Schwanz) und »Taillies« oder »Longies« (mit fast natürlichem, aber meist geknicktem Schwanz). Stumpies und Taillies geben ausgezeichnete Hausgenossen mit einem zurückhaltenden, jedoch freundlichen Wesen ab, aber Ausstellungstiere sind schließlich Rumpies. Vor allem die letztere Gruppe ist erblich belastet, denn das Manxgen ist ein potentieller Letalfaktor. Bei Rumpy-zu-Rumpy-Verpaarungen kann das Manxsyndrom auftreten: Die Kätzchen sterben bei der Geburt oder kurz danach, oder sie erkranken mit vier Monaten an tödlichen Darm- oder Blasenleiden. Verantwortungsbewußte Züchter suchen ihre Zuchttiere sorgfältig aus und geben die Kätzchen erst dann ab, wenn sie die ersten vier Monate gesund überstanden haben.

Inselemblem
Manx-Katzen erscheinen in ihrer Heimat auf Briefmarken. Dies ist eine der ersten.

Schwarz und Weiß
Diese Farbkombination trifft man bei gewöhnlichen britischen Hauskatzen häufig an, doch bei Ausstellungstieren darf das Fell keine Trübung oder Fleckung aufweisen. Diese »Stumpy« hat einen Schwanzrest und ist deshalb für Ausstellungszwecke ungeeignet.

RASSENGESCHICHTE

Die Manx hat ihren Ursprung auf der Insel Man in der Irischen See. Schwanzlosigkeit kommt in Katzenpopulationen gelegentlich als spontane Mutation vor. In großen Populationen verschwindet sie gewöhnlich wieder, doch in isolierten Gruppen, etwa auf einer Insel, kann sie fortbestehen. So sind die Manx, die Japanische Stummelschwanzkatze (siehe S. 196) und die Kurilen-Stummelschwanzkatze (siehe S. 145) entstanden. Die dominant vererbte Mutation der Manx unterscheidet sich von der jener der asiatischen Katzen; die Legende, sie seien alle miteinander verwandt, ist damit widerlegt. Die traditionelle Manx war schlanker als die heutige. Da man heute auf Rundlichkeit züchtet, gleicht sie »einem behaarten Basketball mit Beinen«, wie es ein Züchter ausgedrückt hat. Die Rasse wird in Großbritannien seit dem späten 19. Jahrhundert ausgestellt, in Nordamerika seit 1899. In den 1920er Jahren wurde sie von der CFA anerkannt.

Hinterteil
Beim Streicheln darf man keine Knochen- oder Knorpelerhebung spüren

Fell
Dick und doppellagig, Fellqualität wichtiger als Fellmuster

POLSTERÄHNLICHES FELL

Manxkopf
Das vollwangige Gesicht der Manx verrät ihre Abkunft von typischen britischen Hauskatzen. Der Kopf sollte breit und rundlich sein, mit einer geraden Nase und einem kräftigen Kinn.

Kurz-Info

ENTSTEHUNGSZEIT: Vor dem 18. Jahrhundert
URSPRUNGSLAND: Insel Man
VORFAHREN: Hauskatzen
EINKREUZUNGEN: Keine
SYNONYME: Manxkatze, Mankatze
GEWICHT: 3,5–5,5 kg
WESEN: Sanft und ausgeglichen.

Farbschläge

Farben wie bei der Britisch Kurzhaar
Alle Farben und Fellmuster

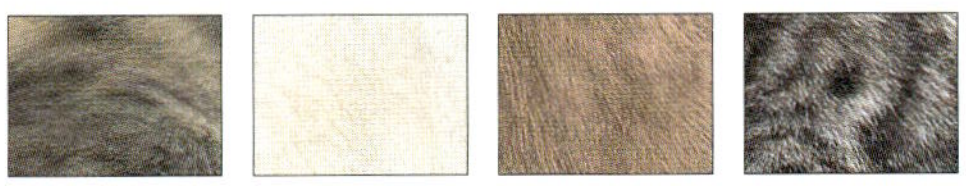

BLAU-TABBY | WEISS | ROT | SILBER-TABBY

Braungestromt und Weiß
Die Hinterbeine der Manx sind deutlich länger als die Vorderbeine, werden aber oft gebogen getragen. Das verstärkt die rundliche Erscheinung und ist verantwortlich für den charakteristischen hüpfenden Gang. Die tiefen Flanken bieten reichlich Platz für die Tabbyzeichnung, vor allem für das »Austernmotiv« der Stromung.

Braun-Schildpatt-Tabby
Die Manx zählt zu den korpulentesten Rassen überhaupt. Der GCCF-Standard verlangt eine »gute Breite der Brust« und »Flanken von großer Tiefe«, während der CFA-Standard fordert, die Proportionen von Rumpf und Gliedmaßen sollten so beschaffen sein, daß sie zusammengenommen ein Quadrat darstellen. Die Ausstellungsstandards aller Verbände schreiben völlig schwanzlose Tiere vor, deren deutlich gerundetes Hinterteil etwas höher ist als die Schulterpartie, wenn die Katze aufrecht steht.

Schildpatt
Wie bei allen Rassen bevorzugen die Briten ein weicher gemischtes Schildpattmuster als die nordamerikanischen Verbände. Dieses Tier ist ein »Stumpy« mit einem kurzen Stummelschwanz und als Ausstellungskatze ungeeignet.

Selkirk Rex

Das weiche, dicke und plüschartige Rexfell ist bei dieser Rasse schon im Augenblick der Geburt erkennbar, doch dann verschwindet es, um nach acht bis zehn Monaten zurückzukehren. Das Fell, in dem alle Einzelhaare gekräuselt sind, muß zwar regelmäßig gepflegt werden, aber wenn es, vor allem nach dem Baden, übermäßig gekämmt und gebürstet wird, straffen sich die Haare. Im Körperbautyp ähnelt diese geduldige und freundliche Rasse am ehesten der Britisch Kurzhaar, insbesondere was die Gliedmaßenlänge angeht. Sie kommt ebenfalls in zwei Spielarten vor, als plüschige Kurzhaar- und als spektakulärere Langhaarkatze (siehe S. 125). Es ist erwiesen, daß einige andere Rexrassen mit gesundheitlichen Defekten behaftet sind: Ob dies auch für die Selkirk Rex gilt, ist noch nicht bekannt. Sie unterscheidet sich von den meisten Rexkatzen dadurch, daß das rassebildende Merkmal dominant ist, so daß bei Einkreuzungen zur Vergrößerung des Genpools immer noch 50 Prozent Rexwürfe anfallen.

Rassengeschichte

Alljährlich werden in Tierheimen viele Kätzchen geboren. 1987 kam in For Pet's Sake, einem Tierasyl in Montana, das von Kitty Brown geleitet wurde, ein weibliches Calico-Kätzchen zur Welt. In dem siebenköpfigen Wurf besaß allein dieses Kätzchen ein gekräuseltes Fell und gekräuselte Schnurrhaare. Miss DePesto of NoFace, wie der Züchter Jeri Newman die von ihm übernommene Katze nannte, wurde gedeckt, und drei der sechs Nachkommen hatten ein lockiges Fell, was den Schluß zuließ, daß das Rexfell dominant vererbt wird. Vermutlich war Pest selbst der Ursprung dieser Mutation. Weitere Verpaarungen, darunter eine Rückkreuzung zu ihrem Sohn, zeigten, daß sie das rezessive Gen für Langhaar und Abzeichen trug. Jeri Newman benannte die Neuzüchtung, die von der TICA anerkannt worden ist, nach den nahen Selkirk Mountains.

Kurz-Info

Entstehungszeit: 1987
Ursprungsland: USA
Vorfahren: Tierheimkatze, Perser, Exotisch, Britisch und Amerikanisch Kurzhaar
Einkreuzungen: Perser, Exotisch, Britisch und Amerikanisch Kurzhaar
Synonyme: Keine
Gewicht: 3–5 kg
Wesen: Freundlich und geduldig

Farbschläge

Alle Farben und Fellmuster, einschließlich Abzeichen, Sepia und Mink

Rottabby und Weiss — Schwarz und Weiss — Silberschattiert

Schwarz-Smoke
Wie bei anderen Rexrassen wirken auch der bei Selkirk Rex Smoke- und schattierte Farben sehr vorteilhaft. Durch die Einkreuzung von Rassekatzen profitiert eine Neuzüchtung wie die Selkirk Rex von den jahrzehntelangen Zuchtbemühungen, die Merkmale wie etwa intensiv kupferfarbene Augen zustande gebracht haben, und zwar insofern, als sie sich selbst in kürzerer Zeit erwirbt.

Kopf der Selkirk Rex
Die Selkirk hat ein »westliches« und nicht ein »asiatisches« Erscheinungsbild, wie es bei anderen Rexrassen bevorzugt wird. Das vollwangige Gesicht hat runde Augen und eine kurze Schnauze.

Scottish Fold

Diese Rasse fällt sofort durch ihre Falt- und Hängeohren auf, aber mit ihrem kurzen Hals, dem runden Kopf und dem kompakten Körper ist sie auch sonst eine unverwechselbare, rundliche Erscheinung. Die rassetypischen Ohren gehen auf ein dominantes Gen zurück, das eine unterschiedlich starke Faltung bewirkt. Die erste Fold hatte eine »einfache« Faltung, bei der die Ohren nach vorn gebogen waren; bei heutigen Ausstellungskatzen sind die Ohren »dreifach« eng gefaltet. Katzen mit geraden Ohren sind nach wie vor wichtig für die Zucht gesunder Faltohrkatzen. Die Rasse ein sanftes Wesen, und ihr unauffälliges Verhalten paßt zu ihrer unaufdringlichen Gesamterscheinung.

Braungestromt
Die Faltohren sind bereits bei der Geburt vorhanden, doch wie stark sie gefaltet sind, stellt sich oft erst später heraus. Die Skelettprobleme, die mit der Homozygotie dieses Merkmals verbunden sind, sind bei Kätzchen noch nicht zu erkennen; das abnorme Knochenwachstum zeigt sich erst nach der Geschlechtsreife.

Kurz-Info

Entstehungszeit: 1961
Ursprungsland: Schottland
Vorfahren: Bauernkatzen, Britisch und Amerikanisch Kurzhaar
Einkreuzungen: Britisch und Amerikanisch Kurzhaar
Synonym: Schottische Faltohr- oder Hängeohrkatze
Gewicht: 2,5–6 kg
Wesen: Sanft und selbstbewußt

Farbschläge

Alle Farben und Fellmuster, einschließlich Abzeichen, Sepia und Mink

Rassengeschichte

Susie, die »Ahnherrin« der Scottish Fold, war eine Bauernkatze aus dem schottischen Tayside. Der dort lebende Schäfer William Ross und seine Frau Mary erhielten eine Tochter von Susie, die sie Snooks nannten. Diese wurde mit einer Britisch Kurzhaar (siehe S. 152) verpaart und gebar Snowball, einen weißen Kater, der in seiner Heimat ausgestellt wurde. 1971 schickte Mary Ross dem Genetiker Neil Todd in Newtonville in Massachusetts einige Faltohrkatzen. Die Weiterzucht erfolgte in den USA mit Hilfe von Britisch und Amerikanisch Kurzhaar (siehe S. 160), und 1994 wurde die Scottish Fold anerkannt. In Europa hat man ihr wegen der Probleme mit deformierten homozygoten Tieren die Anerkennung versagt.

Kopf der Scottish Fold
Die Ohren einer Scottish Fold sollten »kappenförmig angesetzt« sein und flach am Kopf anliegen. Kleine, eng gefaltete Ohren sind ideal. Das Gesicht sollte einen lieblichen Ausdruck haben.

Blau-Schildpatt-Tabby und Weiß
Bei der Bewertung der Scottish Fold wird das größte Gewicht auf den Körperbautyp gelegt. Nach den Ohren ist der Schwanz der wichtigste Körperteil: Jede Verkürzung oder Versteifung deutet auf Skelettprobleme hin. Insgesamt verlangt der Standard eine gesunde, gut proportionierte und geschmeidige Katze.

AMERIKANISCH KURZHAAR

Diese freundliche, selbstgenügsame und handfeste Rasse hat als Heim- und Ausstellungstier in den USA und in Kanada viele Freunde gewonnen; in anderen Ländern ist sie selten. Die Amerikanisch Kurzhaar kann recht groß ausfallen, und das vollwangige Gesicht und der robuste, muskulöse Körper strahlen Kraft aus. Der CFA-Standard – und ihm sollten alle anderen Standards folgen – verlangt, daß »alle Merkmale, die so übertrieben sind, daß sie Schwäche begünstigen«, auf Ausstellungen die Disqualifikation nach sich ziehen sollten. Die Rasse hat noch immer vieles mit gewöhnlichen Hauskatzen gemeinsam, und das Zuchtziel ist die Erzeugung von Nachkommen, die die besten dieser Eigenschaften aufweisen. Bis vor einiger Zeit konnte jede rasselose Katze, die dem Standard entsprach, registriert werden, weil dadurch der Genpool vergrößert wurde. Diese Praxis ist inzwischen untersagt.

Einfache Herkunft
Die Vorfahren der Rasse wurden häufig auf naiven Bildern dargestellt, so wie hier von einem unbekannten Künstler des späten 19. Jahrhunderts.

RASSENGESCHICHTE

Hauskatzen trafen mit den ersten Siedlern in Nordamerika ein, in den britischen Niederlassungen von Neufundland bis Virginia, in den französischen Besitzungen von Nova Scotia bis Louisiana oder in der holländischen Kolonie, dem heutigen New York. Viele dieser Katzen wurden zur Rattenbekämpfung auf Schiffen mitgenommen, doch einige blieben auch in der Neuen Welt und begründeten dort die weltweit größte Hauskatzenpopulation. In der neuen Heimat waren sie veränderten Umwelteinflüssen ausgesetzt: Die Nachkommen der überlebenden Katzen legten sich ein dickes, hartes Fell zu, das ihnen Schutz vor Nässe, Kälte und kleineren Verletzungen bot. Da sie mehr natürliche Feinde hatten, wurden sie größer als ihre europäischen Verwandten. Zu Beginn des 20. Jahrhunderts erkannten einige amerikanische Züchter, daß sich die vorzüglichen Eigenschaften ihrer Hauskatzen in einer Rasse verfestigen ließen. Der erste Wurf von 1904 entstammte einer Kreuzung von Britisch und Amerikanisch Kurzhaar. Die Rasse hieß bis 1965 Domestic Shorthair; danach erhielt sie ihren heutigen Namen.

Silbertabby
Silbertabby ist ein beliebter Farbschlag mit dichten, tintenschwarzen Markierungen auf sterlingsilbernem Grund. 1965 gewann ein Silbertabby den Preis »United States Cat of the Year« woraufhin der ursprüngliche Name Domestic Shorthair in American Shorthair umgewandelt wurde.

Braungestromte Kätzchen
Von der CFA werden nur die gestromten und getigerten Tabbymuster akzeptiert, von der TICA auch getupfte und getickte. Die Stromung herrschte bei den eingewanderten Vorfahren der Rasse vor, und gestromte Katzenpopulationen zeigen einen engen Bezug zu den alten Handelsrouten.

Blaucreme
Kätzinnen sind, wie bei Schildpattschlägen üblich, vielfach erheblich leichter als Kater und haben ein nicht so »schweres« Gesicht. Der Standard der Amerikanisch Kurzhaar verlang wie die meisten anderen nordamerikanischen Standards klar umrissene Flecken von ungestichelter Farbe.

Kurz-Info

ENTSTEHUNGSZEIT: 20. Jahrhundert
URSPRUNGSLAND: USA
VORFAHREN: Hauskatzen
EINKREUZUNGEN: Keine
SYNONYME: American Shorthair, früher Domestic Shorthair
GEWICHT: 3,5–7 kg
WESEN: Umgänglich und gelassen

Farbschläge

EINFARBIG UND SCHILDPATT
Schwarz, Rot, Blau, Creme, Weiß, Schildpatt, Blaucreme
Alle anderen einheitlichen und Schildpattfarben
SMOKEFARBEN
Schwarz, Cameo, Blau, Schildpatt, Blaucreme
Alle anderen einheitlichen und Schildpattfarben außer Weiß
SCHATTIERT UND SPITZENGEFÄRBT
Wie bei Einfarbig und Schildpatt, ausgenommen Weiß
TABBYS (GESTROMT, GETIGERT)
Braun, Rot, Blau, Creme, Braungefleckt, Blaugefleckt
Getupft und getickt, alle anderen einheitlichen und Schildpattfarben
SCHATTIERTE TABBYS
Farben und Muster wie bei Standardtabbys
BI-COLOURS (STANDARD UND VAN)
Wie bei einheitlichen und Schildpattfarben außer Weiß
ZWEIFARBIG SMOKE, SCHATTIERT UND SPITZENGEFÄRBT
Schwarz-Smoke, Cameo-Smoke, Blau-Smoke, Schildpatt-Smoke, Cameo-Schattiert, Shell-Cameo mit Weiß
Alle anderen Smoke-, schattierten und spitzengefärbten Farben mit Weiß
ZWEIFARBIGE TABBYS
Alle Tabbyfarben mit Weiß
ZWEIFARBIGE SILBERTABBYS
Silbertabby, Cameo-Tabby, Silbergefleckter Tabby mit Weiß
Alle anderen Silbertabbyfarben mit Weiß

Schwarz-Smoke
Buster Brown, die erste amerikanische Katze, die 1904 ins Zuchtbuch der Rasse eingetragen wurde, war ein schwarzer Smoke-Kater von der Straße. In Ruhe ist das rauchfarbene Fell kaum von dem einfarbiger Tiere zu unterscheiden, doch in der Bewegung schimmert das Unterfell leicht durch.

Schildpatt und Weiß
Diese Fellzeichnung wird in Nordamerika allgemein als Calico bezeichnet oder als verdünntes Calico, wenn es sich um Blauschildpatt und Weiß handelt. Dieser merkwürdige Name ist seit den frühesten Katzenausstellungen in Gebrauch und leitet sich von der Ähnlichkeit mit den kühnen Mustern her, mit denen früher Kalikostoffe (Kattun) bedruckt wurden.

American Wirehair

Das Hauptkennzeichen dieser Rasse ist das namengebende »Wirehair« (Drahthaar). Es fühlt sich eigenartig an, wie ein plüschiges Astrachangewebe. Jedes Haar ist dünner als gewöhnlich und zugleich gekräuselt, geknickt oder gebogen, so daß der Eindruck der Drahtigkeit entsteht. Am höchsten geschätzt ist ein dichtes und derbes Fell, doch ein Kätzchen, dessen Fell bei der Geburt feingelockt erscheint, bekommt später möglicherweise nur ein welliges Haarkleid, während ein nur leicht drahtiges Jugendfell sich im ersten Lebensjahr richtig entwickeln kann. Katzen mit gekräuselten Schnurrhaaren sind besonders begehrt. Die American Wirehair ist eine aufgeweckte und freundliche Rasse. Ihre Liebhaber versichern, daß sie nur selten destruktiv ist und sich gern anfassen und streicheln läßt.

Rassengeschichte

Ausgangspunkt der Rasse war ein Kätzchen, das 1966 in Verona im US-Bundesstaat New York geboren wurde. Die dort lebende Züchterin Joan O'Shea erwarb diesen kleinen Kater und dessen normal behaarte Schwester. Im Zuge eines sorgfältigen Zuchtprogramms stellte sich das ungewöhnliche Merkmal als dominant heraus. Aus aufeinanderfolgenden Kreuzungen mit Amerikanisch Kurzhaar ging die Rasse hervor, deren Standard eine Zeitlang mit dem der Kurzhaar übereinstimmte, abgesehen vom drahtigen Fell. Abweichende Merkmale, die die Kopfform, den Körperbau und den Schwanz betrafen, tauchten jedoch in den Würfen beständig auf, und so wurde 1967 ein eigener Standard für die Wirehair formuliert. Amerikanische Drahtkaarkatzen trifft man heute in den USA und in Kanada überall an, aber in den meisten anderen Weltteilen hat die Rasse noch keine Anerkennung gefunden.

Rotgestromt und Weiß
Das erste Katerchen mit Drahthaarfell war rot und weiß gefärbt. Die CFA fordert, daß Wirehairs in allen Farbschlägen mit Ausnahme von Weiß leuchtend goldene Augen haben müssen, während die TICA keine Beziehungen zwischen Augen- und Fellfarbe herstellt.

Schwarz-Smoke und Weiß
Zweifarbige Smokekatzen zeigen weichere Kontraste als Bi-Colours mit einheitlichen Farben. Bei den meisten Kurzhaarkatzen bleibt das Unterfell unsichtbar, solange sie sich nicht bewegen, doch das Drahthaarfell bewirkt, daß stets ein wenig Weiß durchscheint.

Kurz-Info

Entstehungszeit: 1966
Ursprungsland: USA
Vorfahren: Bauernkatzen, Amerikanisch Kurzhaar
Einkreuzungen: Amerikanisch Kurzhaar
Synonym: Amerikanisch Drahthaar
Gewicht: 3,5–7 kg
Wesen: Aktiv, manchmal eigensinnig

Farbschläge

Einfarbig und Schildpatt
Schwarz, Rot, Blau, Creme, Weiß (mit blauen, goldenen oder verschiedenfarbigen Augen), Schildpatt, Blau-Schildpatt
Alle anderen einheitlichen und Schildpattfarben

Smoke
Schwarz, Rot, Blau
Alle anderen einheitlichen und Schildpattfarben mit Ausnahme von Weiß

Schattiert und spitzengefärbt
Schattiert Silber, Schattiert Cameo, Chinchilla-Silber, Shell-Cameo
Alle anderen einheitlichen und Schildpattfarben

Tabbys (gestromt, getigert)
Braun, Rot, Blau, Creme
Alle anderen einheitlichen und Schildpattfarben

Schattierte Tabbys
Silber, Cameo
Alle anderen Tabbyfarben

Bi-Colours
Einfarbig und Schildpatt mit Weiß
Alle Farben und Muster mit Weiß

Weiss · Blau · Braun-gestromt

American Curl

Diese elegante und sanftmütige Rasse kommt in zwei Felltypen vor: kurz- und langhaarig. Die kurzhaarige American Curl wurde relativ spät erzüchtet, weil die ursprünglichen Curls (Kräuselohrkatzen) allesamt langhaarig waren (siehe S. 122): Das Gen für Kurzhaar ist dominant, weshalb sehr viele kurzhaarige Curls latent ein Langhaargen tragen und langhaarige Nachkommen hervorbringen. Das Kräuselohrmerkmal wird in drei Grade eingeteilt: Katzen mit nur einem nach hinten gedrehten Ohr (1. Grad) werden als Liebhabertiere abgegeben, solche mit stärkerer Kräuselung (2. Grad) werden für die Zucht verwendet, und solche mit vollen Kräuselohren (3. Grad) sind Ausstellungstiere. Mit den Kräuselohren muß man behutsam umgehen; wenn man sie aufzurichten versucht, können die Knorpel geschädigt werden.

Entwicklung des Hängeohrs
Alle American Curls werden mit geraden Ohren geboren. Nach zwei bis zehn Tagen beginnen sich die Ohrenspitzen zu krümmen; sie falten und entfalten sich, bis sie mit etwa vier Monaten »fixiert« sind.

Rassengeschichte

Seit über einem Jahrzehnt erfreut sich diese Katze in Amerika größter Beliebtheit, und am intensivsten wird die Zucht in Kalifornien betrieben. Die Neuzüchtung ist das Ergebnis einer genetischen Mutation bei einer langhaarigen schwarzen Straßenkatze namens Shulamith. Ihre Nachkommen zeigten zur Hälfte ebenfalls das ungewöhnliche Merkmal, das dominant vererbt wird, und wurden für ein Zuchtprogramm verwendet. Alle Vertreter dieser Kurzhaarrasse stammen, wie ihre langhaarigen Verwandten, von dieser Mutter und deren Nachwuchs ab und werden aufgrund eines Ausstellungsstandards akzeptiert, der nur hinsichtlich der Fellbeschaffenheit von dem der Kurzhaar abweicht.

Silbergetickter Tabby
Der Standard schreibt eine klare Streifung im Gesicht, an den Beinen und am Schwanz vor; bei anderen Rassen sollte dieses Fellmuster keine solchen Streifen aufweisen. Die TICA anerkennt diese Zeichnung in der Silberserie, die CFA jedoch nicht.

Kurz-Info

Entstehungszeit: 1981
Ursprungsland: USA
Vorfahren: Amerikanische Hauskatzen
Einkreuzungen: Keine
Synonym: Amerikanisch Kräuselohr
Gewicht: 3 – 5 kg
Wesen: Sanft und anhänglich

Farbschläge

Einfarbig und Schildpatt
Schwarz, Chocolate, Rot, Blau, Lilac, Creme, Weiß, Schildpatt, Blaucreme
Alle anderen einheitlichen und Schildpattfarben

Smoke
Wie bei Einfarbig und Schildpatt, ausgenommen Weiß und zusätzlich Chocolate-Schildpatt
Alle anderen einheitlichen und Schildpattfarben

Schattiert und spitzengefärbt
Silberschattiert, Goldenschattiert, Cameoschattiert, Schildpattschattiert, Chinchilla-Silber, Chinchilla-Golden, Shell-Cameo, Shell-Schildpatt
Alle anderen einheitlichen und Schildpattfarben

Tabbys (gestromt, getigert, getupft, getickt)
Braun, Rot, Blau, Creme, Braungefleckt, Blaugefleckt
Alle anderen Farben

Silbertabbys (gestromt, getigert)
Silber, Chocolate-Silber, Cameo, Blausilber, Lavendersilber, Cremesilber, Silbergefleckt
Alle anderen Standardtabbyfarben, getupft und getickt

Bi-Colours (gestromt und Van)
Schwarz, Rot, Blau, Creme mit Weiß, Calico und Calico verdünnt
Alle anderen Farben mit Weiß

Zweifarbige Tabbys
Wie bei Standardtabbys

Einfarbige und Schildpattabzeichen
Seal, Chocolate, Flame, Blau, Lilac, Creme, Schildpatt, Chocolate-Schildpatt, Blaucreme, Lilaccreme
Alle anderen Farben, Sepia und Mink

Lynx- (Tabby-)Abzeichen
Wie bei Einfarbigen und Schildpattabzeichen, ausgenommen Rot
Alle anderen Farben, Sepia und Mink

MUNCHKIN

Obwohl die Züchter versichern, daß der Zwergwuchs dieser Neuzüchtung keine Probleme verursacht, hat die Munchkin, eine kurzbeinige Katze, die in einer langhaarigen (siehe S. 123) und einer kurzhaarigen Spielart vorkommt, eine beispiellose Kontroverse ausgelöst. Sie mußte strenge Gesundheitsprüfungen über sich ergehen lassen, um eine gewisse Akzeptanz zu erreichen, doch viele Fachleute meinen noch immer, die Munchkin sei keine »richtige« Katze. Ihr verspieltes Wesen ist zwar unverkennbar katzenhaft, aber es läßt sich nicht leugnen, daß die Rasse eine radikale Abkehr von der normalen Katzenanatomie darstellt. Wer in der Katze nur ein reizendes Schmusetier sieht, ist mit der Munchkin gut bedient; wer jedoch vom unabhängigen Charakter der Katzen fasziniert ist, wird sie vermutlich ablehnen.

Kurz-Info

ENTSTEHUNGSZEIT: 1980er Jahre
URSPRUNGSLAND: USA
VORFAHREN: Hauskatzen
EINKREUZUNGEN: Hauskatzen
SYNONYME: Keine
GEWICHT: 2,25 - 4 kg
WESEN: Anschmiegsam und neugierig

Farbschläge

Alle Farben und Fellmuster, auch Abzeichen, Sepia und Mink

ROT-GESTROMT — SCHILDPATT UND WEISS — SCHWARZ

Munchkinkopf
Der Standard schreibt einen gemäßigten Typ vor. Der Kopf sollte weder rundlich und schwammig noch kantig und »asiatisch« sein. Alle Farben und Zeichnungen sind erlaubt.

Rotgetupft
In gewisser Weise ähnelt die Munchkin einem Eichhörnchen, sowohl in ihrer Fortbewegungsweise als auch in ihrer Neigung, sich aufs Hinterteil zu setzen und die Vorderpfoten vor den Körper zu halten. Wegen dieser typischen Haltung wird die Rasse als drollig und komisch angesehen.

RASSENGESCHICHTE
Die Munchkin wurde in den 1980er Jahren in Nordamerika erzüchtet und erregte von Anfang an großes Aufsehen. Nach den Gesundheitsprüfungen wurde sie 1995 von der TICA als Rasse anerkannt. Einige Züchter haben aus diesen Rassekatzen Munchkins mit Rexfell und Hängeohren herausgezüchtet, doch diese Programme finden keine große Zustimmung, und keines der Ergebnisse ist bislang anerkannt worden.

Braungetupft
Farben und Zeichnung sind laut Standard von untergeordneter Bedeutung. Auf den Körperbau allein entfällt die Hälfte der Bewertungspunkte. Der Reiz der Munchkin beruht zum Teil darauf, daß die Proportionen einer adulten Katze denen eines Kätzchens ähneln, dessen Gliedmaßen im Verhältnis zum Körper für gewöhnlich ziemlich kurz sind.

Snowshoe

Die nach ihren rassetypischen weißen Handschuhen benannte »Schneeschuhkatze« vereint die Abzeichen der Siam (siehe S. 188) mit weißen Partien, wodurch die auffälligen weißen Pfoten entstehen. Es existieren zwei Fellmuster: »mitted« (behandschuht) mit begrenztem Weiß und Bi-Colour mit mehr Weiß im Gesicht und auf dem Körper. Das Weiß dürfte die Rasse ihren Amerikanisch-Kurzhaar-Vorfahren (siehe S. 161) verdanken, vielleicht aber auch dem Siameinschlag; weiße Zehen galten bei frühen Siamkatzen als fehlerhaft. Snowshoes sind gesellig und anschmiegsam. Sie sind zwar lautfreudig, haben aber eine sanfte Stimme.

Seal Bi-Colour (Jungtier)
Die weißen Partien dürfen höchstens zwei Drittel der Körperoberfläche ausmachen. Der Körper sollte farbig und zur helleren Unterseite hin fein abschattiert sein; isolierte weiße Flecken sind unerwünscht.

Kurz-Info

Entstehungszeit: 1960er Jahre
Ursprungsland: USA
Vorfahren: Siam, Amerikanisch Kurzhaar
Einkreuzungen: Einfarbig eumelanistische Siam, traditionell eumelanistische einfarbige und zweifarbige Amerikanisch Kurzhaar
Synonym: Schneeschuhkatze
Gewicht: 2,5 – 5,5 kg
Wesen: Aktiv und freundlich

Farbschläge

Mitted
Seal, Chocolate, Blau, Lilac
Bi-Colours
Alle »mitted« Farben mit Weiß

Rassengeschichte

In den 1960er Jahren begann die Züchterin Dorothy Hinds-Daugherty aus Philadelphia damit, ihre Siamesen mit Amerikanisch Kurzhaar zu kreuzen. Die so entstandenen Hybriden stießen zunächst bei den Siamzüchtern auf einigen Widerstand, zum Teil deswegen, weil man befürchtete, die weiße Fleckung könnte sich in Siamblutlinien ausbreiten, nachdem man Jahrzehnte gebraucht hatte, um diesen frühen Fehler auszumerzen. Das unverwechselbare Abzeichenmuster war nämlich damals so etwas wie ein Markenzeichen der Siamrasse, während es heute bei mehreren anderen Rassen anerkannt ist. Die Snowshoe blieb ziemlich unbekannt, bis sie in den 1980er Jahren von der TICA anerkannt wurde. Sie hat seither an Beliebtheit gewonnen, ist aber selten geblieben. Andere größere Verbände verweigern ihr die Anerkennung.

Mitted Blue
Das »mitted« (behandschuhte) Muster kennzeichnet die »klassische« Snowshoe. Das Weiß sollte an den Vorderpfoten am Fußgelenk und an den Hinterpfoten unterhalb des Sprunggelenks enden, und der Weißanteil darf ein Drittel der Körperoberfläche nicht überschreiten. Das Gesicht kann etwas Weiß aufweisen. Geschlechtsgebundenes Rot und Zimtfarben kommen bei der Snowshoe nicht vor.

Gesicht der Snowshoe
Die Gesichtszeichnung bestimmt, ob eine Snowshoe »mitted« oder Bi-Colour ist. Ein umgedrehtes V aus Weiß kennzeichnet eine Katze als »mitted«, alles andere als Bi-Colour. Der Weißanteil auf dem Körper entscheidet darüber, ob wir es mit einem guten oder unzulänglichen Exemplar des jeweiligen Farbschlags zu tun haben.

EUROPÄISCH KURZHAAR

Man sollte meinen, eine Katze, die einen ganzen Kontinent im Namen führt, müsse sich großer Beliebtheit erfreuen, doch die Europäisch Kurzhaar ist weniger bekannt als ihre Pendants, die Britisch Kurzhaar (siehe S. 152) und die Amerikanisch Kurzhaar (siehe S. 160). Seitdem sie sich als eigenständige Rasse etabliert hat, wird sie mit weniger gedrungenem Körperbau und etwas längerem Kopf gezüchtet als ihre britische Verwandte, was vielleicht mehr als früher dem gängigen Katzentyp der wärmeren Länder Kontinentaleuropas entspricht. Sie hat jedoch viele wesentliche Merkmale mit der Britisch Kurzhaar gemeinsam und ist eine kräftige, widerstandsfähige Katze mit einem Allwetterfell. Sie besitzt durchweg ein ruhiges und anhängliches Wesen und ist nicht besonders lautfreudig.

RASSENGESCHICHTE

Bis 1982 wurde die Europäisch Kurzhaar zur Britisch Kurzhaar gestellt. Die FIFé gab ihr dann einen eigenen Standard, doch sie war bereits eine »fertige« Rasse mit einer breiten Farbenpalette, einem bewährten Typ und einem Zuchtmaterial mit bekannter Vorgeschichte. Trotz dieser günstigen Ausgangslage, vielleicht aber auch wegen ihrer Ähnlichkeit mit der Britisch und Amerikanisch Kurzhaar hat die Europäisch Kurzhaar die Phantasie der Züchter offenbar nicht beflügelt. Die Rasse wird inzwischen selektiv gezüchtet, und Einkreuzungen von Britisch Kurzhaar sind nicht mehr erlaubt. Vom GCCF und anderen großen Verbänden außerhalb Europas ist sie nicht anerkannt.

Schwarzsilbergetigert
Die Europäisch Kurzhaar wird in den drei »traditionellen« Tabbymustern (gestromt, getigert und getupft) gezüchtet. Die getickte Zeichnung, die in Europa historisch nicht verwurzelt ist, wird nicht anerkannt. Die Schwarzsilbertigerung ist wegen des Kontrastreichtums sehr beliebt. Die Markierungen sollten auf beiden Körperseiten symmetrisch angeordnet sein.

Schildpatt-Smoke
Bei der Europäisch Kurzhaar sollten die schwarzen, roten und cremefarbenen Flecken des Schildpattmusters deutlich abgegrenzt sein und nicht leicht ineinander übergehen. Da das Deckhaar nicht flach anliegt, kommt das weiße Unterfell der Smoke zum Vorschein, wodurch die Farben etwas »verwässert« erscheinen.

Kurz-Info

Entstehungszeit: 1982
Ursprungsland: Kontinentaleuropa
Vorfahren: Hauskatzen, Britisch Kurzhaar
Einkreuzungen: Keine
Synonym: European Shorthair
Gewicht: 3,5 – 7 kg
Wesen: Intelligent und zurückhaltend

Farbschläge

Einfarbig und Schildpatt
Schwarz, Blau, Rot, Creme, Schildpatt, Blau-Schildpatt, Weiß (mit blauen, verschiedenfarbigen und orangefarbenen Augen)
Smoke
Wie bei Einfarbig und Schildpatt, ausgenommen Weiß
Tabbys (gestromt, getigert, getupft)
Braun, Blau, Rot, Creme, Schildpatt, Blau-Schildpatt
Silbertabbys (gestromt, getigert, getupft)
Wie bei Standardtabbys
Bi-Colours (Standard und Van)
Alle einheitlichen und Schildpattfarben mit Weiß
Smoke, spitzengefärbt und Tabbyfarben mit Weiß

Braun-Tabby — Blaucreme und Weiss — Seal-Point

Rotsilbergetigert
Bei den Silbertabbyfarben ist das Unterfell von einem reinen, schimmernden Weiß, das der Färbung einen kühlen Ton verleiht. Die Markierungen behalten ihre volle Intensität und ergeben so einen starken Kontrast. Diese Katze ist kräftig gesilbert, wobei sich die Farbe auf die Haarspitzen beschränkt.

Blue-Point
Die Europäisch Kurzhaar hat, wie die Britisch Kurzhaar, das Abzeichenmuster der Siam (siehe S. 188) »übernommen«. Der Körper zeigt eine stärkere Schattierung als der der glatthaarigen Siam und dunkelt mit zunehmenden Alter deutlich nach.

Cremeschattiert-Cameotabby
Das Inhibitorgan bewirkt nicht immer eine silbrigweiße Farbe. Manchmal behält das Unterfell einen Cremeton bei, und solche Tabbys werden als »schattiert« und nicht als »silbern« bezeichnet. Obwohl cremefarbene Katzen so gezüchtet werden, daß sie »kühler« wirken als rote, kann eine Cremeschattierte wärmer erscheinen als eine Rotsilberne.

KARTÄUSER

Die Kartäuser oder Chartreuse, die das Treiben der Welt lieber scharf beobachtet, als sich hineinzustürzen, ist eine tolerante und nicht besonders lautfreudige Katze, die allenfalls ein ziemlich hohes Mauzen und gelegentlich ein Zirpen hören läßt. Die kurzen Beine, der gedrungene Körperbau und das dichte, anliegende Fell verschleiern ihre wahre Größe. Es ist eine große, kraftvolle Katze, die sich langsam entwickelt. Sie jagt zwar gern, rauft aber kaum: Konflikten weicht sie lieber aus, ohne aggressiv zu werden. Die Namensgebung folgt bei den Kartäusern einem kuriosen Schema: Jedes Jahr wird mit einem Buchstaben (außer K, Q, W, X, Y und Z) bezeichnet, und die Namen der Katzen beginnen mit dem Buchstaben des Geburtsjahrs. Die 1997 geborenen Tiere tragen beispielsweise Namen, die mit N anfangen.

RASSENGESCHICHTE

Die möglicherweise aus Syrien stammenden Vorfahren der Kartäuser dürften per Schiff nach Frankreich gekommen sein. Im 18. Jahrhundert apostrophierte der Naturforscher Buffon die Rasse als »die Katze Frankreichs« und gab ihr den lateinischen Namen *Felis catus coeruleus*. Nach dem Zweiten Weltkrieg war sie nahezu ausgestorben und wurde dann wiederbelebt durch die Verpaarung der überlebenden Tiere mit Blauen Persern (siehe S. 104) und British Blues (siehe S. 152). Die Kartäuser gelangte in den 1970er Jahren nach Nordamerika, wird aber in vielen europäischen Ländern nicht gezüchtet. Die FIFé glich ihren Standard 1967 dem der British Blue an, und alle blauen Britisch und Europäisch Kurzhaar wurden eine Zeitlang unter dem Namen Chartreuse zusammengefaßt. Heute sind die Rassen wieder getrennt.

Blauer Kater
Bei der Kartäuser sind die Kater viel größer als die Kätzinnen; ihr Körper ist schwerer gebaut, darf aber nie plump wirken. Sie bekommen im Alter auch auffallend volle Wangen, so daß ihr Kopf noch breiter erscheint.

Kartäuserkopf
Der Kopf der Kartäuser ist breit, aber nicht ganz kugelförmig. Die Schnauze ist relativ schmal, doch wegen der rundlichen Schnurrhaarkissen und der vollen Backen erscheint sie nicht zu spitz. Der Gesichtsausdruck sollte freundlich und leicht lächelnd wirken.

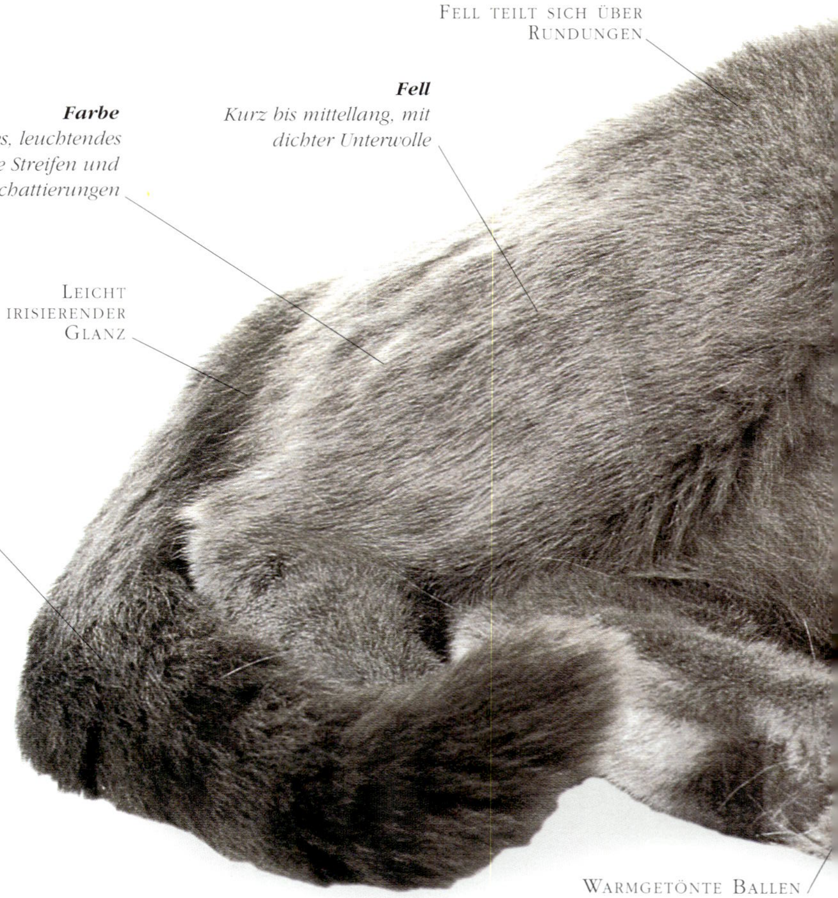

Patriotisches Schmusetier

Kartäuserkatzen waren die bevorzugten Hausgenossen des französischen Präsidenten Charles de Gaulle und der Schriftstellerin Colette, die hier mit zwei ihrer Lieblinge zu sehen ist. Colettes Vorliebe für die Kartäuser war ebenso ein Zeichen ihres Nationalstolzes wie ihr Ausharren in Paris während der deutschen Besetzung.

Kartäuserkätzchen

Bei Kartäusern dauert es oft zwei Jahre, bis sie voll ausgewachsen sind. Bis zu diesem Alter darf das Fell feiner und seidiger sein als die Idealform. Bei sehr jungen Tieren kann auch die Augenfarbe weniger leuchtend sein. Sie gewinnt an Leuchtkraft, wenn die Katze heranreift, und verblaßt im Alter wieder.

Körperbau

Die Kartäuser ist weder gedrungen noch schlank gebaut; ihr Körperbau wird als »primitiv« bezeichnet. Wegen der relativ feingliedrigen Beine wird sie manchmal auch als »Kartoffel auf Streichhölzern« beschrieben. Tatsächlich gleicht die heutige Kartäuser stark ihren Vorfahren, weil sich der Standard eng an die historischen Beschreibungen der Rasse anlehnt.

Kurz-Info

ENTSTEHUNGSZEIT: Vor dem 18. Jahrhundert
URSPRUNGSLAND: Frankreich
VORFAHREN: Hauskatzen
EINKREUZUNGEN: Keine
SYNONYME: Chartreuse, Chartreux
GEWICHT: 3–7,5 kg
WESEN: Freundlich und aufmerksam

Farbschläge

EINFARBIG
Blau

Russisch Kurzhaar

Das Urbild dieser Rasse ist die leicht reservierte und ungeheuer würdevolle Russisch Blaue Katze. Diese vorsichtige Katze reagiert empfindlich auf Umweltveränderungen und ist zurückhaltend gegenüber Fremden. Ihre auffälligsten Kennzeichen sind das dicke, glänzende Fell und die smaragdgrünen Augen. Das weiche, dichte doppellagige Haarkleid fühlt sich einzigartig an und wird im britischen Standard als »das eindeutigste Kriterium der Russischen« beschrieben. Die charakteristische Augenfarbe ist neueren Ursprungs; die ersten Russisch Blauen, die im Westen ausgestellt wurden, und zwar 1871 im Londoner Crystal Palace, hatten gelbe Augen. Erst 1933 verlangten die Rassestandards, daß die Augenfarbe »so leuchtend grün wie möglich« sein sollte. Die sanftmütige Rasse zählt zu den am wenigsten destruktiven Katzen überhaupt und gibt eine ideale Wohnungskatze ab.

Blaue Glücksbringerin
Die Blaue gilt in Rußland als Glücksbringerin, und ihre Abbilder, wie dieser Stich aus dem 19. Jahrhundert, sind beliebte Brautgeschenke.

Russisch Blau
Die originale und für viele die einzige Russisch Kurzhaar ist dieser ebenmäßig blaue Farbschlag mit silbrigem Schimmer. Der Schimmer verleiht dem Fell ein leuchtendes Aussehen, und viele Züchter behaupten, daß das Haarkleid um so strahlender wirkt, je weniger es gebürstet wird.

Rassengeschichte

Der Legende zufolge stammt die Russisch Blau von Schiffskatzen ab, die im 19. Jahrhundert aus der russischen Hafenstadt Archangelsk nach England gelangten. Unter dem Namen Russian Blues werden sie 1893 in Harrison Weirs Buch »Our Cats« erwähnt, doch seit der Russischen Revolution von 1917 bis 1948 hießen sie Foreign Blues. Die moderne Russisch Blau enthält Blutlinien der British Blues (siehe S. 152) und sogar der Blue-Point-Siam (siehe S. 188) – eine Folge der schwedischen und britischen Bemühungen, die Rasse in den 1950er Jahren zu erneuern. Schwarze und weiße Spielarten wurden in Neuseeland und in Europa erzüchtet; sie werden in Großbritannien akzeptiert, aber nicht von der FIFé und den nordamerikanischen Zuchtverbänden.

Russisch Schwarz
Die Russisch Blau wurde jahrhundertelang rein gezüchtet, weil die verdünnte Farbe rezessiv ist und niemals andere Farben maskiert. Schwarze und weiße Russisch Kurzhaar sind Neuzüchtungen und weitgehend umstritten. Der letzte Neuzugang ist die »Russische« mit blauen Abzeichen, ein Resultat von früheren Siameinkreuzungen, mit dem sich nur sehr wenige Züchter befassen.

Kurz-Info

Entstehungszeit: Vor dem 18. Jahrhundert
Ursprungsland: Vielleicht der russische Hafen Archangelsk
Vorfahren: Hauskatzen
Einkreuzungen: Keine
Synonyme: Archangel Cat, Foreign Blue, Maltese Cat, Spanish Blue, Russian Shorthair
Gewicht: 3 – 5,5 kg
Wesen: Reserviert und wachsam

Farbschläge

Einfarbig
Schwarz, Blau, Weiß

HAVANA BROWN

Die Braune Havana wirkt zwar sehr elegant und graziös, ist aber ungemein temperamentvoll. In der Wohnung spielt sie hingebungsvoll Verstecken; sie hält es für einen köstlichen Spaß, plötzlich zwischen den Möbeln hervorzuspringen und die Leute zu erschrecken, und sie klettert hervorragend. Sie hat zwar denselben Ursprung wie die Orientalisch Kurzhaar (siehe S. 192), hat sich aber so entwickelt, daß sie der Russisch Blau (siehe linke Seite) ähnelt. Für eine so zierliche Katze ist sie auffallend hochbeinig und schwer. Kätzchen und Jungtiere tragen eine Tabby-Geisterzeichnung, die mit zunehmendem Alter verschwindet. Es bleibt ein gleichmäßiges, sattes Braun, das zu Mahagoni hin tendiert.

Kopf der Havana Brown
Der lange Kopf verschmälert sich zu einer schlanken Schnauze mit einer Einbuchtung (Pinch) unmittelbar hinter den Schnurrhaarkissen. Das Kinn ist im Profil kräftig, so daß die Schnauze fast viereckig wirkt.

Kurz-Info

ENTSTEHUNGSZEIT: 1950er Jahre
URSPRUNGSLAND: Großbritannien und USA
VORFAHREN: Chocolate-Point-Siam, schwarze Hauskatzen, Russisch Blau
EINKREUZUNGEN: Keine
SYNONYM: Braune Havana
GEWICHT: 2,5–4,5 kg
WESEN: Sanft und anhänglich

Farbschläge

EINFARBIG
Chocolate
Lilac

RASSENGESCHICHTE

In den 1950er Jahren entwickelten britische Züchter einen einfarbigen Chocolate-Farbschlag vom Siamtyp. Die Farbe wurde Havana genannt, aber die Rasse in Großbritannien als Chestnut Brown Foreign registriert. Braune Havanas wurden in die USA exportiert, wo im Zuge der Weiterzucht Quinn's Brown Satin of Sidlo entstand, die sich heute in allen nordamerikanischen Zuchtlinien der Havana Brown wiederfindet. Chestnut Brown Foreigns wurden weiterhin in Amerika eingeführt und als Havana Browns bis 1973 registriert, als die CFA die Rasse Orientalisch Kurzhaar anerkannte: Fortan registrierte man diese Importe als Chestnut Oriental Shorthair. Kurioserweise wird der Farbschlag der Orientalisch Kurzhaar, der in Nordamerika Chestnut heißt, heute in Großbritannien Havana genannt, was zu einiger Verwirrung geführt hat.

Lilac
Die Russisch Blau wurde in die Havana Brown eingekreuzt und übertrug damit den rezessiven Verdünnungsfaktor. Das bedeutet, daß zuweilen Lilacs entstehen. Sie werden von der TICA anerkannt, nicht aber von der CFA. Die Farbe ist wärmer als bei anderen Rassen.

Chocolate
Der Standard für diesen braunen Farbton weicht bei den verschiedenen Rassen, die ihn aufweisen, erheblich voneinander ab. Bei der Havana Brown wird er als warmes Braun definiert, das zu Rotbraun hin tendiert; für manche Betrachter kommt der der Zimtfarbe sehr nahe. Ein dunkles Fell vom Zobeltyp (Sable) ist schwer fehlerhaft.

ABESSINIER

Die fast durchscheinende Fellzeichnung dieser Rasse ist auf ein einziges Gen zurückzuführen, das erstmals bei der Abessinier festgestellt wurde. Dieses Gen bewirkt, daß jedes Haar mehrere dunkle Bänder aufweist, die sich gleichmäßig auf einer helleren Grundfarbe verteilen, so daß ein auffälliges »geticktes« Muster entsteht. Die Ohren der Abessinier sind manchmal mit karakalähnlichen Büscheln versehen, die zum reizvollen Erscheinungsbild beitragen. Die Abys, wie die Kurzform des Rassenamens lautet, verhalten sich zwar häufig still, aber ihr Wesen ist alles andere als ruhig. Sie schließen sich eng an ihre Besitzer an und verlangen Zuwendung und Spielaktivitäten. Als geborene Athleten ersteigen und untersuchen sie alles: Vorhänge, Menschen oder Zäune und Bäume. Sie können an einer erblichen Form der Netzhautatrophie leiden, die häufiger bei Hunden vorkommt.

Lilac-Kätzchen
Lilac, eine der jüngeren Erweiterungen der Abessinierfarbenpalette, ist die Verdünnung von Chocolate. Beide Farben wurden in den 1970er Jahren durch Einkreuzung von »asiatischen« Katzen erzüchtet, werden aber von den konservativeren Verbänden noch nicht anerkannt.

RASSENGESCHICHTE

Das Ticking (Bänderung) der Abessinier ist eine ausgezeichnete Tarnung in der trockenen, sonnenverbrannten Landschaft Nordafrikas. Die Begründer der Rasse, darunter eine Katze namens Zula, wurden nach dem Abessinienkrieg 1868 aus Abessinien (heute Äthiopien) nach Großbritannien eingeführt. Es besteht eine auffallende Ähnlichkeit zwischen diesen ersten Abys und einigen altägyptischen Katzendarstellungen, und so ist es wahrscheinlich, daß die getickte Mutation schon vor Jahrtausenden entstanden ist. Die 1882 anerkannte Rasse wäre zu Beginn des 20. Jahrhundert in Großbritannien beinahe erloschen, doch bis zu den 1930er Jahren war sie in den USA und in Frankreich fest etabliert. In Nordamerika ist sie heute sehr beliebt. Die Standards sind international uneinheitlich: Europäische Abys werden eher schlank und in mehr Farben gezüchtet.

Blauer Kater
Bei dieser Verdünnung der Wild- oder Normalfarbe ist die Unterseite hafermehlfarben und hebt sich gut vom warmen blaugrauen Ticking der übrigen Felle ab. Wie die wildfarbenen Tiere haben auch die blauen dunkle Pfotenballen.

Abessinierkopf
Das Gesicht (unten links) ist keilförmig. Im Profil erkennt man eine leichte Einbuchtung der Nase (unten rechts). Die gerundeten, mandelförmigen Augen sind grün, haselnußbraun oder bernsteinfarben.

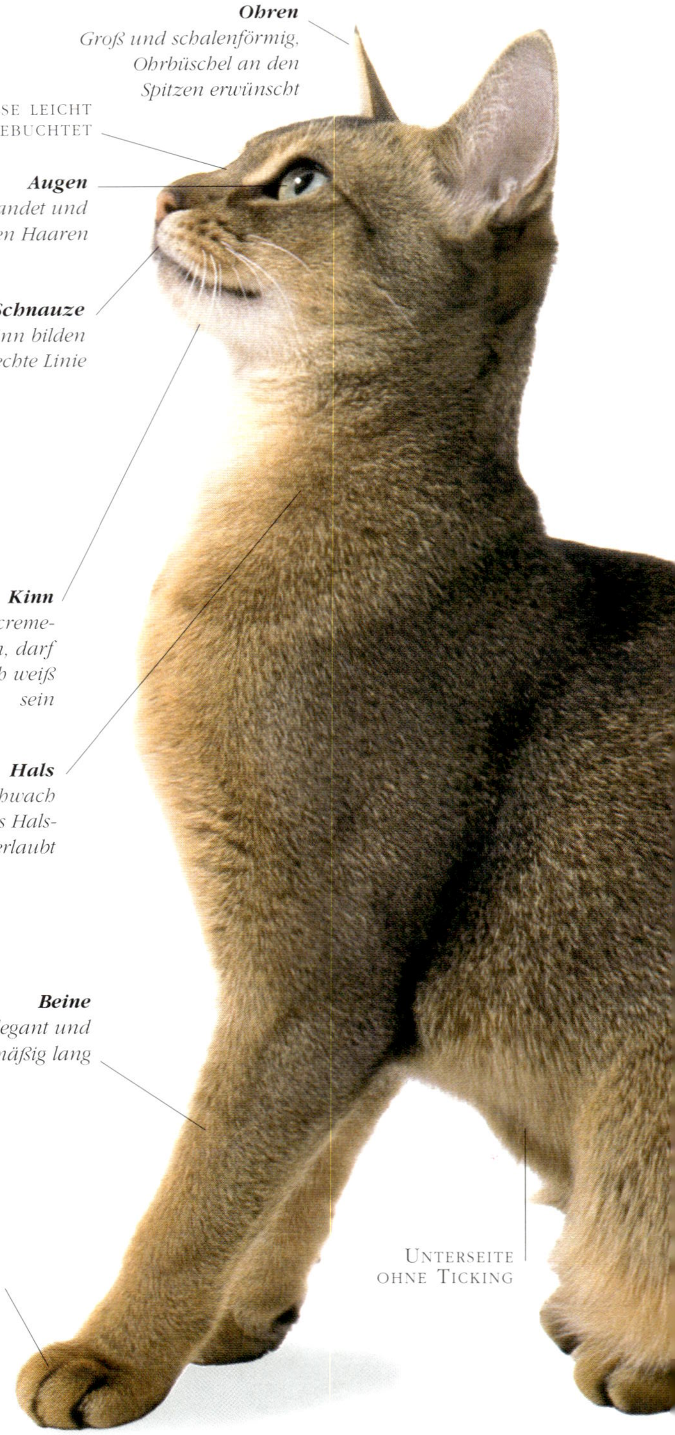

Rot oder Sorrel
Dieser Farbschlag, der früher allgemein als Rot bezeichnet wurde, heißt heute in Großbritannien gewöhnlich Sorrel (Rotbraun). Es handelt sich jedoch nicht um das echte geschlechtsgebundene Rot, sondern um ein rezessives Hellbraun, das bei anderen Rassen meist Cinnamon (Zimtfarbe) heißt.

Kurz-Info

ENTSTEHUNGSZEIT: 1860er Jahre
URSPRUNGSLAND: Äthiopien
VORFAHREN: Äthiopische Haus- und Straßenkatzen
EINKREUZUNGEN: Keine
SYNONYME: Abyssinian, Nubierin, Aby; Farbbezeichnungen international uneinheitlich
GEWICHT: 4–7,5 kg
WESEN: Verlangt viel Zuwendung

Farbschläge

TABBYS (GETICKT)
Ruddy (Rötlich), Rot, Blau Fawn (Beige)
Chocolate, geschlechtsgebundes Rot, Lilac, Creme Chocolate-Schildpatt, Cinnamon-Schildpatt, Blau-Schildpatt, Lilac-Schildpatt, Fawn-Schildpatt

CREME

CHOCOLATE

SILBERTABBYS
Alle getickten Standard-Tabbyfarben

Fawn-Jungkatze
Dieser Farbschlag ist die verdünnte Version von Sorrel und wurde früher als Creme bezeichnet, ist aber durchweg weniger leuchtend als die echte geschlechtsgebundene Cremefarbe. Von einigen Verbänden sind nur diese Farben anerkannt, doch in Großbritannien werden auch echte Rot- und Cremeschläge erzüchtet und auf Ausstellungen zugelassen.

Rötlich oder Wildfarben
Die rötliche Wildfarbe, die historische Abessinierfarbe, wird bei anderen Tabbymustern gewöhnlich als braun bezeichnet. In der Anfangszeit ähnelte sie der Fellfärbung des Wildkaninchens und trug der Katze vorübergehend die Namen »Hasenkatze« oder »Kaninchenkatze« ein. Der Farbschlag wird im Französischen noch immer »lièvre« (Hase) genannt, doch die Auswahlzucht auf Rufismus hat inzwischen zu einer wärmeren, rötlichen Grundfarbe geführt. Die Wild- oder Normalfarbe (englisch Normal oder Usual) ist Kennzeichen einer typischen Agoutikatze.

Wildfarben-Silber
Wird die warme Fellfarbe zu Weiß aufgehellt, verwandelt sich die Wildfarbe zu einem schimmernden Silber. Das Inhibitorgen, das diesen Effekt bewirkt, scheint in den frühen Abessiniern vorhanden gewesen zu sein, von Natur aus oder durch frühe Einkreuzungen. Der Farbschlag wurde in Großbritannien wiederhergestellt, ist aber in Nordamerika nicht allgemein anerkannt.

Spotted Mist

Dies ist die erste Rasse, die ausschließlich in Australien erzüchtet wurde. Die Spotted Mist (»getupfter Nebel«) besitzt ein verspieltes und anheimelndes Wesen. Sanftmut wird hoch bewertet, und der Standard mißbilligt jegliche Aggressivität. Die Katze ähnelt in gewisser Hinsicht der Getupften Asian (siehe S. 181), und ihre Gesamterscheinung ist in jeder Beziehung gemäßigt: mittelgroß, schlank, aber nicht extrem schlank gebaut, kurzes, aber nicht dicht anliegendes Fell. Die zarten Markierungen machen einen »nebelhaften« Eindruck, dem die Rasse ihren Namen verdankt; dazu trägt das zurückhaltende Ticking wesentlich bei. Die Rasse ist in sechs Farbschlägen anerkannt, von denen einige ungewöhnlich wirken. Die volle Ausfärbung dauert ein Jahr, und bei manchen Farben sind die feinen Tupfen kaum zu erkennen.

Rassengeschichte
Dr. Truda Staede in Neusüdwales entwickelte ein Zuchtprogramm zur Schaffung einer menschenfreundlichen Wohnungskatze, die die Körperform der Burma und ein getupftes Tabbymuster aufweist. Die Burma ist für die Gesamterscheinung, die Anhänglichkeit und vier der sechs Farbschläge verantwortlich. Die Abessinier brachte zwei weitere Farben, das unerläßliche Ticking und das muntere Wesen ein. Von den Hauskatzen stammen die Tupfen und die Frühreife. Im Januar 1980 kamen die ersten Tabbykätzchen – halb Burma, je ein Viertel Abessinier und Hauskatze – zur Welt. Die in Australien als Rasse anerkannte Spotted Mist ist nach wie vor sehr selten und anderswo unbekannt.

Pfirsichfarbe
Die lachsfarbenen Markierungen auf warmen rosacreme farbenem Grund ergeben eine fast pinkfarbene Katze. Die Basis bildet ein verdünntes Cinnamon (Zimtfarbe), doch dieses Fell zeigt, welche Auswirkungen verschiedene Farbkombinationen und polygenetische Einflüsse haben können.

Golden
Die goldene Farbe, die von den Abessinier-vorfahren herrührt, ist genetisch ein Cinnamon (Zimtfarbe). Die Mischung von Erbfaktoren bei der Spotted Mist hat ein Fell mit goldenen und bronzefarbenen Markierungen auf cremefarbenem Grund hervorgebracht.

Kurz-Info

Entstehungszeit: 1975
Ursprungsland: Australien
Vorfahren: Abessinier, Burma, rasselose Kurzhaarkatzen
Einkreuzungen: Keine
Synonyme: Keine
Gewicht: 3,5 – 6 kg
Wesen: Lebhaft und ausgeglichen

Farbschläge

Tabbys (zugleich getupft und getickt)
Blau, Braun, Chocolate, Golden, Lilac, Peach (Pfirsichfarbe)

SINGAPURA

Diese friedliche, ja etwas scheue Katze markiert das untere Ende der Katzengrößenskala. Die Singapura ist unverwechselbar in ihrem einzig anerkannten Haarkleid, einem getickten Tabbymuster in einer Farbe namens Sepia. Ihre Wesens- und Körpermerkmale gelten gemeinhin als das natürliche Ergebnis von Selektionsdrücken. In Singapur sind die meisten Katzen verwildert und nachtaktiv. Tiere, die am wenigsten Aufmerksamkeit erregen, pflanzen sich am ehesten erfolgreich fort, was eine geringe Körpergröße, eine leise Stimme und ein zurückhaltendes Wesen zur Folge hat. Westliche Katzen sind größer als die »Rinnsteinkatzen« von Singapur, entweder infolge genetischer Unterschiede oder dank einer besseren Ernährung. Aufgrund dieser und anderer Faktoren meinen manche Fachleute, daß die verwilderten Katzen aus Singapur die Rasse »inspiriert« haben, aber nicht deren einzige Vorfahren sind.

Singapurakätzchen
Das Fell der Kätzchen erfüllte selten die Anforderungen des Standards für Adulttiere: Es ist im Verhältnis zum kleinen Körper länger und zeigt ein weniger ausgeprägtes Ticking. Aber selbst ganz junge Kätzchen weisen die »Gepardenlinien« auf, die vom inneren Augenwinkel zum Schnurrhaarkissen verlaufen.

RASSENGESCHICHTE

Der Name der neuen Rasse ist die malaysische Form von Singapur, von wo Hal und Tommy Meadows 1975 einige Katzen in die USA mitgebracht haben; alle registrierten Singapuras von heute leiten sich von deren Zuchtprogramm her. Innerhalb von sieben Jahren nach Zuchtbeginn wurde die Singapura anerkannt, und 1988 erhielt sie erstmals den offiziellen Championship-Status. Die Rasse hat inzwischen Europa erreicht, wird aber weder von der FIFé noch vom GCCF anerkannt, und die Kontroverse über ihren Ursprung dauern an. Tommy Meadows züchtete nämlich auch Burmakatzen (siehe S. 182) und Abessinier (siehe S. 172), und es heißt, diese Rassen seien für die Entwicklung der Singapura verwendet worden. Andere versichern, dies sei unzutreffend und ermögliche es skrupellosen Züchtern, »gefälschte« Singapuras zu verkaufen. Weil es weniger als 2000 Exemplare gibt, meinen manche Experten, die geschlossene Zucht könne für die Rasse negative Folgen haben, während die erlaubte Einkreuzung der genannten anderen Rassen ihr helfen würde.

Sepia-Agouti
Dies ist die einzige Farbe, in der die Singapura gezüchtet wird. Genetisch ist es ein zobelfarben geticktes Tabbymuster – eine Kombination, die das Burma-Allel mit der erstmals bei der Abessinier festgestellten Tabbyzeichnung vereint. Das Ticking ist braun auf einem elfenbeinfarbenen Grund; Tabbymarkierungen zeigen sich im Gesicht und auf der Innenseite der Beine.

Kurz-Info

ENTSTEHUNGSZEIT: 1975
URSPRUNGSLAND: Singapur und USA
VORFAHREN: Umstritten
EINKREUZUNGEN: Keine
SYNONYME: Keine
GEWICHT: 2–4 kg
WESEN: Anhänglich und introvertiert

Farbschläge

TABBY (GETICKT)
Sepia-Agouti

KORAT

Die mittelgroße, mittelschwere, silberblaue Koratkatze ähnelt in Größe und Färbung der Russisch Blau (siehe S. 170). Die Rasse ist jedoch fest bemuskelt und rundlich gebaut, hat ein einfaches und nicht doppellagiges Fell und nicht smaragd-, sondern peridotgrüne Augen. Mit den großen, weit geöffneten Augen wirkt die Katze unschuldsvoll, doch sie ist eigenwillig und energisch. Korats sind dank ihrer Geselligkeit verspielt und erziehbar, bleiben aber am liebsten für sich. Sie knurren gern, und wenn man nicht aufpaßt, können sie aufdringlich, widerborstig und territorial werden. Sehr selten leiden Individuen an Muskelnervendefekten, die GM1 und GM2 genannt werden und sich durch Bluttests feststellen lassen.

Koratkätzchen
Jungen Korats fehlen sowohl die silberne Spitzenfärbung als auch die leuchtende Augenfarbe der adulten Tiere. Beide Merkmale brauchen manchmal zwei Jahre, um sich voll auszubilden.

RASSENGESCHICHTE

Die »Katzenbuchgedichte« aus der Ayutthaya-Zeit (1350–1767) beschreiben eine silberblaue Si-Sawat aus Korat, einer entlegenen Hochebene im Nordosten Thailands. Die erste Korat im Westen dürfte in England in den 1880er Jahren als einfarbig blaue Siam (siehe S. 188) ausgestellt worden sein. Moderne Korats wurden 1959 von Mrs. Jean Johnson in die USA eingeführt, wo sie 1965 anerkannt wurden. Das erste Paar gelangte 1972 nach Großbritannien, und die Rasse wurde dort 1975 anerkannt. Sie ist nach wie vor selten.

Uralte Rasse
Die »Katzenbuchgedichte« unterscheiden die Si-Sawat mit ihren glücksbringenden Eigenschaften von anderen blauen Katzen, die in ihnen verzeichnet sind.

Koratkopf
Die übergroßen Augen und das herzförmige, sanft konturierte Gesicht lassen die Korat freundlicher erscheinen als ihre siamesischen Verwandten, aber sie hat mindestens ebensoviel Charakter.

Blau als einzige Farbe
Wie nicht anders zu erwarten bei einer Rasse, die sich in einem warmen Klima entwickelt hat, verzichtet die Korat auf die überflüssige Isolationswirkung der Unterwolle, und ihr einfaches silberblaues Fell ist kurz. In Europa sind einige lilacfarbene Korats erzüchtet worden, die aber wahrscheinlich niemals anerkannt werden.

Kurz-Info

ENTSTEHUNGSZEIT: Vor dem 18. Jahrhundert
URSPRUNGSLAND: Thailand
VORFAHREN: Hauskatzen
EINKREUZUNGEN: Keine
SYNONYM: Si-Sawat
GEWICHT: 2,5 – 4,5 kg
WESEN: Verspielt und eigensinnig

Farbschläge

EINFARBIG
Blau

Bombay

Diese eindrucksvolle Rasse hat ein Fell wie pechschwarzes Kunstleder, eine angenehme, unverwechselbare Stimme und ein geselliges Wesen. Wie ihre Vorfahren, die Amerikanische Burma (siehe S. 182), fühlt sie sich am wohlsten, wenn sie Gesellschaft hat. Sie ist sehr wärmeliebend, und Wärme findet sie am häufigsten auf dem Schoß eines Menschen. Das Fell braucht kaum Pflege: Ein gelegentliches Abreiben mit Wildleder oder auch mit der Hand genügt, um Glanz und Textur aufrechtzuerhalten. Die Standardanforderungen sind nur schwer zu erfüllen: Die leuchtende Kupferfarbe der Augen entsteht angeblich durch zwei Gene, eines für die Farbe und das andere für die Leuchtkraft, und sie kann mit zunehmenden Alter verblassen oder grünlich werden. Die Würfe sind groß, aber dennoch bleibt die Bombay selten, vor allem außerhalb Nordamerikas. Manchmal wird sie mit der Britischen Bombay (siehe S. 180) verwechselt.

Bombaykätzchen
Die volle Ausbildung der Farbe und Textur des Fells braucht bis zu zwei Jahren. Das wird im Rassestandard berücksichtigt.

Kurz-Info

Entstehungszeit: 1960er Jahre
Ursprungsland: USA
Vorfahren: Schwarze Amerikanisch Kurzhaar und Sable-Burma
Einkreuzungen: Keine
Synonyme: Keine
Gewicht: 2,5–5 kg
Wesen: Munter und neugierig

Farbschläge

Einfarbig
Schwarz
Sable (Zobelfarbe)

Rassengeschichte

In den 1950er Jahren unternahm die Züchterin Nikki Horner in Kentucky den Versuch, aus schwarzen Amerikanisch Kurzhaarkatzen und zobelfarbenen Burmas einen »schwarzen Mini-Panther« herauszuzüchten. In den 1960er Jahren brachte sie dann Katzen mit schwarzglänzendem Fell, muskulösem Körper, rundlichem Kopf und kupferfarbenen Augen zustande. Die Bombay wurde erstmals 1976 anerkannt. Im Laufe der Jahre wich sie äußerlich immer mehr von der Burma ab und gilt nicht mehr als eine »schwarze Burma«. Die Würfe enthalten nach wie vor schwarzbraune Kätzchen mit Sepiaabzeichen, doch die sind heute selten geworden.

Bombaykopf
Die Entwicklung der Rasse hat bei einigen Züchtern zu der Vermutung geführt, daß der Kopf heute mehr als ursprünglich dem der Amerikanisch Kurzhaar entspricht. Wegen des Bombay-Erbguts litten einige Zuchtlinien der Bombay an der für die Burma typischen Kopfdeformation: Die Zucht auf Vermeidung dieses Defekts dürfte für das heutige Erscheinungsbild verantwortlich sein.

Schwarze Bombay
Die glänzend schwarze Bombay hatte schon immer ein unverkennbares Aussehen. Der Typ ist Erbteil der Burma, und die gleichmäßige Augenfarbe stammt von den Amerikanisch-Kurzhaar-Vorfahren. Da das von der Burma herrührende Gen für Sepiaabzeichen rezessiv ist, tauchen vereinzelt noch immer zobelfarbene Nachkommen auf.

Die Asian-Rassengruppe

Obwohl die Asians – schattiert, Smoke, einfarbig, Tabby und Tiffanie (siehe S. 135) – im wesentlichen denselben Ursprung haben, weichen ihre Zuchtlinien so deutlich voneinander ab, daß das GCCF sie nicht als Rasse, sondern als Rassengruppe einstuft. Der Standard der Asians ist der erste, der eine Punktwertung auch für Wesenseigenschaften vorsieht.

Schattierte Asian

Diese herrlichen Katzen, die die Rassegruppe begründet haben, werden allgemein auch als Burmillas bezeichnet. Den Körperbautyp haben sie von der Burma (siehe S. 184) geerbt, und das schattierte Fell verdanken sie der Chinchilla-Perser (siehe S. 104). Wie alle Asians sind die Burmillas weniger lautfreudig als die typischen Burmakatzen, aber geselliger als die Perser. Sie verlangen zwar Beachtung und Zuwendung, bleiben aber »höflich«, halten sich stimmlich zurück und besitzen ein bemerkenswert ausgeglichenes Wesen.

Rassengeschichte

1981 kam es in London zu einer unbeabsichtigten Paarung zwischen einer Burma und einer Chinchilla-Perser, und die Folge waren attraktive silberschattierte Kätzchen. Nach Beratung mit den zuständigen Verbandsoberen begann die Besitzerin Miranda von Kirchberg mit einem planvollen Zuchtprogramm. Der ursprüngliche Wurf zeigte den Burmatyp, und anfangs sollten auch die nachfolgenden Generationen auf die Burma rückgezüchtet werden. In Großbritannien und im übrigen Europa fanden Burma-Chinchilla-Kreuzungen statt: Die Rückkreuzung trägt nach wie vor zur Erweiterung der genetischen Basis bei. Die Burmilla wurde 1989 vom GCCF und 1994 von der FIFé anerkannt; die Blutlinien in den beiden Verbänden sind jedoch verschieden.

Braunsilberschattiert
Ein auffälliges Merkmal der Burmilla ist die dunkle Augenumrandung (»Maskara«). Mit dem dunkel gesäumten Nasenspiegel, der fast rot und nicht rosa erscheint, sehen diese Katzen so aus, als hätten sie soeben ein volles Make-up aufgelegt.

Lilacsilberschattiert
Burmillas oder Schattierte Asians kommen nicht nur schattiert, sondern auch mit Spitzenfärbung (Tipping) vor, doch die Spitzenfärbung sollte nicht so schwach sein, daß das Fell weiß wirkt. In der Silberserie sollte die Unterwolle hell, fast weiß sein. Die Tabbymarkierungen beschränken sich auf das Gesicht, die Beine, den Schwanz und die durchbrochenen Halsbänder.

SMOKE-ASIAN

Die Smoke-Katzen sind ein Mittelding zwischen der Schattierten Asian (siehe vorhergehende Seite) und der Einfarbigen Asian (siehe S. 180). Sie vereinen das weiße Unterfell der ersten, hervorgerufen durch das Inhibitorgan, mit dem einheitlichen Haarkleid der letzteren, das durch das Nicht-Agouti-Allel entstanden ist. Es gibt sie in allen Farben der Einfarbigen, und auch die Farbbeschränkung der Burma ist erlaubt: Die Smoke hebt sich von der Burma hinreichend durch ihre weiße Unterwolle ab, so daß eine Verwechslung der beiden Rassen ausgeschlossen ist. Bei der Smoke, die etwas länger behaart ist als die Burma, erscheint das Unterfell als heller Anflug über den Körperrundungen, wenn sie still dasitzt, und als sanfter Schimmer, wenn sie sich bewegt. Dieser Felltyp trat nach der Einkreuzung von Schattierten Asians in der zweiten Generation auf.

Schwarz-Smoke
Vielfach fällt es schwer, eine Sepia-Smoke von einer schwarzen Smoke zu unterscheiden, weil Smokekatzen von Haus aus auf den kurz behaarten »Abzeichen« durchweg dunkler gefärbt sind. Schwarze Smokes tragen jedoch keine Sepiaabzeichen; wenn doch, würde auch die Farbe betroffen sein und tief schwarzbraun ausfallen.

JEDES HAAR IST BIS ZUR HÄLFTE WEISS

JEDE FARBE VON GOLDEN BIS GRÜN

Kurz-Info

ENTSTEHUNGSZEIT: 1981
URSPRUNGSLAND: Großbritannien
VORFAHREN: Burma, Chinchillas, rasselose Katzen
EINKREUZUNGEN: Burma, Chinchilla mit Einschränkungen
SYNONYM: Smokekatzen wurden früher auch Burmoires genannt
GEWICHT: 4–7 kg
WESEN: Gelassen und freundlich

Farbschläge

BURMILLA ODER SCHATTIERT (EINFARBIG, SEPIA)
Schwarz, Chocolate, Rot, Blau, Lilac, Creme, Caramel, Apricot, Schildpatt, Chocolate-Schildpatt, Blau-Schildpatt, Lilac-Schildpatt, Caramel-Schildpatt
SILBERSCHATTIERT
Farben und Zeichnungen wie Schattiert
SMOKE (EINFARBIG, SEPIA)
Schwarz, Chocolate, Rot, Blau, Lilac, Creme, Caramel, Apricot, Schildpatt, Chocolate-Schildpatt, Blau-Schildpatt, Lilac-Schildpatt, Caramel-Schildpatt
EINFARBIG
Bombay, Chocolate, Rot, Blau, Lilac, Creme, Caramel, Apricot, Schildpatt, Chocolate-Schildpatt, Blau-Schildpatt, Lilac-Schildpatt, Caramel-Schildpatt
Sepiafarben
TABBYS (ALLE ZEICHNUNGEN IN EINFARBIG UND SEPIA)
Braun, Chocolate, Rot, Blau, Lilac, Creme, Caramel, Apricot, Schildpatt, Chocolate-Schildpatt, Blau-Schildpatt, Lilac-Schildpatt, Caramel-Schildpatt
SILBERTABBYS
Farben und Zeichnungen wie bei Standardtabbys

Chocolate-Smoke
Obgleich Smoke-Asians genetisch Nicht-Agouti-Katzen sind, sollten sie eine Tabby-Geisterzeichnung zeigen, die den Eindruck von moirierter Seide erweckt. Die Stirn weist eine silbrige M-Zeichnung auf, und die Augen können von einer helleren »Brille« oder »Clownsmarkierung« umgeben sein.

Einfarbige Asian

Unabhängig von den Zuchtprogrammen, die anfangs bei den Asians verfolgt wurden, entstanden in den 1980er Jahren schwarze Katzen des Burmatyps, sogenannte Bombays (siehe S. 177). Obwohl man für die Entwicklung der Bombay rasselose Katzen verwendet hatte, wurde sie in die laufende Zucht der Asian-Rassengruppe insgesamt integriert. Andere einheitliche Farben wurden ebenfalls erzüchtet, und so gibt es heute eine große Farbenpalette. Das Sepiamuster ist bei allen einfarbigen Asians für Ausstellungen nicht zugelassen; dadurch werden diese Katzen von der Burma abgegrenzt. Vor allem die Züchter von einfarbigen Tieren sind bestrebt, diese Katzen von den schattierten abzuheben, und manche verwenden in ihren Zuchtprogrammen keine Katzen mit Chinchillablut. Einige Züchter vertreten dagegen die Ansicht, daß alle Farbschläge einer Rasse angehören.

Burmavariante Creme
Das reszessive Gen für die Burmazeichnung ist im Genpool dieser Katzen noch immer vorhanden. Eine Einfarbige mit Sepiaabzeichen wie die abgebildete darf auf Ausstellungen nicht auftreten, aber dennoch für Zuchtzwecke verwendet werden, da dieses Fellmuster bei anderen Vertretern der Asian-Gruppe zugelassen ist.

Schwarz-Schildpatt
Wie bei der Burma gestattet auch bei Schildpatt-Asians entweder fein gemischte oder kontrastreich abgesetzte Farben. Blessen und einheitlich gefärbte Beine und Schwänze sind erlaubt. Die Farbe sollte bis zur Haarwurzel gleichmäßig sein. Bei der Schwarz-Schildpatt verlangt der Standard ein tiefes Schwarz untermischt mit verschiedenen Rottönen. Die Augenfarbe variiert zwischen Golden und Grün.

Bombay
Die Bombay mit ihrem charakteristischen glatten, schwarzen Fell gehört zu den ursprünglichen einfarbigen Asians. Dieser Farbschlag darf nicht mit der gleichnamigen nordamerikanischen Rasse (siehe S. 177) verwechselt werden. Im Typ ähnelt die Britische Bombay der Europäischen Burma (siehe S. 184); die Amerikanische Bombay steht als Rasse und Typ für sich.

Asian-Tabbys

Wie die rezessiven einheitlichen und Smokefarben traten auch die Tabbys in der zweiten Generation der Asian-Kreuzungen in Erscheinung. Das liegt daran, daß die Chinchilla-Perser (siehe S. 104), die zu den Stammeltern der Gruppe zählen, ein Agoutifell tragen, auch wenn die Tabbymarkierungen durch das Inhibitorgan unsichtbar werden. Dann stellte sich heraus, daß einige Züchter ebenfalls Abessinier (siehe S. 172) in ihr Programm aufgenommen hatten, um das Gen für Ticking einzubringen, und diese Zuchtarbeit ist auch in die Asian-Rassengruppe eingegangen. Das Ergebnis ist, daß der Asian-Tabby eine der wenigen in Großbritannien anerkannten Katzen darstellt, die in allen vier Tabbymustern gezüchtet werden; das getickte ist das beliebteste. Der leicht unübersichtliche Ursprung der verschiedenen Fellmuster war ein weiterer Beweggrund für die ungewöhnliche Entscheidung, die Asians nicht als einzelne Rasse, sondern als Rassengruppe zu klassifizieren.

Blaugeticktes Tabbykätzchen
Das Blau ist laut Standard mittel bis dunkel, also nicht so hell getönt wie bei vielen anderen Rassen. Dadurch ergibt sich ein guter Kontrast der Tabbyfarben. Das getickte Muster findet sich am häufigsten bei Asian-Tabbys, doch Tabbys kommen seltener vor als andere Felltypen.

Schwarzgetickt
Getickte Tabbymuster sind sowohl im Standardfell als auch in der Silberserie zugelassen, und zwar in allen Asian-Farben. Der Standard für den getickten Tabby erlaubt keine durchgehenden Halsbänder, doch er schreibt Tabbymarkierungen auf Beinen und Schwanz vor. Die Intensität der Farben kann bei Silbertabbys vermindert sein, aber jedes Haar sollte mindestens zweifach dunkel gebändert sein. Die Unterseite ist heller als das übrige Fell, sollte jedoch farblich harmonieren.

Amerikanische Burma

Diese farbenprächtigen, großäugigen Katzen hat jemand einmal als »in Seide verpackte Ziegelsteine« beschrieben. Die Burma liebt zwar die Gesellschaft des Menschen, ist aber weniger lautfreudig und aufdringlich als andere »asiatische« Rassen. Die Amerikanische Burma unterscheidet sich von ihrem europäischen Pendant (siehe S. 184) vor allem durch die vom Standard verlangte Rundlichkeit, insbesondere der Kopfform. Das extrem gerundete »moderne« Erscheinungsbild entstand in den 1970er Jahren durch Good Fortune Fortunatus – leider aber auch die Kopfmißbildung der Burma, eine erbliche Deformierung des Schädels, die oft zum Tode führt oder den Gnadentod erforderlich macht. Noch in den 1980er Jahren war Sable (dunkelbraune Zobelfarbe) der einzige allgemein anerkannte Farbschlag. Andere Farben wurden schon früh erzüchtet, aber von der CFA als Mandaleys eingestuft. Die TICA läßt ein größeres Farbenspektrum zu.

Burmakopf
Trotz der Kopfdeformation dominierte in der CFA das »moderne« Aussehen bis 1955. In diesem Jahr verkörperten die drei Spitzenkatzen des Verbandes den weniger rundlichen »traditionellen« Typ, in dem der Defekt nicht angelegt ist.

Rassengeschichte

Die Geschichte beginnt mit Wong Mau, einer braunen Katze aus Rangun in Birma (heute Myanmar), die der amerikanische Marinepsychiater Joseph Thompson 1930 in die USA brachte. Sie sollte eine Rasse begründen, der sie ironischerweise gar nicht angehörte. Thompson verpaarte Wong Mau mit einem Siamkater (siehe S. 188), der am ähnlichsten aussehenden Rasse, und züchtete die Nachkommen auf Wong Mau zurück. Drei unterschiedliche Typen entstanden: Siamabzeichen; dunkelbraun mit minimalen Abzeichen (die erste echte Burma); schließlich eine dunkle Körperfarbe mit dunkleren Abzeichen wie bei Wong Mau. Sie selbst war eine Burma-Siam-Hybride und eine natürliche Tonkanese (siehe S. 186).

Champagner
In der leicht exzentrischen Terminologie der Burmafarben stellt die CFA diesen Farbschlag in die »verdünnte« Kategorie; in Wirklichkeit handelt es sich um ein Braun, das generell als Chocolate bezeichnet wird. Eine gewisse Dunkelfärbung der Maske ist bei diesem Schlag fast unvermeidlich. Die Grundfarbe ist ein warmes, gleichmäßiges honigähnliches Braun.

Blau
Der blaue Farbschlag, die Verdünnung von Sable, wirkt bei der Amerikanischen Burma nicht so kalt und frostig wie bei vielen anderen blauen Katzen. Der Standard schreibt warme Beigetöne vor, im Gegensatz zum Standard der Europäischen Burma.

Sable
Dies war der erste und lange Zeit der einzige Farbschlag der Burma. Es wurde in den 1930er Jahren anerkannt und gab jahrzehntelang den Ton an. Neugeborene sind oft heller, als der Standard vorschreibt, doch bis zur Geschlechtsreife dunkelt das Fell nach. Der Standard verlangt eine einfarbige Katze; die genetisch bedingten Masken und Abzeichen sollten so minimal ausgebildet sein, daß sie kaum wahrzunehmen sind.

Kurz-Info

Entstehungszeit: 1930er Jahre
Ursprungsland: Birma (heute Myanmar)
Vorfahren: Tempelkatzen, Siamkreuzungen
Einkreuzungen: Keine
Synonyme: American Burmese, einige Farben früher Mandalay
Gewicht: 3,5–6,5 kg
Wesen: Freundlich und gelassen

Farbschläge

Sepia
Sable, Champagner, Blau, Platin
Alle anderen einheitlichen und Schildpattfarben

Sable-Schildpatt — Rot — Caramel — Cinnamon
(alle vier nicht CFA)

Frost oder Platin

Diese Farbe wird bei anderen Katzen Lilac oder Lavender genannt: Die Farbbezeichnungen bei der Burma gelten nur für diese Rasse. Wie bei der Blauen ist auch hier der Farbton wärmer als bei anderen Rassen, mit blaßbeiger Abtönung. Die Schattierung ist ebenfalls heller als in anderen Rassen, was zu dem »metallischen« Namen geführt hat, der heute seltener verwendet wird als früher.

Vorläufer der Burma

In den thailändischen »Katzenbuchgedichten« sind kupferfarbene »Thong-Daeng«-Katzen enthalten, möglicherweise altertümliche Burmakatzen. Mutationen sind nur selten völlig isoliert: Die Abzeichen der Siam kamen auch anderswo in Südostasien vor – Wong Mau trug sie beispielsweise –, und das Fellmuster der Burma könnte auch in Thailand bekannt gewesen sein.

Europäische Burma

Diese Rasse hat sich beiderseits des Atlantiks in zwei Typen, ja fast zwei Rassen aufgespalten. Während sich der amerikanische Zweig der Familie (siehe S. 182) zu einer rundlichen Form entwickelt hat, haben sich europäische Züchter, denen ihre Kollegen in Südafrika, Neuseeland und Australien gefolgt sind, für einen gut bemuskelten, aber eckigeren Körperbautyp entschieden. Diese mehr »asiatisch« aussehende Katze hat einen mäßig keilförmigen Kopf, ovale Augen und lange Beine. Durch geplante und zufällige Verpaarungen hat sich die Zahl der Farbschläge auf zehn erhöht; das sind mehr, als die CFA anerkennt, doch es fehlen das von der TICA akzeptierte Cinnamon und Fawn. Unabhängig von Farbe oder Typ gibt die Burma einen idealen aktiven Hausgenossen ab.

Rassengeschichte

Die Europäische Burma stammt von der Amerikanischen Burma ab: Amerikanische Katzen wurden nach dem Zweiten Weltkrieg in Europa eingeführt, und das GCCF anerkannte 1952 den braunen Schlag. Hier nimmt die Geschichte eine neue Wendung. Zum ersten bevorzugten die Europäer eine mehr »asiatische« Gesamterscheinung, und zum zweiten waren sie an einer größeren Farbenvielfalt interessiert. Das GCCF brauchte beispielsweise nur acht Jahre, um den blauen Schlag anzuerkennen, wohingegen sich die GFA in Nordamerika Jahrzehnte Zeit ließ. Dies scheint einen Trend ausgelöst zu haben: Die Vielzahl der Farben bei der europäischen Rasse kam durch die Einführung des Gens für Rot (von einer Red-Point-Siam, einer schildpattfarbenen und weißen Bauernkatze und einem ingwerfarbenen Tabby) zustande, und in den 1970er Jahren wurde diese Palette durch Schildpattversionen aller anerkannten Farben erweitert. Eine weitere Änderung erfolgte 1996, als die FIFé in ihrem Rassestandard die grüne Augenfarbe zuließ.

Burmakopf
Diese Lilac-Katze zeigt die für die Europäische Burma typische Kopfform und Augenfarbe. Die Farbe der Augen erscheint je nach Lichteinfall sehr unterschiedlich, sehr begehrt ist ein goldenes Gelb. Südafrikanische und australische Katzen zeichnen sich besonders durch ihre herrliche Augenfarbe aus.

Braun-Schildpatt
Tiefes Braun mit Rot- und Cremetönen macht die Schildpattvariante der Sable aus. Bei der Burma können die Schildpattmuster recht kräftig gefleckt sein, so wie bei dieser Katze. Blessen und einfarbige dunkle oder helle Partien sind gleichfalls erlaubt.

Chocolate
Diese Farbe wird im Standard genauer als eine Abtönung von »Milchschokolade« definiert. Eine gleichmäßige Färbung des ganzen Fells ist erwünscht, aber schwer zu erzielen. Der Nasenspiegel entspricht der Fellfarbe, doch die Pfotenballen sind rosa mit einem Anflug von Braun.

Beine
Schlanke Beine im richtigen Verhältnis zum Körper

Blau
Der britische Standard faßt die Burma als eine abzeichentragende Katze auf, verlangt aber, daß die Schattierung leicht, fein abgestuft und auf den Kopf beschränkt ist. Die Unterseite darf ebenfalls heller sein als das übrige Fell. Der Standard schreibt für die Blaue eine weiche Färbung mit einem deutlichen Silberschimmer auf allen Körperrundungen vor.

Lilac-Schildpatt
Diese feine Vermischung der Farben Lilac und Creme wird bei der Burma nicht höher bewertet als die deutlichere Fleckenbildung, die zum Beispiel der FIFé-Standard vorschreibt. Weil das Schildpatt auf das Vorhandensein des Gens für Rot zurückgeht, ist es bei den traditionelleren Amerikanischen Burmas unbekannt.

Rot
Bei der Burma wird ein Orangeton bevorzugt, mit geringerem Rufismus als bei anderen Rassen. Exponierte Haut darf ein wenig fleckig sein, und Tabbymarkierungen werden im Gesicht toleriert, obwohl sie sonst als fehlerhaft gelten. Das kurze Fell der Burma kann eine rudimentäre Tabbyzeichnung nicht verschleiern, und deshalb steht eine gute Rote hoch im Kurs.

Kurz-Info

Entstehungszeit: 1930er Jahre
Ursprungsland: Birma (heute Myanmar)
Vorfahren: Tempelkatzen, Siamkreuzungen, Hauskatzenkreuzungen
Einkreuzungen: Keine
Synonym: European Burmese
Gewicht: 3,5 – 6,5 kg
Wesen: Freundlich und gelassen

Farbschläge

Einfarbig und Schildpatt
Braun, Chocolate, Rot, Blau, Lilac, Creme, Braun-Schildpatt, Chocolate-Schildpatt, Blau-Schildpatt, Lilac-Schildpatt

TONKANESE

Manche Experten bezweifeln, daß man diese Katzen tatsächlich als Rasse bezeichnen darf: Als Kreuzung zwischen Burma (siehe S. 182) und Siam (siehe S. 188) bringt die Tonkanese unweigerlich Varianten des Abzeichenmusters von beiden Ausgangsrassen hervor. Dies ist jedoch kaum die erste Rasse mit variablen Nachkommen, und das dezente »Mink«-Muster der Abzeichen ist nicht das einzige Unterscheidungsmerkmal der Rasse. Der Typ ist eine Verschmelzung der Ausgangsrassen, weniger eckig als die eine, aber leichter als die andere, und was ihr Wesen angeht, besitzt sie die neugierige Lebhaftigkeit und die Anhänglichkeit der »asiatischen« Katzen, doch ohne deren große Lautfreudigkeit. Zudem hat sie eine reizvolle und auffällige Augenfarbe, die vielfach als »Aqua« bezeichnet wird. Kein Wunder, daß die Tonkanese mit ihrem freundlichen Gesicht und Charakter bereits zu den beliebteren Rassen zählt, obwohl sie in einigen Verbänden noch nicht den vollen Championship-Status erlangt hat.

RASSENGESCHICHTE

Manchen Züchtern zufolge war die »Chocolate-Siam« der 1880er Jahre eigentlich eine Siam-Burma-Hybride vom Tonkanesentyp, doch das läßt sich nicht beweisen. Die erste dokumentierte Tonkanese im Westen war Wong Mau, die aus Rangun eingeführte Ahnmutter der Burma. Ihre naturgegebenen Hybridmerkmale wurden jedoch aus ihren Nachkommen herausgezüchtet, und erst in den 1950er Jahren begann die Erneuerung dieser Mischung durch kontrollierte Zuchtprogramme. Die frühe Zuchtarbeit leistete man in Kanada, und die Rasse wurde erstmals durch die Canadian Cat Association anerkannt. Heute wird sie von allen großen Dachverbänden akzeptiert, obgleich die Akzeptanz der verschiedenen Farbschläge noch immer sehr unterschiedlich ist. In Großbritannien werden beispielsweise alle Farben anerkannt, die bereits bei der Burma existieren. Es hat zwei Versuche gegeben, eine Langhaarform der Rasse zu züchten, die Silkanese und die Himbur, aber keine der beiden hat die Popularität der echten Tonkanese erreicht.

Braun oder Natürlich
Diese Farbe, bei der Burma als Sable und bei der Siam als Seal bezeichnet, trägt bei der Tonkanese zwei Namen: In Nordamerika heißt sie Natürlich (Natural) und in anderen Ländern Braun. Erwünscht ist ein helles Braun mit dunkleren Sealabzeichen und entsprechender Färbung des Nasenspiegels und der Ballen. Der Körperbau ist muskulös und mittelschlank. Zwischen den nordamerikanischen und europäischen Katzen besteht ein leichter Unterschied: Europäische Tonkanesen sind im allgemeinen etwas eckiger gebaut als ihre transatlantischen Pendants.

Chocolate-Schildpatt
Die Abzeichen sind weniger auffällig, wenn sie mit einer Schildpatt- oder Tabbyzeichnung überzogen sind, aber die Maske und die Beine sollten dennoch dunkler gefärbt sein als der Körper. Die Augen dürfen, wie bei dieser Katze, hell wasserblau sein, aber siamblaue Augen sind nicht erlaubt.

Creme
Der Standard schreibt für diesen Farbschlag einen »reichen, warmen« Ton vor, abschattiert zu einem blasseren Creme. Die Abzeichen dürfen ungleichmäßiger sein als bei anderen Farben, wobei die Beine heller gefärbt sind als Maske und Schwanz. Wie bei allen Rassen ist es schwierig, bei Creme und Rot die Tabbymarkierungen völlig zu eliminieren, und schwache Markierungen sind bei sonst hervorragenden Katzen zulässig.

Kurz-Info

Entstehungszeit: 1960er Jahre
Ursprungsland: USA und Kanada
Vorfahren: Burma und Siam
Einkreuzungen: Burma und Siam
Synonyme: Tonkinese, früher auch Golden Siam
Gewicht: 2,5–5,5 kg
Wesen: Gesellig und intelligent

Farbschläge

Einfarbig und Schildpatt
Braun, Chocolate, Rot, Blau, Lilac, Creme, Braun-Schildpatt, Chocolate-Schildpatt, Blau-Schildpatt, Lilac-Schildpatt
Cinnamon, Fawn, Abzeichen- und Sepiamuster
Tabbys (alle Muster)
Wie bei Einfarbig und Schildpatt

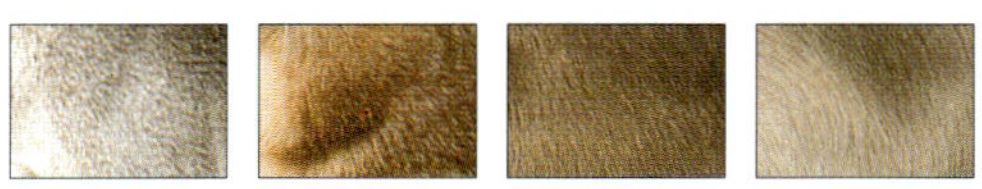

Blau · Braun-Tabby · Chocolate · Lilac-Schildpatt

Lilac
Die Körperfarbe der Lilac ist ein blasses Taubengrau mit rosa Anflug, und die Abzeichen zeigen eine dunklere Nuance derselben Farbe. Kätzchen sind oft heller als Adulttiere, sollten aber die Abzeichen recht früh ausbilden. Die Augenfarbe variiert zwischen Hellblau zu dem Grün, das das abgebildete Tier aufweist, doch jeder Gelbton ist unzulässig. Der genaue Farbton ist nicht mit der Fellfarbe gekoppelt.

Rot
Die hellrote Körperfarbe geht in die dunkleren Abzeichen über, doch die Beine müssen nicht stark schattiert sein. Nasenspiegel, Lippen, Augenlider, Ohren oder Ballen können bei roten und cremefarbenen Katzen leicht gesprenkelt sein; bei ausgewachsenen Tieren wird dies nicht beanstandet. Rot und Creme werden in Nordamerika nicht allgemein akzeptiert.

SIAM

Die Siamkatzen verkörpern eine der bekanntesten Rassen der Welt, aber auch eine weidlich umstrittene. Die ersten Siams hatten oft Schielaugen und Knickschwänze; die frühen Standards verlangten sogar diese Merkmale, desgleichen »etwas kurze« Gliedmaßen. Seitdem hat die Selektionszucht die Katze stark verändert – schielende Augen und Knickschwänze sind heute selten und gelten als schwere Fehler –, aber der Körperbau ist noch immer nicht aus der Diskussion. Die GCCF-Siam hat einen geschmeidigen Körper, lange, schlanke Beine und einen langen Kopf mit schrägstehenden Augen und einer feinen Schnauze; bei den nordamerikanischen Katzen ist dieses Erscheinungsbild noch extremer ausgeprägt. Alle Siams besitzen nach wie vor das gesellige, geschwätzige Naturell, für das sie berühmt sind. Ja, sie stellen die lautstärkste Rasse dar, deren Stimme sehr durchdringend sein kann. Sie sind auch sexuell besonders frühreif und paaren sich oft schon im Alter von fünf Monaten.

RASSENGESCHICHTE

Die Siam ha ihren Ursprung in einer Mutation, die vor über 500 Jahren in Asien stattfand. Die Mutation dürfte weit verbreitet gewesen sein: Im späten 18. Jahrhundert beschrieb der Naturforscher Pallas eine weiße Katze aus Zentralasien, deren Ohren, Pfoten und Schwanz dunkel gefärbt waren. In Siam, dem heutigen Thailand, wurden diese Katzen von den buddhistischen Mönchen und vom Königshaus verehrt. Sie gelangten im späten 19. Jahrhundert in den Westen und traten in England 1871 auf einer Ausstellung auf. Ursprünglich gab es auch einfarbige Siams, die heute als Orientalisch Kurzhaar (siehe S. 192) geführt werden. Neue Farbschläge wurden erzüchtet (siehe S. 190), und auch die langhaarige Balinese (siehe S. 136) hat Anerkennung gefunden. Den Höhepunkt der Beliebtheit erlebte die Rasse in den 1950er Jahren. Manche schreiben einen gewissen Popularitätsschwund der Siam dem Trend zu einer »extremen« Gesamterscheinung zu. 1987 gründete eine Züchtergruppe die TCA mit dem Ziel, »altmodische« oder »apfelköpfige« Tiere zu züchten.

Lilac-Point
1896 wurde eine Katze disqualifiziert, weil sie »nicht ganz blau« war – auf manchen Ausstellungen wurden nämlich Blue-Points akzeptiert. Es ist möglich, aber keineswegs sicher, daß es sich bei jener Katze um eine unerkannte Lilac-Point handelte. Die amerikanischen Standards schreiben einen weißen Körper vor, während die britischen eine leichte Schattierung zulassen.

Chocolate-Point
Dieser Farbschlag mit milchschokoladenfarbenen Abzeichen auf elfenbeinweißem Grund wurde in Großbritannien erst in den 1950er Jahren anerkannt. die Farbe könnte von Anfang an rezessiv vererbt worden sein: Dunkle Chocolate-Points sind möglicherweise als bescheidene Seal-Points durchgegangen.

Statussymbol
Die Siamkatze ist seit langem das Lieblingstier prominenter Persönlichkeiten von Jean Cocteau bis Anna Pawlowa, die hier mit ihrem Kätzchen spielt. Auch heute noch schmücken sich Stars gern mit dieser Rasse.

Verändertes Aussehen
Diese Lithographie von Jacques Nam aus den 1930er Jahren zeigt leicht stilisierte Siamkatzen, die viel schwerer wirken als die Ausstellungstiere von heute. Kunstwerke sind subjektive Deutungen, aber alte Fotos und Filme belegen ebenfalls einen weniger grazilen Körperbautyp.

Siamkopf
Der lange Kopf sollte zwischen den Ohren eine gute Breite haben und sich zur feinen Schnauze hin verjüngen. Im Profil gesehen, ist die Nase gerade, mit einer nur minimalen Richtungsänderung in Augenhöhe. Der Kopf sitzt auf einem schlanken, eleganten Hals.

Blue-Point
Die blauen Abzeichen lassen sich mindestens bis 1903 zurückverfolgen. Da die andere berühmte Katze aus Thailand, die Korat (siehe S. 176), blau ist, ist es wahrscheinlich, daß das Verdünnungsgen mit den Thai-Katzen in den Westen gelangte und nicht erst nach deren Ankunft eingeführt wurde. Das Blau der Siamabzeichen ist heller als das von einfarbig blauen Katzen.

Seal-Point
Dies ist der klassische Farbschlag der Siam, der in Filmen, in der Werbung und in Cartoons vorherrscht. Genetisch handelt es sich bei dieser Farbe um Schwarz, das durch das Siamabzeichengen in ein dunkles Sealbraun umgewandelt wird. Eine Zeitlang war dies die einzige anerkannte Siam. Andere Farben existierten zwar, wurden aber gewöhnlich als »irgendeine andere Varietät« eingestuft, und aus den Unterlagen geht nicht klar hervor, was damit gemeint war. Für manche verkörpert die Seal-Point die einzig wahre Siam.

Ursprünglicher Standard
Die »Katzenbuchgedichte« (siehe S. 92) zeigen eine kurzbeinige Katze mit einem reinweißen Körper, bei der nur Ohren, Schwanz und Pfoten dunkel gefärbt sind, was darauf zurückzuführen ist, daß die Siam in einem warmen Klima heller ausfällt. Die ersten Siams im Westen waren Seal-Points, die der Abbildung im Buch ähnelten.

Kurz-Info

ENTSTEHUNGSZEIT: Vor dem 18. Jahrhundert
URSPRUNGSLAND: Thailand
VORFAHREN: Haus- und Tempelkatzen
EINKREUZUNGEN: Keine
SYNONYME: Siamese, Royal Cat of Siam
GEWICHT: 2,5 – 5,5 kg
WESEN: Unternehmungslustig und energisch

Farbschläge

SIAMABZEICHENFARBEN
Seal, Chocolate, Blau, Lilac
COLOURPOINT-KURZHAAR-FARBEN (CFA)
Rot, Creme, Schildpatt und Tabby in allen Farben
Cinnamon, Fawn, Smoke, Silber und mehrfarbig

CHOCOLATE-SCHILDPATT — CREME-TABBY — LILAC-SCHILDPATT-TABBY — CHOCOLATE-TABBY

NEUERE SIAMFARBSCHLÄGE

Neue Farben und Tabbystreifen haben seit den 1960er Jahren die vier ursprünglichen Siamfarben (siehe S. 188) ergänzt. Es gibt sogar »Shadow-Points« und »Silver-Points«, die aber kaum Anerkennung gefunden haben. Die abzeichentragenden Katzen werden unter zwei Namen geführt: In Großbritannien und im übrigen Europa faßt man alle Farbschläge als Siam auf, und auch die abzeichentragenden Orientalisch Kurzhaarkatzen werden als Siam registriert. In Nordamerika folgt die TICA dieser Klassifikation, doch die CFA stuft nur die eumelanistischen Farben als Siam ein und bezeichnet alle anderen als Colourpoint Shorthair; die abzeichentragenden Orientalen verweist man in die Kategorie »andere Varietäten«. Eine Organisation schlägt vor, man könne, analog zur Asian-Gruppe, eine Orientalische Rassengruppe bilden, mit Unterabteilungen für Abzeichen, Einfarbig, Kurzhaar und Langhaar, aber diese Strategie wird schwerlich allgemeine Zustimmung finden. Wie dem auch sei, diese Katzen sind wesens- und typmäßig echte Siams: aktiv, neugierig, vielfach von gewaltiger Lautstärke und ungemein anhänglich. Wie alle Siams sind sie langlebig, doch mehr als andere Rassen sind sie anfällig für eine genetisch bedingte Herzkrankheit (siehe S. 66) und Amyloidosis, die lebensbedrohliche Ablagerungen in den Organen verursacht.

Chocolate-Tabby-Point
Tabbyabzeichen sind seit der Jahrhundertwende bekannt, wurden aber generell ignoriert. Als 1961 in England ein Wurf von Seal-Tabby-Points ausgestellt wurde, erwachte das Interesse von neuem, und es folgten eine gezieltere Zucht und wenige Jahre später die Anerkennung. In Nordamerika werden diese Katzen als Lynx-Points bezeichnet.

EINFARBIGE SCHWANZSPITZE

Red-Tabby-Point
Tabbyversionen aller Abzeichenfarben sind inzwischen allgemein akzeptiert. Bei allen, insbesondere bei den roten und cremefarbenen, dürfen die Beine blasser ausfallen als bei den einfarbigen Abzeichen. Die Schattierung der Körperfarbe sollte nicht stärker sein als bei den einfarbigen Abzeichen, aber dem Tabbymuster entsprechen.

Cinnamon-Point
Diese zimtfarbenen Abzeichen sind einer der jüngsten Farbschläge. Der Körper ist elfenbeinweiß, und die Abzeichen zeigen ein warmes Zimtbraun. Wie bei der Chocolate- und der Caramel-Point können die Beine etwas blasser gefärbt sein als die übrigen Abzeichen.

Blue-Tortie-Point
Die Einführung des Gens für Rot führte unweigerlich zu Tortie- oder Schildpattabzeichen. Eine der ersten Einkreuzungen erbrachte eine halbsiamesische Schildpattkatze. Jedes Abzeichen muß eine gewisse Farbenmischung aufweisen. Die Farben brauchen nicht gleichmäßig verteilt zu sein.

Lilac-Tabby-Point
Die Abzeichen sollten allesamt Tabbymarkierungen aufweisen, doch diese dürfen sich nicht über den Körper erstrecken; vor allem die M-Zeichnung auf der Stirn sollte sich nicht auf den übrigen Kopf ausdehnen. Die Lilac-Tabby-Point zeigt rosagraue Markierungen auf einem magnolienfarbenen Grund; dazu kommen ein blaß lilac- oder pinkfarbener Nasenspiegel und ebensolche Ballen.

Fawn-Point
Diese ebenfalls sehr junge Farbe ist die Verdünnung von Cinnamon. Der Standard schreibt für die Abzeichen eine »rosige Pilzfarbe« vor, die sich von der Magnolienfarbe des Körpers abhebt. Wie bei vielen helleren Farbschlägen dürfen die Beine blasser sein als die Maske und der Schwanz.

Cream-Point
Durch die Einkreuzung von Rotgestromten Persern wurde dieses Gen in den 1930er Jahren auf die Siam übertragen, doch die umstrittene Farbe verschwand wieder in der Versenkung, sie wurde in den späten 1940er Jahren erneuert, aber der durch die Einkreuzung entstandene Körperbautyp stellte eine Zeitlang ein Problem dar. Mitte der 1960er Jahre erreichte der Farbschlag allgemeine Anerkennung.

Seal-Tortie-Tabby-Point
Bei diesen Katzen darf die Färbung gescheckt, gemischt oder gefleckt sein. Der Grad der Fleckung ist nicht ausschlaggebend, solange sie vorhanden ist. Wichtiger ist der Farbton.

Orientalisch Kurzhaar

Jeder, der eine solche Katze besitzt, weiß zu berichten, daß ihr Lieblingsplatz zwischen ihm und seinem Buch, seiner Zeitung oder seinem Keyboard ist. Diese aktiven und athletischen Katzen sind zudem hemmungslos verschmust – Züchter bezeichnen sie als schamlose Kokettierer. In Körperbau und Wesen ist die Orientalisch Kurzhaar eine Siam (siehe S. 188), allerdings eine solche mit einheitlicher Fellfarbe. Die abzeichentragenden Orientalen, die inzwischen aufgetaucht sind, haben eine Kontroverse ausgelöst: Die meisten Verbände stufen sie als Siam ein, doch die CFA in Nordamerika läßt das nicht zu. Wie die Siam kann auch die Orientalisch Kurzhaar an erblichen Herzkrankheiten leiden, aber sie ist ungewöhnlich langlebig und widerlegt damit die Ansicht, die Rasse sei zart und anfällig.

Rassengeschichte

Die alten »Katzenbuchgedichte« (siehe S. 92) zeigen siamesische oder Thai-Katzen in unterschiedlichen Farben. Heute sind mehr als die Hälfte der Nachkommen ein- oder zweifarbig und weniger als ein Viertel Abzeichenträger. Unter den ersten Siamkatzen, die in den Westen gelangten, befanden sich auch einfarbige Tiere, doch in den 1920er Jahren sprach sich der Siamese Club of Britain gegen »alle außer blauäugigen Siamesen« aus, und die Zahl der Einfarbigen nahm ab, auch wenn schwarze und blaue Katzen in Deutschland offenbar noch bis zum Zweiten Weltkrieg gezüchtet wurden. Die Arbeit an einem vollpigmentierten Chocolate erbrachte in England in den 1950er Jahren die Chestnut Brown Foreign, die 1957 anerkannt und zum Ausgangspunkt für die Havana Brown (siehe S. 171) wurde. Bis vor kurzem hieß die Rasse in Großbritannien »Foreign« und in Amerika »Oriental«; die Umstellung auf »Oriental(isch)« beseitigt die Verwirrung.

Braungetupft
Die Braungetupfte Orientalisch Kurzhaar wurde früher Mau genannt, aber damit kam es zu Verwechslungen mit der Rasse Ägyptisch Mau (siehe S. 204). Die Tupfen sollten rund, klar und gleichmäßig verteilt sein.

Blau (Oriental Blue)
Blaue Katzen wurden im 19. Jahrhundert aus Thailand importiert, doch dabei hätte es sich auch um Korats (siehe S. 176) handeln können. Heute ist eine Verwechslung ausgeschlossen: Die Blaue Orientalisch Kurzhaar hat den rassetypischen gestreckten Körperbau und schräggestellte Augen.

Havana oder Chestnut Brown
Dieses satte, warmgetönte Braun, genetisch ein Chocolate, wurde von den frühen Züchtern als Havana bezeichnet, doch dann als Chestnut Brown Foreign anerkannt; 1970 kehrte man zum heutigen Namen zurück. In den USA ist der Farbschlag noch immer als Cestnut Brown bekannt, weil dort die Havana Brown eine eigene Rasse darstellt.

NASE UND KINN IN EINER LINIE

Kurz-Info

ENTSTEHUNGSZEIT: 1950er Jahre
URSPRUNGSLAND: Großbritannien
VORFAHREN: Siam, Korat, Perser, Kurzhaar
EINKREUZUNGEN: Siam
SYNONYME: Oriental Shorthair, früher in England »Foreigns« genannt
GEWICHT: 4 – 6,5 kg
WESEN: Anhänglich und lebhaft

Farbschläge

EINFARBIG UND SCHILDPATT
Schwarz, Havana, Cinnamon, Rot, Blau, Lilac, Fawn, Creme, Caramel, Apricot, Foreign White, Schwarz-Schildpatt, Chocolate-Schildpatt, Cinnamon-Schildpatt, Blau-Schildpatt, Lilac-Schildpatt, Fawn-Schildpatt, Caramel-Schildpatt
SMOKE, SCHATTIERT UND SPITZENGEFÄRBT
Wie bei Einfarbig und Schildpatt, ausgenommen Weiß
TABBYS (ALLE FELLMUSTER)
Wie bei Einfarbig und Schildpatt
SILBERTABBYS (ALLE FELLMUSTER)
Wie bei Standardtabbys

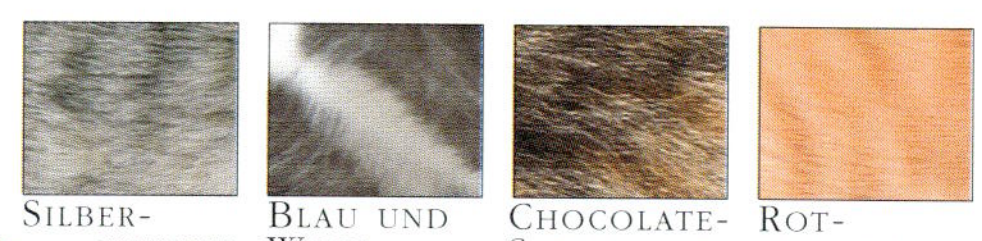

SILBER-GETUPFT | BLAU UND WEISS | CHOCOLATE-SCHILDPATT | ROT-GETIGERT

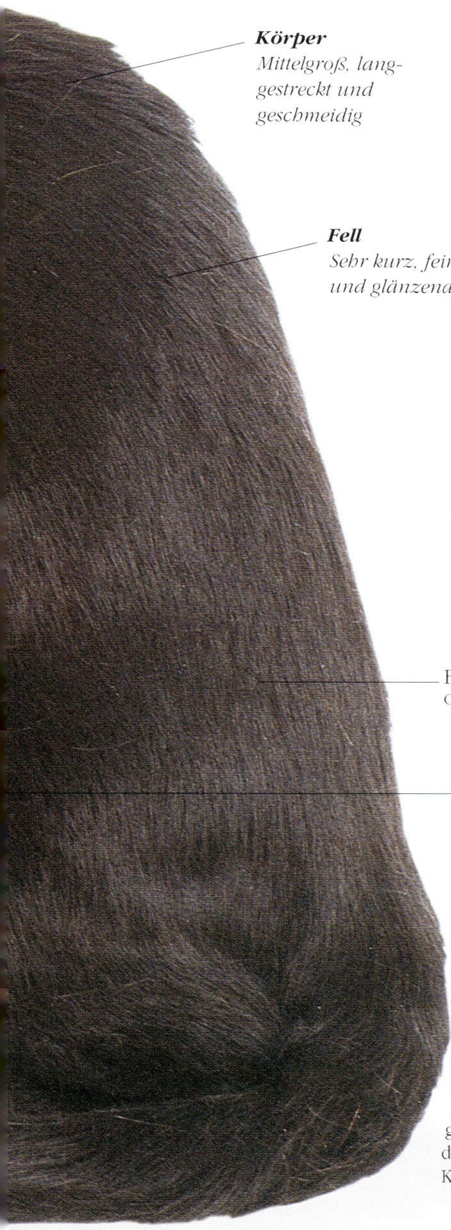

Körper
Mittelgroß, langgestreckt und geschmeidig

Fell
Sehr kurz, fein und glänzend

FELLFARBE MUSS GLEICHMÄSSIG SEIN

HINTERBEINE LÄNGER ALS VORDERBEINE

Lilac oder Lavender
Diese Farbe, die Verdünnung von Havana-Braun, war eine der ersten, die in den 1960er Jahren erzüchtet wurde. Sie hieß zunächst Lavender, wie sie in Nordamerika noch immer genannt wird. Wie bei allen verdünnten Farben scheinen selbst schwache Tabbymarkierungen leicht durch; eine gute Farbe ist also eine große Zuchtleistung.

KÜHLE, ROSAGRAUE FELLFARBE

Foreign White oder Oriental White
Dies ist der letzte Farbschlag, der noch immer unterschiedlich benannt wird. International heißt er Oriental White, und in den meisten Ländern darf er grüne oder blaue Augen haben. In Großbritannien sind nur blaue Augen zugelassen, und die Bezeichnung »Foreign« wurde beibehalten, um dies anzuzeigen.

Schwarz (Oriental Black)
Mit ihrem glatten, schwarzen Fell sieht diese schwarze Orientalisch Kurzhaar aus, als wäre sie einem Jugendstilplakat entsprungen. Die ganze Katze muß einheitlich tiefschwarz gefärbt sein, von den Haarwurzeln bis zu den Haarspitzen und von den Augenrändern bis zu den Pfotenballen. Die leuchtenden, makellos grünen Augen stechen dramatisch von diesem Hintergrund ab und verleihen der Katze ein ganz unverwechselbares Aussehen.

NEUERE FARBSCHLÄGE DER ORIENTALISCH KURZHAAR

Noch immer werden innerhalb der Rasse Orientalisch Kurzhaar neue Farben und Fellmuster erzüchtet. Viele der einschlägigen Gene sind vorhanden, seit Our Miss Smith, die Siam-Stammutter der Rasse, in den 1950er Jahren grünäugige Nachkommen mit braunem Fell zur Welt gebracht hat. Danach sind gezielt weitere Gene eingeführt worden. Die Smoke, deren kurzes, dicht anliegendes Fell einen auffälligen Schimmer zeigt, wenn sich die Katze bewegt, und andere Schläge der Silberserie entstanden durch die Zufallsverpaarung einer Siam mit einer Chinchilla-Perser (siehe S. 104), eine Kreuzung, die auch das Gen für Langhaar einbrachte, das für die Orientalisch Langhaar (siehe S. 142) verantwortlich ist. Inzwischen gibt es über 50 anerkannte Farbschläge, und diese Zahl wird sich vermutlich noch vergrößern. Bi-Colours werden von nordamerikanischen Verbänden akzeptiert, nicht jedoch in Großbritannien. In England versuchte man eine Rasse namens »Seychellois« mit Van-Zeichnung auf einem »orientalischen« Körper zu erzüchten, doch dieses Zuchtprogramm hat niemals Früchte getragen.

Rot und Weiß
Ein Grund, weshalb britische Züchter keine Bi-Colours entwickeln wollen, ist der Umstand, daß abzeichentragende Orientalen als Siams registriert werden. Bei einer Siam aus Bi-Colour-Zuchtlinien der Orientalisch Kurzhaar mag eine ganz leichte Fleckung unbemerkt bleiben, doch sie wird in nachfolgenden Generationen stärker hervortreten.

Rot
Wie in anderen »asiatischen« Rassen traten auch hier geschlechtsgebundene Rottöne spät in Erscheinung, obwohl dieses Gen in den Katzenpopulationen Asiens existiert. Die Färbung sollte so gleichmäßig wie möglich sein, aber Tabbymarkierungen werden bei ansonsten guten Exemplaren toleriert.

Apricot
Dieser Neuzugang im Farbenspektrum der Orientalisch Kurzhaar sollte eine rötliche Cremefarbe ausbilden. Sie ist im Ton dunkler und wärmer als ein echtes Creme. Die Vererbung dieser Farbe wird in Züchterkreisen noch diskutiert.

Cinnamon
Die Zimtfarbe kam zwar bei den frühesten Orientalen nicht vor, gehörte aber zu den ersten Farbschlägen, die die Palette der Orientalisch Kurzhaar erweiterten. Das Gen wurde in den 1960er Jahren eingeführt, indem man Havanas mit Sorrel-Abessiniern (siehe S. 172) kreuzte, die genetisch Cinnamon sind.

Chocolate-Silber-Tabby
Bei Silbertabbys beschränkt sich die Farbe auf die Haarspitzen, und die Unterwolle ist weiß. Obgleich der Kontrast zwischen den Markierungen und der Grundfarbe recht deutlich ist, kann die Farbe so zurücktreten, daß die Zeichnung auf den Flanken nicht zu erkennen ist.

Chocolategestromt
Die frühesten Tabbys der Orientalisch Kurzhaar waren getupft, doch mittlerweile sind getigerte, gestromte und getickte Muster hinzugekommen. Tabbys haben häufig weiße Lippen und ein weißes Kinn, aber das Weiß darf sich nicht über die Schnauze und die Kehle ausdehnen.

JAPANISCHE STUMMELSCHWANZKATZE

Diese verspielte und anschmiegsame Rasse gibt einen besonders reizenden Hausgenossen ab. Ihre Vorfahren wurden schon in der frühen Kunst abgebildet (siehe S. 38), und der Aberglaube dürfte eine Rolle gespielt haben bei der Erhaltung ihres auffälligsten Merkmals, des nur 8–10 cm langen Stummelschwanzes. In Japan galt eine Katze mit einem gegabelten Schwanz, also mit zwei Schwanzspitzen, als ein verkleideter Dämon (siehe S. 30). Katzen mit normalen Schwänzen wurden vermutlich verfolgt, doch solche mit einem kurzen Schwanz ließ man in Frieden, was wohl die Zucht von kurzschwänzigen Tieren in Japan gefördert hat. In Japan findet man die Stummelschwanzkatze allenthalten als die berühmte Maneki-neko wieder, die »winkende Katze«, die als Glücksbringer beliebt ist (siehe S. 31).

RASSENGESCHICHTE

Einer japanischen Legende zufolge trafen Katzen im Jahr 999 n. Chr. aus China in der japanischen Inselwelt ein, und ihr Besitz war in den nachfolgenden fünf Jahrhunderten dem Adel vorbehalten. In Wirklichkeit sind die Tiere schon Jahrhunderte früher angekommen, und auch ihre Haltung war nicht so streng reglementiert (siehe S. 24). Unter den samtpfotigen Einwanderern vom asiatischen Festland befanden sich stummelschwänzige Individuen. Innerhalb des begrenzten Genpools der japanischen Katzenpopulation konnte sich das rezessive Gen für Stummelschwänzigkeit durchsetzen. 1968 begründete die amerikanische Züchterin Elizabeth Freret das erste Zuchtprogramm außerhalb Japans. In Nordamerika ist die Rasse anerkannt, in Europa noch nicht.

Kurz-Info

ENTSTEHUNGSZEIT: Vor dem 19. Jahrhundert
URSPRUNGSLAND: Japan
VORFAHREN: Hauskatzen
EINKREUZUNGEN: Keine
SYNONYM: Japanese Bobtail
GEWICHT: 2,5 – 4 kg
WESEN: Anhänglich und vorsichtig

Farbschläge

EINFARBIG UND SCHILDPATT
Schwarz, Rot, Schildpatt, Weiß
Alle anderen einheitlichen und Schildpattfarben, Abzeichen, Mink und Sepia
TABBYS (ALLE FELLMUSTER)
Alle Farben
BI-COLOURS
Schwarz, Rot, Schildpatt, Rottabby mit Weiß
Alle anderen Farben und Zeichnungen mit Weiß

BRAUN-GETIGERT

SCHWARZ UND WEISS

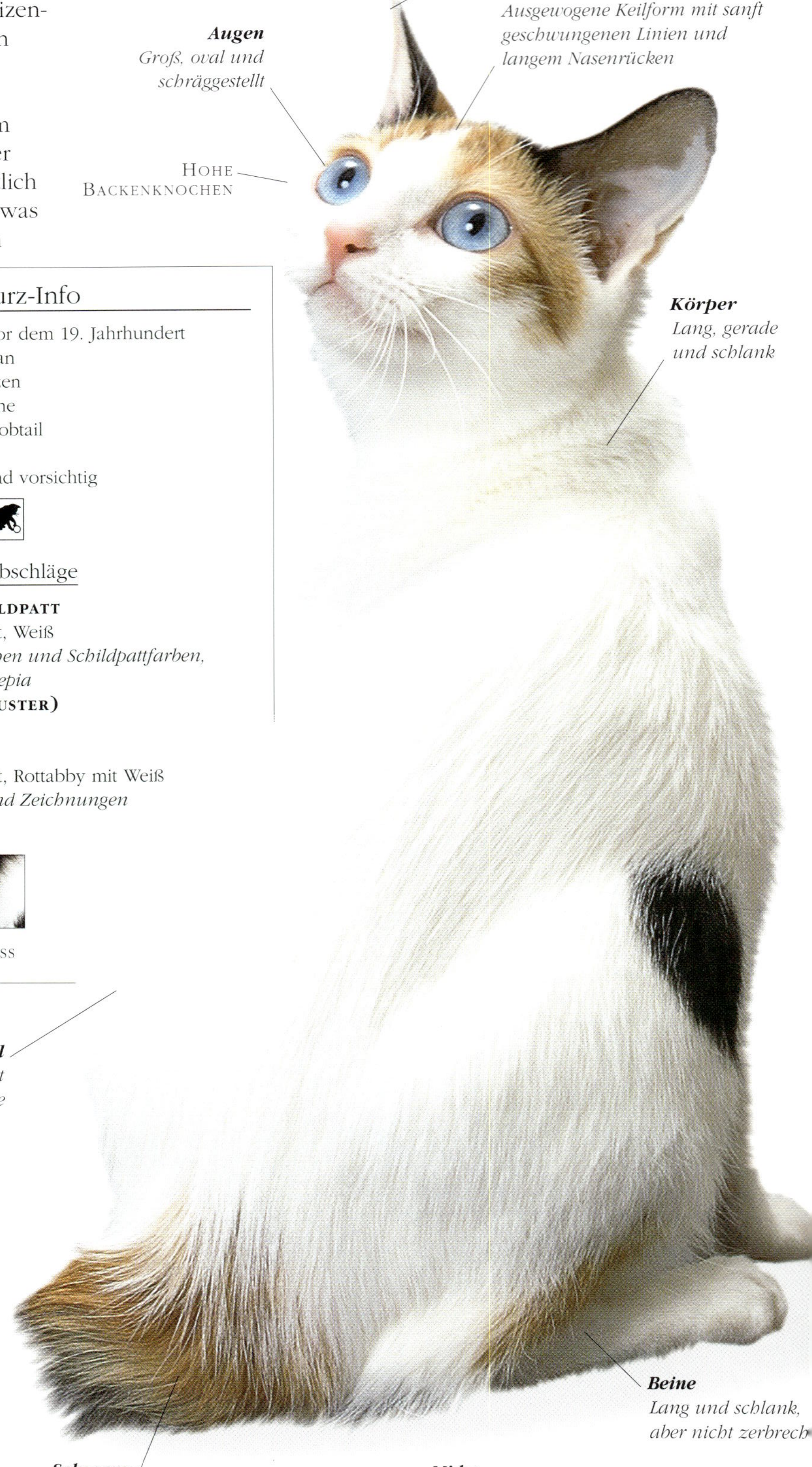

Mi-ke
Schildpatt und Weiß, in Japan Mi-ke genannt, sind die begehrtesten Fellfarben und Fellmuster. Eine Mi-ke mit verschiedenfarbigen Augen wird sogar noch höher bewertet als ihre blau- oder goldäugigen Pendants. Die Katze mit ihrem reinweißen Fell und den wenigen kräftigen Farbflecken sollte einer Porzellanfigur ähneln.

Rottabby und Weiß
Seit ihrer Ankunft im Westen hat die Stummelschwanzkatze einige Veränderungen durchgemacht. Wie dieser Kater waren die ursprünglichen Katzen weniger zierlich, und sie hatten ein breiteres Gesicht und kürzere Beine. Die Züchter haben sich bemüht, diese Merkmale zu verfeinern, und heute unterscheidet sich die Rasse deutlich von den gewöhnlichen stummelschwänzigen Katzen in Japan.

La Perm

Seit Jahrhunderten sind in nicht selektierten Katzenpopulationen Rexmutationen aufgetaucht und wieder verschwunden. Seitdem sich die ersten wichtigen Rexrassen, die Cornish (siehe S. 198) und die Devon Rex (siehe S. 200) etabliert haben, sind viele weitere aufgetreten. Die La Perm trägt zweifellos den kuriosesten Namen von allen und sieht besonders eigenartig aus. Die Katzen werden mit einem geraden oder lockigen Haarkleid geboren, doch irgendwann in ihrem Leben, gewöhnlich im Welpenalter, verlieren sie es und werden völlig kahl. Das nachwachsende neue Fell ist dick und seidig und oft noch stärker gewellt. Ungewöhnlich für eine Rassekatze ist auch, daß sie im Standard als »Arbeitskatze« und »ausgezeichneter Jäger« beschrieben wird. Es gibt sowohl langhaarige (siehe S. 143) als auch kurzhaarige Varianten; das weiche Haar der Kurzhaar kann eher wellig als lockig sein.

Rassengeschichte

Eine Bauernkatze in The Dalles im US-Bundesstaat Oregon brachte 1982 einen sechsköpfigen Wurf zur Welt, darunter ein einziges kahles Kätzchen. Trotz dieses Handikaps überlebte dieses weibliche Jungtier, und mit acht Wochen bekam es endlich ein Fell. Doch dieses Fell fühlte sich, anders als das der Wurfgeschwister, lockig und weich an. Linda Koehl, die Begründerin der Rasse, nannte dieses Kätzchen Curly. In den nächsten fünf Jahren züchtete Koehl weitere lockig behaarte Katzen, die den Grundstock der Rasse bildeten. Das Gen wird dominant vererbt, so daß zur Erweiterung des Genpools vielerlei Einkreuzungen möglich sind und dennoch genügend Rex-Nachkommen anfallen. Die TICA hat die Rasse anerkannt.

Braungetupftes Kätzchen
Mit ihrem weich konturierten keilförmigen Kopf wirkt die La Perm exotisch, was besonders bei Jungtieren auffällt. Die meisten Individuen sind als Kätzchen eine Zeitlang kahl, und Kätzchen mit geradem Haarkleid erscheinen nach diesem drastischen Fellwechsel gelockt.

Rottabby
Rexfelle neigen dazu, die Klarheit der Tabbyzeichnung zu verschleiern, und die La Perm macht da keine Ausnahme. Die M-Markierung auf der Stirn und die »Maskara«-Linien an den Schläfen und Wangen bleiben erhalten, desgleichen die Schwanzringe und die Bänderung der Beine, wo die Behaarung kürzer oder weniger wellig ist. Es besteht keine Beziehung zwischen der Farbe der Augen und des Fells.

Kurz-Info

Entstehungszeit: 1982
Ursprungsland: USA
Vorfahren: Bauernkatzen
Einkreuzungen: Rasselose Katzen
Synonym: Dalles La Perm
Gewicht: 3,5–5,5 kg
Wesen: Anhänglich und neugierig

Farbschläge

Einheitliche Farben
Alle Farben und Muster, auch Abzeichen, Sepia und Mink

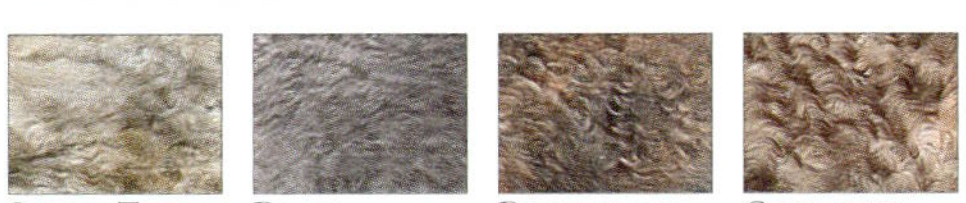

Silber-Tortie-Tabby — Blau — Blaucreme — Cinnamon-Silber

Cornish Rex

Die extrovertierte, »kurvenreiche« Cornish Rex mit ihrem waschbrettähnlich gewellten Fell erregt überall Aufsehen. Das Fell, in dem die Leithaare fehlen, fühlt sich herrlich weich an, fast wie geschorener Samt. Doch auch die Gesamterscheinung ist unverwechselbar: Die ungewöhnlich großen Ohren sitzen auf einem verhältnismäßig kleinen Kopf, und der gebogene Rumpf steht auf feingliedrigen, schlanken Beinen. Das Haarkleid ist zwar auf beiden Seiten des Atlantiks gleich, aber der Körperbau leicht verschieden. Britische Katzen wirken nicht so zerbrechlich wie ihre amerikanischen Verwandten, die einen aufgezogenen Rumpf besitzen. Deshalb sehen sie eher so aus wie das kätzische Gegenstück zu einem Rennhund – ein Eindruck, der auch dem lebhaften Verhalten der Rasse entspricht. Diese Katze ist im Hochsprung olympiareif und findet nichts dabei, ihrem Besitzer zur Begrüßung vom Boden aus auf die Schulter zu springen.

Rassengeschichte

Serena, eine Bauernkatze aus der Gegend von Bodmin in Cornwall, gebar 1950 einen Wurf mit einem lockig behaarten Katerchen namens Kallibunker. Die Besitzerin Nina Ennismore erkannte darin eine Ähnlichkeit mit der Rexmutation bei Kaninchen. Die Rückverpaarung Kallibunkers zu seiner Mutter bestätigte, daß das Merkmal rezessiv war. Die Nachkommen wurden mit Britisch Kurzhaar und Burmakatzen gekreuzt. 1957 traf die Cornish Rex in den USA ein, wo man Orientalisch-Kurzhaar- und Siamblut einkreuzte. Eine ähnliche Rexrasse gab es in Deutschland, erzüchtet aus einer streunenden Katze, deren sich Züchter 1951 angenommen hatten. Aus der Kreuzung mit der Cornish Rex gingen Rexnachkommen hervor, was bedeutete, daß beide Rassen dieselbe Mutation aufwiesen; die deutsche Rasse, die German Rex, ist inzwischen stark zurückgegangen. Die Cornish Rex ist mit keiner anderen Rexrasse verwandt.

Schwarz-Smoke und Weiß
Wegen der fehlenden Leithaare tritt das weiße Unterfell der Smoke- und Silberfarbschläge besonders auffällig hervor. Die abgebildete Katze verkörpert die typische nordamerikanische Gesamterscheinung: ungewöhnlich große Ohren, feingemeißeltes Gesicht und rassiger Körperbau.

Schildpatt
Bei feingliedrigen Rassen wie der Cornish Rex bevorzugen die Standards die weiblichen Tiere. Diese Schildpattkatze zeigt das rassetypische gebogene Rückgrat und den aufgezogenen Bauch, der von den nordamerikanischen Verbänden verlangt wird.

American Bobtail

Bis vor kurzem gab es nur einige wenige stummelschwänzige oder schwanzlose Rassen. In den letzten Jahren sind jedoch Rassen aus der ehemaligen Sowjetunion, etwa die Kurilen-Stummelschwanzkatze (siehe S. 144), allgemeiner bekannt geworden, und in Nordamerika wurden zwei neue Stummelschwanzzüchtungen registriert. Die erste war die American Bobtail, die Amerikanische Stummelschwanzkatze. Die Genetik der Rasse ist ungewiß: Woher sie stammt, ist ungeklärt, aber Gene sowohl der Manx (siehe S. 154) als auch der Japanischen Stummelschwanzkatze (siehe S. 196) dürften eingeflossen sein, da völlig schwanzlose und auch knickschwänzige Tiere vorkommen. Im Unterschied zum Manxstandard sind schwanzlose Bobtails nicht ausstellungswürdig: Die American Bobtail sollte einen kurzen Schwanz besitzen, der etwas oberhalb des Sprunggelenks endet.

Gestromtes Langhaarkätzchen
Die American Bobtail wird in Langhaar und Kurzhaar unterteilt. Weil das Gen für Langhaar rezessiv vererbt wird, sind langhaarige Tiere seltener. Das Fell ist halblang, und längere »Koteletten« an den Wangen sind erwünscht. Das Haarkleid verfilzt nicht so leicht, obwohl es etwas zottig wirkt.

Rassengeschichte

Diese Rasse läßt sich auf ein zufällig entstandenes stummelschwänziges Tabbykätzchen zurückführen, das von John und Brenda Sanders aus Iowa von einem Indianerreservat in Arizona erworben wurde. Das Zuchtziel war zunächst eine Stummelschwanzkatze mit einem Fellmuster, das dem der Schneeschuhkatze (siehe S. 165) ähneln sollte, doch durch Inzucht litt die Gesundheit der Katzen. Die spätere Zuchtarbeit unter der Aufsicht von Reaha Evans vergrößerte die Farben- und Mustervielfalt und verbesserte den Gesundheitszustand der Rasse. Die American Bobtail wurde 1989 von der TICA anerkannt.

Kurz-Info

Entstehungszeit: 1960er Jahre
Ursprungsland: USA
Vorfahren: Unbestimmt
Einkreuzungen: Rasselose Katzen
Synonym: Amerikanische Stummelschwanzkatze
Gewicht: 3–7 kg
Wesen: Freundlich und neugierig

Farbschläge

Alle Farben und Zeichnungen, auch Abzeichen, Sepia und Mink

Beige und Weiss | Blautabby | Rottabby | Weiss

Getupftes Kurzhaar
Der Rassestandard verlangt eine kraftvolle, handfeste und »wild« aussehende Katze mit einem starken Kopf und »jagdlüsternen« Augen. American Bobtails sind Spätentwickler, die oft erst mit drei Jahren richtig ausgewachsen sind. Das Kurzhaarfell ist immerhin so lang, daß es vom Körper absteht und leicht zottig wirkt.

Braungetupft

Das Fell dieses ersten Farbschlags, der reingezüchtet wurde, ähnelt dem der wildlebenden Bengalkatze, sogar bis auf die hellen »Augenflecken« auf der Rückseite der Ohren. Die Grundfarbe ist braungelb, und die Markierungen sind dunkelbraun bis schwarz. Die Gesichtszeichnung ist schwarz umrandet, und die Tupfen auf dem Fell sollten groß sein und Ringe oder Rosetten bilden, die unregelmäßig verteilt sind. Jede Ähnlichkeit mit den vertikalen Streifen der Tigerung, die meist dem getupften Tabbymuster zugrunde liegt, ist zu vermeiden.

Rotgestromt und Weiß
Weil das Gen für Weißfleckung dominant vererbt wird, kommen zweifarbige Hauskatzen häufig vor. Die Verteilung von roten Tieren ist in den meisten Ländern regional unterschiedlich und kann somit ein Anhaltspunkt sein, ob sich benachbarte Katzenpopulationen vermischt haben oder nicht. Rassen wie die Amerikanisch Kurzhaar (siehe S. 160) sind aus robusten Katzen wie dieser hervorgegangen.

Blau und Weiß
Blau ist in vielen Gegenden Kontinentaleuropas weit verbreitet, und aus solchen Beständen ist die Kartäuser (siehe S. 168) herausgezüchtet worden. Viele unselektierte Katzen sind erheblich dunkler blau gefärbt als Rassetiere und besitzen nicht die intensiven und unterschiedlichen Augenfarben, die durch engagierte Auswahlzucht erzielt worden ist. Der Körperbau dieser Katze ist schwerer als der der kontinentaleuropäischen Rassen, würde aber einer Britisch Kurzhaar (siehe S. 152) keine Schande machen.

Schildpatt und Weiß
Das Fell nordeuropäischer Katzen weist im allgemeinen kleine Weißanteile auf, während in Südeuropa ein überwiegend weißes Haarkleid, das an die Türkisch Van (siehe S. 126) erinnert, häufiger ist. Ohne selektive Zucht haben polygenetische Faktoren großen Einfluß auf das Fell: Der buschig behaarte Schwanz dieser Katze könnte darauf hindeuten, daß sie genetisch langhaarig ist, auch wenn ihr Körperfell selbst im Winter kurz und weich bleibt.

Sechstes Kapitel

RICHTIGE KATZEN-HALTUNG

Katzen, die als Hausgenossen gehalten werden, sind auf uns angewiesen, was ihre Ernährung, ihre Unterkunft und ihren Schutz vor Krankheiten und Leiden angeht. Wählen Sie eine Katze aus, die sich gut in ihre Familie einfügt. Manche Katzen brauchen eine aufwendige Körperpflege, andere sehr viel Zuwendung, doch alle verlangen eine ausgewogene Nahrung und sowohl geistige als auch körperliche Anreize. Geben Sie besonders gut acht, wenn Ihre Katze ins Freie geht: Natürliche Feinde oder Autos stellen für sie wahrscheinlich die größte Gefahr dar. Machen Sie sich mit den Grundlagen der Ersten Hilfe vertraut, und bringen Sie Ihrer Katze bei, zu miauen, wenn Sie sie beim Namen rufen. Für die meisten Katzenhalter sind dies angenehme Pflichten, die unserer innigen Beziehung zu diesen faszinierenden Geschöpfen zugrunde liegen.

(OBEN) KÄTZCHEN TEILEN SICH EIN SCHÄLCHEN MILCH

(LINKS) KÄTZCHEN BRAUCHEN EINEN PLATZ, WO SIE SICH GEBORGEN FÜHLEN

Die Wahl der richtigen Katze

Die Entscheidung für eine Katze ist sowohl ästhetisch als auch »moralisch« motiviert. Das Aussehen ist wichtig: Welche Größe, Farbe, Haarlänge, ja welches Geschlecht Sie wählen, ist eine sehr persönliche Angelegenheit. Genauso wichtig sind die moralischen Aspekte: Wollen Sie einem verstoßenen oder anderswo unerwünschten Tier eine Heimat bieten? Soll Ihre Katze wohlbehütet in der Wohnung leben oder ein gefährlicheres, aber vielleicht aufregenderes Leben im Freien führen? Wollen Sie Ihre Katze kastrieren lassen, oder halten Sie so etwas für »unnatürlich«? Die Katzenhaltung ist mit einer großen Verantwortung verbunden, und Sie müssen sich diese schwierigen Fragen gewissenhaft beantworten, bevor Sie sich entschließen, eine bestimmte Katze als Hausgenossin zu sich zu nehmen.

Nicht selten kommt eine Katze auf ganz einfache Weise ins Haus: Sie steht eines Tages vor der Tür und nimmt bereitwillig Futter und Zuneigung entgegen. Wenn Sie sich jedoch entschieden haben, eine Katze zu erwerben, haben Sie den Vorteil, Ihre ganz persönliche Wahl zu treffen.

Verwilderte und streunende Katzen
(Oben) Wenn Sie sich eine streunende Katze aus dem Tierheim holen, sollten Sie sich über ihr Vorleben informieren. Verwilderte Tiere, die fernab von Menschen aufgewachsen sind, sind in der Regel mißtrauisch. Streuner, die von Menschen aufgezogen werden, sind dagegen sehr viel umgänglicher.

Drinnen oder draussen

Ihre erste und vielleicht schwerste Entscheidung betrifft die Frage, ob Sie Ihre Katze in der Wohnung halten oder draußen frei umherstreifen lassen wollen. Bis zu den 1950er Jahren war es allgemein üblich, den Tieren Auslauf zu gewähren. Erhebungen in den USA haben ergeben, daß heutzutage ungefähr 50 Prozent der Katzen ausschließlich im Haus leben – eine Zahl, die selbst die Experten überrascht hat. Der Daueraufenthalt in der Wohnung ist zum Teil ein kulturelles Phänomen: Amerikanische Rassezuchtverbände empfehlen den Katzenbesitzern nachdrücklich die Wohnungshaltung. Dr. Nicholas Dodman, Direktor der Verhaltensklinik der veterinärmedizinischen Abteilung der Tufts University, hat festgestellt, daß amerikanische Katzen stärker mit angstbesetzten Problemen, etwa Urinmarkierung, belastet sind als britische Katzen. Er begründet dies damit, daß in Großbritannien viel mehr Katzen mit oder ohne Stammbaum Auslauf im Freien haben.
Ihre Entscheidung sollte sich an der Lebensweise der Katze orientieren. Die meisten im Haus aufgezogenen Katzen finden sich willig und zufrieden mit einem Wohnungsdasein ab, aber Tiere, die das abenteuerliche Leben im Freien kennengelernt haben, können sich nur schwer umgewöhnen.

Tierheimkatzen

Tierheime haben oft verwilderte Katzen abzugeben, die ein neues Zuhause brauchen. Geschlechtsreife Tiere, die ohne menschlichen Kontakt aufgewachsen sind, sind mißtrauisch. Wenn Sie ein kontaktfreudiges Schmusetier haben möchten, kommt eine solche Katze für Sie kaum in Frage. Wenn es Ihnen andererseits Freude macht, einem unabhängigen Tier ein sicheres Heim und regelmäßige Verpflegung zu bieten, ist es sehr verdienstvoll, eine adulte verwilderte Katze aufzunehmen. Verwilderte Kätzchen, die jünger als sieben Wochen sind, fauchen und spucken zunächst, sind aber noch so anpassungsfähig, daß sie die Gesellschaft des Menschen akzeptieren und schließlich sogar genießen. Sind sie jedoch über dieses Alter hinaus, wird es schwierig, ihre tiefsitzenden Ängste abzubauen. Tierheime bieten aber auch entlaufene oder abgegebene Tiere an: Katzen, die mit Menschen vertraut sind, aber in einem fremden Haus geboren wurden und jetzt ein neues Zuhause suchen. Solche Tiere können ungewöhnlich liebevolle, wenngleich oft wanderlustige Hausgenossen abgeben.

Rassekatzen
(Unten) Rassetiere wie diese Korat haben erhebliche Vorteile: Aussehen, Größe und Wesenseigenschaften sind bekannt. Allerdings sind sie zuweilen überdurchschnittlich stark mit Erbkrankheiten behaftet.

Rasselose Katzen
(Unten) Gewöhnliche Hauskatzen wie dieser rotgetupfte Tabby bilden das genetische Ausgangsmaterial aller Rassekatzen und kommen in den meisten Farbschlägen und Felltypen vor.

Glückliche Familie
Katzen, die von klein auf zusammen aufwachsen, geben die besten Hausgenossen ab. Wenn Sie Ihrer Katze ein Kätzchen beigeben wollen, dann sollten Sie eines auswählen, das bis zur 12. Lebenswoche bei seinen Wurfgeschwistern geblieben ist.

Katzen und unsere Gesundheit

Auf Katzen reagieren sehr viele Menschen eher allergisch als auf Hunde, und zwar wegen ihrer Sensibilität für ein Protein im Speichel und in der Haut der Katze. Katzen sind von Natur aus sehr reinlich und speicheln ihr Fell bei ihrem gründlichen Putzritual ein. Menschen mit einer Katzenallergie sollten ihre Tiere grundsätzlich aus dem Schlafzimmer fernhalten und sie wenigstens einmal täglich mit einem sauberen feuchten Schwamm abreiben, um den im Fell haftenden Speichel zu reduzieren.

Katzenwäsche
Die sogenannte Katzenwäsche ist ein ritualisierter Vorgang. Die Tiere belecken zuerst ihren Körper und die Pfoten, und dann reinigen sie mit den angefeuchteten Pfoten die beiden Kopfseiten.

Neuzugang zur Katzenfamilie

Wenn Sie meinen, eine bereits vorhandene Katze würde sich über einen neuen Artgenossen freuen, sollten Sie sich die Sache zweimal überlegen. Nicht alle Katzen brauchen Freunde. Eine Katze kann in Panik geraten, wenn ein fremder Mensch oder Hund zur Tür hereinspaziert, aber insbesondere Wohnungskatzen empfinden es oft als schweren Affront, wenn ein Artgenosse in ihr Territorium eindringt.

Wenn Sie eine neue Katze heimbringen, sollten Sie ihr ein einziges Zimmer zuweisen und der alteingesessenen Katze die restliche Wohnung überlassen. Plazieren Sie etwas Futter in die Nähe der verschlossenen Zimmertür, damit die alte Katze es dort findet; am Ende wird sie die Freude über die Leckerbissen mit dem Geruch der neuen Katze assoziieren. Nach wenigen Tagen gestatten Sie Ihrer alten Katze, das Zimmer des Neuankömmlings zu betreten, allerdings nur dann, wenn dieser fest schläft, und nur auf einen kurzen Blick. Verlängern Sie nach und nach die Begegnungen, doch überlassen Sie nichts dem Zufall. So verringert sich die Wahrscheinlichkeit, daß es zu Kämpfen kommt oder daß eine der beiden Katzen das Weite sucht.

Dünnes Fell
Dünnes Fell hat sich in warmen Klimazonen entwickelt. Folglich behalten Rassen wie die Singapura ihr dünnes Haarkleid nur in gemäßigten oder warmen Breiten.

Kurzes Fell
Wenn die Britisch Kurzhaar in einem kalten Klima viel Auslauf hat, legt sie sich ein dickes, schützendes Unterfell zu.

Langes Fell
Manche Langhaarrassen erfordern keinen großen Pflegeaufwand, doch diese Perserkatze benötigt täglich eine Ganzkörperpflege.

Kastrierte Katzen
Kastrierte Katzen, ob männlich oder weiblich, sind gelassener, freundlicher, reinlicher, verspielter und anschmiegsamer als unkastrierte.

Unkastrierte Katzen
Unkastrierte Kater bilden sichtbare sekundäre Geschlechtsmerkmale aus: volle Wangen, dicke Nackenhaut und schwere Muskeln. Unkastrierte Kätzinnen haben ein reizbareres Wesen als kastrierte.

Kater oder Kätzin?

Die meisten Familienkatzen werden kastriert, aber wenn Sie einen unkastrierten Kater halten möchten, sollten Sie bedenken, daß Katzen ihren Urin zur Markierung ihres Territoriums benutzen. Der männliche Urin verbreitet einen besonders durchdringenden Geruch. Manche Kater begnügen sich damit, ihren Urin in der Katzentoilette abzusetzen, doch ander bespritzen damit Zäune und Bäume oder in der Wohnung Vorhänge und Wände. Unkastrierte Kater können zwar sehr verschmust sein, lassen sich aber am ehesten auf Kämpfe mit anderen Katzen ein. Das ist ein ernstzunehmendes Problem, denn durch solche Kämpfe werden potentiell lebensgefährliche Viren wie das Feline Leukämie-Virus (FeLV) oder das Feline Immunschwäche-Virus (FIV) am häufigsten übertragen. Unkastrierte Kater sind öfter Träger dieser Viren als kastrierte Tiere. Die Kastration hat nur mäßigen Einfluß auf das Wesen und Verhalten; männliche wie weibliche Katzen werden dadurch etwas weniger reizbar und zugleich anhänglicher.

Pflegeaufwand

Katzen sind ausgesprochen reinliche Tiere: Ihre rauhe Zunge eignet sich ideal für die Säuberung eines Standardfells, recht gut für ein längeres Fell aus schwerem Deckhaar, aber leider nur unzureichend für ein langes Fell mit feiner Unterwolle. Ein Haarkleid des Persertyps ist sehr pflegeaufwendig und muß täglich sorgfältig behandelt werden. Ein solches Fell neigt zur Bildung von Haarballen oder Bezoaren im Magen, was entsprechende Präventivmaßnahmen erforderlich macht.

Häuslicher Frieden

Wenn Sie sich eine Katze anschaffen, sollten Sie erwägen, wie die ganze Familie auf den Neuzugang reagiert – und umgekehrt. Falls Sie einen Hund haben, müssen Sie die neue Katze behutsam einführen. Bringen Sie dem Hund bei, den Neuankömmling zu akzeptieren. Ihr Hund wird, unabhängig von seiner Körpergröße, wahrscheinlich von der Katze dominiert, doch bedenken Sie, daß selbst ein wohlerzogener Hund gelegentlich Jagd auf seine »eigene« Katze macht.

Gesundheitsprüfung

Bitten Sie Ihren Tierarzt, Augen, Ohren, Nase, Maul und Körper der auserwählten Katze auf Krankheitsanzeichen oder Parasitenbefall hin zu untersuchen. Bei einer Rassekatze sollten Sie sich vom Gesundheitszustand der Elterntiere überzeugen, indem Sie sich vom Züchter bescheinigen lassen, daß sie virenfrei sind. Die meisten Rassetiere sind geimpft worden, bevor der Züchter sie abgibt; verlangen Sie das Impfzeugnis, und zeigen Sie es Ihrem Tierarzt.

Zusammenleben mit anderen Tieren
Die meisten Hunde akzeptieren Katzen in ihrem Wohnbereich, doch bei manchen, vor allem Terriern, kann es Probleme geben. Es ist ratsam, die ersten Begegnungen zu überwachen. Bringen Sie eine neue Katze in einem einzigen Zimmer unter, und gestatten Sie Ihrem Hund, sie zu beobachten und zu beschnuppern, wenn sie schläft.

Der Hund akzeptiert das Kätzchen

ZUBEHÖR UND SICHERHEITSVORKEHRUNGEN

Es heißt, Katzen seien leichter zu halten als Hunde, doch das bedeutet nicht, daß man sie einfach sich selbst überlassen sollte. Wir sind stets für ihre Sicherheit, ihre Gesundheit und ihr Wohlbefinden verantwortlich. Wir werden zwar von Gesetzes wegen selten für die Aktivitäten unserer Katzen haftbar gemacht, aber als Katzenhalter tragen wir eine moralische Verantwortung gegenüber unseren Nachbarn. Sorgen Sie dafür, daß eine freilaufende Katze möglichst kein Unheil anrichtet. Das erreicht man am besten durch eine rechtzeitige Kastration und die Bereitstellung einer gern angenommenen Katzentoilette. Alle Katzen brauchen mentale und physische Anregungen. Verbringen Sie möglichst viel Zeit mit Ihrem Liebling. Damit machen Sie ihm und sich selber die größte Freude.

Katzen haben gern Futternäpfe, Bettzeug und Toilette für sich. Freß- und Trinknäpfe sollten handlich und leicht zu reinigen sein. Sind mehrere Katzen im Haus, sollte jede ihren eigenen Napf haben. Die meisten Katzen bevorzugen Katzenstreu auf einem festen Untergrund, in der sie ihre Ausscheidungen verscharren können. Im Handel sind verschiedene Einstreusorten. Manche enthalten Durftstoffe, andere sind auswaschbar und wiederverwendbar.

SICHERHEIT IM FREIEN

Die größte Verletzungsgefahr droht freilaufenden Katzen vom Straßenverkehr. In der Stadt kommt oft noch das »Hochhaussyndrom« (siehe S. 65) hinzu. Stürze aus der vierten bis siebten Etage enden meist tödlich, doch manche Katzen überstehen auch Stürze aus noch größerer Höhe, weil sie dann genügend Zeit haben, sich zu entspannen. Viele Katzen verlaufen sich auch; sorgen Sie also dafür, daß Ihr Liebling identifiziert werden kann.

Die richtige Katzenstreu

Die Einstreu des Katzenklos sollte saugfähig sein und angenehm riechen, aber Katzen und Katzenhalter haben wahrscheinlich in puncto Geruch unterschiedliche Vorstellungen. Üblen Geruch vermeidet man am einfachsten durch häufige Kloreinigung. Hat sich die Katze einmal an eine bestimmte Einstreu gewöhnt, möchte sie meist auch dabei bleiben.

AUSWASCHBAR — BLEICHERDE — LEICHTGEWICHTIG — AUF HOLZBASIS

KÄTZCHEN SUCHEN GEMEINSAM DIE TOILETTE AUF

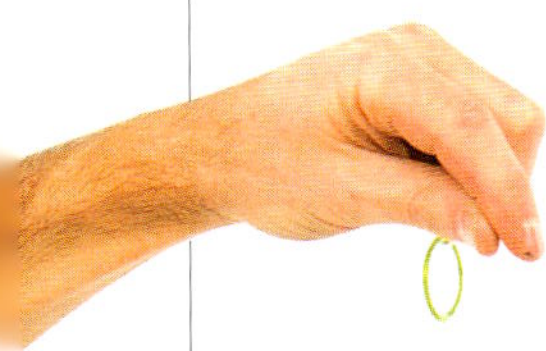

Schwebende »Spinne«
Nahezu alle Katzen reagieren auf Bewegungen. Wenn Sie ein Spielzeug an einer Schnur außer Reichweite der Katze hin und her baumeln lassen, bieten sie ihr eine aufregende Beschäftigung ohne Ende.

Katzengerechtes Futtergeschirr
Untersuchungen haben gezeigt, daß Katzen am liebsten aus flachen Näpfen oder Schüsseln fressen. Verwenden Sie Näpfe, die speziell für Katzen – und nicht für Hunde – bestimmt sind.

Anregende Spielsachen

Freilaufende Katzen finden geistige Anregung in natürlichen Aktivitäten wie Jagen oder Patrouillieren auf dem Territorium. Wohnungskatzen haben die gleichen Bedürfnisse, die sich, wenn sie nicht durch geplante Beschäftigung erfüllt werden, in Verhaltensweisen äußern können, die dem Tier vernünftig, aber dem Besitzer nicht akzeptabel erscheinen. Anpirschen, Bisse in die Fersen oder Anspringen von wertvollen Gegenständen. Mit kreativem Spielzeug kann die Katze ihre Verhaltensbedürfnisse lustvoll ausleben. Schaffen Sie eine kleine Auswahl von katzengerechten Spielsachen an, die Ihren Hausgenossen anregen, die natürlichen Instinkthandlungen wie Anschleichen, Jagen, Beutesprung und Tötungsbiß gefahrlos auszuführen.

ERWARTUNGSFROHES KÄTZCHEN

SPIELZEUGHANDSCHUH

»FISCH« AN DER ANGEL

»SCHNECKE« AN DER ANGEL

FARBENFROHE BÄLLE

Spiel und Spaß für Katzen
Katzen beschäftigen sich gerne mit allerlei Spielsachen, aber der gemeinsame Nenner ihrer Spielaktivitäten ist die Bewegung, etwa die eines Balls, der mit einem heftigen Pfotenstoß über den Boden getrieben wird, oder eines High-Tech-Spielzeugs, das mit der Pfote oder einer Batterie aktiviert werden kann.

DIE KATZE VERSUCHT, DIE MAUS ZU ERWISCHEN

Präventivmassnahmen

Vorbeugen ist immer besser als Heilen. Lassen Sie Ihren Liebling gegen Katzenkrankheiten impfen, bekämpfen Sie Flohbefall mit schonenden, aber wirksamen Methoden, und entwurmen sie eine freilaufende Katze nach tierärztlicher Anweisung. Katzen, die Wildtiere jagen und fressen, können Toxoplasmose (Innenschmarotzer) bekommen, die mit dem Kot auf Menschen übertragen werden kann. Sie stellt ein Gesundheitsrisiko für Kinder im Mutterleib dar; schwangere Frauen sollten Gummihandschuhe anziehen, wenn sie im Garten arbeiten oder das Katzenklo säubern.

Schutz des Gartens

Durch Gewöhnung an die Katzentoilette sollte die Katze davon abgehalten werden, sich im Garten zu entleeren. Wenn sie es trotzdem nicht lassen kann, sollten Sie ein feinmaschiges Drahtgeflecht in den Boden einziehen. Oder legen Sie Maschendrahtstreifen, Plastikgeflecht oder Kies zwischen und unter die Pflanzen.

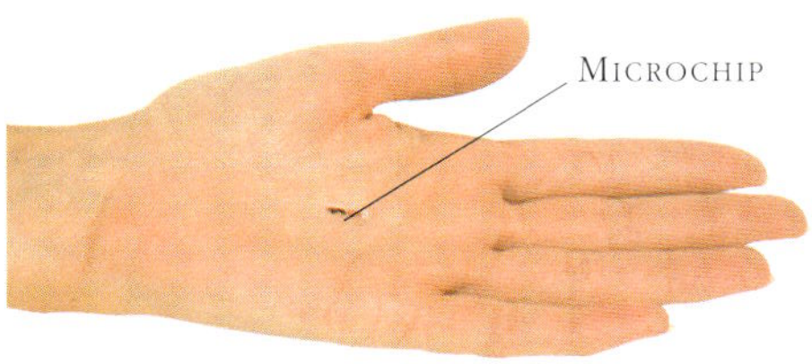
MICROCHIP

Lebenswichtige Informationen
Alle Katzen, auch solche, die in der Wohnung leben, sollten einen »Ausweis« mit sich führen für den Fall, daß sie sich verlaufen. Gravierte Scheiben oder Adreßhülsen am Halsband, unter die Haut eingepflanzte Microchips mit einer Registriernummer oder eine Ohrentätowierung erfüllen diesen Zweck.

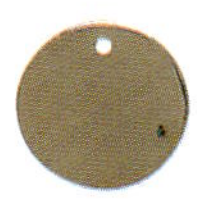
IDENTITÄTS-SCHEIBE

ADRESS-HÜLSE

Freier und sicherer Zugang
Ein Katzentürchen ist, was die Sicherheit des Hauses angeht, besser als ein geöffnetes Fenster. Manche Katzenschleusen sind »persönlich« und öffnen sich nur mit Hilfe eines kleinen Magneten am Halsband.

DIE KRALLE WIRD IN EINEN KÜNSTLICHEN ZEHENNAGEL EINGEBETTET

Künstliche Krallen
Die Entfernung der Krallen wird hauptsächlich in Nordamerika praktiziert und ist in Europa, Japan und anderswo nahezu unbekannt (in Deutschland sogar verboten). Künstliche Nägel zum Ankleben sind eine schmerzlose Alternative und halten etwa sechs Wochen lang. Mit ein wenig Übung sind sie leicht anzubringen.

Kratzbaum
Alle Katzen kratzen, um ihre Krallen zu schärfen oder um sichtbare Marken in ihrem Territorium zu setzen. Besorgen Sie für die Wohnung einen attraktiven Kratzbaum, und stellen Sie ihn an einem günstigen Platz auf, wo die Katze ihn ungestört benutzen kann. Sobald sie ihn richtig angenommen hat, verschieben Sie ihn nach und nach fast unmerklich zu einer Stelle hin, wo er nicht mehr so störend wirkt.

Sicherheit im Haus

VERLOCKENDE GRÜNE BLÄTTER

Topfpflanzen
Die meisten Katzen beknabbern gern Pflanzen – meiden Sie also giftige Gewächse. Stellen Sie Gras in Blumentöpfen bereit, oder wählen Sie ungiftige Pflanzen, an denen die Katze ungestraft knabbern kann.

Inspizieren Sie stets die Waschmaschine und den Wäschetrockner vor der Benutzung, denn Ihre Katze könnte es sich drinnen gemütlich gemacht haben. Gewöhnen Sie ihr ab, auf den Herd zu springen, indem Sie die Platte mit einem Doppelklebeband überziehen; das schreckt die meisten Katzen ab.

Besprühen Sie Stromleitungen mit einer ungiftigen Substanz, etwa Bitterorange. Verwehren Sie Ihrer Katze den Zugang zu den Chemikalien im Gartenschuppen, zum Frostschutzmittel in der Garage und zum Motorraum Ihres Wagens.

Die meisten Katzen interessieren sich nicht für Babys, doch manche werden von deren Körperwärme angezogen; ein über das Kinderbettchen gespanntes Netz hält die Katze fern. Beobachten Sie, wie Kinder mit Ihrer Katze umgehen: Kleinkinder können sie irritieren und Gefahr laufen, gekratzt zu werden, während ältere Kinder Katzen schikanieren und verletzen können. Verwenden Sie für Ihre Katze niemals Flohspray, Puder, Shampoo oder sonstige Flüssigkeiten, die für Hunde bestimmt sind, es sei denn, diese Mittel sind auch für Katzen ausdrücklich zugelassen. Viele derartige Produkte sind zwar für Hunde unschädlich, aber für Katzen potentiell giftig.

SPRÜHEN SIE NICHT INS GESICHT

HALTEN SIE DIE DOSE MIT SICHEREM ABSTAND

SPRÜHEN SIE GEGEN DIE HAARRICHTUNG

Flohbekämpfung
Verwenden Sie stets einen für Katzen empfohlenen Flohspray. Meiden Sie Organophosphatsprays: Sie sind giftig, wenn sie abgeschluckt werden, und Ihre Katze beleckt sich garantiert nach dem Besprühen das Fell. Sprühen Sie der Katze nie direkt ins Gesicht; besprühen Sie vielmehr ein Tuch, und wischen Sie damit über ihr Gesicht.

ERNÄHRUNG

In der Evolution der Katze haben sich bestimmte Nahrungspräferenzen herausgebildet. Katzen müssen, um überleben zu können, Fleisch fressen, und sie brauchen die essentielle Aminosäure Taurin. Nagetiere und Vögel stellen zwar eine ausgezeichnete Nahrung dar, aber schwerlich ein praktisches Futter für die meisten Katzen, und eine Ernähung mit menschlicher Kost ist gleichermaßen unzureichend. Katzenfutterhersteller haben den Nahrungsbedarf der Tiere ausgiebig erforscht; ein ausgewogenes Fertigfutter eignet sich als nahrhafte und wohlschmeckende Verpflegung für Katzen aller Altersstufen. Die meisten Katzen bedienen sich am liebsten aus flachen Näpfen; viele mögen keine Plastikgefäße, weil diesen häufig der Geruch von verdorbenem Futter und Spülmitteln anhaftet.

Es gibt zwei Typen von Katzenfutter: selbst zubereitetes und fertig gekauftes. Selbst zubereitetes Futter ergibt, sofern es nicht nach soliden ernährungswissenschaftlichen Grundsätzen zusammengestellt wird, nur selten eine hinreichend ausgewogene Katzenkost. Katzen wählen von Natur aus nicht das aus, was für sie am besten ist; sie bevorzugen das, was ihnen am besten schmeckt, und lehnen zuweilen alles andere ab. Wenn eine Katze nach einer einzigen Futtersorte, etwa Thunfisch, »süchtig« wird, kann sich eine Mangelkrankheit einstellen. Fertigfuttersorten werden als Vollnahrung angeboten: Die Hersteller mischen sorgfältig ausgewählte Bestandteile, um der Katze einen optimalen Nährwert zu bieten.

FERTIGFUTTER

Hochwertige Trockenfuttersorten sind am wohlschmeckendsten und energiereichsten – eine Kombination, die bei unkontrollierter Verfütterung zu Übergewicht führen kann. Alle Markenhersteller testen ihr Futter in Versuchsreihen, um seine Schmackhaftigkeit, seine Verdaulichkeit und seine Auswirkungen auf Katzen mit sehr unterschiedlichem Energiebedarf zu ermitteln. Manche Futtersorten basieren auf variablen Rezepten, andere auf einem festen Mischungsverhältnis. Sogenanntes »Premium«-Futter gehört stets zur letzteren Gruppe, doch das bedeutet nicht zwangsläufig, daß ihr Nährwert größer ist als der der variablen Futtersorten.

Unfairer Wettbewerb
Obwohl die meisten Hauskatzen ohne Futterneid gemeinsam fressen, ist eine getrennte Fütterung ratsam. Dadurch wird das gierige Schlingen unterbunden und sichergestellt, daß auch das kleinste Tier genügend abbekommt.

DIE BEDEUTUNG DER PACKUNGSAUFSCHRIFTEN

Die meisten Etiketten der Katzenfutterpackungen enthalten eine Inhaltsangabe und eine Liste der Ingredienzien. Ernährungsempfehlungen beziehen sich auf die Trockenmasse, ohne den Wassergehalt. Ausgewachsene Katzen benötigen Nahrung, die

Leckerbissen
Katzen haben eine Schwäche für Leckerbissen. Die meisten großen Futterhersteller produzieren eine Vielzahl von trockenen oder halbfeuchten Häppchen. Einige dieser Futterergänzungen halten angeblich das Katzengebiß sauber und belagfrei.

Fertigfuttersorten

Katzenfertigfutter ist in drei unterschiedlichen Konsistenzen erhältlich: feucht (Dosenfutter), halbfeucht und trocken. Der Nährwert ist in allen drei Fällen ungefähr gleich. Dosen- oder Feuchtfuttersorten, insbesondere solche mit einem hohen Geleegehalt, werden oft am liebsten angenommen; die gelierte Masse schmeckt Katzen offenbar besonders gut. Manche finden keinen Geschmack an Trockenkost, während andere kaum etwas anderes fressen. Halbfeuchtes Futter wird im allgemeinen nicht so gern genommen wie feuchtes oder Dosenfutter. Trockenfutter kann die Zahnsteinbildung verringern, die oft Zahnfleischerkrankungen und Zahnverfall nach sich zieht, ist aber mit einer erhöhten Urinkonzentration verbunden. Wenn Sie Ihre Katze mit Fertigfutter ernähren wollen, sollten Sie ihre Geschmacksrichtung und ihre Vorlieben berücksichtigen, aber auch die anfallenden Kosten.

Trockenfutter
Dieses Futter enthält etwa 6–10 Prozent Wasser. Es ist der praktischste Futtertyp, doch Trinkwasser muß stets bereit stehen. Abgebildet sind Trockenvollkost für erwachsene Katzen (links) und Trockenvollkost für Kätzchen (rechts).

Halbfeuchtes Futter
Die halbfeuchten Futtersorten enthalten 25–40 Prozent Wasser. Früher war ihnen oft Propylenglykol beigemischt, von dem man heute weiß, daß es bei Katzen Blutkrankheiten auslöst. Gezeigt wird halbfeuchtes Futter mit Rindfleisch- (links) und Hühnchengeschmack (rechts).

Feuchtes oder Dosenfutter
Diese Dosenfuttersorten enthalten 75 Prozent Wasser, womit vielfach der tägliche Flüssigkeitsbedarf einer Katze gedeckt wird. Feuchtfutter schmeckt Katzen am besten, hält sich aber im Napf höchstens ein paar Stunden frisch. Bei warmem Wetter trocknet es ein und lockt Fliegen an.

Wundermittel Katzenminze
Katzen lieben das Aroma der Katzenminze (*Nepata cataria*). Auf zerriebene oder zerkaute Katzenminze reagieren die Tiere mit einem »Wonnegefühl«: Sie wälzen sich auf dem Boden und schnurren ekstatisch. Die Pflanze enthält eine leicht halluzinogene Substanz, das Nepetalakton, das eine solche Euphorie auslöst.

Kätzchenfutter
Kätzchen brauchen eine energiereiche Nahrung, um gesund heranzuwachsen. Viele große Futterhersteller bieten Spezialfutter an, das auf den Nahrungsbedarf der Jungtiere abgestimmt ist. Die meisten Kätzchen darf man auf Verlangen füttern, denn sie hören auf zu fressen, sobald ihr Magen voll ist.

Energiebedarf der Katze

Jungtier alter	**Energiebedarf in kcal/Tag**		
Zwei Monate	175		
Drei Monate	260		
Sechs Monate	280		
Adultgewicht	**2,5 kg**	**4 kg**	**6,5 kg**
Nicht aktiv	125–175	200–280	325–455
Aktiv	175–225	280–360	455–585
Trächtige Katzin	250	400	650

30–45 Prozent Protein (Eiweiß) und 10–30 Prozent Fett enthält. Jungtiere brauchen 35–50 Prozent Protein und 17–35 Prozent Fett. Die Analysen auf dem Etikett beruhen nicht auf der Trockenmasse; um festzustellen, ob das Futter dem Nährstoffbedarf der Katze entspricht, muß man die Angaben auf die Trockenmasse umrechnen. Die Etiketten enthalten oft auch einen Hinweis auf Asche, die früher im Verdacht stand, die Harnsteinkrankheit (Urolithiasis) zu fördern. Heute wissen wir, daß nur ein Bestandteil der Asche, nämlich Magnesium, zur Harnsteinbildung beiträgt; achten Sie also auf einen geringen Magnesiumanteil.

Selbst zubereitetes Futter

Mit Unterstützung des Tierarztes oder eines Tierernährungsfachmanns können Sie ein ausgewogenes Futter für Ihre Katze selbst zubereiten. Die Grundlage bildet Fleisch, das die lebensnotwendigen Fette und Aminosäuren liefert; von vegetarischer Kost kann keine Katze leben. Verändern Sie die Zusammensetzung nicht wesentlich, ohne vorher Ihren Berater zu befragen.

Spezialfutter

Vielerlei spezielle Futtersorten sind im Handel. Einige Hersteller spezialisieren sich auf »Naturkost«, die wegen der hochwertigen Ingredienzien und des aufwendigen Produktionsverfahrens recht teuer ist. Andere Firmen stellen Futtermittel her, die auf verschiedene Katzenkrankheiten oder altersbedingte Probleme abgestimmt sind. Dazu gehören kalorienarme Futtersorten für übergewichtige Tiere; Futter mit geringem Phosphor- und Proteingehalt für nierenkranke Katzen; Diätfuttersorten, die die Harnsäureproduktion anregen oder die Funktion des Verdauungstrakts verbessern. Solche Spezialkost sollte nur unter tiermedizinischer Kontrolle verfüttert werden.

Nahrung für die ältere Katze

Fettleibigkeit stellt bei älteren Katzen kein besonderes Problem dar; im Alter nehmen Katzen eher ab als zu. Gewichtsverlust kann durch Erkrankungen verursacht werden, etwa eine Überfunktion der Schilddrüse oder Nierenversagen, aber er kommt auch deshalb vor, weil der Verdauungsapparat nicht mehr so gut arbeitet. Alten Tieren sollte man eine energiereiche Kost verabreichen, die leicht verdauliches Protein und Fett enthält.

Zwischendurch etwas Grünzeug
Pflanzenkost ist Bestandteil der Katzennahrung: sie ist ein gutes Futter und dient auch dazu, Erbrechen herbeizuführen. Wohnungskatzen sollte man Schälchen mit frischem Knabbergras zur Verfügung stellen. Wenn es fehlt, beknabbern die meisten Katzen Zimmerpflanzen – eine kostspielige und möglicherweise giftige Alternative.

Naturkost
Wenn Ihre Katze Beute fängt und auffrißt, müssen Sie das bei der Berechnung der Futterportionen in Rechnung stellen. Eine Maus ist eine nahezu ideale Katzennahrung: Protein in den Muskeln sowie lebenswichtige Fette, Vitamine und Mineralstoffe in Knochen, Eingeweide und inneren Organen. Der Verzehr der Knochen trägt außerdem zur Gebißreinigung bei.

Körperpflege

Katzen mit langgestrecktem, schlanken Körper und kurzem Fell brauchen nur wenig Pflege aus hygienischen Gründen: Wenn man sie einmal wöchentlich bürstet, werden die Öldrüsen stimuliert und tote Haare entfernt, und das Fell behält seinen Glanz. Katzen mit dichtem oder langem Haarkleid verlangen mehr Pflege, und bei älteren Tieren muß man den Zähnen, den Krallen und der Aftergegend besondere Aufmerksamkeit widmen. Gewöhnen Sie Ihre Katze von Anfang an daran, das Kämmen, die Gebißpflege und das Krallenschneiden zu akzeptieren. Belohnen Sie ihr Wohlverhalten stets mit Leckerbissen und Spielen. Die Körperpflege festigt die Bindung der Katze an Sie und senkt Ihren Blutdruck und den des Tiers, ist also für beide eine effektive Entspannungsübung.

Fellpflege bei einer Langhaarkatze

Routinemäßiges einfaches Bürsten ist ein ausgezeichnetes Mittel, eine innige Beziehung zu Ihrer Katze herzustellen, und sollte von beiden Seiten als entspannend und lustvoll empfunden werden. Bei regelmäßiger Fellpflege bleibt Ihre Katze in makelloser Kondition, und Sie entdecken sofort etwaige Krankheitsanzeichen. Die Evolution hat die Katze mit einem eigenen Pflegeinstrument ausgestattet – einer rauhen Zunge. Mit ihr kann sie sich hervorragend selbst säubern und pflegen. Dieses naturgegebene Pflegewerkzeug reicht jedoch bei Katzen mit dichtem oder langem Fell nicht aus. Solche Tiere sind auf die Hilfe ihres Besitzers angewiesen, der weisen Gebrauch von einem weitzinkigen Kamm und einer Bürste machen soll. Dichtbehaarte ältere Katzen verlangen sogar noch mehr Pflegeaufwand. Langhaarrassen mit schwerem Deckhaar müssen häufig gebürstet werden, und die Pflege der Ohrenumgebung und der Beine ist mindestens einmal in der Woche notwendig. Alle Katzen mit weichem Haarkleid vom Persertyp sind in puncto Fellpflege sehr anspruchsvoll. Sie haben lange, feine Wollhaare, die leicht verfilzen. Um Zottelbildung zu verhindern, muß man täglich das gesamte Fell durchbürsten. Bei diesen Katzen entstehen auch leicht Haarballen oder Bezoare, die eine Gefahr darstellen, wenn sie abgeschluckt werden; deshalb ist vorbeugendes Bürsten unerläßlich. Die nachfolgend beschriebenen Pflegemaßnahmen beziehen sich auf langhaarige Katzen, können aber bei allen Felltypen angewandt werden.

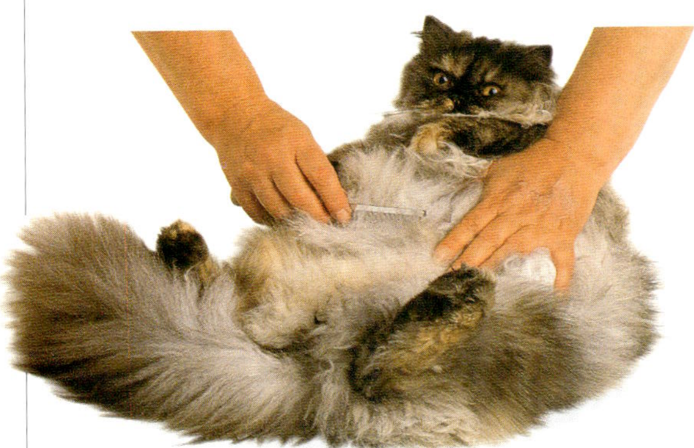

1 Mit einem weitzinkigen Kamm bearbeiten Sie das Fell zwischen den Hinterbeinen, hinter den Vorderbeinen und hinter den Ohren; in diesen Körperregionen bilden sich häufig Knoten. Als nächstes kämmen Sie das Bauchfell, aber sehr vorsichtig, denn viele Katzen sind hier empfindlich.

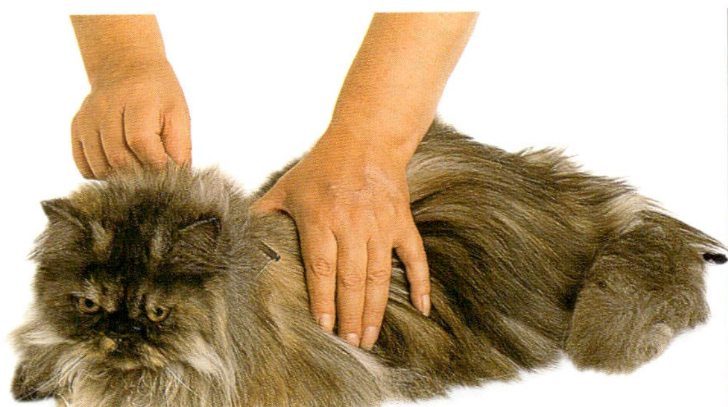

2 Zotteln entstehen gern in den wuschligen Haaren auf dem Nacken und Rücken. Bearbeiten Sie immer nur einen Abschnitt, indem Sie das Haar teilen und sanft von der Wurzel nach oben durchkämmen. So werden lose Haare an der »Quelle« entfernt und Knoten weitgehend verhindert.

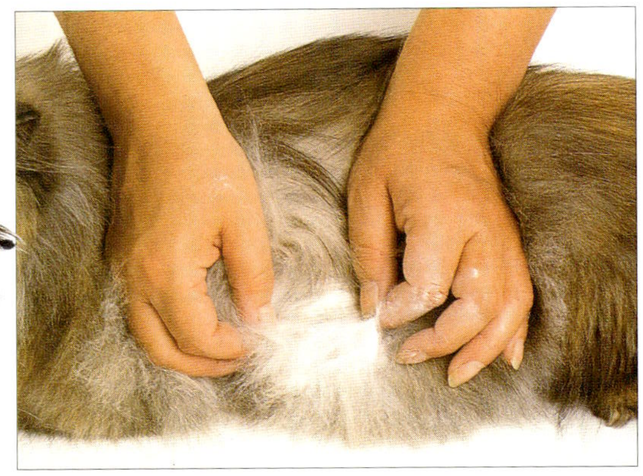

3 Während Sie abschnittsweise vorgehen, ziehen Sie das Haar auseinander, um zu prüfen, daß die Haut gesund ist. Achten Sie dabei auf winzige Flecken aus schimmerndem, schwarzem Staub. Falls Sie welche finden, müssen die Katze und ihr Wohnbereich gegen Flohbefall behandelt werden.

4 Kämmen Sie das Haar hinter den Ohren und über der Krause nach oben, um diese Fellpartie zu verschönern und alle Knoten zu entwirren. Knoten und Verfilzungen sind in beiden Regionen häufig, weil sich die Katze dort nicht putzen kann; sie liegen außer Reichweite ihrer Zunge.

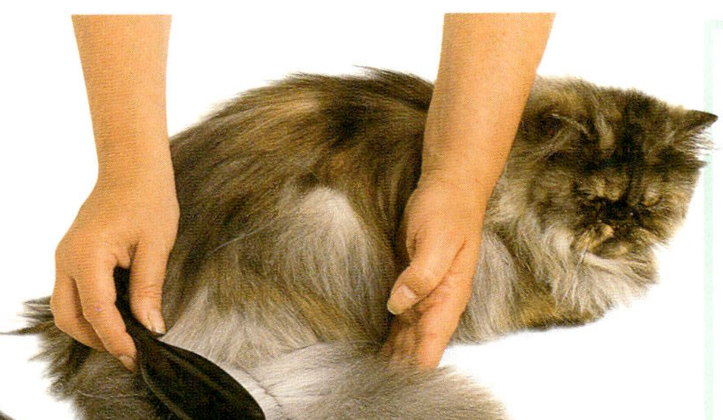

5 Zuletzt kommt der Schwanz an die Reihe. Bürsten Sie ihn nicht einfach in Längsrichtung; viele Katzen mögen das gar nicht. Wenn Sie das Haar teilen und zu beiden Seiten hin bürsten, ist das längst nicht so unangenehm. Beenden Sie die Prozedur stets mit einer Belohnung.

Pflegewerkzeuge

Verwenden Sie für die Fellpflege einen weitzinkingen Kamm und eine Bürste; mit einem engzinkigen Kamm kann man Flöhe aufspüren. Eine Kinderzahnbürste paßt gut in ein Katzenmaul. Mit einer Krallenzange kürzt man die Krallen, ohne sie zu quetschen.

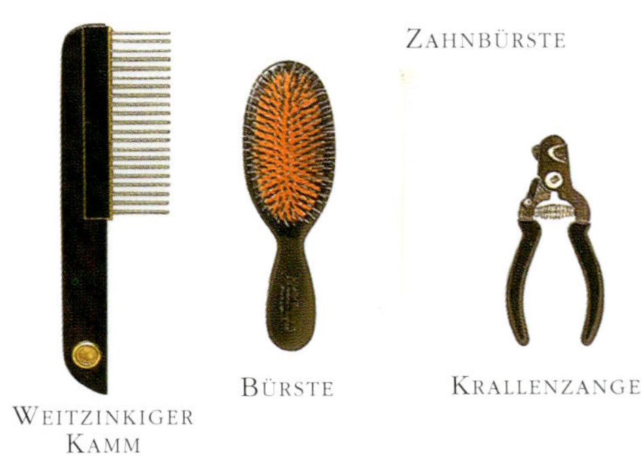

Krallenschneiden

Freilaufende Katzen profitieren von scharfen Krallen: Sie sind natürliche Abwehrwaffen und Kletterhilfen. Halten Sie Ihre Katze ständig in der Wohnung, müssen Sie ihr hin und wieder die Krallen kürzen. Bei älteren Tieren werden die Krallen oft zu lang; sie wachsen bogenförmig und können in die Ballen einwachsen. Das Krallenschneiden ist zwar schmerzlos, wird aber als unangenehm empfunden, und deswegen sollten Sie Ihre Katze früh daran gewöhnen, daß man ihre Pfoten anfaßt und die Krallen streckt. Benutzen Sie stets eine spezielle Krallenzange, doch wenn ein Kralle eingewachsen ist, überlassen Sie den Eingriff dem Tierarzt. Versteht es Ihre Katze jedoch, sich Ihrem Zugriff geschickt zu entwinden, sollten Sie die Prozedur jedesmal an einer anderen Stelle in der Wohnung durchführen, damit sie sich nicht angewöhnt, einen bestimmten Platz mit dem Eingriff zu assoziieren.

1 Katzen ziehen instinktiv ihre Krallen zurück. Um eine Kralle zu strecken, drücken Sie sanft auf die beiden letzten Zehenglieder, damit die braune bis weiße Spitze und das rosige Innere der Kralle, das »Leben«, zum Vorschein kommen. In das »Leben« darf nicht eingeschnitten werden.

2 Setzen Sie die Krallenzange über der Kralle, aber vor dem »Leben« an. Schneiden Sie mit festem Druck die Spitze gerade ab. Reden Sie beruhigend auf die Katze ein, während Sie ihre Krallen bearbeiten, und belohnen Sie sie mit einem Leckerbissen und einem Spiel, sobald Sie fertig sind.

Zähneputzen

Der bei weitem häufigste Grund, weshalb Katzenbesitzer mit ihrem Liebling zum Tierarzt gehen, sind Zahn- und Zahnfleischerkrankungen. Der Zahnschmelz nutzt sich ab, und die Pupla wird freigelegt; das Zahnfleisch entzündet sich, und Erkrankungen und schlechter Atem sind die Folge. Die wirksamste Vorbeugemaßnahme ist das Bürsten von Zahnfleisch und Gebiß. Bürsten Sie zunächst nur zum Schein, und gehen Sie dann dazu über, die Zähne mehrmals in der Woche zu reinigen.

1 Da sich eine Katze normalerweise gegen die Zahnbehandlung sträubt, sollten Sie ihr beibringen, die Reinigung von Zähnen und Zahnfleisch mit einer Belohnung zu assoziieren. Verwenden Sie ein Wattestäbchen, dem Sie den Duft von Tierzahnpasta oder auch eines Lieblingsfutters beigeben, und massieren Sie sanft Zahnfleisch und Gebiß.

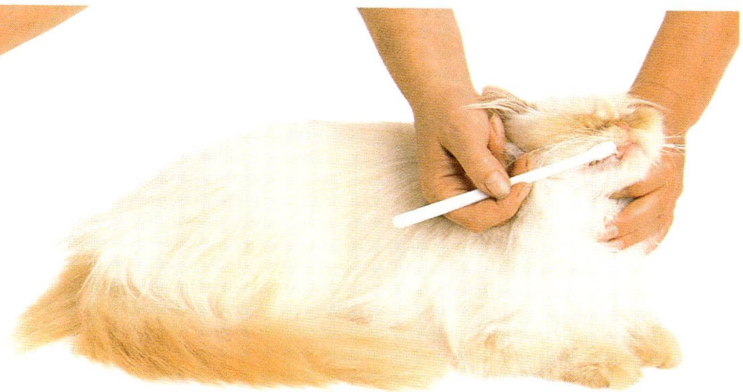

2 Wenn die Katze das Wattestäbchen in ihrem Maul toleriert, ersetzen Sie es durch eine weiche Kinderzahnbürste. Massieren Sie leicht das Zahnfleisch, und bürsten Sie die hinteren Zähne, wo Zahnschäden und Zahnfleischerkrankungen am ehesten auftreten.

Reinigung von Augen, Nase und After

Die meisten Katzen besitzen eine hervorragende Anatomie, doch Eingriffe des Menschen haben in einigen Rassen Augen- und Nasenprobleme nach sich gezogen. Bei den relativ flachgesichtigen Katzen tränen die Augen, und die normalen Nasenausscheidungen verkrusten die Nasenlöcher. Der Tränenfluß führt zu einer mahagonifarbenen Verfärbung der Haare in der Augenumgebung. Mit Watte, die mit einer antiseptischen Augenreinigungslösung angefeuchtet wird, kann man überschüssige Tränenflüssigkeit abtupfen, die Nasenfalten säubern und die Verkrustung der Nasenlöcher entfernen. Konsultieren Sie den Tierarzt, wenn Ihre Katze an chronischem Tränenfluß leidet oder häufig niest und Nasenschleim absondert. Übermäßiges Belecken der Aftergegend zeigt an, daß die Analbeutel verstopft sind. Der Tierarzt kann Ihnen zeigen, wie man die Analbeutel einmal jährlich mit der Hand ausdrückt.

Ohrenreinigung

Ohrräudemilben sind die häufigste Ursache von krümeligem, dunklem Ohrenschmalz bei Katzen; überlassen Sie die Behandlung dem Tierarzt. Ein Überschuß an normalem, aber öligem juckenden Ohrenschmalz kommt ebenfalls häufig vor, besonders bei Wohnungskatzen. Verwenden Sie einen guten Ohrentupfer, und beseitigen Sie das überschüssige Ohrenschmalz mit weicher Watte. Stochern Sie nie mit einem Wattestäbchen in den Ohren herum, denn dann würden Sie das Ohrenschmalz in den Gehörgang drücken.

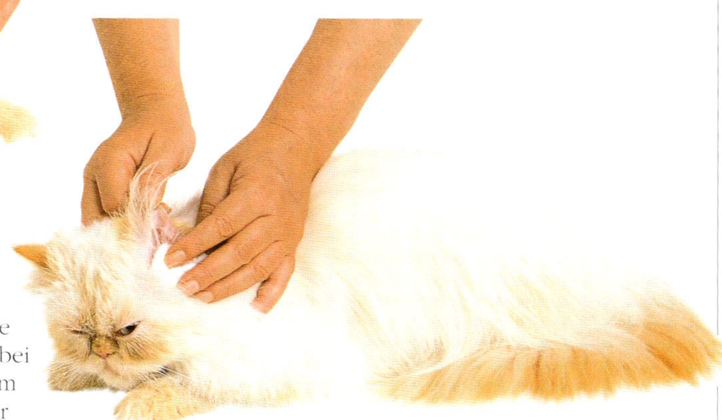

Reisen und Erziehung

Katzen verreisen gern, und die meisten finden das Reisen interessant. Selbst solche, die sich in der Wohnung am wohlsten fühlen, harren geduldig aus und ziehen sich in sich selbst zurück, bis der Transportbehälter geöffnet wird und die Normalität wieder einkehrt. Weil Katzen so anpassungsfähig sind, ist eine Ruhigstellung vor der Abreise, selbst vor einem Flug, nicht notwendig, ja sogar kontraproduktiv. Neue Umgebungen bergen allerdings neue Risiken, und Katzen streunen in einem fremden Territorium gern umher. Wenn Sie Ihrer Katze beibringen, auf Befehl zu Ihnen zu kommen und auf den Ruf ihres Namens zu miauen, erhöht sich die Wahrscheinlichkeit, daß Sie sie wiederfinden, wenn sie einmal aus Panik davonläuft. Das Training muß früh beginnen, wenn es Erfolg haben soll.

Die Urlaubswochen sind stets eine heikle Zeit für Tierhalter. Während Hunde gern weite Reisen mit ihrer Familie unternehmen, ziehen Katzen meist ihr heimisches Territorium vor, und wenn Ihre Katze nicht besonders unternehmungslustig ist, sollten Sie sie lieber zu Hause lassen oder in einer guten Katzenpension unterbringen. Es ist jedoch wichtig, daß Sie sie problemlos mitnehmen können, sei es auch nur zu den unumgänglichen Besuchen beim Tierarzt. Sorgen Sie vor, indem Sie sie an ihren Transportbehälter gewöhnen. Verwenden Sie ihn zu Hause als Katzenbett, damit sich die Katze in ihm sicher und geborgen fühlt und ihn als Teil ihres Territoriums betrachtet. Wenn Sie die Absicht haben, häufig mit Ihrer Katze zu verreisen, sollten Sie sie schon früh mit dem Autofahren vertraut machen. Nehmen Sie sie auf kurzen Fahrten mit, oder fahren Sie ab und zu einmal um den Block mit ihr. Selbstverständlich dürfen Sie das Tier bei heißem oder sonnigem Wetter nicht im Wagen zurücklassen. Weil es nicht schwitzen kann, besteht das Risiko eines Hitzschlags, und der Tod kann sehr rasch eintreten. Sobald Sie das Reiseziel erreicht haben, öffnen Sie einfach die Transportbox, und warten ab, was die Katze tut. Ihre angeborene Neugier wird schon bald ihre Vorsicht besiegen, und sie wird die Box verlassen, wenn sie die Lage sondiert hat. Da sich Katzen in fremdem Terrain verlaufen können, sollten Sie darauf achten, daß sie ein Halsband mit einem Adreßanhänger trägt.

Alternativen zur Tierpension

Statt Ihren Liebling in einer Katzenpension unterzubringen, können Sie ihn auch Freunden anvertrauen oder Ihre Nachbarn oder Ihre Putzfrau bitten, sich um ihn zu kümmern. Für Ihre Katze ist es in der Regel am besten, wenn sie in der eigenen Wohnung bleiben kann und täglich von einer vertrauenswürdigen Person besucht und gefüttert wird, die außerdem das Katzenklo säubert und ein wenig mit ihr spielt. Die Unterbringung der Katze bei Freunden ist nicht unproblematisch, wenn sie Auslauf gewöhnt ist. Das neue Territorium ist ihr nicht vertraut, und falls es von ihm nicht allzu weit bis zu Ihrem Haus ist, versucht sie vielleicht, dorthin zurückzukehren. Oder sie streunt einfach umher. Wo sich Ihre Katze auch aufhält, sorgen Sie dafür, daß sie vor ansteckenden Krankheiten und Flöhen geschützt ist. Beachten Sie bei Auslandsreisen, daß die notwendige Impfbescheinigung einige Zeit vor Antritt der Reise ausgestellt sein muß.

Bequeme Transportbox
Benutzen Sie stets einen Transportbehälter, wenn Sie mit Ihrer Katze unterwegs sind. Damit sie ihn gern annimmt, sollten Sie ihn daheim offenstehen lassen und mit einer weichen Unterlage und ein paar versteckten Leckerbissen ausstatten. Wenn Sie den Behälter nur für die Fahrten zum Tierarzt oder zur Katzenpension verwenden, wird Ihre Katze wahrscheinlich sofort verschwinden, sobald Sie ihn hervorholen.

Herkömmlicher Transportkorb

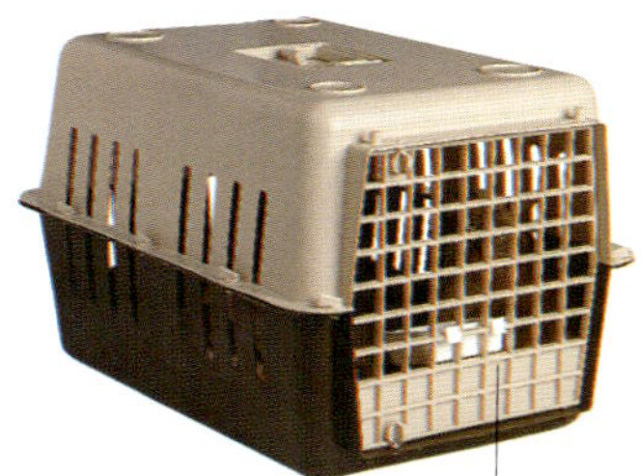

Luxusbox mit Futternapf

Pflegeleichte Kunststoffbox

Hygienische Unterbringung
In guten Katzenpensionen haben die Tiere reichlich Auslauf. In manchen gibt es auch größere Abteile für Katzengruppen, die aneinander gewöhnt sind. Katzen, die nicht aus demselben Haushalt kommen, sollten nie gemeinsam untergebracht werden. Jedes Quartier muß mit Sitzgelegenheiten und Versteckplätzen ausgestattet sein, und bei Bedarf darf auch eine Zentralheizung nicht fehlen. Überprüfen Sie dieTierpension stets auf Reinlichkeit. Futter und Trinknäpfe müssen makellos sauber sein, und das »Bettzeug« sollte für jeden neuen Insassen desinfiziert werden. Achten Sie darauf, daß Ihre Katze schutzgeimpft ist.

Transportbehälter
Transportkörbe gefallen sicherlich Ihnen genauso wie Ihrer Katze, lassen sich aber nur sehr schwer säubern, wenn sie einmal verschmutzt sind. Gut geformte Plastikboxen sind leicht zu desinfizieren, locken aber keine Flöhe an und brauchen zerlegt wenig Stauraum.

Herbeikommen auf Befehl

Eine Katze kann erzogen werden, und die Ausbildung macht ihr und Ihnen Spaß, sofern Sie bedenken, daß Katzen auf Streicheleinheiten und freundliche Worte nicht in gleicher Weise reagieren wie Hunde. Nur auf Futterbelohnungen sprechen sie recht gut an. Es versteht sich von selbst, daß man mit Strafen gar nichts ausrichtet. Eine erfolgreiche Erziehung bedeutet, daß Sie Ihre Katze mit Hilfe von Leckerbissen so konditionieren, daß sie Ihre Befehle ausführt. Anfangs erhält sie jedesmal eine Belohnung, wenn sie das Gewünschte tut, zum Beispiel zu Ihnen kommt, um ein Häppchen zu verspeisen. Wenn sie sich auf Sie zubewegt, sagen Sie ihren Namen und das Wörtchen »Komm!«. Begreift die Katze, was sie tun muß, um die Belohnung zu bekommen, verabreichen Sie ihr nicht jedesmal einen Leckerbissen. Professionelle Katzentrainer verwenden oft einen »Klickapparat«. Wenn die Katze die Futterbelohnung holen will, macht der Trainer »klick«. Die Katze lernt, das Klickgeräusch mit der Belohnung zu assoziieren. Nach einer Weile wird die Futterbelohnung weggelassen. Die Katze reagiert einfach auf das Geräusch. Ihrer Katze das Kommen auf Befehl beizubringen ist wichtig für den Fall, daß Sie sie aus dem Freien ins Haus holen müssen. Fangen Sie mit der Ausbildung an, sobald Sie das Kätzchen zu sich nehmen.

1 Probieren Sie aus, welchen Leckerbissen Ihre Katze am liebsten mag. Professionelle Ausbilder verwenden oft knusprig gebratene Leberstückchen. Ein Jungtier kann man leicht an Vitamintabletten auf Hefebasis gewöhnen. Verabreichen Sie die Häppchen zunächst in Kopfhöhe der Katze, und heben Sie dann die Hand, damit sich das Tier aufrichten muß, um den Leckerbissen zu erlangen. Sie können auch ein Klickgeräusch einsetzen wie die Profis.

Heben Sie die Hand über den Kopf der Katze

Die Katze streckt sich der Hand entgegen

Treten Sie zurück, und rufen Sie die Katze

Die Katze geht auf die Belohnung zu

2 Sobald die Katze eine Vorliebe für die Futterbelohnung entwickelt hat, zeigen Sie ihr das Häppchen und treten zurück. Rufen Sie »Komm!«, wenn sie auf Sie zukommt. Falls Sie einen »Klickapparat« verwenden, klicken Sie, wenn die Katze den ersten Schritt nach vorn macht. Vergrößern Sie nach und nach den Abstand, bis die Katze schließlich aus einem anderen Zimmer zu Ihnen kommt. Eine Lektion sollte nie länger als ein paar Minuten dauern.

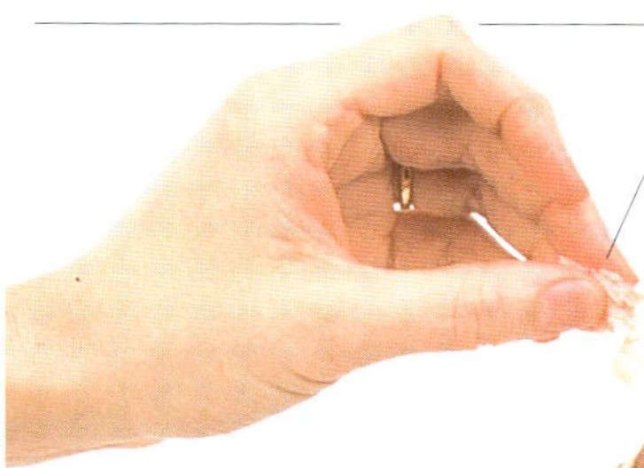

Die Katze wird von der Belohnung angezogen

Miauen auf Befehl

Für eine Katze ist das Leben ungeheuer interessant, doch manchmal kann sie durch ihre Neugier in Situationen geraten, die ihr Angst machen. Ihre natürliche Angstreaktion ist, sich zu verstecken, meist in irgendeiner kleinen, dunklen Ecke. Leider fällt es einer Katze oft leichter, sich zu verstecken, als aus ihrem Versteck hervorzukommen, und sie muß dann aus ihrer mißlichen Lage befreit werden. Eine Katze kann auch dermaßen in Panik geraten, daß sie das schützende Versteck einfach nicht mehr verlassen will. Zum Glück erkennen die Tiere die menschliche Stimme und können eine vertraute von einer unbekannten unterscheiden. Wenn Sie Ihrer Katze beigebracht haben, zu miauen, sobald sie ihren Namen hört, wird sie sich wahrscheinlich auch in ihrem Versteck melden, falls sie eine freundliche Stimme vernimmt, die ihr bekannt ist.

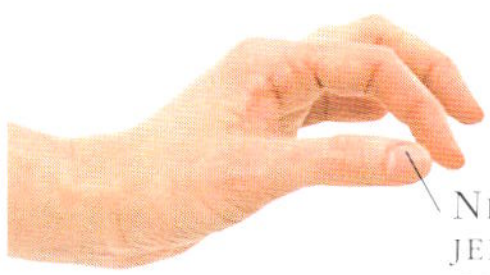

Nicht jedesmal gibt es eine Belohnung

1 Verwenden Sie auch in diesem Fall eine Delikatesse, auf die Ihre Katze besonders scharf ist. Wenn Sie Erfolg mit dem Klickapparat hatten, können Sie ihn hier ebenfalls einsetzen. Rufen Sie die Katze beim Namen, und/oder benutzen Sie den Klicker, sobald sie sich auf Sie zubewegt. Üben Sie immer in einem ruhigen Innenraum und nie in Anwesenheit anderer Tiere, denn sonst würde sich die Katze zu leicht ablenken lassen.

Die Katze miaut, wenn sie ihren Namen hört

2 Nachdem die Katze gelernt hat, den Klang ihres Namens oder das Klicken mit der Futterbelohnung in Verbindung zu bringen, necken Sie sie ein bißchen mit dem Leckerbissen. Das Tier versucht vielleicht, Ihnen den Happen aus der Hand zu schlagen, doch viele Katzen, die bereits gewohnt sind, mit der Stimme das Futter zu verlangen, werden jetzt miauen. Geben Sie ihr dann sofort die Belohnung. Verstärken Sie die Reaktion dadurch, daß Sie immer nur zwischendurch ein Häppchen verabreichen. Vergrößern Sie allmählich die Distanz zwischen Ihnen und Ihrer Katze, bis Sie sich schließlich in einem anderen Zimmer befinden. Danach setzen sie den »Unterricht« im Freien fort.

Verhaltensprobleme

Die Reviermarkierung mit Urin, das Ausscharren von Kotplätzen im Garten, die Jagd nach Singvögeln, Kletterübungen an den Vorhängen, das Zerkratzen von Möbelstücken und sogar die Anlage von Rennpisten im Wohnzimmer gehören allesamt zum natürlichen Verhaltensrepertoire der Katze, werden allerdings von Katzenhaltern vermutlich als problematisch empfinden. Echte Verhaltensprobleme, etwa zwanghaftes Putzen, obsessiver Umgang mit Gegenständen oder gar psychosomatische Krankheiten, gibt es zwar, sind aber relativ selten, verglichen mit den natürlichen Verhaltenweisen, die wir gerne korrigieren möchten, weil sie uns stören. Mit gesundem Menschenverstand und Originalität, doch nie mit harten Strafen, können Sie das Verhalten Ihrer Katze verändern.

In den meisten Ländern dürfen Katzen von jeher draußen umherstreifen, doch in Australien hat man zum Schutz der bodenbrütenden Vögel und anderer Arten Gesetze erlassen, die die Katzen in der Morgen- und Abenddämmerung, ihrer Hauptjagdzeit, ins Haus verbannen. In anderen Ländern, zum Beispiel in den USA, gehen mehr als die Hälfte aller Katzen niemals nach draußen, doch ihr Jagdtrieb bleibt bestehen.

Formen der Aggression

Wenn eine Katze nicht jagen kann, befriedigt sie ihre Jagdgelüste oft dadurch, daß sie die Fersen ihres Besitzers oder den wedelnden Schwanz des Hundes beschleicht, anspringt und beißt. Dieses unerwünschte Verhalten kann man abmildern, indem man Wohnungskatzen ein Ventil für ihre Raubtierinstinkte bietet. Spielzeugfirmen stellen eine Vielzahl von Fangspielsachen für Katzen her, aber auch ein schlichter Tischtennisball, der ein paar Reiskörner enthält, gibt ein brauchbares Spielzeug ab.

In einer Fabel von Äsop versuchen Mäuse eine Katze dadurch zu überlisten, daß sie ihr ein Glöckchen ans Halsband hängen, doch es gibt keinen Beweis dafür, daß ein Glöckchen das Jagdverhalten der Katze beeinflußt. Dr. David Paton von der Universität Adelaide in Australien hat herausgefunden, daß Katzen mit Glöckchen ebenso erfolgreiche Jäger sind wie solche ohne Glöckchen, möglicherweise deshalb, weil Nagetiere und Vögel nicht gelernt haben, den Klang eines Glöckchens mit Gefahr zu assoziieren.

Die Beutejagd ist nicht die einzige Form der Aggression. Hinzu kommen Aggressionen zwischen zwei Katzen im selben Haushalt (siehe S. 82), mütterliche Aggression, dominante Aggression, ängstliche Aggression und eine ambivalente Form der Aggression, die Katzenhalter am meisten irritiert: Eine Katze, die eben noch ihre Streicheleinheiten sichtlich genossen hat, zeigt plötzlich ihre Zähne und Krallen und spingt davon, kommt aber wenige Sekunden später zurück, um sich wieder streicheln zu lassen. Ein möglicher Grund für dieses launische Verhalten ist ein Konflikt im Katzenhirn: Gestreichelt zu werden ist angenehm; das erinnert das Tier an die Fellpflege durch seine Mutter. Doch aufgrund ihrer Evolution suchen adulte Katzen keinen Körperkontakt mit Artgenossen, abgesehen von der Paarungszeit, die besonders konfliktbelastet ist. Die beschriebene Aggression kann man dadurch verhindern, daß man das Streicheln einer liebesbedürftigen Katze auf kurze Episoden beschränkt.

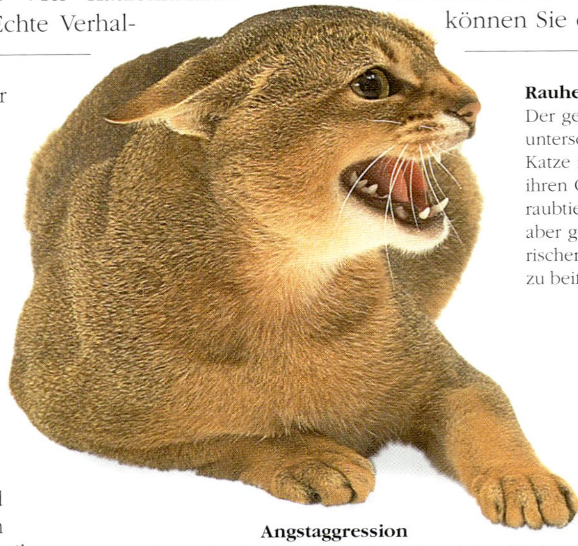

Angstaggression
Diese Katze, die drauf und dran ist, sich auf dem Rücken zu wälzen und die Krallen zu zeigen, hat die Ohren angelegt, um sie zu schützen – ein Zeichen, daß ihre Aggression von Angst bestimmt ist.

Rauhes Spiel
Der gewaltige Größenunterschied hält diese Katze nicht davon ab, ihren Gefährten in einer raubtierhaft aggressiven, aber gehemmten, spielerischen Weise ins Bein zu beißen.

Gefangenschaftsfrust
(Links) Wenn eine Wohnungskatze eine Beute erspäht, sie aber nicht beschleichen und überwältigen kann, beginnt sie möglicherweise zu schnattern. Diese merkwürdige Reaktion erfolgt nicht, wenn der Beutefang möglich ist.

Durftmarkieren
(Rechts) Katzen bespritzen senkrechte Objekte, etwa Wände, Stühle oder Vorhänge mit Urin, um ihr Territorium zu markieren. Eine Kastration kann dieses Verhalten abschwächen.

die meisten Katzen bereitwillig gemeinsam fressen, sind Futterneid und Einschüchterungsversuche nicht ausgeschlossen. Wenn Ihre Katze gierig frißt und dann das Futter wieder erbricht, sollten Sie ihr häufiger kleinere Portionen geben.

Lustvolles Kratzen
Alle Katzen kratzen, um ihre Krallen zu schärfen und um ihr Territorium optisch zu markieren. Leider hinterlassen Wohnungskatzen auch gern Kratzspuren an Möbeln, Teppichen oder Vorhängen. Dieses natürliche Verhalten kann man dadurch abschwächen, daß man die Katze schon früh an einen Kratzbaum gewöhnt und ihr regelmäßig die Krallen schneidet.

Psychosomatische Erkrankungen

Dr. Tony Buffington, Tiermediziner an der Ohio State University, hat eine Form der Blasenentzündung bei Katzen beschrieben, die nicht mit der Ernährung oder mit Mikroben zusammenhängt, aber auf angstlindernde Medikamente anspricht. Bei bestimmten Katzen kann schon milder Streß einen Anfall von Blasenkatarrh auslösen (Schmerzen beim Wasserlassen, manchmal begleitet von Blutungen im Harntrakt). Einige Veterinäre vermuten, daß bei Katzen auch andere klinische Symptome einer streßbedingten Angst auftreten können, etwa Hautjucken oder häufiges Erbrechen. Der Anteil des Verhaltens an diesen Krankheitszuständen ist noch nicht untersucht worden, doch es ist möglich, daß es verschiedene Verhaltensstörungen bei Katzen gibt, die sich als chronische Beschwerden tarnen.

Defäkationsprobleme

Die weitaus häufigsten Probleme, die dem Katzenhalter Kummer machen, betreffen das Absetzen von Kot und Urin. Katzen erledigen ihr Geschäft manchmal nicht auf dem dafür vorgesehenen Katzenklo, vielleicht weil sie es mit den Schmerzen in Verbindung bringen, die ein Blasenkatarrh oder blockierte Analbeutel verursachen. Scheiden medizinische Gründe aus, sollten Sie die Umstände überprüfen, unter denen das Problem auftritt. Probieren Sie unterschiedliches Einstreumaterial aus, um festzustellen, welches von der Katze bevorzugt wird. Halten Sie die Katzentoilette sauber, und stellen Sie sie an einem ruhigen Platz auf.

Reviermarkierung

Viele Katzen markieren ihr Territorium mit Urin. Bei der Duftmarkierung hockt sich das Tier nicht hin wie bei der normalen Blasenentleerung. Die Katze schiebt sich vielmehr rückwärts an einen senkrechten Gegenstand und besprüht ihn, während ihr aufgerichteter Schwanz heftig zittert, mit einem feinen Harnstrahl. Der Harn wird bewußt als »Visitenkarte« für andere Katzen hinterlassen. Eine ähnliche Aufgabe erfüllen Kratzspuren an Möbelstücken. Sie stellen eine optische Markierung des Territoriums dar. Diese Probleme lassen sich durch »Abschreckung« verringern oder beseitigen: Ein Spritzer aus einer Wasserpistole oder ein lautes Geräusch in dem Augenblick, in dem die Katze zu kratzen beginnt, kann sie so verwirren, daß sie ihr Vorhaben aufgibt. Die Neigung zum Harnspritzen läßt sich am wirksamsten durch die Kastration bekämpfen.

Fütterungsprobleme

Die Futterverweigerung ist bei Katzen das häufigste Ernährungsproblem. Katzen können länger als wir Menschen ohne Nahrung auskommen. Im Willenskampf zwischen Katze und Katzenhalter gibt der Katzenhalter gewöhnlich als erster auf und offeriert ihr alle möglichen Delikatessen. Wenn der Tierarzt festgestellt hat, daß das Verhalten Ihrer Katze nicht auf eine Erkrankung, sondern auf Starrköpfigkeit zurückzuführen ist, sollten Sie nach Gründen für die Freßunlust forschen. Stellen Sie den Futternapf nie zu dicht neben die Katzentoilette, aber auch nicht an einen Platz, wo es turbulent zugeht: Katzen wollen in Ruhe und Frieden fressen. Vergewissern Sie sich, daß der Napf keinen unangenehmen Geruch verbreitet; Plastikmaterial haftet zuweilen Duftstoff an, den Katzen nicht mögen. Füttern Sie zwei Katzen an verschiedenen Stellen, um Rivalitäten zu unterbinden. Obgleich

Mäkelige Fresser
(Oben) Wenn keine medizinischen Ursachen vorliegen, sollte man die Verweigerung eines wohlschmeckenden und nahrhaften Futters als Verhaltensstörung auffassen. Sie tritt häufig auf, wenn die Besitzer Ihren Tieren nur ausgewählte Futtersorten anbieten. Die Katze wird dann oft immer mäkeliger und verschmäht alle Nahrung außer ihrem Lieblingsfutter.

Veranlagungssache
(Links) Wird ein Kätzchen vor Abschluß der zwölfwöchigen Säugezeit seiner Mutter weggenommen, läßt es sich ersatzweise von seinem Besitzer »säugen«. Es bearbeitet ihn mit dem sogenannten Milchtritt und saugt an seiner Haut und Kleidung. Etwas anders verhält es sich mit dem »Wollsaugen« der Siam. Diese auf bestimmte Zuchtlinien beschränkte Aktivität beginnt bei normal entwöhnten Tieren im Erwachsenenalter und ist nicht eine Beibehaltung des Welpenverhaltens bei früh abgestillten Jungkatzen.

Krankheitsanzeichen

Auch wenn eine schwere oder sogar unheilbare Krankheit vorliegt, tun Katzen oft so, als wäre alles in Ordnung. Aus evolutionärer Sicht hat sich dies als eine erfolgreiche Anpassung erwiesen; die Tiere verbergen ihre Krankheiten und Verletzungen vor Raubfeinden, bis sie wieder gesund sind. Im Zusammenleben mit uns Menschen ist das jedoch ein Manko. Wenn wir eine Katze nicht genau beobachten, wird ihre Erkrankung möglicherweise erst in einem weit fortgeschrittenen Stadium behandelt. Der Erfolg der Behandlung ist dann oft ungewiß. Alle Katzen entwickeln einen natürlichen Lebensrhythmus; achten Sie also auf die kleinsten Veränderungen im Verhalten Ihrer Katze, und konsultieren Sie den Tierarzt, wenn Ihnen bei ihr anhaltende Abweichungen von ihren normalen Lebensgewohnheiten auffallen.

Die Kenntnis der Katzenkrankheiten ist in den letzten Jahren dramatisch gewachsen. Neue Diagnose- und Behandlungsverfahren machen es zunehmend möglich, eine Erkrankung exakt zu erkennen und mit Erfolg zu behandeln und zu heilen.

Virusbedingte Komplikationen
Die Katze bewirtet natürlicherweise drei potentiell gefährliche Viren: Feline Infektiöse Peritonitis (FIP), Felines Leukämie-Virus (FeLV) und Felines Immunschwäche-Virus (FIV). Vielleicht hat Ihre Katze einen schlechten Atem, verursacht durch eine Zahnfleischentzündung. Deren Ursache könnte ein zu weiches Futter, ein Grippevirus oder eines der drei gefährlichen »langsam wirkenden« Katzenviren sein.

Solange man nicht weiß, ob diese drei Viren vorhanden sind oder nicht, bleibt eine gewisse Unsicherheit, auch wenn die Diagnose auf eine scheinbar leichte Erkrankung lautet.

Gefährdung durch die Mutter
Eine Katzenmutter kann kurz vor, während und kurz nach der Geburt potentiell tödliche Infektionen auf ihre Nachkommen übertragen. Sie ist unter Umständen eine symptomfreie Trägerin des Felinen Leukämie-Virus (FeLV), der Felinen Infektiösen Peritonitis (FIP) oder des Felinen Immunschwäche-Virus (FIV). Alle Katzen, ob männlich oder weiblich, sollten auf diese Viren hin getestet werden, bevor man sie für die Zucht verwendet.

Gesundheitsstörungen

Symptome	Ursachen	Gegenmassnahmen
Kratzen/ Übermässiges Lecken	Außenschmarotzer sind die häufigste Ursache des Kratzens, aber auch Allergien gegen Nahrung oder Umwelteinflüsse können verantwortlich sein. Katzen belecken Wunden meist sehr gründlich. Verstopfte Analbeutel veranlassen die Katze, ihre Aftergegend zu belecken.	Untersuchen Sie die Haut sorgfältig auf Parasitenbefall, vor allem auf schwarzen, glänzenden Flohkot, und leiten Sie eine entsprechende Behandlung ein. Entdecken Sie eine kleine Wunde, dann konsultieren Sie den Tierarzt. Sie mag belanglos erscheinen, kann aber eine latente Gefahr darstellen.
Augenleiden	Infektionen durch Viren, Bakterien und Chlamydien können Entzündungen und Ausfluß verursachen. Mit vielen Krankheiten dieser Art können andere Katzen leicht angesteckt werden. Augenverletzungen und -entzündungen sind manchmal auch auf Umweltreize oder eine Allergie zurückzuführen.	Lassen Sie Ihre Katze gegen ansteckende Krankheiten impfen. Behandeln Sie ein erkranktes Tier mit geeigneten Antibiotika oder anderen Medikamente. Augenverletzungen müssen stets tierärztlich versorgt werden.
Ohrenbeschwerden	Ohrräudemilben verusachen die Bildung von dunklem, krümeligem Ohrenschmalz. Infektionen sind häufig. Viele ältere Katzen haben gutartige Tumoren im Gehörgang, sogenannte Ceruminome.	Parasiten werden medikamentös bekämpft. Beseitigen Sie überschüssiges Ohrenschmalz mit Olivenöl. Unbehandelte chronische Ohreninfektionen können Ceruminome zur Folge haben, die manchmal eine Operation erforderlich machen.
Schlechter Atem, Sabbern	Zahnfleischentzündung ist die häufigste Katzenkrankheit. Übelriechender Atem wird durch Bakterien verursacht, die sich an den Zahnrändern vermehren. Eine schwere, möglicherweise durch Viren ausgelöste Zahnfleischentzündung führt zum Sabbern.	Beugen Sie Zahnfleischerkrankungen dadurch vor, daß Sie Ihre Katze das Gebiß und das Zahnfleisch trainieren lassen; das Beknabbern von Knochen ist die wirksamste natürliche Methode, aber meiden Sie splitternde Röhrenknochen. Eine virale Zahnfleischerkrankung muß vom Tierarzt behandelt werden.
Niesen/Nasen-ausscheidungen	Niesen oder Nasenausfluß wird durch verschiedene Virus- oder bakterielle Krankheiten verursacht. Der Grund können aber auch Fremdkörper, etwa Grashalme, in der Nase sein. Bei älteren Tieren können sich Nasenpolypen oder -tumoren entwickeln.	Lassen Sie Ihre Katze gegen ansteckende Krankheiten impfen. Leidet sie an Allergien, sollten Sie Allergene möglichst meiden, oder lindern Sie die Beschwerden durch Antihistamine oder andere Medikamente.
Husten/Würgen	Husten kann verschiedene Ursachen haben, zum Beispiel Allergien, Parasiten, Infektionen der oberen Atemwege, schwerde Brustleiden oder bestimmte Herzkrankheiten.	Vielleicht handelt es sich nur um eine allergische Bronchitis, aber bei Katzen können auch vielerei schwere Brustleiden auftreten. Wenn Ihre Katze hustet, sollten Sie die Ursache durch den Tierarzt abklären lassen.
Atembeschwerden	Infektionen der Brust und der oberen Atemwege können Atembeschwerden verursachen. Das gilt auch für Asthma, eine schwere, ja lebensbedrohende Krankheit. Eine Brust- oder Zwerchfellverletzung kann das Atmen nachhaltig beeinträchtigen.	Alle Atembeschwerden müssen ernstgenommen werden. Die Katze sollte unverzüglich dem Tierarzt vorgestellt werden. Oft sind Medikamente oder ein chirurgischer Eingriff zur Behebung der Beschwerden dringend erforderlich.
Erbrechen	Gelegentliches Erbrechen wird oft durch das Futter oder durch Grasfressen ausgelöst. Katzen würgen Haarballen hervor, ein Vorgang, der dem Erbrechen ähnelt. Ständiges Erbrechen ist häufig auf eine Stoffwechselstörung zurückzuführen.	Verwenden Sie bei einer Katze, die unter Haarballen leidet, ein Abführmittel. Bieten Sie ihr Gras zum Beknabbern an. Bei ständigem Erbrechen sollten Sie den Tierarzt aufsuchen, damit er die genaue Ursache abklärt.

Appetitveränderungen

Jede Veränderung der Freß- und Trinkgewohnheiten ist ernstzunehmen. Verweigerung der Nahrungsaufnahme kann auf Schmerzen im Maul hindeuten, hat aber oft tiefere Ursachen. Betteln um Futter und anschließende Futterverweigerung sind stets ein Anlaß zur Sorge. Vielleicht mag die Katze nicht, was man ihr vorsetzt, doch dieses Verhalten hängt manchmal mit Tumoren der Lymphknoten im Unterleib zusammen, einer ziemlich häufigen Erkrankung, die Lymphom genannt wird. Übermäßiges Fressen mit Gewichtsverlust ist häufig auf eine Überfunktion der Schilddrüse zurückzuführen. Die betroffenen Tiere sind meist älter als zehn Jahre, aktiv, verschmust und verspielt. Ein gesteigertes Trinkbedürfnis sollte dem Tierarzt gemeldet werden. Es kann durch eine erhöhte Außentemperatur bedingt sind, aber wahrscheinlich ist es ein Symptom einer Erkrankung, etwa eines Nieren- oder Leberleidens oder einer Form des Diabetes. Alle diese Krankheiten treten bei älteren Katzen relativ häufig auf.

Altersbedingte Gewichtsabnahme
Alte Katzen verlieren gewöhnlich an Gewicht, doch eine rasche Gewichtsabnahme ist ein Grund zur Besorgnis. Geht mit ihr ein gesunder Appetit einher, liegen vielleicht eine Schilddrüsenüberfunktion, eine Nierenkrankheit oder eine andere schwere Erkrankung vor.

Übertriebenes Lecken
Katzen sind ausgesprochen reinlich und säubern ihr Fell durch ein ritualisiertes Belecken. Übermäßiges Lecken kann jedoch auf eine Verletzung oder Wunde hindeuten oder auf einen Befall durch Hautparasiten wie Flöhe oder Zecken.

Verändertes Verhalten

Da unsere Katzen immer älter werden, nehmen Herzkrankheiten zu. Eine betroffene Katze zeigt oft nur fast unmerkliche Verhaltensänderung: Sie schläft mehr, kontrolliert nicht mehr so gern ihr Territorium oder läßt sich einfach fallen, statt sich anmutig hinzulegen. In schweren Fällen tritt Husten auf, und weil sie gleichzeitig abmagert, kann man beobachten, wie ihr Herz hinter der Brustwand schnell schlägt. Sobald Sie irgendwelche Veränderungen im Verhalten Ihrer Katze bemerken, sollten Sie den Tierarzt aufsuchen. Vielleicht erkennen Sie eine Erkrankung im Frühstadium, die dann leichter zu behandeln ist. Die wohl beste Präventionsmaßnahme ist bei allen Tieren über neun Jahren die regelmäßige Vorsorgeuntersuchung. Aufgrund einer sorgfältigen Diagnose lassen sich Alterskrankheiten früh feststellen und effektiver behandeln.

Lustlosigkeit
Katzen machen tagsüber gern ein Nickerchen, doch wenn sie auffällig träge, lustlos und schläfrig sind oder wenn sie sich aus unerfindlichen Gründen an ungewöhnliche Plätze zurückziehen oder sich verstecken, kann eine Erkankung vorliegen. Befragen Sie den Tierarzt, wenn Sie eine Veränderung im gewohnten Tagesablauf der Katze feststellen.

Veränderte Freßgewohnheiten
Ihre Katze ist vermutlich krank, wenn sie weniger als gewöhnlich frißt oder trinkt oder wenn sie das Futter oder Trinkwasser verschmäht. Frißt oder trinkt sie mehr als normal, kann das auf eine Leber- oder Nierenkrankheit oder auf eine Überfunktion der Schilddrüse zurückzuführen sein.

Gesundheitsstörungen

Symptome	Ursachen	Gegenmassnahmen
Durchfall/Verstopfung	Durchfall entsteht durch falsches Futter, aber auch durch Parasiten, Infektionen, Vergiftungen oder, bei älteren Tieren, durch Neubildungen im Darmbereich. Verwechseln Sie die Belastung durch Durchfall nicht mit Verstopfung.	Fragen Sie Ihren Tierarzt. Einfacher Durchfall läßt sich durch kurzes Fasten erfolgreich behandeln. Bei anhaltendem Durchfall muß die Ursache ermittelt werden, damit er effektiv behandelt werden kann. Beugen Sie einer Verstopfung durch Katzenabführmittel vor.
Gewichtsverlust	Dies ist ein allgemeines Zeichen des Unwohlseins. Bei Jungkatzen ist Nahrungsmangel die Hauptursache. Bei älteren Tieren, die gut fressen, sind meist Nierenkrankheiten oder eine Schilddrüsenüberfunktion der Grund.	Gehen Sie stets zum Tierarzt, wenn Ihre Katze trotz guter Ernährung abnimmt, denn dies deutet auf eine ernste Störung hin. Eine Futterumstellung, eine Operation und eine medikamentöse Behandlung können angezeigt sein.
Appetitmangel	Ein vorübergehender Appetitmangel ist selten bedenklich. Die Katze langweilt sich vielleicht oder hat anderswo gefressen. Freßunlust, die länger als einen Tag anhält, ist ein ernstzunehmendes Symptom; sie kann mit verschiedenen Erkankungen zusammenhängen.	Konsultieren Sie den Tierarzt, der durch eine Untersuchung und eventuell durch Tests die Ursache des Appetitmangels herauszufinden versucht. Viele Ursachen sind ernster Natur, aber andere können leicht behandelt werden.
Geburtsschwierigkeiten	Bei den meisten Katzen verläuft die Geburt problemlos. Manche haben jedoch nur schwache Wehen oder können die Jungen infolge von Erkrankungen des Geburtskanals nicht austreiben.	Wenn Ihre Katze trächtig ist, sollten Sie den Tierarzt über das vorausberechnete Geburtsdatum informieren. Bereiten Sie daheim einen ruhigen Platz für die Geburt vor. Dauern die Wehen länger als zwei Stunden an, ist medizinische Hilfe erforderlich.
Probleme beim Wasserlassen	Schwierigkeiten beim Urinieren können durch Mineralkristalle oder Infektionen im Harntrakt verursacht werden. Verminderte Harnausscheidung geht auf Austrocknung oder eine blockierte Blase zurück. Vermehrte Harnabgabe hat verschiedene schwerwiegende Ursachen.	Gehen Sie zum Tierarzt, wenn sich das Ausscheidungsverhalten Ihrer Katze verändert. Alle Veränderungen sind gewichtig und einige mit schweren Erkankungen verbunden, die sofort medizinisch behandelt werden müssen.
Verlust des Gleichgewichts	Verletzungen sind die häufigste Ursache von Gleichgewichtsstörungen. Blutverlust, Schlaganfall, Mittelohrentzündung, Viruskrankheiten und andere schwere Erkrankungen können einen torkelnden Gang bewirken.	Alle Ursachen einer Gleichgewichtsstörung sind potentiell gefährlich; bei einigen handelt es sich um lebensbedrohliche Notfälle. Suchen Sie sofort den Tierarzt auf! Ihre Katze wirkt vielleicht äußerlich normal, kann aber an einer schweren inneren Krankheit leiden.
Anfälle/Lähmungen	Anfälle können durch Epilepsie, Gehirnentzündungen und Gifte ausgelöst werden. Eine Paralyse ist vielfach mit schweren Halsverletzungen verbunden, kann aber auch durch Infektionen oder Gifte entstehen.	Bei Lähmungen ist unverzüglich medizinische Hilfe, bei Anfällen sofortige medizinische Beratung notwendig. Lassen Sie Ihre Katze unbedingt gegen Ansteckungskrankheiten impfen!
Verhaltensänderungen	Vielerlei physische, aber auch emotionale Probleme können sich nur durch maßvolle Veränderungen im Verhalten Ihrer Katze manifestieren. Verletzungen, Infektionen und Stoffwechselstörungen haben Einfluß auf das Verhalten.	Konsultieren Sie den Tierarzt, wenn die Katze ihr Verhalten ändert, sei es auch noch so geringfügig. Eine kleine Veränderung kann auf ein ernstes Problem hindeuten; Katzen sind von Natur aus zurückhaltend und beklagen sich nur selten.

Pflege einer kranken Katze

Ihre natürliche Unabhängigkeit demonstriert die Katze auch dann, wenn sie krank ist. Manche Tiere suchen zwar Zuflucht bei ihrem Besitzer, aber die meisten bemühen sich, Krankheitsanzeichen zu kaschieren, und verstecken sich häufig. Ist eine Katze erkrankt, behandeln die anderen Katzen im Haus sie manchmal feindselig – ein Hinweis auf die Krankheit. Konsultieren Sie stets Ihren Tierarzt, wenn Sie Veränderungen in den Lebensgewohnheiten Ihrer Katze erkennen, und befolgen Sie seine Anweisungen, die die Verabreichung von Medikamenten und die Nahrungsumstellung betreffen. Vorbeugen ist immer einfacher und billiger als eine Behandlung: Lassen Sie regelmäßig Vorsorgeuntersuchungen durchführen, damit Alterskrankheiten früh erkannt und behandelt werden können.

Eine gute Gesundheitsfürsorge setzt die sorgfältige Beobachtung des Verhaltens Ihrer Katze voraus, so daß etwaige Veränderungen sofort bemerkt werden. Ebenso wichtig ist Ihre Bereitschaft, das Tier zum Tierarzt zu bringen, wenn es notwendig ist, und die vom ihm verordnete Behandlung durchzuführen.

Besuch beim Tierarzt

Wird eine Katze frühzeitig mit ihrer Transportbox vertraut gemacht, läßt sie sich bereitwillig hineinsetzen, wenn sie zum Tierarzt gebracht werden muß. In der Praxis angekommen, beruhigen Sie sie, und zeigen Sie ihr, daß Sie bei ihr bleiben. Schildern Sie dem Arzt das aufgetretene Problem so detailliert wie möglich. Bedenken Sie, daß der Arzt darauf angewiesen ist, von Ihnen zu erfahren, wie sich Ihre Katze verhält und wie sie wohl auf die Behandlung reagieren wird. Er nimmt vielleicht Blutproben oder führt Diagnosetests durch. Ist eine Hospitalisierung notwendig, bringen Sie den Katzenkorb und ein paar andere Dinge mit, die Ihrer Katze vertraut sind, und teilen Sie dem Tierarzt mit, was sie am liebsten frißt. Stimmen Sie etwaige Besuche während des Klinikaufenthalts mit dem Arzt ab. Generell sollten sich Katzen möglichst zu Hause von einer Krankheit erholen.

Richtige Krankenpflege

Eine typische Katze hat für übertriebenes Getue nicht viel übrig. Stellen Sie ihr ein warmes »Bett« zur Verfügung, und befolgen Sie bei der Fütterung und der Verabreichung von Medizin die Anweisungen des Tierarztes. Wurde die Katze operiert, schauen Sie sich die Wunde sorgfältig an, achten Sie auf unvorhergesehene Schwellungen, Rötungen oder Sekretionen. Der Verbandswechsel ist oft sehr schwierig und sollte tunlichst den Tierarztmitarbeitern überlassen werden. Eine sensible Katze nimmt Medikamente, die fast immer scheußlich schmecken, nur ungern ein; deshalb sollten Sie sich dabei helfen lassen. Im Gegensatz zum Hund frißt eine Katze nur selten in Futter eingebettete Tabletten. Hüllen Sie Ihre Katze notfalls in ein Badetuch ein, und klemmen Sie ihren Körper unter dem freien Arm ein, wenn Sie ihr eine Pille verabreichen. Eine kranke Katze muß machmal auch auf die gleiche Weise von Hand gefüttert werden.

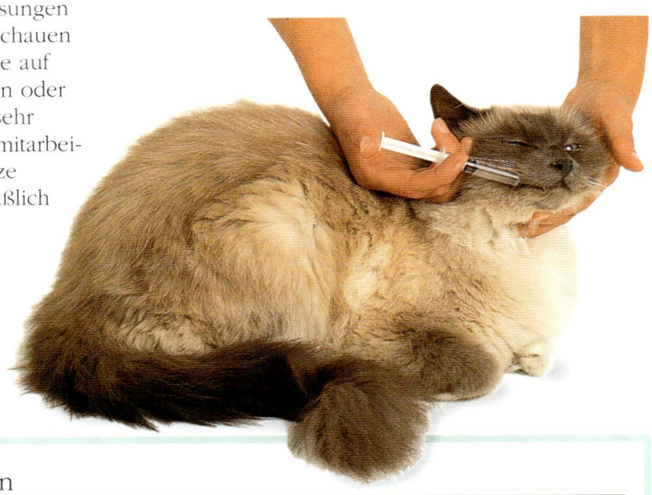

Flüssige Medizin
Wenn die Katze ganz entspannt ist, führen Sie die Spitze einer Spritze oder einer Pipette hinter den Eckzähnen ein, und drücken Sie ein paar Tropfen aus. Lassen Sie das Tier schlucken, bevor Sie weitermachen.

Verabreichung von Tabletten

Katzen schlucken nicht gern Pillen. Selten fressen sie auch willig irgendwelche Medikamente, die im Futter versteckt sind. Eine Garantie, daß eine Medizin in Tablettenform genommen wird, haben Sie nur dann, wenn Sie sie der Katze direkt eingeben. Schnelligkeit und Vertrauen sind wichtig. Es ist gewöhnlich am besten, wenn Ihnen dabei jemand hilft: Eine Person hält das Tier, die andere verabreicht die Pille. Ist das nicht möglich, hüllen Sie die Katze in ein Badetuch, und halten Sie sie während der Prozedur unter dem Arm fest, damit sie nicht entwischen kann.

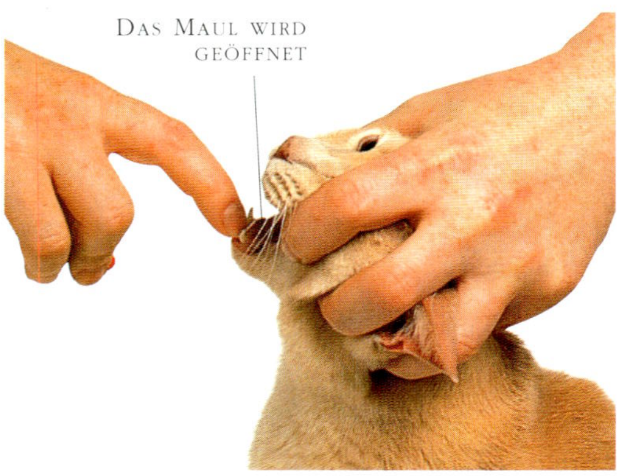

1 Während jemand die Katze festhält, ergreifen Sie mit einer Hand ihren Kopf und drehen ihn nach oben. Die Kiefermuskeln erschlaffen ein wenig, wenn sich der Kopf aufrichtet. Ziehen Sie mit der anderen Hand den Unterkiefer sanft, aber fest nach unten. Legen Sie einen Finger auf die Haut zwischen den Kiefern.

2 Mit Zeigefinger und Daumen können Sie das Maul der Katze einige Sekunden offen halten. Weil ihr Kopf nach oben gedreht ist, kann man die Tablette über die Zunge direkt in den Hals gleiten lassen. Es ist ratsam, die Pille mit Butter einzuschmieren, weil sie dann besser schmeckt und schlüpfriger wird.

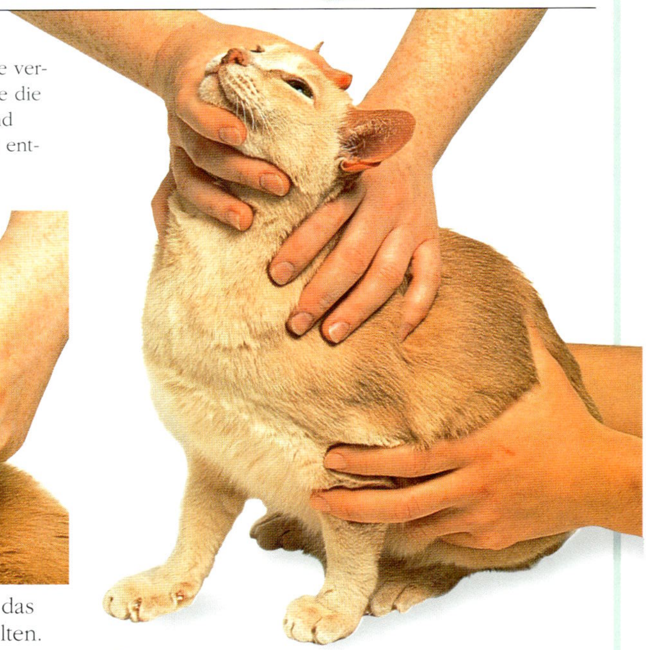

3 Sobald die Tabeltte nach hinten gerutscht ist, verschließen Sie mit einer Hand das Maul, und drücken Sie die Kiefer zusammen. Massieren Sie den Hals. Wenn sich das Tier die Lippen leckt, hat es die Medizin geschluckt.

Geborgenheit und Wärme
Eine kranke Katze muß warmgehalten werden. Legen Sie entweder eine Wärmflasche unter das Bettzeug, oder verwenden Sie spezielle Heizmatten, die im Mikrowellenherd aktiviert werden.

Ohrentropfen
Ohrräudemilben nisten sich häufig in Katzenohren ein, und manchmal gedeihen hier unangenehme Mikroben, die eine Infektion des Gehörgangs verursachen. Erwärmen Sie die Ohrentropfen auf Körpertemperatur, indem Sie das Fläschchen eine Minute lang mit den Händen rollen. Träufeln oder drücken Sie dann einige Tropfen ins Ohr, und massieren Sie Ohrmuschel und Ohransatz, damit sich der Wirkstoff gut verteilt.

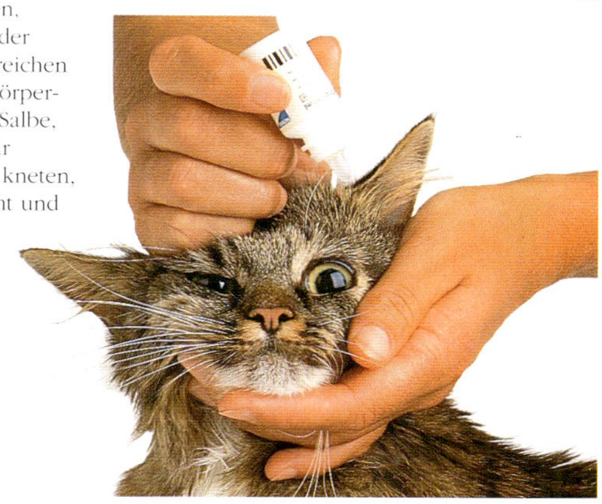

Augentropfen
Halten Sie den Kopf der Katze mit einer Hand sanft fest, und führen Sie das Fläschchen von oben, außerhalb des Sehbereichs der Patientin, zum Auge. Verabreichen Sie die Tropfen möglichst körperwarm. Verwenden Sie eine Salbe, sollten Sie die Tube ein paar Minuten lang mit der Hand kneten, damit sich ihr Inhalt erwärmt und leichter fließt.

Erwärmen Sie das Futter auf Körpertemperatur, und verfüttern Sie so oft wie möglich kleine Portionen. Flüssigkeit ist absolut notwendig und sollte mit einer Spritze verabreicht werden, wenn das Tier von sich aus nicht genügend trinkt. Schon eine geringe Austrocknung hat bei jeder Krankheit schwere Komplikationen zur Folge. Eine kranke Katze macht manchmal schon einen gesunden Eindruck, bevor sie wirklich gesund ist. Führen Sie jede Behandlung bis zum Ende durch. Dazu gehört bisweilen auch eine Ernährungsumstellung, die einen Rückfall verhindern soll. Diese Nachsorge ist ebenso wichtig wie die eigentliche Behandlung.

Nach einer Operation

Auf einen routinemäßigen Eingriff folgt in der Regel eine einwöchige Ruhephase im Haus; bei Knochenoperationen können es auch vier bis acht Wochen sein. Das Eingesperrtsein ist für die Katze langweilig, aber für die Genesung unerläßlich und ermöglicht es Ihnen, die Fortschritte zu verfolgen. Die Operationsnarbe sollte sauber aussehen, ohne größere Schwellung oder Rötung. Der Appetit der Katze sollte rasch wiederkehren, desgleichen ihr Bedürfnis, ihr Territorium zu sondieren. Befragen Sie den Tierarzt, wenn Sie sich Sorgen wegen des Appetits, der Beweglichkeit oder des Verhaltens Ihrer Katze machen.

Appetitmangel

Kurzes Fasten ist unbedenklich, doch anhaltende Freßunlust ist gefährlich und kann zu einem schweren Leberleiden führen. Konsultieren Sie den Tierarzt, wenn Ihre Katze das Interesse am Futter verliert. Stimulieren Sie ihre Geschmacksknospen durch besonders wohlriechendes Futter, und wärmen Sie es leicht an, damit die Duftstoffe stärker freigesetzt werden. Bleiben Sie bei Ihrer Katze, während sie frißt; Aufmunterung ist manchmal hilfreich. Bei Futterverweigerung wird der Arzt eine flüssige Nahrung verordnen, die Sie mit einer Spritze verabreichen, bis das Tier sich wieder so erholt hat, daß es von selber frißt. Droht ihm die Austrocknung, muß der Arzt es entweder intravenös oder mit einem Magenschlauch ernähren.

Betreuung einer älteren Katze

Katzen werden heute älter als früher, teils dank der Gesundheitsfürsorge durch Schutzimpfungen, teils deshalb, weil so viele Tiere wohlgeschützt in der Wohnung leben. In der Veterinärmedizin spielen altersbedingte Katzenkrankheiten eine immer größere Rolle. Ältere Katzen brauchen eine spezielle Pflege. Zahn- und Zahnfleischerkrankungen sind der häufigste Grund für einen Besuch beim Tierarzt. Routinemäßige Verrichtungen wie Zähneputzen oder Fütterung müssen vielleicht umgestellt werden. Im Alter putzen sich viele Katzen nicht mehr so gründlich wie früher, wodurch das Parasitenrisiko erhöht wird. Kümmern Sie sich intensiver um die Haut und das Fell Ihrer älteren Katze. Alte Haut verliert ihre Elastizität, und deswegen muß man beim Bürsten vorsichtig zu Werke gehen, damit sie nicht verletzt wird. Befreien Sie die Ohren öfter von Ohrenschmalz, Ausfluß oder Schmutz. Kleine gutartige Tumoren, sogenannte Ceruminome, bilden sich recht häufig in den Ohren älterer Tiere.

Wie weit soll man gehen?

Die meisten diagnostischen Verfahren und therapeutischen Techniken der Humanmedizin lassen sich auch auf unsere Katzen anwenden. Tierärzte setzen in der Diagnostik ganz selbstverständlich Ultraschall, Endoskopie und Röntgenaufnahmen ein. Sie können zur Behandlung von Katzenkrankheiten komplizierte chirurgische Eingriffe, einschließlich Transplantationen, durchführen. Angesichts dieser Möglichkeiten stellt sich die Frage, wie weit man in der medizinischen Betreuung der Katzen gehen sollte. Da ist zunächst die Kostenfrage: Wieviel ein Katzenhalter ausgeben will, ist seine persönliche Entscheidung. Wichtiger ist die Frage, wie sehr dem Patienten eine aufwendige Behandlung zugute kommt. Die langfristige Lebensqualität des Tiers sollte der entscheidende Gesichtspunkt sein, nicht die medizinischen Ambitionen des Tierarztes oder die seelische Belastung des Katzenbesitzers.

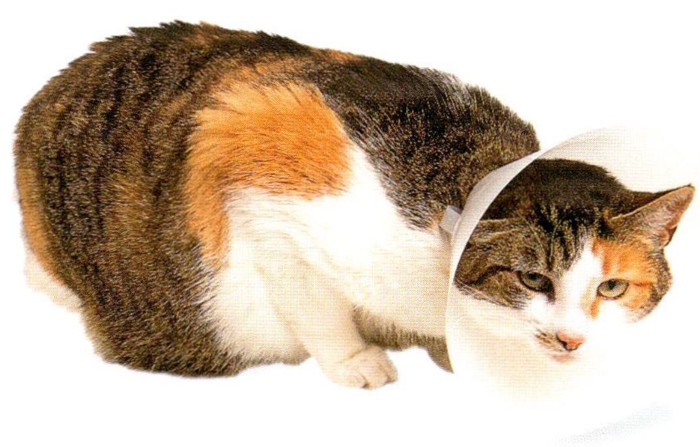

Verhinderung von Selbstbeschädigung
Manchmal muß eine Katze daran gehindert werden, ihr Gesicht zu reiben oder zu kratzen. Ein Schutzkragen erlaubt es dem Tier, zu fressen und zu trinken, und läßt auch die Luft frei um die heilende Wunde zirkulieren, verhindert aber gleichzeitig jede weitere Reizung.

Erste Hilfe

Daß Katzen von Natur aus neugierig sind, ist allgemein bekannt, und nicht selten bringen sie sich dadurch in Gefahr. Erste-Hilfe-Maßnahmen und eine anschließende tierärztliche Versorgung sind bei freilaufenden Katzen am ehesten vonnöten. Das Ziel der Ersten Hilfe ist es, Leben zu retten, weitere Verletzungen zu verhindern, den Schaden zu begrenzen, Schmerzen und Streß zu lindern und dann die Katze zum Tierarzt zu bringen. Handeln Sie in einer Notsituation praktisch und besonnen. Ist Ihre Katze in Gefahr? Sind Sie in Gefahr, wenn Sie ihr zu helfen versuchen? Achten Sie auf lebensbedrohliche Symptome, retten Sie ihr Leben durch Notmaßnahmen, und lassen Sie andere Personen, falls sie zur Stelle sind, den Transport in die nächste Tierarztpraxis arrangieren.

In einem Notfall sollten Sie die Katze körperlich untersuchen, um das Ausmaß der Verletzung festzustellen. Lassen Sie sich durch fehlende äußere Schäden nicht täuschen, Katzen leiden oft an inneren Verletzungen, die lebensgefährlich sein können.

Sanfter Zwang

Eine verletzte Katze möchte sich instinktiv verstecken, um sich vor weiteren Schäden zu schützen. Beruhigen Sie sie mit besänftigenden Worten, und wenden Sie so wenig Zwang wie möglich an, während Sie Ihre Untersuchung durchführen. Versperren Sie Fluchtwege, breiten Sie ohne hektisches Getue einen weichen Stoff, etwa ein Handtuch, über die Katze, und hüllen Sie sie behutsam damit ein, um sie am Entkommen zu hindern und das Risiko, selbst verletzt zu werden, zu reduzieren. Legen Sie dann den Kopf der Katze frei, damit Sie feststellen können, wie sie atmet. Normal sind 10–30 Atemzüge pro Minute. Geblähte Nüstern sind ein Zeichen, daß das Tier leidet.

Lebenswichtige Funktionen

Der Ruhepuls der Katze schwankt zwischen 100 und 160 Schlägen pro Minute. Bei Kätzchen kann er bis auf 260 hoch gehen. Um den Puls zu messen, betasten sie fest die Brust hinter dem Ellbogen. Das ist bei schlanken Tieren leicht, aber schwieriger bei plumperen. Bei diesen fühlt man den Puls im Oberschenkel, indem man die Fingerspitzen sanft in die kleine Furche im Hinterbein drückt, wo es in den Rumpf übergeht. Überprüfen Sie die Farbe des Zahnfleisches, und heben Sie dazu die Oberlippe leicht an. Normales Zahnfleisch zeigt eine gesunde rosige Färbung, während bläuliches, blasses oder weißes Zahnfleisch ein Grund zur Sorge ist.

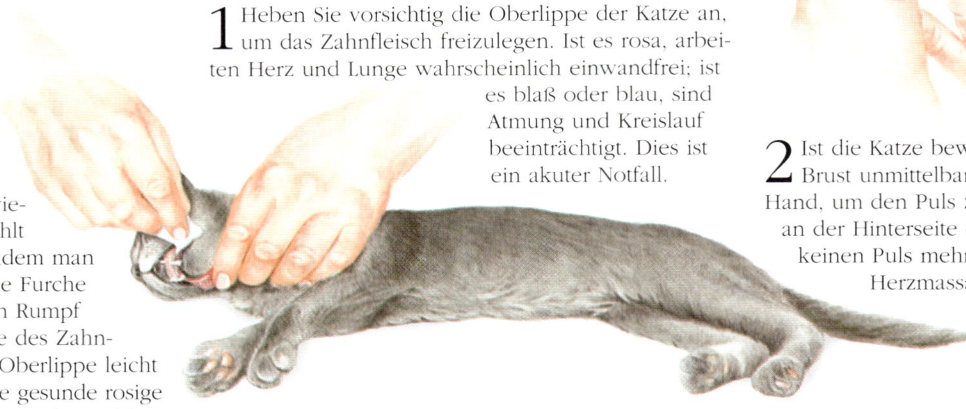

Schock

Ein klinischer Schock ist ein potentiell lebensbedrohlicher Vorfall; bei Katzen kann er noch Stunden nach einem Unfall eintreten. Anzeichen eines Schocks sind blasses oder weißes Zahnfleisch, ein schneller Puls mit mehr als 250 Schlägen in der Minute und eine Atemfrequenz von mehr als 40 Atemzügen pro Minute. Ein Schock kann viele Ursachen haben: äußere oder innere Blutungen, Verbrennungen, Herzversagen, Erbrechen, Durchfall, verstopfte Harnleiter, Verletzungen, Insekten- oder andere Tierbisse, Stromschlag, Diabetes und Vergiftung. Die Schockbehandlung hat Vorrang vor der Versorgung der meisten anderen Verletzungen, auch eines Knochenbruchs. Lindern Sie den Schock dadurch, daß Sie die Katze mit vorgestrecktem Kopf auf einer warmen Unterlage auf die Seite legen; heben Sie das Hinterteil mit einem Kissen oder Handtuch etwas an, damit möglichst viel Blut in den Kopf strömen kann. Stoppen Sie eine Blutung mit der Hand. Leiten Sie notfalls eine künstliche Beatmung und eine Herzmassage ein, hüllen Sie die Katze in eine warme Decke ein, und bringen Sie sie zur lebensrettenden medizinischen Versorgung so schnell wie möglich zum Tierarzt.

Verletzungen

Bei offenen Verletzungen ist die Haut gerissen, bei inneren bleibt sie intakt. Die Bedeutung innerer Verletzungen darf nicht unterschätzt werden; typisch für sie sind Schmerzen, Schwellungen, Verfärbungen oder Hitze unter der Haut und vielleicht auch oberflächliche Kratzer. Legen Sie so bald wie möglich eine kalte Kompresse oder notfalls ein in ein Handtuch eingewickeltes Päckchen Tiefkühlkost auf.

Untersuchung einer verletzten Katze

Nachdem Sie Ihre Katze, falls notwendig, ruhiggestellt haben, prüfen Sie ihre Atemtätigkeit und ihren Puls. Achten Sie stets auf Anzeichen eines Schocks, das größte Risiko für das Tier. Um den physischen Zustand der Katze zu ermitteln, schauen Sie sich die Farbe ihres Zahnfleisches an, auch wenn sie ohnmächtig geworden ist.

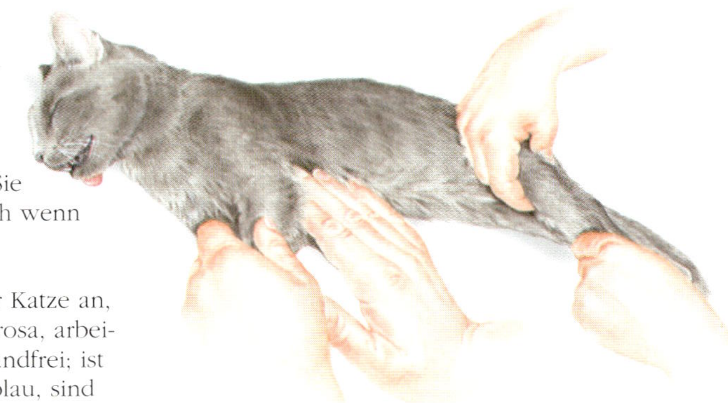

1 Heben Sie vorsichtig die Oberlippe der Katze an, um das Zahnfleisch freizulegen. Ist es rosa, arbeiten Herz und Lunge wahrscheinlich einwandfrei; ist es blaß oder blau, sind Atmung und Kreislauf beeinträchtigt. Dies ist ein akuter Notfall.

2 Ist die Katze bewußtlos, umschließen Sie die Brust unmittelbar hinter den Ellenbogen mit der Hand, um den Puls zu fühlen, oder ertasten Sie ihn an der Hinterseite eines Hinterbeins. Wenn Sie keinen Puls mehr hat, sollten Sie sofort mit der Herzmassage beginnen: Umfassen Sie die Brust der Katze mit Zeigefinger und Daumen, und pressen Sie kräftig.

Ruhelage

Wenn Sie bei der Untersuchung feststellen, daß die Katze atmet und ihr Herz schlägt, sind keine Herzmassage und keine künstliche Beatmung nötig. Bringen Sie sie in eine Ruhelage, indem Sie sie auf eine leicht geneigte warme Unterlage betten. Der Kopf soll tiefer liegen als der Körper, damit das Gehirn maximal mit Blut versorgt wird. Sofern das Tier keinen Hitzschlag erlitten hat, sollten Sie es locker in eine leichte Decke einwickeln, um den Verlust von Körperwärme zu unterbinden, während Sie unverzüglich den Tierarzt aufsuchen.

Offene Wunden sind kaum zu übersehen; sie schmerzen und bluten wahrscheinlich, und die Haut ist verletzt, auch wenn sie nur eine kleine Punktur aufweist. Hat die Katze keinen Schock davongetragen, wird sie die betroffene Stelle immer intensiver belecken. Offene Wunden behandelt man, indem man mit Gaze oder saugfähigem Material Druck auf sie ausübt. Die Auflage bleibt so lange auf der blutenden Wunde, bis der Tierarzt die Katze untersucht; die Abnahme des blutgetränkten Materials würde die Blutgerinnung unterbrechen und könnte eine neuerliche Blutung auslösen. Verwenden Sie bei klaffenden Wunden weder desinfizierende noch antiseptische Mittel. Reiben Sie auch nie an offenen Wunden herum, denn dadurch könnte der Schaden noch größer werden.
Katzen bluten nur selten stark aus kleineren Wunden; die Blutgefäße in der Haut verschließen sich rasch. Innere Blutungen sind häufiger und sehr gefährlich, weil man sie nicht sieht. Suchen Sie nach jeder Verletzung ärztlichen Beistand. Waschen Sie kleine Wunden mit sauberem Wasser oder dreiprozentigem Wasserstoffsuperoxyd aus. Verbinden Sie Verletzungen nur dann, wenn es unbedingt notwendig ist. Es kann sich als ungemein schwierig erweisen, irgendeinen Körperteil der Katze richtig zu verbinden, abgesehen vom ganzen Rumpf.

Kritische Verletzungen

Verletzte Katzen können sich oft nicht mehr bewegen. Seien Sie äußerst behutsam, wenn Sie ein Tier mit potentiell schweren Verletzungen bewegen müssen. Lassen Sie die Katze von sich aus eine Position einnehmen, in der sie am bequemsten atmen kann, schieben Sie eine Hand unter ihr Hinterteil, wobei Sie den Rücken möglichst ruhig halten, und die andere unter ihre Brust, und lassen Sie sie dann für den Transport zum Tierarzt vorsichtig auf eine improvisierte »Tragbahre« gleiten, etwa eine Decke oder ein Kleidungsstück. Ein gut ausgepolsterter Pappkarton eignet sich ideal für den Transport. Decken Sie die Katze in der Schachtel zu, um ihren Bewegungsdrang zu hemmen und ihre Körperwärme zu erhalten.

Überwachung des Patienten

Nachdem Sie die lebensrettende Erste Hilfe geleistet haben, sollten Sie den Patienten auf jeden Fall vom Tierarzt untersuchen lassen. Sind die Verletzungen nicht lebensgefährlich, müssen Sie das Tier selbst gründlich untersuchen. Achten Sie auf möglicherweise ernste, schmerzhafte oder stark belastende Begleiterscheinungen. Beobachten Sie das Verhalten der Katze und ihre Reaktionen auf Sie. Achten Sie auf ungewöhnliche Atemgeräusche und Bewegungsabläufe. Lassen Sie sich vom Tierarzt zeigen, wie man bei einer Katze die Temperatur mißt. Sie liegt normalerweise zwischen 38 und 39 Grad. Ist sie höher oder niedriger als normal, befragen Sie den Arzt. Inspizieren Sie Augen, Ohren, Nase, Maul, Kopf und Hals. Tasten Sie den Körper, die Gliedmaßen und den Schwanz ab. Untersuchen Sie die Analregion auf Verletzungen und auffallenden Geruch. Überwachen Sie die Freß- und Ausscheidungsgewohnheiten der Katze. Gehen Sie zum Tierarzt, wenn Sie irgendwelche Abweichungen vom normalen Verhalten bemerken.

Erste-Hilfe-Ausrüstung

Die meisten Katzen sträuben sich gegen Erste-Hilfe-Maßnahmen, insbesondere gegen Verbände. Das ist unerfreulich, denn Verbände halten Wunden trocken und verhindern weitere Verletzungen, auch solche, die sich das Tier selbst beibringt. Außerdem schützen sie offene Wunden vor Verunreinigung, absorbieren austretende Flüssigkeit und lindern den Schmerz. Es ist fast unmöglich, einer nicht ruhiggestellten Katze einen ordentlichen Verband anzulegen. Überlassen Sie das am besten dem Tierarzt.

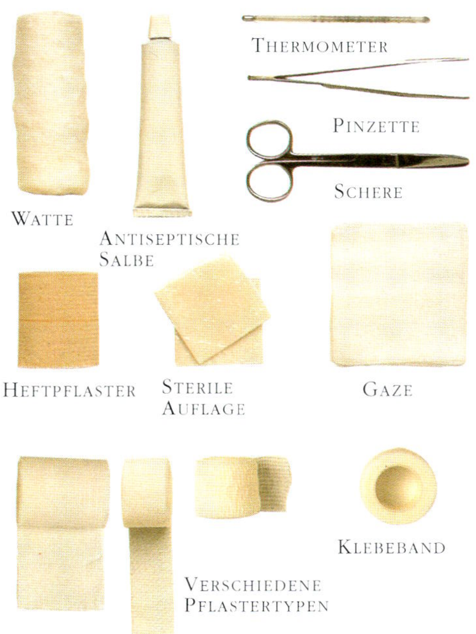

Erste Hilfe für Katzen
Ein Erste-Hilfe-Kasten sollte ein paar wichtige Dinge enthalten, die Sie bei einem Unfall oder Notfall benötigen. Bringen Sie den Kasten an einem sicheren, aber leicht erreichbaren Platz unter.

Künstliche Beatmung

Puls, aber keine Atmung – das bedeutet, daß Ihre Katze künstlich beatmet werden muß; sie stirbt, wenn ihr Gehirn nicht ausreichend mit Sauerstoff versorgt wird. Fast-Ertrinken, Stromschlag, Erstickungsanfälle, Rauchinhalation, Vergiftung, ein diabetischer Schock und eine Allergie können auf die Atmung einwirken. Bei einem Herzversagen kombinieren Sie die künstliche Beatmung mit einer Herzmassage.

1 Überprüfen Sie den Puls; wenn das Herz schlägt, die Katze aber nicht mehr atmet, legen Sie sie auf die Seite; säubern Sie die Atemwege, und ziehen Sie die Zunge heraus.

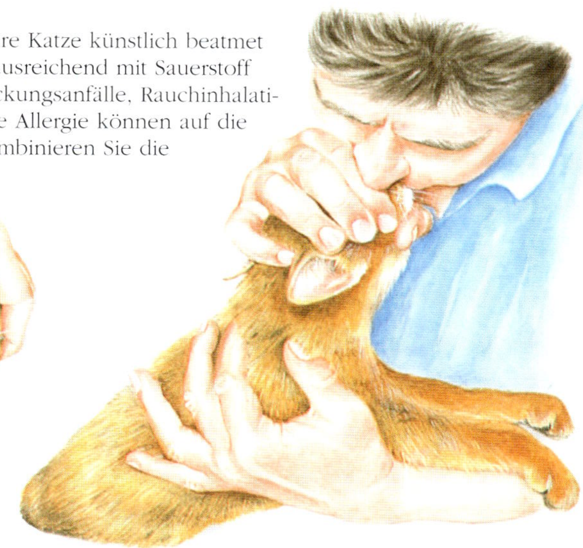

2 Umschließen Sie das Maul mit der Hand, legen Sie den Mund auf die Nase, und blasen Sie, bis sich die Brust weitet und wieder zusammenfällt. Wiederholen Sie das 20–30mal in der Minute.

Umgang mit einem widerspenstigen Patienten

Selbst die anhänglichste Katze kann sich mit Zähnen und Krallen wehren, wenn sie verletzt ist. Reden Sie beruhigend auf das Tier ein, und nähern Sie sich langsam und vorsichtig. Hüllen Sie die Katze in ein leichtes, aber dickes Handtuch ein, um sie zu bändigen und am Weglaufen zu hindern. Ziehen Sie nach Möglichkeit Handschuhe an, um Ihre Hände vor Bissen oder Kratzern zu schützen. Heben Sie das ganze Bündel hoch, aber drücken Sie es so wenig wie möglich. Lassen Sie das Gesicht der Katze frei, damit sie mühelos atmen kann. Üben Sie sanften Druck auf den Nacken aus, um Ausreißversuche zu unterbinden.

ERKLÄRUNG VON FACHWÖRTERN

Abhaaren Abstoßen toter Haare.
Abzeichen (Points) Dunkle Färbung des Gesichts, der Ohren, der Pfoten und des Schwanzes bei verschiedenen Rassen, insbesondere Siamkatzen.
Adult Erwachsen, geschlechtsreif.
Agouti Fellfarbe des Wildtyps bei Katzen und anderen Tieren. Die einzelnen Haare sind hell-dunkel gebändert. Fast gleichbedeutend mit Bänderung (s.d.) oder Ticking.
Bänderung (Ticking) Zwei- oder mehrfache Ringelung der Einzelhaare durch dunkle Pigmenteinlagerungen.
Bi-Colour Zweifarbig bzw. zweifarbige Katze.
Blesse Hell, meist weiß abgesetzter Streifen zwischen Stirn und Nasenspiegel.
Blutlinie Gruppe von Katzen, die über mehrere Generationen bzw. über den Stammbaum miteinander verwandt sind.
Brachyzephal Mit breitem Kopf.
CA Abkürzung von Cat Association (bedeutender britischer Zuchtverband).
Cameo Fell mit cremefarbener oder rötlicher Spitzenfärbung (s.d.).
CFA Abkürzung von The Cat Fanciers' Association (größter, hauptsächlich in Nordamerika vertretener Dachverband, gegründet 1906).
Chinchilla Weiße Langhaarkatze bzw. weißes Langhaarfell mit schwarzer Spitzenfärbung (s.d.).
Chocolate Schokoladenfarben (hell- bis mittelbraun).
Cinnamon Zimtfarbe (ein warmer brauner Farbton).
Colourpoint Katze mit farblich abgesetzten Abzeichen (s.d.) oder Points wie bei der Siam.
Deckhaar Gesamtheit der Leithaare (s.d.).
Domestikation Haustierwerdung.
Dominant 1. Überlegen, beherrschend (bezieht sich auf die Verhaltensweise des ranghöchsten Tieres innerhalb einer Sozialgruppe oder auf dieses Tier selbst). 2. In der Genetik (s.d.) Bezeichnung eines Erbmerkmals, das sich durchgängig ausprägt.
Einkreuzung Verpaarung mit einem nichtverwandten Tier, vielfach aus einer anderen Rasse.
Farbschlag Siehe Schlag.
Feline Infektiöse Peritonitis (FIP) Eine Viruserkrankung, die oft tödlich verläuft.
Felines Immunschwäche-Virus (FIV) Ein Verwandter des HIV-Virus, der das Abwehrsystem des Körpers schwächt und zum Tode führt. Sehr ansteckend für andere Katzen, jedoch nicht für Menschen oder andere Tiere.
Felines Leukämie-Virus (FeLV) Ein Virus, das das Lymphsystem befällt und die Anfälligkeit für Infektionen erhöht.

FIFé (FIFE, F.I.Fe.) Abkürzung von Fédération Internationale Féline (1943 gegründeter und 1973 erweiterter internationaler, vorwiegend kontinentaleuropäischer Dachverband).
GCCF Abkürzung von The Gouverning Council of the Cat Fancy (1910 gegründeter britischer Dachverband).
Gen Erbfaktor, Träger der Erbanlagen in den Chromosomen.
Genetik Vererbungslehre.
Genpool Gesamtheit der Erbfaktoren innerhalb einer begrenzten Gruppe.
Gestromt Fellzeichnung des Tabby (s.d.), bestehend aus breiten und schmalen Streifen, Schmetterlingszeichen auf den Schultern und austernförmigen Flecken auf den Flanken. Auch als Räder- oder Marmormuster bezeichnet.
Getickt Bezeichnet das Fell, dessen Einzelhaare mit Bänderung (s.d.) oder Ticking versehen sind; gleichbedeutend mit Agouti (s.d.).
Getigert Tigerähnliche Fellzeichnung des Tabby (s.d.); eine Art »Fischgrätmuster«, deshalb im Englischen »mackerel« (Makrele) genannt.
Getupft Tüpfelzeichnung des Tabby (s.d.): in Tupfen aufgelöste Streifen.
Hybriden Nachkommen aus einer Kreuzung (s.d.) erbverschiedene Tiere.
Inzucht Verpaarung sehr nah verwandter Tiere.
Kreuzung Verpaarung von Tieren mit unterschiedlichen Erbanlagen.
Kühl Bei Farben: von Rot möglichst weit entfernt.
Leithaare Die längsten und kräftigsten Haare des Katzenfells.
Lilac International gebräuchliche Farbbezeichnung (engl. »lilac« = Flieder), oft mit »lila« übersetzt, doch in Wirklichkeit eher ein zartrosa getöntes Grau.
Maskaralinien Dunkle Linien, die von den äußeren Augenwinkeln ausgehen.
Maske Kontrastierende dunkle Färbung des Gesichts.
Mink Nerzfarbe (engl. »mink« = Nerz), eine Kombination von Sepia (s.d.) und Abzeichen (s.d.), das typische Fellmuster der Tonkanesen.
Mutation Spontan entstandene oder künstlich herbeigeführte Erbänderung.
Nasenspiegel Unbehaarte Außenhaut der Nase.

Ohrbüschel Behaarung der Innenseite des Ohrs.
Nicht-Agouti Jede einfarbige Katze ohne Tabbyzeichnung.
Points Siehe Abzeichen.
Polydaktylie Mehrzehigkeit.
Population Die Gesamtheit gleichartiger Tiere in einem umgrenzten Gebiet.
Rasse Durch künstliche Zuchtwahl entstandene einheitliche und erbfeste Guppe innerhalb einer Art – im Unterschied zur Unterart, die sich unter natürlichen Bedingungen herausbildet.
Rasseklub, Rassezuchtverein Organisation innerhalb eines Dachverbands, die sich mit einer bestimmten Rasse befaßt.
Rassestandard Siehe Standard.
Revier Siehe Territorium.
Rex Sammelbegriff für Mutationen, die durch ein gelocktes Fell gekennzeichnet sind.
Rezent Heute lebend oder vorkommend.
Rezessiv Bezeichnung für zwar vorhandene, aber häufig unterdrückte, nicht ausgeprägte Erbanlagen.
Rufismus Verblassen der roten Farbe unter dem Einfluß bestimmter Gene.
Sable Dunkelbraun (engl. »sable« = Zobel).
Schattiert So nennt man ein Fell, dessen Haare ungefähr zur Hälfte silberweiß gefärbt sind.
Schlag Gruppe von Tieren innerhalb einer Rasse mit gemeinsamen Merkmalen; bei Katzen bezieht sich der Begriff vor allem auf die Färbung (Farbschlag).
Schnurrhaarkissen Austrittsstellen der Schnurr- oder Tasthaare am Kopf.
Seal Seehundfarbe; international gebräuchliche Bezeichnung für Dunkel- oder Schwarzbraun.
Selektion Auslese, Auswahl (selektive oder Selektionszucht = Auswahl- oder Auslesezucht).
Sepia Ein Fellmuster, bei dem Kopf, Beine und Schwanz dunkel sepiabraun gefärbt sind und der übrige Körper in derselben Farbe heller getönt ist.
Shell Perlmutt; hellste Variante des Cameo (s.d.).

Skarabäuszeichnung M-förmige Zeichnung auf der Stirn, vor allem bei Tabbys.
Smoke Rauchfarbe. Das Fell der Smokekatzen besteht aus silberweißer Unterwolle und bis zur Hälfte gefärbten Deckhaaren.
Sohlenstreifen Dunkel gefärbte Streifen zwischen Fußballen und Spunggelenk der Hinterbeine.
Solitär Einzeln lebend, ungesellig.
Spitzenfärbung (Tipping) Dunkel gefärbte Spitzen der Einzelhaare.
Stammbaum Abstammungsreihe bzw. Abstammungsnachweis einer Rassekatze.
Standard In der Katzenzucht gleichbedeutend mit Zuchtziel: Beschreibung der idealen Körperbau- und Farbmerkmale der jeweiligen Rasse, wie sie innerhalb eines bestimmten Verbandes maßgeblich sind.
Stop Stirnabsatz, Vertiefung im Nasenprofil
Tabby Englische, aber international gebräuchliche Bezeichnung für eine Katze mit Tabbymuster oder für dieses Fellmuster selbst. Man unterscheidet vier Formen: gestromt (engl. »blotched« oder »classic«), getigert (engl. »mackerel«), getupft (engl. »spotted«) und getickt oder Agouti (s.d.).
TCA Abkürzung von The Traditional Cats' Association (ein 1987 gegründeter Verband, der sich mit der Katzenzucht auf der Grundlage alter Rassestandards befaßt).
Territorium (Revier) Eigenbezirk oder Wohnbereich eines Tiers.
TICA Abkürzung von The International Cat Association (ein 1979 gegründeter Verband, der Katzenzucht auf der Basis der modernen Genetik betreibt).
Ticking Siehe Bänderung.
Tipped Bezeichnet ein helles Fell mit dunklerer Spitzenfärbung (s.d.).
Tipping Siehe Spitzenfärbung.
Tortie Kurzform von Tortoiseshell (= Schildpatt).
Typ Gesamterscheinung einer Katze, besonders Körperbau und Kopfform.
Unterhaar, Unterwolle Weichere, kürzere Haare unter dem Deckhaar (s.d.).
Varietät Spielart, Variante; in der Katzenzucht meist gleichbedeutend mit Schlag (s.d.).
Verdünnung Genetisch bedingte hellere Ausprägung einer Farbe; Creme ist beispielsweise die Verdünnung von Rot.
Verwildert So nennt man Haustiere, die sich aus der Beziehung zum Menschen gelöst haben und in der freien Natur leben.
Warm Bei Farben: alle Farbtöne, die Rot nahestehen.
Welpe Kätzchen, junge Katze bis zur Entwöhnung mit etwa 8 Wochen.
Wurf Die Gesamtheit der Nachkommen aus einer Geburt.

REGISTER

Aberglauben 30
Abessinier 172
Abyssinian 173
Abzeichen 108
Afrikanische Goldkatze 16
Aggression 226
Agouti 94
Ägyptische Mau 204
American Bobtail 210
American Burmese 183
American Curl 122, 163
American Shorthair 161
American Wirehair 162
Amerikanisch Drahthaar 162
Amerikanisch Kräuselohr 122, 163
Amerikanisch Kurzhaar 160
Amerikanische Burma 182
Amerikanische Stummelschwanzkatze 210
Analbeutel 81, 223, 227
Anatomie 7
Anfälle 229
Angora 130, 140
Anschaffung 216
Appetitmangel 229, 231
Archangel Cat 170
Asian-Rassengruppe 178–179, 181
Asiatische Goldkatze 17
Atembeschwerden 228
Atmung 66
Aufrichtreflex 7, 65
Augen 60
Augenfarben 100
Augenform 100
Augenleiden 228
Augentropfen 231
Ausbreitung der Katze 24
Ausscheidungsorgane 68
Auswahlzucht 92

Balikatze 137
Balinese 136, 138
Bänder 56
Bastet 30
Baumozelot 15
Begattung 70, 87
Begattungsstellung 87
Bengal 208
Bengalkatze 17
Bergkatze 15
Beutesprung 65, 84
Birmakatze 110
Birman 111
Blasenkatarrh 227
Blut 66
Blutgruppen 67
Blutkrankheiten 67

Bohemian Rex 143
Bombay 177, 179
Britisch Kurzhaar 152, 154
British Shorthair 153
Brunst 70
Brunstzeit 86
Burma-Katzen 182–185
Burmilla 178
Burmoires 179
Bürsten 222

California Spangled 203
Canadian Hairless 202
Chantilly/Tiffany 134
Chartreuse 168–169
Chartreux 169
Chestnut Brown 193
Chilenische Waldkatze 15
Chinchilla-Kurzhaar 153
Colourpoint 97
Colourpoint-Langhaar 108
Cornish Rex 198
Creodonten 10
Cymric 128

Dalles La Perm 143, 197
Devon Rex 200
Dilution 94
Domestic Shorthair 161
Domestikation 20
Dosenfutter 220
Drüsen 58

Duftmarkierung 72, 78, 81, 226
Durchfall 69, 229

Egyptian Mau 205
Energiebedarf 221
Entwöhnung 89
Erbkrankheiten 75
Erbrechen 69, 228
Ernährung 220
Erste Hilfe 232–233
Erziehung 224
Europäisch Kurzhaar 166
Europäische Burma 184
European Burmese 185
European Shorthair 167
Evolution 10
Exotic Shorthair 151
Exotisch Kurzhaar 150

Falbkatze 6, 18–21, 96
Faltohren 159
Fauchen 80
Fédération Internationale Féline (FIFé) 92–93
Felidae 10
Feline Infektiöse Peritonitis (FIP) 69, 228
Felines Immunschwäche-Virus (FIV) 69, 217, 228
Felines Leukämie-Virus (FeLV) 69, 217, 228
Felis 11, 12
Fell 72, 94
Fellfarben 94
Fellmuster 96
Fellpflege 222
Fellstruktur 72
Fertigfutter 220
Fischkatze 17
Flachkopfkatze 17
Flohbekämpfung 219
Folklore 32
Foreign Blue 170
Foreign Longhair 134
Foreign White 193
Fortbewegung 65
Futter 220
Futtergeschirr 218
Futterverweigerung 227

Gaumen des Munddachs 61
Gebiß 68
Gebißpflege 222

Geburt 71, 88
Geburtsschwierigkeiten 229
Gehirn 58–59
Gehör 60
Gelenke 56
Genetik 74
Gepard 12
German Rex 198
Geschlechtsorgane 70
Gesichtsform 98
Gesichtssinn 61
Gesundheitsprüfung 217
Gewichtsabnahme 229
Gleichgewichtssinn 7, 60
Gleichgewichtsstörungen 229
Golden Siam 187
Grasfressen 228
Graukatze 17
Grollen 80
Großkatzen 11–12

Haarkleid 72–73
Haarlosigkeit 202
Halbfeuchtes Futter 220
Hängeohren 159
Harnorgane 69
Harnsteinkrankheit 69, 221
Haustierwerdung 6
Haut 72–73
Havana 193
Havana Brown 171
Heilige Birma 111
Heimfindevermögen 61
Herbeikommen auf Befehl 225
Herz 66–67
Herzmassage 232
Hexentiere 29
Highland Fold 124
Himalayan 108
Hitze 70
Höhensyndrom 65
Hormone 58
Husten 228

Intelligenz 59
Iriomote-Katze 17

Jagdinstinkt 78
Jagdverhalten 78, 89
Jagen 84
Jaguar 12
Jaguarundi 14
Japanese Bobtail 145, 196
Japanische Stummelschwanzkatze 145, 196
Javanese 136–137, 140
Jungentransport 88

Kämmen 222
Kanadischer Luchs 14
Karakal 16
Kartäuser 168
Kashmir 105
Kastration 71, 217–218, 227
Katzen im Kunstgewerbe 48
Katzen in der Kunst 38–43
Katzen in der Literatur 36
Katzen in Kinderbüchern 34
Katzen und Christentum 28
Katzenausstellungen 92
Katzenbuchgedichte 31, 92, 176
Katzenhaltung 215
Katzenkarikaturen 44
Katzenkrankheiten 228, 231
Katzenmagie 30
Katzenminze 221
Katzenmumien 26
Katzenstreu 218
Katzentoilette 217–218, 227
Katzentürchen 219
Katzenverehrung 26
Katzenwäsche 216
Khmer 108
Kleinfleckkatze 15
Kleinkatzen 11–12, 14, 16
Knochenstruktur 56
Knochenwachstum 56
Knurren 80
Kommunikation 80
Kopulation 86
Korat 176
Körperbau 55, 98
Körperbautyp 98–99
Körperpflege 222
Körpersprache 80
Krallen 57
Krallenschneiden 222–223
Krankheitsanzeichen 228
Kratzbaum 219
Kratzen 228
Kräuselohren 163
Kreislaufsystem 66
Kryptorchismus 104
Künstliche Beatmung 233
Kurile Island Bobtail 144
Kurilen-Stummelschwanzkatze 144
Kurzhaarkatzen 148
Kymrische Katze 128

La Perm 143, 197
Lähmungen 229
Langhaar 102
Langhaarkatzen 102
Lautäußerungen 80
Lecken 228–229
Leopard 12
Leopardettes 208
Lernvermögen 59, 78
Longhair 104–105
Longhaired Abyssinian 132
Longhaired Manx 128
Löwe 13
Luchs 17
Lunge 66–67

Maine Coon 114, 116
Maine Shag 115
Maltese Cat 170
Mandalay 183
Mandarin 140
Mankatze 157
Manul 17
Manx 156
Manxkatze 157
Märchen 32
Marmorkatze 17
Martelli-Wildkatze 11
Miaciden 10
Miauen 80
Miauen auf Befehl 225
Milchtritt 89
Munchkin 123, 164
Muskeln 64
Mutationen 74, 91, 94

Nacktkatzen 202
Nahrungsaufnahme 68
Nase 60
Nasenausfluß 228
Nebelparder 13
Nebelung 129
Nervensystem 58, 62
Nicht-Agouti 94
Niesen 228
Norwegian Forest Cat 119
Norwegische Waldkatze 118
Nubierin 173

Oci 207
Ocicat 206
Ohren 60
Ohrenbeschwerden 228
Ohrenreinigung 223
Ohrenschmalz 223
Ohrentropfen 231
Ohrräudemilben 223
Operationen 231
Oriental Longhair 142
Oriental Shorthair 193
Oriental White 193
Orientalisch Kurzhaar 192, 194
Orientalisch Langhaar 140, 142

Ortssinn 61
Ozelot 14

Paarung 70–71, 86–87
Pampaskatze 15
Panthera 11–12
Parasiten 228–229
Perser 104, 106, 150
Persian 105
Pflanzenkost 221
Pflegeaufwand 217
Pheromone 73
Pixiebob 211
Plumptyp 148, 212
Points 108
Polydaktylie 57, 75
Pudelkatze 201
Puma 15

Ragdoll 112
Ranzzeit 70
Rasselose Kurzhaarkatzen 212
Rasselose Langhaarkatzen 146
Rassen 91
Raubtiergebiß 9
Reisen 224
Reviermarkierung 78, 81, 226–227
Rexkatzen 72
Rexrassen 125, 143, 198, 200
Rohrkatze 16, 20–21
Rolligkeit 70, 87
Rostkatze 16
Rotkatze 17
Rotluchs 14
Royal Cat of Siam 189
Russian Shorthair 170
Russisch Blau 170
Russisch Kurzhaar 170

Sabbern 228
Säbelzahnkatzen 10–11
Sandkatze 16
Säugen 89
Schädelformen 57
Schlanktyp 148, 212
Schleichkatzen 10
Schneeschuhkatze 165
Schnurren 80
Schnurrhaare 60
Schock 232
Schottische Faltohrkatze 124, 159
Schottische Hängeohrkatze 124, 159
Schwanzlosigkeit 156, 210
Schwarzfußkatze 16
Schweißdrüsen 73
Schwimmkatze 126
Scottish Fold 124, 159
Selbstbeschädigung 231
Selbstdomestikation 20
Selektionszucht 92
Selkirk Rex 125, 158
Semilanghaar 102
Serval 6
Si-Sawat 176
Siam 188, 190
Siamese 189
Sibirian Forest Cat 121
Sibirische Waldkatze 120
Sicherheitsvorkehrungen 218
Singapura 175
Sinnesorgane 58, 60–61
Skaukatt 119
Skelett 56
Skogkatt 119
Snowshoe 165
Somali 132
Sozialverhalten 82
Spanish Blue 170
Sphynx 202
Spielen 84
Spielsachen 218
Spontansprung 65
Spotted Mist 174
Spritzharnen 86
Sprungbewegungen 65
Spucken 80

Tasthaare 60
Taubheit 60, 154
Tempelkatzen 27, 100
The Cat Fanciers' Association (CFA) 92
The Gouverning Council of the Cat Fancy (GCCF) 92
The International Cat Association (TICA) 92
Tierheimkatzen 216
Tierpension 224
Tiffanie 135
Tiffany 134
Tiger 13
Tigerkatze 15
Tonkanese 186
Tonkinese 187
Toxoplasmose 219
Trächtigkeit 71, 88
Tragstarre 87
Tragzeit 88
Tränenfluß 223
Transportbox 224
Trockenfutter 220
Türkisch Angora 130, 140
Türkisch Van 126
Türkische Schwimmkatze 127
Turkish Angora 131
Turkish Van 127

Überraschungssprung 65
Urolithiasis 69, 221

Van-Zeichnung 126
Verabreichung von Medikamenten 230
Verdauungsstörungen 69
Verdauungsystem 68
Verdünnung 94
Vererbung 74
Verhalten 77
Verhaltensprobleme 226
Verletzungen 232–233
Verständigung 80
Verstopfung 229
Vibrissen 60
Vomeronasalorgan 60, 70, 87

Wegie 119
Werbung 86
Wildfärbung 94
Wildkatze 6, 18, 20–21
Wurfgröße 88
Würgen 228

Zähneputzen 223
Zahnfleischentzündung 228
Zischen 80
Zubehör 218
Zuchtverbände 92
Zusammenleben mit anderen Tieren 217

DANK DES VERLAGES

Wir bedanken uns bei den vielen Katzenbesitzern, die es uns gestattet haben, ihre Katzen für die Rassenbeschreibungen zu fotografieren. Ohne ihre Unterstützung wäre dieser Teil des Buches in der vorliegenden Form nicht zustande gekommen.

Diese Katzen werden nachfolgend in der Reihenfolge der Seiten aufgeführt: Die Seitenzahlen sind halbfett gedruckt, und die Anordnung der Fotos auf der Seite wird mit »oben« (o), »unten« (u), »links« (l), »Mitte« (m) und »rechts« (r) angegeben. Auf den Namen der Katze folgen jeweils der des Züchters und (in Klammern) der des Besitzers.

Verzeichnet sind auch etwaige Auszeichnungen, die die Katzen erhalten haben: Champion (CH), Grand Champion (GrCh), Premier (Pr), Grand Premier (GrPr), Supreme Grand Champion (SupGrCh), Supreme Grand Premier (SupGrPr), Europäischer Champion (EurCh) oder Internationaler Champion (IntCh). Viele der abgebildeten jüngeren Katzen haben später noch weitere Preise gewonnen, doch unsere Angaben entsprechen dem Stand zum Zeitpunkt der Aufnahmen. Leider können wir aus Platzmangel die von Chanan und Tetsu Yamazaki gelieferten Fotos, die nicht vom Verlag in Auftrag gegeben wurden, nicht in gleicher Ausführlichkeit dokumentieren. Die Namen der Fotografen Tracy Morgan und Marc Henrie sind mit TM und MH abgekürzt.

104 ol Chanan, ul *Mowbray Tanamera* D Cleford (D Cleford) MH; **105** l, br beide Yamazaki; **106** or *Cashel Golden Yuppie* A Curley (A Curley), ml *Honeymist Roxana* M Howes (M Howes), mr GrPr *Bellrai Faberge* B & B Raine (B & B Raine), ul *Casalina Dolly Mixture* E Baldwin (E Baldwin), alle MH; **107** l *Watlove Hamish* H Watson (H Watson), or *Adirtsa Choc Ice* D Tynan (C & K Smith), mr *Adhuilo Meadowlands Alias* P Hurrell (S Josling), ur *Bellrai Creme Chanel* B & B Raine (B & B Raine), alle MH; **108** o *Impeza Chokolotti* C Rowark (E Baldwin), m *Anneby Sunset* A Bailey (A Bailey), u *Amocasa Beau Brummel* I Elliott (I Elliott), alle MH; **109** Ch *Watlove Mollie Mopbead* H Watson (H Watson) MH; **110** om *Lizzara Rumbypumby Redted* G Black (G Black) TM, or *Chanterelle Velvet Cushion* L Lavis (G Black) TM, mr *Schwenthe Kiska* FE Brigliadori (FE Brigliadori & K Robson) MH, ul *Panjandrum Swansong* A Madden (S Tallboys) MH; **111** or *Saybrianna Tomorrow's Cream* A Carritt (A Carritt), ul Ch&GrPr *Panjandrum April Surprice* A Madden (A Madden), ur *Aesthetical Toty Temptress* G Sharpe (H Hewitt), alle MH; **112** or *Chebem Agassi* (Christine Powell) TM; **113** ol *Pandapaws Mr Biggs S* Ward-Smith (J Varley & J Dicks) MH, mr *Chebem BryteSkye* (Christine Powell) TM, u *Rags n Riches Vito Maracana* Robin Pickering (Mrs J Moore) TM; **114** alle Chanan; **115** Chanan; **116** or *namenlos*, ml *Ch Keka Ursine Edward*, ul *Keoka Aldebaran*, alle D Brinicombe (D Brinicombe) TM; **117** ol Chanan, or *Ch Keoka Ford Prefect* TM, ul *GrCh Adinnlo Meddyhemps*, ur *Keoka Max Quordlepleen*, alle D Brinicombe (D Brinicombe) TM; **118** ul *Skogens SF Eddan Romeo* AS Watt (S Garrett) MH, r *Lizzara Bardolph* (Ginny Black) TM; **119** ol *Skogens Magni AS* Watt (S Garrett) MH, or *Tarakatt Tia*, ur *Sigurd Oski* beide (D Smith) TM; **120** alle Yamazaki; **121** ol Yamazaki, or Yamazaki, ur *Olocha* A Danveef (H von Groneberg) MH; **122** ol Yamazaki, ur Chanan; **123** alle Yamazaki; **124** o Chanan, ul Yamazaki; **125** oc Yamazaki, ul Yamazaki, ur Chanan; **126** ul *Bruvankedi Kabugu* B Cooper (B Cooper), r *Champion Cheratons Red Aurora* Mr & Mrs Hassell (Mr & Mrs Hassell), alle TM; **127** ol *Cheratons Simply Red* Mr & Mrs Hassell (Mr & Mrs Hassell) TM, mr *Bruvankedi Mavi Bayas* (Mr R Cooper) TM, ul Ch *Lady Lubna Leanne Chatkantarra* T Boumeister (J Van der Werff) MH; **128** or Chanan; **129** alle Yamazaki; **130** Chanan; **131** ol Chanan, or *Shanna's Tombis Hanta Yo* M Harms-Moeskops (G Rebel van Kemenade) MH, ul *Shanna's Yacinta Sajida* M Harms (M Harms) MH, uc MH; **132** or *Dolente Angelica* L Brisley (L Brisley) TM, ul *Bealltaine Bezique* T Stracstone (T Stracstone) MH; **133** ol *namenlos*, u Beaumaris Cherubina, beide A & B Gregory (A & B Gregory) TM; **134** G & T Oraas; **135** or *Favagella Brown Whispa* J Bryson (J Bryson), u *Kennbury Dulcienea* C Lovell (K Harmon), alle MH; **136** or Pr *Pandai Feargal* E Corps (BV Rickwood), ul *Blancsanglier Rosensoleil* A Bird (A Bird), alle MH; **137** ol Pr *Blancsanglier Beau Brummel* A Bird (A Bird), oc Ch *Apricat Silvercascade* R Smyth (E & J Robinson), or GrPr *Nighteyes Cinderfella* J Pell (J Pell), u *Palvjia Pennyfrombeaven* J Burroughs (T Tidey), alle MH; **138** or GrPr *Nighteyes Cinderfella* J Pell (J Pell), ml *Jeupbi Golden Girl* J Phillips (L Cory), ur *Mossgems Sheik Simizu* M Mosscrop (H Grenney), alle MH; **139** o *Ronsline Whistfull Spirit* R Farthing (R Farthing), ml Ch *Apricat Silvercascade* R Smyth (E & J Robinson), ur *Dasilva Tasha* J St John (C Russel & P Scrivener), alle MH; **140** or *Chantonel Snowballe Express* R Elliott (R Elliott), ul *Lipema Shimazaki* P Brown (G Dean), alle MH; **141** or *Palantir Waza Tayriphyng* J May (J May) TM, u *Quinkent Honey's Mi-Lei-Fo* IA van der Reckweg (IA van der Reckweg) MH; **142** alle Chanan; **143** alle Yamazaki; **144** alle K Leonov; **145** or Chanan, u Yamazaki; **146** or *Maggie* (Bethlehem Cat Sanctuary), ul *White Mischief* (P Brown), alle MH; **147** o *Dan-I-Lion* (V Warriner), m *Dumpling* (Bethlehem Cat Sanctuary), ur *Stardust* (V Warringer), alle MH; **150** or *Pennydown Penny Black* SW McEwen (SW McEwen) MH, mr Yamazaki, ul Yamazaki; **151** ol Yamazaki, or Chanan, u Chanan; **152** or *Tameko Tamosbanter* M Simon (R Taylor), m Ch *Sargenta Silver Dan* U Graves (U Graves), ul GrCh *Starfrost Dominic* E Conlin (C Greenal), ur GrCh *Maruja Samson* M Moorhead (M Moorhead), alle MH; **153** om Ch & SupGrPr *Welquest Snowman* A Welsh (A Welsh), mr *Susian Just Judy* S Kempster (M Way), ur *Miletree Black Rod* R Towse (R Towse), alle MH; **154** or GrCh *Westways Purrfect Amee* A West (GB Ellins), ml *Kavida Kadberry* L Berry (L Berry), mr *Kavida Primetime & Amethyst* L Berry (L Berry), ur *Miletree Magpie* R Towse (M le Mounier), alle MH; **155** oc GrCh *Miletree Masquerade* R Towse (P Allen), ml Ch *Bartania Pomme Frits* B Beck (B Beck), mr *Cordelia Cassandra* J Codling (C Excell), ur *Kavida Misty Daydream* L Berry (L Berry), alle MH; **156** or *Minty* L Williams (H Walker & K Bullin) MH, ul Yamazaki, ur Chanan; **157** oc Yamazaki, ur *Adrish Alenka* L Price (L Williams) MH; **158** l Yamazaki, r Chanan; **159** alle Yamazaki; **160** r Chanan; **161** ol Yamazaki, or, mr, um alle Chanan; **162** alle Chanan; **163** or Yamazaki, um Chanan; **164** alle Yamazaki; **165** alle Chanan; **166** IntCh *Orions Guru Lomaers* (Mulder-Hopma) MH; **167** ol *Eldoria's Crazy Girl*, or *Eldorias Goldfinger*, ul, *Eldoria's Yossarian* alle O van Beck & A Quast (O van Beck & A Quast), ur *Aurora de Santanoe* L Kenter (L Kenter), alle MH; **168** or Ch *Comte Davidof de Lasalle*, ul IntCh *Amarantboe Lasalle*, alle K ten Broek (K ten Broek) MH; **169** or *Donna Eurydice de Lasalle*, ul IntCh *Amarantboe Lasalle*, alle K ten Broek (K ten Broek) MH; **170** or *Astabazy Zeffirelli* (M von Kirchberg) MH, ul Yamazaki; **171** or, ur Chanan, ml Yamazaki; **172** or *Karthwine Elven Moonstock* R Clayton (M Crane), ml GrCh *Emarelle Milos* MR Lyall (R Hopkins), ul Ch *Anera Ula* C Macaulay (C Symonds), um *Braeside Marimba* H Hewitt (H Hewitt), ur Ch *Anera Ula* C Macaulay (C Symonds), alle MH; **173** ol *Lionelle Rupert Bear* C Bailey (C Tencor), m *Satusai Fawn Amy* I Reid (I Reid), ur *Braeside Marimba* H Hewitt (H Hewitt), alle MH; **174** T Straede; **175** or *Silvaner Pollyanna*, u *Silvaner Kuan*, alle C Thompson (C Thompson) MH; **176** or *Phoebe* (F Kerr) TM, ml & ur GrCh *Aerostar Spectre* JED Mackie (S Callen & I Hotten) MH; **177** m Yamazaki, o, u, Chanan; **178** or *Kartuch Benifer* C & T Clark (C & T Clark), u *Ballego Betty Boo* J Gillies (J Gillies), alle MH; **179** o *Lasiesta Blackberry Girl* GW Dyson (GW Dyson), u *Vatan Mimi* D Beech & J Chalmers (J Moore), alle MH; **180** or *Boronga Blaktortie Dollyvee*, P Impson (J Quiddington), ul *Boronga Kreem Kaskuli*, P Impson (J Quiddington), ur *Boronga Black Othello*, P Impson (J Thurman), alle TM; **181** l *Vervain Ered Luin*, r *Vervain Goldberry*, beide N Johnson (N Johnson) TM; **182** alle Chanan; **183** alle Chanan; **184** or Ch *Bambino Seawitch* B Boizard Neal (B Boizard Neal), m *Impromptu Crystal* M Garrod (M Garrod), ul Ch *Hobberdy Hokey Cokey* A Virtue (A Virtue), alle MH; **185** ol Ch *Bambino Dreamy* B Boizard Neal (B Boizard Neal), or *Braeside Red Sensation* H Hewitt (H Hewitt), ul GrCh *Bambino Alice Bugown* B Boizard Neal (B Boizard Neal), alle MH; **186** *Romantica Marcus Macoy* (Mrs Davison) TM; **187** ol *Grimspound Majesticlady*, Miss Hodgkinson (Miss Hodgkinson), or *Tonkitu's Adinnsh Xin Wun*, ul *Tonkitu Mingchen* beide D Burke (D Burke), ur *Episcopus Leonidas* (Mrs Murray-Langley), alle TM; **188** or Ch *Willowbreeze Goinsolo* Mr & Mrs Robinson (TK Hull-Williams) MH, m Yamazaki; **189** or Yamazaki, l Yamazaki, ur Ch *Pannaduloa Phaedra* J Hansson (J Hansson) MH; **190** or *Indalo Knights Templar* P Bridham (P Bridham) MH, m Ch *Darling Copper Kingdom* I George (S Mauchline) MH, ul *Mewzishun Bel Canto* A Greatorex (D Aubyn) TM, ur GrCh *Dawnus Primadonna* A Douglas (A Douglas) MH; **191** ol Ch *Sisar Brie* L Pummell (L Pummell) MH, ml GrCh *Pannaduloa Yentantethra* J Hansson (J Hansson) MH, mr *Merescuff Allart* (E Mackenzie-Wood) TM, Ch *Bosan Carmen* S Bell (LE Martin) MH; **192** ml *Jasrobinka Annamonique* P & J Choppen (P & J Choppen) MH, ul *Tenaj Blue Max* J Tonkinson (K Iremonger) MH, r *Simonski Sylvester Sneakly* S Cosgrove (S Cosgrove) MH; **193** ol GrPr *Jasrobinka Jeronimo* P & J Choppen (P & J Choppen) MH, m ChPr *Adixish Minos Mercury* A Concanon (A Concanon) MH, ur GrCh *Sukinfer Samari* J O'Boyle (J O'Boyle); **194** or *Scilouette Angzbi* C & T Clark (C & T Clark) MH, ul *Adhuish Tuwhit Tuwhoo* N Williams (N Williams) MH; **195** ol *Sunjade Brandy Snap* E Wildon (E Tomlinson) MH, or *Scintilla Silver Whirligig* P Turner (D Walker) MH, ul *Saxongate Paler Shades* (D Buxcey) TM, ur *Parthia Angelica* MA Skelton (MA Skelton) MH; **196** ul *Ngkomo Ota* A Scruggs (L Marcel) MH, r Yamazaki; **197** alle Yamazaki; **198** alle Chanan; **199** l Pr *Adkrish Samson* PK Weissman (PK Weissman), om *Leshocha Azure My Friend* E Himmerston (E Himmerston), mr *Myowal Rudolph* J Cornish (J Compton), alle MH; **200** or GrCh *Ikari Donna* S Davey (J Plumb), ul Pr *Bobire Justin Tyme* IE Longhurst (A Charlton), ur GrPr *Bevilleon Dandy Lion* B Lyon (M Chitty), alle MH; **201** ol UKGrCh *Nobilero Loric Vilesilenca* AE & RE Hobson (M Reed), or *Adhuish Grainne* N Jarrett (J Burton), mr *Sailorman Hooray Henry* K Hardwick (K Hardwick), *Myowal Susie Sioux* G Cornish (J & B Archer), alle MH; **202 or** *Reaha Anda Behare* S Scanlin (A Rushbrook & J Plumb), m Yamazaki, ul Yamazaki; **203** alle Chanan; **204** alle Yamazaki; **205** alle Yamazaki; **206** alle Chanan; **207** ol Yamazaki, mr Chanan, ml Yamazaki, ur Chanan; **208** or *Gaylee Diablo* M Nicholson (M Nicholson) oM, m Chanan, ul Gaylee Diablo M Nicholson (M Nicholson) TM; **209** *Gaylee Diablo* M Nicholson (M Nicholson) TM; **210** alle Yamazaki; **211** alle Yamazaki; **212** or Name unbekannt Jane Burton, ul *Friskie* (Bethlehem Cat Sanctuary) MH; **213** ol Name unbekannt mr *Sinbad Sailor Blue* (V Lew), ul *Crumpet* (Bethlehem Cat Sanctuary), alle MH.

KARTOGRAPHIE

James Anderson, David Roberts

ILLUSTRATOREN

Zeichnungen S. 56–75: Janos Marffy
Andere Zeichnungen: Samantha Elmhurst, Malcom McGregor, Amanda Williams

DANK DES AUTORS

Als mir Candida Frith-Macdonald in der Anfangsphase des Projekts eine Fülle von Material lieferte, das sie aus dem Internet zusammengetragen hatte und das sich auf die Frage bezog, ob Katzen ein oder zwei Farbverdünnungsgene tragen oder nicht, war mir klar, daß dies mit aufwendigen Recherchen verbunden war, deren ›Autorin‹ nicht gebührend gewürdigt werden konnte. Ich danke Candida dafür, daß sie ihre Arbeit in das Buch eingebracht hat. Mein Dank gilt auch dem übrigen Team, insbesondere Ursula Dawson für das übersichtliche Layout und Sarah Wilde, Heather Dunleavy, Tracie Lee Davis, Sharon Lucas, Frank Ritter und Derek Coombes für ihre Unterstützung und Anregungen.

Als Tierarzt beschäftige ich mich seit über 27 Jahren mit Katzen, und dennoch waren viele Informationen, die in das Buch eingeflossen sind, neu für mich. Nicht neu waren sie für all jene Personen in aller Welt, die meine Faxe und Briefe mit eingehenden Informationen beantwortet haben. Das Gouverning Council of the Cat Fancy (GCCF) in Großbritannien und die Cat Franciers' Association (CFA) in den USA haben mir freundlicherweise die Adressen von Zuchtverbänden zur Verfügung gestellt, und ich bedanke mich bei allen britischen und amerikanischen Katzenzüchtern, die ich leider nicht einzeln aufführen kann, für die Ausfüllung und Rücksendung meiner Fragebögen. Mein Dank gilt auch den Sekretariaten der Rassezuchtverbände, die mich mit detaillierten Angaben zu den jeweiligen Rassen versorgt haben, und den Kompilatoren der Rassenbeschreibungen im Internet. Danken möchte ich ferner all jenen Personen, die mich über das Katzenzuchtwesen in einzelnen Ländern unterrichtet haben. Dazu gehören Mag. Herbert Berthold (Österreich), Dr. Marie Rihova (Tschechische Republik), Kerstin Breyhan (Deutschland), Ashley McManus (Irland), Keiko Yamazaki, Tak Muroya, Moto Arima und Dr. Norio Kogure (Japan), Olga Sizova (Rußland), Prof. Eric Hurley (Südafrika), Dr. Jaume Camps (Spanien), Shin Dai, Wu Hung Biksu und Dr. Du Bai (Taiwan), Dr. Ann Schneider (USA) und Dr. Frances Barr und Joan Moore (Großbritannien).

Der Verlag dankt Patrick Roberts für die Ausleihe der Katzenmotivmarken; Jan Peder Lamm vom Statens Historiska Museum in Stockholm, Katerina Agren und Malcolm Roll-Macdonald für Recherchen in Skandinavien; Irmgard Schmatz für Recherchen in Deutschland; Joan Moore von der Zeitschrift ›Cat World‹ für die Beschaffung von Rassekatzenfotos; Mrs. L.K. Pring vom GCCF; Gloria Stephens, zuständig für die TICA-Internetseite; dem Internetausschuß der CFA; Marie Lamb, Orca Starbuch, Laura Gilbreath, Hean Marie Diaz und Barb French für das Informationsmaterial im Internet.

Mehrere Internetseiten sind bei der Vorbereitung des Buches genutzt worden, vor allem http://www.fanciers.com/; http://www.cfainc.org/; http://www.tica.org/

NÜTZLICHE ADRESSEN FÜR KATZENFREUNDE

Tierschutzfragen
Deutscher Tierschutzbund e. V.
Baumschulallee 15
53115 Bonn
Tel.: 02 28-63 10 05/7
Fax: 02 28-63 12 64

Bundesverband Tierschutz
Dr. Boschheidgen-Str. 20
47447 Moers
Tel.: 0 28 41-2 52 44/6
Fax: 0 28 41-2 62 36

Katzenschutz und Katzenbetreuung
Verein Deutscher Katzenfreunde e. V.
Silberberg 11
22119 Hamburg
Tel.: 0 40-45 48 42

Katzenschutz-Bund
Cat-Sitter-Club
Grafenberger Allee 147
40237 Düsseldorf
Tel.: 02 11-66 32 06

Bund gegen Mißbrauch der Tiere e. V.
Viktor-Scheffel-Straße 15
80803 München
Tel.: 0 89-39 71 59

Rassenfragen
Erster Deutscher Edelkatzenzüchter-Verband e. V.
(1. DEKZV e. V.)
Humboldtstraße 9
65189 Wiesbaden
Tel.: 06 11-30 00 16
Fax: 06 11-30 94 03

Einziges deutsches Mitglied der Fédération Internationale Féline (FIFe)

BILDNACHWEIS

Der Verlag dankt folgenden Personen und Institutionen für die freundliche Erteilung von Abdrucksgenehmigungen:
(l = links, r = rechts, o = oben, m = Mitte, u = unten; c. vor Jahreszahlen = circa)

AKG London: Eric Lessing 27ur; Zürich, Kunsthaus *Der Schriftsteller Pierre Loti* m.1910 von Henri Rousseau (1844-1910) 37ol; Privatsammlung *La Technique* Pablo Picasso ©Succession Picasso/DACS 1997 42o; **American Museum in Britain, Bath** ©: 6-7u, 50ul; **Ancient Art & Architecture Collection:** 25om, 28ur; **Animal Photography:** Sally Anne Thompson 81om, 83ul; **Ardea, London:** John Daniels 85ur; Eric Dragesco 87ur; Jean-Paul Ferrero 11mr; Ferrero/Labat 17ol; François Gohier 81mr; C Clem Haagner 12or; **Ashmolean Museum, University of Oxford:** 26ul; **Axiom:** Jim Holmes 27mr; ©1992 **The Beistle Co:** 51or; ©**La Belle Aurore:** Juliet Coombe 52ur; **The Bodleian Library, Oxford:** MS. Bodl. 764, fol. 51r (Detail) 22-23; **Bonhams:** *A Raku Cat Portrait* Jill Crowley, Bonhams Contemporary Ceramics Sale Part II, 14 Nov 1996, 42ml; **Bridgeman Art Library, London:** British Library, London *European with Servants,* aus dem Johnson Album m.1605-10 Mughal 38um; Christies Images *The Arab Scribe, Cairo* von John Frederick Lewis (1805-76) 127or; Ex Edward James Foundation, Sussex *Tuesday* Leonora Carrington ©ARS, NY und DACS, London 1997 43ur; Louvre, Paris, *Gabrielle Arnault,* 1813 von Louis Leopold Boilly (1761-1845) 141ol; National Gallery of Art, Washington DC *Woman with a Cat* m.1875 von Pierre Auguste Renoir (1841-1919) 41um; Phillips, The International Fine Art Auctioners *Exposition à la Bodinière,* (Detail) 1894, Plakat von Théophile Steinlen (1859-1923) 7or; Prado, Madrid *Das letzte Abendmahl* von Francesco Bassano (1549-92) 40ul; Private Collection *Girl with a Kitten,* 1947 von Lucian Freud (1922–) 43ol; Staatliche Graphische Sammlung, München *Zwei Katzen* von Franz Marc (1880-1916) 42mu; Victoria and Albert Museum, London *Cat with a Fish in its Mouth* m.1890, aus der Rudyard Kipling Collection, Calcutta, m.1890 (Kalighat w/m) Bengal 38u, *'Arry and 'Arriet* 1913 von Louis Wain (1860-1939) 45ur; **British Library:** 6ul; ©**British Museum:** 20ul, 25mr, ur, 26or, 38ol, 39or, ur, 48mo, mro, *Katze auf Kissen* 1909 Théophile Steinlen 41ol; **Photo Bulloz:** Paris Bibliothèque National, *Der Gestiefelte Kater* Gustave Doré, 33tr; **Jean-Loup Charmet:** 33ul, 35ul, ur, 53ol; Reproduced von kind permission of the Trustees of the **Chester Beatty Library, Dublin:** 92o, 183ur, 189u; **Bruce Coleman Collection:** Erwin & Peggy Bauer 12um, 20ul; Jane Burton 76-77, 79ur, 80or, 88ur; Steven C Kaufman 16m; Luiz Claudio Marigo 15mo, 83ur; Dr Norman Myers 85or; Dieter & Mary Plage 12om, 136or; Hans Reinhard 15ol; Leonard Lee Rue 14o; Kim Taylor 54; Rod Williams 16ur, 17mo, mr, 89um; Gunter Ziesler 15mu, 19ol; **Corbis-Bettmann/UPI:** 52mlu; ©**DACS 1997:** *Det Var en Gang* Olaf Gulbransson 37um, *Club des Amis des Chats* Jean Cocteau 45or; **English Heritage Photographic Library:** *Dressing the Kitten* Joseph Wright of Derby 40ur; **E T Archive:** 21u; British Museum 52o; Private Collection *Witch Cat of Okabe on Tokkaido Road* 31or; Private Collection *Siamese Cats* Jaques Nam, 189ol; BW Robinson 39um; **Mary Evans Picture Library:** 6or, 30or, um, 31ur, 33ur, 34or, ul, 35ol, om, 36ul, um, 53or, ul, 188ul; **The Fan Museum, Greenwich, London:** 50mr; **Five Star Management Ltd (Potter's Museum of Curiosity):** 49ur; **Werner Forman Archive:** 5ol; The Egyptian Museum, Cairo 32um; Schimmel Collection, New York, USA 26ol; **EWW Fowler:** 49ul; **Giraudon:** Bridgeman/British Library, London *Cat Playing with Mouse* "Luttrell Psalter" MS Add.42130 fol.190. 40o; Lorrette: Egyptian Museum, Cairo 44or; Mus. el Prado, Madrid *Garden of Delights* (Detail) Jerome van Aecken Bosch 42or; **Ronald Grant Archive:** *Batman* © 20th Century Fox 46ul, *La Belle et la Bête* © Argos Films 47ol, *Breakfast at Tiffany's* © Paramount 46ur, *Felix the Cat* © Pat Sullivan Productions, drawn von Otto Messmer 7ol, *Tom and Jerry* © MGM/UA 47mro; **Ulla Haastrup/Danske Kalkmalerier:** *Man Shoeing a Cat,* m.1500, Landgemälde aus der Taagerup Kirche, Dänemark 32ul; **Sonia Halliday Photographs:** 28or; **Marc Henrie:** 79ur, 84ul; **Michael Holford:** 27ol; **Hulton Getty:** 169ol; Charles Walker Collection courtesy of **Images Colour Library:** 7ur, 29or, mr, ur, 30ur, 32ur, 49om, um, 51mru, 204ol; Freer Gallery of Art, *Smithsonian. Cat and Butterfly* Hokusai, 38or, *Cat Bathing* Hiroshige 44m; The Duksoo Palace Museum, Seoul *Cats and Sparrows* Pyon Sang-Vonok 39ol; Museum of American Folk Art *Girl in Red with her Cat and Dog* von Ammi Phillips 41ur, *Cat with Kittens* National Gallery of Art, Washington 160ol; Sammlung der **Israel Antiquities Authority.** Exhibited and photographed Israel Museum: David Harris: 25mo; **David King Collection:** 46or, 52ul; **Leonard Kreusch, Trier,** 51uml; **Frank Lane Picture Agency:** David Grewcock 85ol; E & D Hosking 16mo; Terry Whittaker 17mu; **Martin Leman:** *Winsor and Newton* (Detail) 42ml; **Magnum Photos:** Martine Franck 37om; Collection **Musée d'Aquitaine,** Bordeaux, alle Rechte vorbehalten: 24or; **Natural History Museum, London:** 19ur; **Network:** Rapho:Hans Silvester 78o, 80ul, 82or, 86ul, 216om; **NHPA:** Nigel Dennis 19ul, 20m; Gerard Lacz 13ol; Courtesy **Anthony d'Offay Gallery, London:** *Cat* m.1957 Andy Warhol © ARS, NY and DACS, London 1997, 43om; **The Robert Opie Collection:** 45ol, 51ur, ul, 235or; **Oxford Scientific Films:** ABPL: Anthony Bannister 203m; Animals Animals/Stouffer Enterprises Inc. 17om; Jorge Sierra Antinolo 18u; Alan & Sandy Carey 13mu; Partridge Films Ltd: Jim Clare 14ur; Photo Researchers Inc: Tom McHugh 17or; Frank Schneidermeyer 79mlo; Belinda Wright 8-9; **Nigel Paterson and the Toon Army (Metz Division):** 28ul; Copyright **Reading Museum** (Reading Borough Council). Alle Rechte vorbehalten 6ol; ©**PHOTO R.M.N:** 25ul; Louvre: H Lewandowski 26ur; **The Royal Pavilion Libraries and Museums, Brighton and Hove:** 48ul; Reproduced by courtesy of **Royle Publicatons Limited:** *Orlando Skating* Kathleen Hale 34ur; **Science Photo Library:** CNRI 63ml; **SCR Photo Library:** 44u; **Senator Film:** *Felidae* 47or; **Shogakukan Inc:** © 1997 Fujiko F Fujio 45um; **Silverculture Press:** *Birdies* (Detail) 1991 von Max 53ur; ©**Smithsonian Institution:** 24m; **Sotheby's:** *Le Chat,* (Detail) 1939 Foujita ©ADAGP, Paris and DACS, London 1997, 43mr, *Zu Apollinaire* Hannah Höch © DACS 1997, 43bl; **South American Pictures:** Pedro Martinez 29bl; **Frank Spooner Pictures:** Roger Viollet 37or; **Statens Historiska Museum, Stockholm:** 25ol; **Topham:** 170ol; **Michael Le Poer Trench:** Grizabella, gespielt von von Rosemary Ford, in *Cats,* Produktion von Cameron Mackintosh Limited 47ur; **Trip:** Christopher Rennie 31tl; **Uppsala University Library:** 31ul; **Vereinigung der Freunde der Staatlichen Kunsthalle Karlsruhe e. V.:** *Die Katzensymphonie* Moritz von Schwind, 49ol; **Viewpoint Projects:** 33ol, *The Cats' Voyage* 1986 von Ryozo Kohira 42mr, *Des Chats: Images sans Paroles* 1899 Théophile Steinlen 45mo; Norman Tozer/Howard Antiques 50ml.

Damit Ihre Katze sich wohlfühlt

Bruce Fogle
Katzen kennen und verstehen
Körpersprache und Verhalten
Endlich verstehen, wie Katzen denken: liebenswerter und informativer Bildband, der faszinierende Einblicke in das Leben, die »Sprache« und die Verhaltensrituale der Katzen bietet.

Doris Quinten
Gesundheits-Ratgeber Katzen
Vorsorge, Erste Hilfe, Behandlung, Naturheilkunde
Die häufigsten Krankheiten: Ursache, Ansteckung, Verlauf, tierärztliche Behandlung, häusliche Pflege, Vorbeugung, Selbstbehandlung leichter Erkrankungen durch Methoden der Naturheilkunde.

Rolf Spangenberg
Katzen
Haltung, Pflege, Rassen
Grundlegendes Wissen für alle, die eine Katze haben oder anschaffen möchten: alles über Katzenrassen und ihr Verhalten, über artgerechte Haltung und Pflege.

George Macleod
Homöopathischer Ratgeber Katzen
Umfassendes Grundlagenwissen zu homöopathischen Behandlungsmethoden für Katzen, gegliedert nach Krankheitserscheinungen: Ursachen, Symptome, Diagnose, Behandlung; homöopathische Mittel und deren gezielte Anwendung.

David Alderton
Katzenrassen
Faszination auf leisen Pfoten: die schönsten Rassen der Welt mit Farbfotos, die direkt mit Hinweisen auf besondere Bestimmungsmerkmale versehen sind, und Informationen zu Abstammung, Körperbau, Verhalten, Haltung und Pflege von Katzen.